Häcker / Walm

Inklusion als Entwicklung

Thomas Häcker
Maik Walm
(Hrsg.)

Inklusion als Entwicklung

Konsequenzen für Schule und Lehrerbildung

Verlag Julius Klinkhardt
Bad Heilbrunn • 2015

Dieser Band wurde gefördert mit Mitteln des Zentrums für Lehrerbildung und Bildungsforschung der Universität Rostock.

ZLB Zentrum für Lehrerbildung und Bildungsforschung

Dieser Titel wurde in das Programm des Verlages mittels eines Peer-Review-Verfahrens aufgenommen. Für weitere Informationen siehe www.klinkhardt.de.

Bibliografische Information der Deutschen Nationalbibliothek
Die Deutsche Nationalbibliothek verzeichnet diese Publikation in der Deutschen Nationalbibliografie; detaillierte bibliografische Daten sind im Internet abrufbar über http://dnb.d-nb.de.

Satz: Dr.[in] Anika Strobach, Berlin.

Druck und Bindung: AZ Druck und Datentechnik, Kempten.
Printed in Germany 2015.
Gedruckt auf chlorfrei gebleichtem alterungsbeständigem Papier.

ISBN 978-3-7815-2012-7

Inhaltsverzeichnis

Vorwort

Die Ratifizierung der UN-Behindertenrechtskonvention durch den Bundestag im Jahr 2008 hat die inklusive Gestaltung von Bildungssystemen in allen Bundesländern an meist prominenter Stelle auf die bildungspolitische Agenda gesetzt. Die Frage der Professionalisierung für inklusive Bildung steht seitdem auch im Mittelpunkt der Überlegungen all derer, die für die Aus-, Fort- und Weiterbildung von Pädagoginnen und Pädagogen verantwortlich sind.

Bereits 2011 zog Mecklenburg-Vorpommern (M-V) erste Konsequenzen aus dem Inklusionsgebot und zwar mit Blick auf die Professionalisierung von Lehrerinnen und Lehrern. Inklusion wurde in dem 2011 verabschiedeten Lehrerbildungsgesetz (LehbildG M-V) zum Leitbild insbesondere der bildungswissenschaftlichen und praktischen Studienanteile. Im Zuge dessen wurden in nahezu alle Lehrämter Module sonderpädagogischen Inhalts implementiert. Sie beziehen sich auf Fähigkeiten zur Erkennung und Förderung in den Förderschwerpunkten Lernen, emotional-soziale Entwicklung, Sprache, geistige sowie körperliche und motorische Entwicklung. Im Folgejahr setzte das Ministerium für Bildung, Wissenschaft und Kultur (MBWK M-V) in Schwerin die Expertenkommission „Inklusive Bildung in Mecklenburg-Vorpommern bis zum Jahr 2020“ ein und erteilte den Auftrag, ein Langzeitkonzept zur schrittweisen Umsetzung eines inklusiven Bildungssystems in Mecklenburg-Vorpommern zu entwickeln. Der Bericht der Kommission wurde im November 2012 vorgelegt. Zeitgleich führte das MBWK M-V in kurzen Abständen drei groß angelegte Inklusionskongresse in Rostock durch, die insbesondere Lehrpersonen Möglichkeiten bieten sollten, sich mit dem Thema Inklusion und den damit verbundenen Entwicklungen und Anforderungen auseinander zu setzen.

Um den pädagogischen Inklusionsdiskurs im Land von universitärer Seite zu unterstützen und zu erweitern, organisierte das Zentrum für Lehrerbildung und Bildungsforschung der Universität Rostock (ZLB) in Kooperation mit dem Institut für Schulpädagogik und Bildungsforschung (ISB) im Sommersemester 2013 die Ringvorlesung „Wie weiter mit der Inklusion?“. Ziel dieser Reihe, zu der zahlreiche Fachleute aus Wissenschaft und Praxis aus dem Bundesgebiet gewonnen werden konnten, war es, bundesweite und internationale wissenschaftliche Perspektiven zu eröffnen, den Forschungsstand sowie neue empirische Erkenntnisse verfügbar zu machen, gute Praxis zu zeigen und den stark auf Behinderung reduzierten Diskurs um Perspektiven von Benachteiligung, auf die Produktion und Bearbeitung von Heterogenität und den Umgang mit Vielfalt in der Schule hin auszuweiten. Für den hier vorliegenden Sammelband konnten diesen Ansprüchen folgend weitere namhafte Wissenschaftlerinnen und Wissenschaftler gewonnen werden, die das Spektrum der angesprochenen Themen und die Vielfalt der Perspektiven auf die Inklusionsthematik erweitern. Allen Beitragenden sei an dieser Stelle herzlich gedankt.

Ein besonderer Dank gilt Herrn Andreas Klinkhardt. Er hat die Entstehung des Bandes stets engagiert, konstruktiv und wertschätzend begleitet und unterstützt. Frau Dr.in Anika Strobach hat durch ein umsichtiges und geduldiges Lektorat zum Gelingen des Buches wesentlich beigetragen. Auch Ihr sind wir sehr zu Dank verpflichtet. Am Zentrum für Lehrerbildung und Bildungsforschung der Universität Rostock (ZLB) entstand nicht nur die Idee zu diesem Projekt, es wurde auch größtenteils vom ZLB finanziert und organisatorisch-administrativ durch Mitarbeiterinnen und Mitarbeiter des Zentrums begleitet und betreut. Ihnen allen gilt unser Dank.

Thomas Häcker und Maik Walm — Rostock im November 2014

Thomas Häcker & Maik Walm

Inklusion als Entwicklung – Einleitung

Inklusion steht international für das menschenrechtsbegründete Programm einer umfassenden, alle gesellschaftlichen Bereiche einschließenden De-Segregation ausgegrenzter, an gesellschaftlicher Teilhabe benachteiligter Individuen und Gruppen. Das mit der 2006 beschlossenen UN-Behindertenrechtskonvention (UN-BRK) verbundene, seit März 2009 bundesweit rechtskräftige Inklusionsgebot stellt nicht nur eine Bekräftigung und Konkretisierung der Menschenrechte in der Charta der Vereinten Nationen von 1948 dar, sondern es beinhaltet im Kern die Aufforderung an alle unterzeichneten Staaten, sich über den Stand der Realisierung der Menschenrechte Rechenschaft abzulegen. Mit der UN-BRK wird den unterzeichneten Staaten somit zum einen eine Selbstvergewisserung abverlangt und zum anderen ein Entwicklungsauftrag erteilt, und zwar mit Fokus auf ein für Benachteiligung und Schlechterstellung auf Grund von Ausgrenzung, Segregation und Selektion besonders neuralgisches Thema: den Umgang mit Behinderungen. Die Fortschritte bei der Umsetzung werden durch ein regelmäßiges Monitoring überprüft.

Obwohl Inklusion derzeit ein nahezu allgegenwärtiges Modewort der bildungspolitischen und -praktischen Diskussion geworden ist, gelegentlich wird gar von einem „Inklusionshype" gesprochen (vgl. Feuser 2010), lässt sich bislang weder ein Konsens darüber ausmachen, wie inklusive Bildung zu definieren ist, noch wie sie konkret zu gestalten sei. Die einen halten dies für einen Mangel, die anderen – zu denen sich die Herausgeber des Sammelbandes zählen – betrachten dies für den pädagogischen Inklusionsdiskurs geradezu als konstitutiv. Der Titel „Inklusion als Entwicklung" bringt daher eine Nähe zu solchen Positionen im pädagogischen Inklusionsdiskurs zum Ausdruck, die mit Inklusion eine analytische Kategorie mit hoher gesellschaftspolitischer Relevanz und einen spezifischen, *kritischen Reflexionsmodus* verbinden (vgl. etwa Dannenbeck & Dorrance 2009, Dannenbeck 2012, Budde & Hummrich 2013) sowie das Bemühen um Inklusion als die unab-

schließbare Selbstverständigung einer Gesellschaft darüber verstehen, wie sie es mit den Menschenrechten hält, wie sie Differenz und damit verbunden Inklusions- und Exklusionsdynamiken (re-)produziert und bearbeitet.
Mit Entwicklung als Inbegriff von Wandel und Veränderung verbindet sich einerseits die Notwendigkeit der Reflexion, d.h. des Befragens, Hinterfragens, Infragestellens und der Kritik und andererseits die Aufforderung zum Widerstand, sofern man Widerstand, wie etwa Bourdieu (vgl. Bourdieu & Wacquant 2006, 133), als das *Prinzip des Wandels* betrachtet. Als spezifischer *Reflexionsmodus* weist der Inklusionsbegriff offenbar ein erhebliches *kritisches Potenzial* auf.
Um das kritische Potenzial des pädagogischen Inklusionsdiskurses zu bewahren, schlägt Clemens Dannenbeck (2012) vor, das Bemühen um Inklusion als einen *selbstreflexiven Prozess* zu verstehen, der erstens Selbstreflexion, zweitens Strukturreflexion und drittens Theoriereflexion impliziert. Hier weist er erstens auf den leicht zu übersehenden Umstand hin, dass bereits Sprache, differenztheoretisch betrachtet, sowohl der kommunikativen Verständigung als auch der gegenseitigen Abgrenzung dient, die wiederum zu Ausgrenzungen führen kann. Sprache ist mithin ein Herrschaftsinstrument, das neben Verständigungs- und Kommunikationsfunktionen zugleich symbolische Zugehörigkeit(sgrenzen) markiert (vgl. ebd. 58). Er macht zweitens an der pädagogischen Debatte um die Bedeutung von Vielfalt einen Mangel an Reflexion sichtbar. So erhöht beispielsweise die verbreitete Forderung, einen kompetenten Umgang mit „Unterschieden" zwischen Menschen zu erlernen, das Risiko, aus sozialen Ungleichheiten resultierende Konfliktlagen zu kulturalisieren und individualisieren. Hier vermag erst eine differenztheoretisch informierte Betrachtung empirischer Vielfalt in der Heterogenität auch die Reproduktionsdynamiken von sozialen Ungleichheiten zu erkennen, denen praktisch, vor allem aber auch politisch entgegenzutreten wäre (vgl. ebd. 57). Aus Dannenbecks Sicht ist es dann eben nicht „normal", verschieden zu sein – sondern es ist vielmehr normal, dass wir *alle* verschieden sind (vgl. ebd. 63). Drittens weist er auf den Widerspruch hin, mit Inklusion einerseits auf die Notwendigkeit von Strukturveränderungen hinzuweisen, gleichzeitig aber den pädagogischen Akteurinnen und Akteuren „inklusive Handlungspraxen" abzuverlangen, ohne dabei die Rahmenbedingungen für eine inklusive Praxis in einer offensichtlich nicht inklusiven Systemumwelt anzusprechen und einzufordern (vgl. ebd. 57). Über solche Widersprüche hinaus wird leicht übersehen, dass soziale Inklusion und Exklusion konstitutiv miteinander verknüpft sind, dass Differenzkonstruktionen immer zwei Seiten haben: eine distinktive Funktion und eine konjunktive Bedeutung, dass Heterogenität nicht einfach „da" ist, sondern immer auch erst hergestellt wird, dass es jen-

seits von behindert/nicht behindert zahlreiche weitere Differenzkonstruktionen gibt und dass jede Thematisierung von „etwas" immer zugleich auch das dann Nichtthematisierte hervorbringt (vgl. Dannenbeck & Dorrance 2009, 3). Solche Einsichten verdanken sich differenztheoretischen Perspektiven, systemtheoretischen Ansätzen und poststrukturalistischen Theorien, die wir im Anschluss an Dannenbeck für unverzichtbar halten, wenn die Inklusionsdebatte nicht zwischen rhetorischer Vereinnahmung durch die Politik und einer unkritischen, praxisdominierten Inklusionsromantik erdrückt werden soll (vgl. 2012, 65f.).

Um dem ständigen Risiko des Verlusts des kritischen Potentials des Inklusionsgedankens begegnen zu können, schlagen Dannenbeck und Dorrance (2009, 1) vor, „Inklusion als eine kritische Perspektive (sozial)pädagogischen Handelns zu begreifen, die eine permanente Reflexion der individuellen Konsequenzen und strukturellen Bedingungen des eigenen Handelns erfordert". In ähnlicher Weise schlagen Budde und Hummrich (2013, 4) einen Perspektivenwechsel hin zu einer *reflexiven Inklusion* vor. Reflexive Inklusion zielt dabei „sowohl auf das Wahrnehmen und Ernstnehmen von Differenzen und die Sichtbarmachung von darin eingeschriebener Benachteiligung, als auch auf den Verzicht auf Festschreibung und Verlängerung impliziter Normen durch deren Dekonstruktion". Dabei verstehen die Autorin und der Autor reflexive Inklusion „als interdisziplinäre Aufgabe unterschiedlicher erziehungswissenschaftlicher, schulpädagogischer, sonderpädagogischer und fachdidaktischer Domänen" (ebd.). Sofern Inklusion eine Herausforderung darstellt für das, was *ist*, behält sie ihr kritisches Potenzial als spezifischer *Reflexionsmodus* nur, insoweit sie eine Herausforderung für das *bleibt*, was ist (vgl. Dannenbeck 2012, 66).

Mit einer Vielzahl an Themen und Perspektiven tragen die Autorinnen und Autoren dieses Sammelbandes dazu bei, das kritische Potenzial des *Reflexionsmodus' Inklusion* an solchen Stellen zu erweitern, anzureichern, zu schärfen und auszutiefen, die im pädagogischen Inklusionsdiskurs einer Bearbeitung bedürfen. Die Beiträge sind vier Bereichen zugeordnet. Die sechs Beiträge im ersten Abschnitt widmen sich grundlegenden Fragen:

Annedore Prengel macht nicht nur deutlich, dass zukunftsweisende Antworten, die eine inklusive Pädagogik auf Bildungsprobleme in der Spätmoderne gibt, bildungshistorisch bereits eine lange Tradition im Rahmen von Anstrengungen um Gemeinsamkeit in der Bildung haben, sondern sie zeigt auch, wie an diese angeschlossen werden kann, um sie weiterzuführen und zu überschreiten. Ausgehend von der weitgehend verdrängten Einsicht in eine alle Menschen verbindende, universelle Abhängigkeit und Bedürftigkeit sieht sie in dem menschenrechtsbegründeten Inklusionsgebot einen normativen Rah-

men, der eine neue pädagogische Deutung von Pluralität im Sinne einer Anerkennung vielfältiger Lebens- und Lernweisen in das Bildungswesen einbringt. Zugleich ermöglicht es, das Gleichheitsrecht auf Bildung, das Freiheitsrecht auf vielfältige eigene Lebensweisen sowie die Verpflichtung auf Solidarität in neuen Denk- und Handlungsmustern weiterzuführen. Was dies in der Konsequenz konkret für eine inklusive pädagogische Praxis bedeutet, stellt sie in Form von Bausteinen und entlang von fünf Handlungsebenen dar. Dabei spielt eine inklusive Didaktik, die auf der Grundlage didaktischer Diagnostik und formativen Assessments einen mehrperspektivischen Leistungsbegriff entwickelt und diesen dem Regulativ einer universellen Bezugsnorm unterstellt, ebenso eine zentrale Rolle, wie eine pädagogischen Beziehung, die vor allem darauf beruht, anzuerkennen, dass jedes kindliche Verhalten subjektiv sinnvoll ist.
Nicht ernsthaften Willen, sondern blindes Machen erkennt *Georg Feuser* bei der gegenwärtigen Implementierung der Inklusion in ein durch und durch ausgrenzendes und segregierendes Erziehungs-, Bildungs- und Unterrichtssystem. Weil Differenzierung eine didaktische Größe, sonderpädagogischer Förderbedarf keine pädagogische Qualität, sondern ein ordnungsstaatlicher Prozess und über eine pädagogisch qualitative Differenzierung Bildungsgerechtigkeit nicht herzustellen ist, kann der Inklusionsbegriff zwar die Komplexität der Dialektik von Gesellschafts- und Bildungsfragen markieren, ist für Feuser aber keine relevante Größe, um Bildungsgerechtigkeit für alle zu garantieren. Bildungsgerechtigkeit kann aus seiner Sicht nur auf der Ebene und im Sinne individueller Bildungsbiographien geschaffen werden, wozu es pädagogischer Prozesse bedarf, die eine subjektbasierte Differenzierung von Bildung ermöglichen, wie sie im Ansatz der „Allgemeinen Pädagogik und entwicklungslogischen Didaktik" grundgelegt sind. Die Qualifikation zukünftiger Lehrpersonen müsste aus Feusers Sicht unter denselben Prämissen erfolgen, nach denen diese späterhin zu unterrichten haben, nämlich inklusiv und sozial-kooperativ. Die dazu erforderlichen bildungsinhaltlichen, strukturellen und studienorganisatorischen „Aspekte einer Didaktik inklusionskompetenter LehrerInnen-Bildung" werden ausführlich dargestellt.
Zum unscharfen bis konturlosen Modebegriff geworden, scheint inzwischen fast alles als Inklusion deklariert zu werden, was als positiv und fortschrittlich dargestellt werden soll. Mit dieser Diagnose begründet *Andreas Hinz* die Notwendigkeit, auf den visionären Anteil der Inklusionsidee hinzuweisen und Eckpfeiler und Perspektiven des internationalen Inklusionsdiskurses darzustellen. Dabei geht es im Anschluss an Tony Booth vor allem um Partizipation von Personen, Diskriminierungskritik an Systemen und die Umsetzung inklusiver Werte. Als Strategie, die Menschenrechte umzusetzen, geht

es bei Inklusion um Bildung über, durch und für Menschenrechte. Die inklusive Qualität von Schulen hängt dabei stark von der Gestaltung der Lernprozesse ab. Inklusive Pädagogik vergrößert, so Hinz, Möglichkeitsräume für expansiv begründetes Lernen sensu Holzkamp. Im deutschen, vor allem rhetorisch auf Inklusion fokussierten bildungspolitischen Diskurs sieht er eher Umformungen im Gange, d.h. real geht es stattdessen um De-Segregation und um Kontinuität und Ausweitung der Sonderpädagogik, was er am Beispiel des RTI-Ansatzes veranschaulicht und anschließend in den größeren Zusammenhang der Ökonomisierung des Bildungssystems stellt. Aus der Sicht von Hinz kann nur ein breites Verständnis von Inklusion diese zur Aufgabe aller Schulen und zum Bestandteil von Schulentwicklung machen. Dazu bedarf es struktureller Absicherung, entsprechender Ressourcen, integrativer Maßnahmen sowie einer kontinuierlichen kritischen Reflexion.
Mit einer detaillierten Einführung macht *Ulf Preuss-Lausitz* nachvollziehbar, weshalb das Thema Inklusion in der Bundesrepublik Deutschland, wo der bildungspolitische Sonderweg eingeschlagen wurde, ein hochdifferenziertes Sonderschulsystem aufzubauen, besonders widersprüchlich und komplex ist. International erst spät wurde hier gemeinsamer Unterricht als mögliche Alternative akzeptiert, d.h. wohlwollend, aber immer unter Haushaltsvorbehalt, gewährt. Bei einem europaweit niedrigen Inklusionsanteil nimmt die Quote in Deutschland innerhalb des Systems vom Kindergarten bis in die Sekundarstufe ab, womit problematische biographische Erfahrungen gleichsam vorprogrammiert sind. Entlang von fünf zentralen Herausforderungen auf dem Weg zur Umsetzung eines inklusiven Bildungssystems macht Preuss-Lausitz Vorschläge in Bezug auf die allgemeinbildende Schule, die von bundesweit einheitlichen und transparenten Kriterien und der Kontrolle deren Anwendung in den Ländern über eine sonderpädagogische Grundausstattung (LES) in allen Grundschulen und den Schulen der sogenannten „zweiten Säule“ sowie der Ersetzung der Vorab-Diagnostik durch lernbegleitende Förderdiagnostik bis hin zur individuellen Förderung in und außerhalb des Unterrichts reichen. Weitere Vorschläge beziehen sich auf die Konsequenzen der demographischen Entwicklung, die Frage nach gutem inklusiven Unterricht, auf regionale Unterstützung und Strukturen sowie Fragen der Finanzierung, wobei international klar zu sein scheint, dass der Paradigmenwechsel vom Sonderschul- zum inklusiven Schulsystem insgesamt kostengünstiger ist.
Birgit Lütje-Klose und *Phillip Neumann* stellen heraus, dass im Zuge des Inklusionsgebotes grundlegende und z.T. sehr alte Diskussionen um das Selbstverständnis und die Rolle der Sonderpädagogik hinsichtlich ihrer disziplinären Eigenständigkeit, ihre Klientel und ihre professionelle Verantwortung aufkommen. Im Blick auf das Verständnis sonderpädagogischer Profes-

sionalität polarisiert sich die Debatte nicht nur in den USA, sondern auch in Deutschland zwischen einer Abgrenzung der Zuständigkeiten einerseits und einem subsidiären Verhältnis andererseits, wobei die Unterschiede im Verständnis des Inklusionsbegriffs und der Favorisierung der Kooperationsformen liegen. Quer dazu und nicht weniger folgenreich im Blick auf Ressourcen und für die Formen professionellen Handelns verlaufen die Entwicklungen weg von Mainstreaming und Integration und hin zu Inklusion, da damit die Frage der Diagnose sonderpädagogischen Förderbedarfs und der daran gebundenen Ressourcenzuweisen zur Diskussion gestellt werden. Obwohl es in der Sonderpädagogik auch Tendenzen gibt, wie innerhalb des RTI-Framework, die Spezialistenrolle der Sonderpädagoginnen und -pädagogen auszuweiten und die Hierarchisierung gegenüber den Regelschullehrkräften zu steigern, machen Lütje-Klose und Neumann deutlich, dass ein weiter verbreitetes Verständnis der Rolle der Sonderpädagogik in einem inklusiver werdenden Schulsystem davon ausgeht, das die Regelschulen durch die Sonderpädagogik bei der Bewältigung der Komplexität unterstützt werden. Dies stellt nicht nur große fachliche und kooperative Anforderungen an alle Akteure, sondern Sonderpädagoginnen und -pädagogen zudem vor die Aufgabe, unterschiedliche Rollenprofile ausfüllen zu müssen.

Jürgen Budde schließlich diskutiert Gemeinsamkeiten und Unterschiede der beiden in der schulpädagogischen Diskussion hoch aufgeladenen Begriffe Inklusion und Heterogenität, untersucht ihre Bedeutungen und Konjunkturen und fragt, wie diese Begriffe zueinander stehen. Beide beziehen sich auf das Thema Differenz. Sie gewinnen im Zusammenhang mit neuerlichen Debatten um die Verpflichtung der Institution Schule auf Chancengleichheit Bedeutung, bleiben dabei aber unscharf und widersprüchlich und eröffnen so eine Reihe von Spannungsfeldern. Budde identifiziert in der Konnotation, mit der das Thema Differenz im Diskurs auftaucht, eine Verschiebung, die auf eine zunehmend differenzbejahende Perspektive hinweist, die von größerer Dauer zu sein scheint und mit der ihrerseits bedeutsame Verschiebungen im schulischen Feld einher gehen. Vor allem die Kategorie Leistung, der – als soziales Konstrukt – in Bezug auf Differenz in der Schule eine wichtige Rolle zukommt, gerät in Konflikt zu differenzbejahenden Ansätzen. Im Anschluss an einen differenzierten Vergleich von Gemeinsamkeiten und Unterschieden der beiden Begriffe diskutiert Budde die Fragen nach dem Verhältnis der beiden Begriffe und noch prinzipieller nach ihrer Notwendigkeit. Weitreichende Ausblendungseffekte notwendiger Verknüpfungen, im einen Fall mit Exklusion und im anderen Fall mit Homogenisierung, verkürzen die Begriffe so, dass sie zwar die politische Dimension im Sinne von Gerechtigkeitserwägungen aufnehmen, für pädagogische oder empirisch-sozialwissenschaftliche

Zugriffe aber kein Potenzial bieten. Zudem verschleiern sie Leistung als schulisches Differenzkriterium. Vor diesem Hintergrund plädiert Budde für die Verwendung des sozialwissenschaftlichen Konzepts der Differenz, welches notwendigerweise auf Gleichheit verweist, Relationalität, Herstellungsprozesse und Machtverhältnisse thematisierbar macht und zugleich der Unterakzentuierung soziologischer Theorien im Diskurs um Inklusion und Heterogenität entgegenwirken könnte.

Im zweiten Teil des Sammelbandes befassen sich sechs weitere Beiträge programmatisch bzw. empirisch mit Fragen rund um eine inklusive Lehrerinnen- und Lehrerbildung:

Das Inklusionsgebot, das in Deutschland auf fehlende strukturelle Voraussetzungen, kaum nennenswerte konzeptionelle Vorarbeiten, vor allem aber auf ein selektiv aufgestelltes Schul- und Lehrerinnen- und Lehrerbildungs-System trifft, scheint „kein Kind deutscher Eltern“ zu sein. Entsprechend ist es aus der Sicht von *Aart Pabst* auch wenig verwunderlich, dass die Ratifizierung der sogenannten Behindertenrechtskonvention 2009 die Dimension einer Zäsur hat. Dominieren anfangs moralische Appelle an die Haltung von Lehrpersonen und sind die Debatten rigoros auf Strukturen fixiert, wird das Thema Inklusion derzeit eher als ein anspruchsvolles und sensibles Entwicklungsprojekt behandelt. Kennzeichnend sind Fragen nach neuen gesellschaftlichen und berufsfachlichen Orientierungen und erforderlichen strukturellen Bedingungen im Bildungswesen. Unstrittig scheint die Notwendigkeit der Weiterentwicklung von Professionalität sowie der Akzeptanz aller beteiligten Akteurinnen und Akteure und Adressatinnen und Adressaten. In der sehr kurzen Geschichte des Entwicklungsprojekts Inklusion lässt sich eine unerwartet stark orientierende Rolle der KMK entlang zentraler Papiere und Beschlüsse sowie zahlreicher dialogisch-konsensueller Prozesse rekonstruieren. Aart Pabst skizziert das dabei von der KMK mit den 16 Ländern entwickelte Verständnis von Inklusion und benennt derzeit offene Fragen und den weiteren Entwicklungsbedarf aus der Sicht der KMK.

Ausgehend von der These, dass die Lehramtsausbildung nur unzureichend auf ein inklusives Bildungssystem vorbereitet, schildert *Katja Koch* zunächst die spezifische Ausgangssituation der Expertenkommission „Inklusive Bildung in Mecklenburg-Vorpommern bis zum Jahr 2020“, nennt Prämissen, an denen sich die Kommission orientierte und stellt dann ausgewählte Empfehlungen für die frühkindliche und die schulische Bildung vor. Als zentrale Elemente zur Schaffung der angestrebten inklusionsförderlichen Gesamtatmosphäre an inklusiven Grund- und Sekundarschulen werden der Gedanke der Prävention, damit verbundene Methoden sowie die Didaktik und Methodik eines inklusiven Unterrichts herausgestellt. Angesichts der Schwierigkeit, eine Vorstellung von gelingender Lehrerinnen- und Lehrerbildung für eine inklusive Praxis zu entwerfen, die es noch gar nicht gibt, und der Unklarheit darüber, auf welche organisatorischen Formen von Inklusion hin künftige Lehrpersonen ausgebildet werden müssen, wird hier ein adaptiver Umgang mit individuellen Lernvoraussetzungen als zentral betrachtet. Aus kompetenztheoretischer Perspektive werden dann auf der Basis des internationalen Forschungsstandes sechs Kompetenzfelder für die Ausbildung von Lehrkräften an inklusiven Schulen identifiziert und dargestellt. Abschließend macht Koch deutlich, dass eine inklusionsorientierte Lehrerinnen- und Lehrerbildung nicht ohne eine inklusive Transformation der Hochschulen, insbesondere ihres Personals, zu denken ist.

Können Praktika als Lernangebote mit explizitem Berufsfeldbezug Kompetenzen in Bezug auf ein Lehren in inklusiven Schulen anbahnen und welche Qualitätskriterien müsste man für inklusive Praktika ggf. in Anschlag bringen? Um diese Fragen zu klären, stellen *Tina Hascher* und *Lea de Zordo* zunächst Funktionen vor, die Praktika in der Lehrerinnen- und Lehrerbildung beispielsweise aus Sicht der KMK erfüllen sollen und referieren Forschungswissen zu deren Wirksamkeit. Entlang dreier ausgewählter Zugänge diskutieren sie vergleichend mögliche Potenziale für die Gestaltung inklusiver Praktika. Dabei zeigen sich Übereinstimmungen darin, dass generelle, fachübergreifende Ausbildungsziele adressiert werden, allerdings in Abhängigkeit der Strategien, die künftig in der Lehrerinnen- und Lehrerbildung gewählt werden. Angesichts dessen, dass die Kompetenzen zur Umsetzung von Inklusion im gegenwärtigen Schulalltag (noch) nicht als integraler Teil bereits bestehender Praktika erworben werden, mithin „gute" Praxen inklusiven Unterrichts noch als ungenügend implementiert gelten, müssen Gestaltungshinweise für inklusive Praktika sowie Qualitätskriterien für deren Durchführung ihr Wissen weitgehend aus bisherigen Erfahrungen mit den Praktika in allgemeinbildenden Schulen beziehen. Vor diesem Hintergrund ist allerdings davon auszugehen, dass es möglich ist, in Praktika Kompetenzen anzubahnen, die für einen inklusiven Unterricht beziehungsweise eine inklusive Schule notwendig sind, wobei die Qualität der Praktika u.a. notwendig von der Qualität der Schule abhängt.

Im Rahmen des Forschungsprojekts *Kompetenzen in Inklusiven Settings (KIS)*, in dem Vera Moser und Andreas Kropp *Vorarbeiten für ein Kompetenzstrukturmodell sonderpädagogischer Lehrkräfte* leisten, gehen sie den erstaunlicherweise weitgehend unbearbeiteten Fragen nach, für welche Aufgaben Professionelle in inklusiven settings zuständig sind, ob hier Unterschiede zwischen Lehrkräften für Allgemeinbildende Schulen und für (sonder-)pädagogische Förderung beschreibbar sind und über welche speziellen

Kompetenzen diese Lehrkräfte verfügen müssten. Die facettenreichen Befunde dieser empirischen, auf quantitative Verteilung der Aufgabenwahrnehmung gerichteten Fragebogenerhebung werden detailliert berichtet. Im Ergebnis entsteht ein erstes, empirisch gehaltvolles Kompetenzstrukturmodell, aus dem beispielsweise hervorgeht, dass die Aufgabenbereiche Diagnostik, Beratung, Kooperation und individuelle Förderung von allen Lehrkräften zeitlich in nahezu gleichem Umfang wahrgenommen werden, wohingegen Förderschullehrkräfte nur etwa halb so häufig wie andere Lehrkräfte die gesamte Klasse unterrichten. Mit ihren Ergebnissen, wie etwa dem, dass diagnostische Erhebungen nur geringe Auswirkungen auf die Unterrichtsgestaltung haben oder dem, dass zwei Drittel der sonderpädagogischen Fördermaßnahmen außerhalb des gemeinsamen Unterricht stattfinden, werfen Moser und Kropp Fragen auf, die in qualitativ angelegten Folgeforschungen aufgegriffen werden können.
Dass Inklusion in der Berufsbildung (BB) ein neues Thema ist, stellt *Ursula Bylinski* fest. Dies erstaunt, da bereits seit den 1960er Jahren eine rechtlich sehr differenziert geregelte Förderlandschaft besteht, die Unterscheidung zwischen Behinderung und Benachteiligung als Standard gelten kann und es zudem in der BB ein eigenes Segment an Berufen für behinderte Menschen gibt. Dass sich die Diskussion um Inklusion in der BB jedoch weitgehend auf Menschen mit Behinderung bezieht, hängt mit ihrer Verankerung im Berufsbildungsgesetz (BBiG) und im Sozialgesetzbuch III (SGB III) zusammen. Allerdings werden bekannte Exklusionsrisiken zunehmend wahrgenommen und systematisch überwacht. Im Rahmen eines Forschungsprojektes am Bundesinstitut für Berufsbildung (BIBB), bei dem es um die Frage nach dem Wandel der Professionalität der pädagogischen Fachkräfte ging, die am Übergang von der Schule in den Beruf und in die Arbeitswelt tätig sind, und das von der forschungsleitenden Annahme ausging, dass die Fähigkeit zur (Selbst-)Reflexion eine bedeutende Dimension der Professionalität darstellt, zeigte sich, dass der Professionalität des Personals in Betrieben, Berufsschulen und bei Bildungsträgern in Veränderungsprozessen bei der Ausgestaltung inklusiver Berufsbildung eine Schlüsselrolle zukommt. Als zwei relevante Kompetenzbereiche zeigten sich die konsequente Individualisierung von Bildungsprozessen (Subjektorientierung) und die Vernetzung und Kooperation (multiprofessionelle Zusammenarbeit). Als erfolgversprechende Maßnahmen empfiehlt Bylinski erstens, Kooperation als Strategie zur Professionalisierung zu nutzen und zweitens, Fortbildungssettings professionen- und institutionenübergreifend zu konzipieren.
Bettina Amrhein weist schließlich darauf hin, dass sich mit dem Inklusionsgebot der konstitutive Zielkonflikt von Schule nicht nur über die gleichzeitige

Orientierung an Bildungsstandards einerseits und der individuellen Bezugsnorm andererseits reproduziert, sondern auch dann, wenn eine Entscheidung für Förderung getroffen wurde, und zwar über die ungeklärte *normativ vernebelnde* Frage, ob mit Förderung ein exklusiver oder ein allgemeiner Anspruch verbunden ist. Auch Studierende des Lehramts scheinen international Förderung mit der Idee zu verbinden, Schülerinnen und Schüler mit unterschiedlichen Lernausgangslagen durch differenzierende methodische Zugänge dazu zu bringen, gleiche Lernziele zu erreichen. Eine Erklärung der Entstehung solcher Konzepte durch das Habituskonzept hebt etwa darauf ab, dass den Akteurinnen und Akteuren das zugrundeliegende Streben nach Homogenität durch die Strukturen des schulischen Feldes nahe gelegt wird. Solche Habitusformationen sind vermutlich nur durch intensive reflexive Beschäftigung damit in Bewegung zu bringen. Aus der Sicht Amrheins sind es neben vielem Anderen vor allem der Mangel an Beispielen gelingender Inklusion sowie fehlende eigene (biographische) Erfahrungen im Umgang mit Differenzierung und Individualisierung im Unterricht, die ein weites Verständnis von Inklusion behindern und die vor allem durch eine inklusionssensible Lehrerinnen- und Lehrerbildung zu bearbeiten sei, die auf frühzeitige biographische Reflexion und eine Arbeit am Habitus setzt, zugleich aber auch strukturelle Rahmenbedingungen berücksichtigt.
Im dritten Teil dieses Sammelbandes richtet sich der Fokus in zwei Beiträgen stärker auf die unterrichtliche Ebene und fragt aus fachdidaktischer Perspektive danach, wie Unterricht inklusiven Anforderungen gerecht werden kann:
Dass mit Binnendifferenzierung und Förderung überfachlicher Kompetenzen allein weder lineare Lernvorstellungen, noch die Orientierung an einem für alle verbindlichen Lernweg oder die Schematisierung von Lernprozessen zu überwinden sind, machen *Michael Ritter* und *Johannes Hennies* deutlich. Die bestmögliche Förderung des einzelnen Kindes bezüglich seiner eigenen Leistungsmöglichkeiten bedürfe eines deskriptiven Zugangs zum individualisierten Lernen, wie dies etwa im Konzept des vielfältigen Lernens in Gemeinsamkeit Georg Feusers konzeptualisiert sei. Am Beispiel des Umgangs mit einem metaphorischen Gedicht eines indigenen amerikanischen Dichters zeigen Ritter und Hennies, dass ein vielfältiges Lernen in Gemeinsamkeit an anspruchsvollen sprachlich-literarischen Gegenständen für alle Kinder möglich ist und dass nicht notwendigerweise bereits vorab durch eine Staffelung in der Komplexität der gemeinsamen Lernsituation zwischen lernenden Kindern unterschieden werden muss. Entsprechend stellen ein linear organisiertes Lernverständnis und ein davon abgeleiteter kompensatorischer förderdiagnostischer Blick auf heterogene Lerngruppen für die Autoren keine produktive Perspektive für die Modellierung einer inklusiven Deutschdidaktik dar.

Einer rein kognitiven Strukturierung des Lernprozesses, wie sie in großen Leistungsvergleichsstudien angesetzt wird, erteilen sie eine Absage zu Gunsten von Sichtweisen aus der Lesesozialisationsforschung, die ein umfassenderes Verständnis von sprachlich-literarischen Kompetenzen ermöglichen. Dabei geht es nicht um eine Neukonzeption der Fachdidaktik Deutsch, sondern eher um eine neue Perspektivierung des sprachlich-literarischen Lernens, die zwar die Bedeutung von Förderdiagnostik nicht in Abrede stellt, sich jedoch in einer pädagogischen Lern- und Leistungskultur verankert, die Kindern unterschiedliche Ziele zugesteht.

Petra Scherer relationiert Konzepte zur inneren Differenzierung und individuellen Förderung mit dem Mathematikunterricht in der Grundschule. An ausgewählten Unterrichtsbeispielen illustriert sie, dass aus fachdidaktischer Perspektive Konzepte und Formate existieren, die sich für einen inklusiven Unterricht eignen. Dabei stellt sie besonders die Bedeutung offener Aufgaben heraus, die eine Selbstwahl des Bearbeitungsniveaus erlauben und zugleich die Selbstorganisationsfähigkeit stärken. Ein besonderer Stellenwert kommt so genannten strukturgleichen Aufgaben zu. Sie bieten Möglichkeiten, über vergleichbare Entdeckungen zur Struktur oder zu Lösungsstrategien ins Gespräch zu kommen. Eine gezielte Nutzung koexistenter, subsidiärer bzw. kooperativer Formen von Lernsituationen gestattet es, individuelles und kooperatives Arbeiten im Mathematikunterricht zu variieren. Professionelle Lerngemeinschaften können die für inklusiven Mathematikunterricht notwendige Kooperation von Lehrpersonen fördern.

Die vier Beiträge im vierten Teil dieses Sammelbandes fragen schließlich nach Implikationen, Realisierungschancen und Konsequenzen des Inklusionsgebotes im Blick auf die Entwicklung von Schulen und Regionen:

Thomas Rihm vertritt die These, dass Inklusion eine fundamentale Herausforderung für die aktuelle Schulentwicklung darstellt. Am Beispiel des Projekts „Gemeinschaftsschule“ der rot-grünen Landesregierung Baden-Württembergs (2012) veranschaulicht er eine zweite These, nach der sich in dem Maße öffentlich Widerstand artikuliert, in dem der bürgerrechtsbewegte Anspruch auf Inklusion aus dem Schutz- bzw. Schonraum der Modellversuche in die Fläche der Regionen überführt wird, was aus seiner Sicht daran liegt, dass die mit einem bürgerrechtlichen Verständnis von Inklusion verbundenen Herausforderungen dazu einladen, die Schule in ihren Grundformen prinzipiell zu hinterfragen. Eine gesellschafts- und handlungstheoretische Analysefolie in Anlehnung an Habermas und Holzkamp gestattet ihm tiefere Einblicke in die aktuelle Reformdynamik. Die damit durchgeführten detaillierten Analysen veranlassen ihn zu dem Plädoyer, den dominanten Optimierungsmodus „gesteuerte Vermittlung“ durch den lebensweltlichen

Modus „diskursiver Verständigung“ immer wieder herauszufordern. Sofern schulische Bildung zuallererst dem Aufbau von Weltbeziehungen dient, der notwendig von den Lernenden ausgeht und von den Lehrenden moderiert wird, wäre die diskursive *Sinnkonstitution*, als Funktion von schulischer Bildung, dem zweckrational orientierten Aufbau von *Geschäftsfähigkeit* vorgeordnet.

Ob eine gute Schule in dem reformpädagogisch orientierten, bürgerschaftlichen Verständnis des Schulverbundes Blick über den Zaun (BüZ) gleichermaßen eine inklusive Schule ist, fragt *Christine Demmer*. Inklusion geht dabei für sie über Leistung, Wissen und Qualifikationserwerb hinaus. Bei Inklusion handle es sich formal um einen normativen, systemischen Entwicklungs- und Reflexionsprozess und inhaltlich um die Reduzierung von Beschämung, Diskreditierung, Barrieren für Lernen und Bildung, um die Verringerung von Aussonderung und die Infragestellung der (frühen) Separierung, der Existenz von Förderschulen sowie von Praktiken der Zurücksetzung und des Abschulens. Eine pädagogische Praxis lässt sich für Demmer nicht als „inklusiv richtiges“ Handeln konzipieren. Sie muss stattdessen kontinuierlich entlang des Inklusionsgedankens hinterfragt und kritisch geprüft werden. Das Leitbild von guter Schule des 1989 gegründeten Schulverbundes BüZ entspricht zahlreichen Aspekten des Inklusionsgedankens, wobei ihm eher ein umfangreiches, indirektes Inklusionsverständnis inhärent ist. Während angesichts eines z.T. geradezu unkritischen Inklusionshypes gerade der implizit inklusive Gehalt des BüZ-Leitbildes möglicherweise ein besonderes (subversives) Potential aufweist, finden manche inklusionsrelevante Aspekte, etwa die individuelle Förderung, aus Sicht der Autorin eher wenig Beachtung bzw. müssen, wie etwa die Fokussierung auf die/den Einzelne(n), besonders kritisch reflektiert werden, beispielsweise um strukturelle Probleme nicht unangemessen zu personalisieren. Insgesamt bietet das Leitbild von guter Schule des BüZ aus der Sicht der Autorin einen geeigneten Rahmen für fortlaufende Schulentwicklung mit inklusivem Anspruch.

Den Response to Intervention (RTI)-Ansatz charakterisieren *Yvonne Blumenthal* und *Bodo Hartke* als einen konzeptionellen Rahmen, der auf systematische Stärkung der Unterrichtsqualität und formative Leistungsevaluation sowie auf ein Fördersystem setzt, welches einen wohnortnahen, barrierefreien Zugang zu Bildung ermöglicht und zugleich die Exklusionsquote senkt. Die sogenannte Mehrebenenprävention, datengeleitete Förderentscheidungen und evidenzbasierte Lehr- und Fördermethoden sowie -programme werden dabei zu einem präventiv und inklusiv ausgerichteten Beschulungskonzept miteinander verbunden. Einem einleitenden Problemaufriss und einer Schilderung der Entstehung des RTI-Ansatzes folgt die Darlegung seiner Ziele, die wesentlich in der Früherkennung und Prävention von Lern- und Entwicklungsstörungen liegen und aus Sicht der Autorin und des Autors mit einer Reduzierung von sonderpädagogischem Förderbedarf, einer Ermöglichung inklusiver Beschulung von Kindern mit Lern- und Entwicklungsschwierigkeiten und einer weitgehenden Vermeidung von Erfahrungen des Scheiterns, von Etikettierungsprozessen und selektiven Maßnahmen verbunden ist. Einer detaillierten Darstellung der Kernelemente des Ansatzes schließt sich die Darstellung und Diskussion der an dem Ansatz geübten Kritik an. Im abschließenden Fazit legen der Autorin und der Autor dar, dass sich aus ihrer Sicht mit der Etablierung des RTI-Ansatzes ein Paradigmenwechsel in der Förderdiagnostik und -pädagogik vollzieht, weg von einer merkmalszentrierten Sichtweise des Kindes hin zu einer systematisch formativen Leistungsdiagnostik, die es gestattet, die Lernentwicklung zu erfassen, um Schülerinnen und Schüler so früh wie möglich zu fördern. Die Umsetzung des Ansatzes bedarf wissenschaftlich, methodisch-didaktisch, förderpädagogisch, pädagogisch-psychologisch gut ausgebildeter Lehrkräfte.

Barbara Brokamp geht der Frage nach, welche Bedeutung die inklusive Entwicklung für die Rolle von Schulen im Kontext der Kommunen hat und fragt zweitens nach Anforderungen, die dieses neue Verständnis an Lehrerinnen und Lehrer und Akteurinnen und Akteure im Bildungswesen zukünftig haben wird. In diesem Zusammenhang diskutiert sie zwölf Wirkungsebenen von Inklusion und stellt dabei klar, dass Inklusion auf die Dauer von allen Schulen und nicht nur mit Blick auf Menschen mit Behinderung realisiert werden müsse. Mit Blick auf die Kommunen attestiert sie Schulen, dass sie als Community-Zentren einen wesentlichen Beitrag zur Attraktivität der Gemeinwesen leisteten, betont aber auch die Notwendigkeit der Vernetzung von Schulen untereinander im Sinne von Schulpartnerschaften sowie deren Einbindung in die Regionalentwicklung. Im Zusammenhang mit anderen Bildungsträgern wachse der Anspruch, Kindern und Jugendlichen die Gestaltung sinnvoller „Bildungsketten" durch Schulkooperationen und Bildungsverbünde zu ermöglichen. Umgekehrt müssten Kommunen ihrerseits einen inklusiven Gestaltungswillen erkennbar werden lassen, was beispielsweise durch den Abbau unnötiger Parallelstrukturen sichtbar werde. Das eigens für solche Zwecke entwickelte Praxishandbuch „Inklusion vor Ort – Der kommunale Index für Inklusion" der Montag Stiftung soll Dialoge und gemeinsam verantwortete Entwicklungsprozesse anregen. Auf Seiten der Lehrpersonen seien Kenntnisse über kommunale Strukturen vonnöten, klare Vorstellungen über mögliche Vernetzungen, sowie darüber, wie Teilhabe organisiert werden könne. Eine konsequente Umsetzung von Inklusion setze voraus, dass sich Strukturen der Vernetzung und Kooperation zwischen Schulen, Bildungs- und anderen kommunalen Einrichtungen etablierten.

Literatur

Bourdieu, P. & Wacquant, L.J.D. (2006): Reflexive Anthropologie. (dt. zuerst 1996; Übers. v. H. Beister). Frankfurt a.M.: Suhrkamp.

Budde, J. & Hummrich, M. (2013): Reflexive Inklusion. In: Zeitschrift für Inklusion, 8. Jg., H. 4. Online unter: http://inklusion-online.net/index.php/inklusion-online/article/view/193/199. Zugriff: 15.07.2014.

Dannenbeck, C. & Dorrance, C. (2009): Inklusion als Perspektive (sozial)pädagogischen Handelns – eine Kritik der Entpolitisierung des Inklusionsgedankens. In: Zeitschrift für Inklusion, 4. Jg., H. 2. Online unter: http://www.inklusion-online.net/index.php/inklusion-online/article/view/161/161. Zugriff: 07.11.2014.

Dannenbeck, C. (2012): Wie kritisch ist der pädagogische Inklusionsdiskurs? Entpolitisierungsrisiko und theoretische Verkürzung. In: Rathgeb, K. (Hrsg.): *Disability Studies. Kritische Perspektiven für die Arbeit am Sozialen*. Wiesbaden: VS Verlag für Sozialwissenschaften, 55–67.

Feuser, G. (2010): Integration und Inklusion als Möglichkeitsräume. In: Stein, A.-D., Krach, St. & Niediek, I. (Hrsg.): *Integration und Inklusion auf dem Weg ins Gemeinwesen. Möglichkeitsräume und Perspektiven*. Bad Heilbrunn: Klinkhardt, 17–31.

1. Teil:
Grundlegende Fragen - übergreifende Perspektiven

Annedore Prengel

Inklusive Bildung: Grundlagen, Praxis, offene Fragen

Abstract
Der folgende Beitrag bietet eine komprimierte Einführung in die inklusive Pädagogik. Menschenrechtliche Grundlagen, Stationen der Vorgeschichte und die Bedeutung inklusiver Pädagogik im gegenwärtigen spätmodernen gesellschaftlichen Kontext werden erläutert. Über die zentralen Bausteine inklusiver pädagogischer Praxis wird ein knapper zusammenfassender Überblick erstellt. Ausgewählte Bausteine der inklusiven Didaktik, didaktischen Diagnostik und Leistungsbewertung werden vertieft. Abschließend werden offene Fragen der Implementation von Inklusion in der Bildungslandschaft benannt.

Mit Inklusion ist international das Ziel verbunden, allen verschiedenen Angehörigen der nachwachsenden Generation angemessene Grundbildung an einem wohnortnahen, gemeinsamen Ort zukommen zu lassen. In Deutschland wurde das Modell des gemeinsamen Lernens in heterogenen Lerngruppen seit den siebziger Jahren des 20. Jahrhunderts an zahlreichen Orten entwickelt und umfassend wissenschaftlich untersucht (Projektgruppe 1988; Deppe-Wolfinger u.a. 1990; Schnell 2003). Im Elementarbereich breitete sich Inklusion erfolgreicher aus als in Schulen (Kron 2006). Aber die Dokumentationen des Jakob-Muth-Preises sowie detaillierte Fallberichte und eine Fülle von Studien belegen, dass und wie Inklusion auch in zahlreichen Schulen erfolgreich praktiziert wird (Müller & Prengel 2013). Mit inklusiver Pädagogik werden zukunftsweisende Antworten auf Bildungsprobleme in der Spätmoderne gegeben, die in bildungshistorisch sehr weit zurückreichenden Traditionen des Bemühens um gute Kindergärten und gute Schulen stehen. Zugleich gibt es auf allen Ebenen des Bildungssystems Akteure, die die Pädagogik mit heterogenen Lerngruppen nicht kennen und sie ablehnen. Selbstverständlich entsteht mit Inklusion keine heile Welt im Bildungswesen, denn wie mit jeder anderen gesellschaftlichen Innovation sind auch mit Inklusion

Paradoxien verbunden (Honneth 2002), und vielfach können Probleme der nicht genügend guten Realisierung, unzureichenden Ausstattung und mangelnden Qualitätssicherung vorgefunden werden.
Für diesen Aufsatz wird eine Perspektive gewählt, die Gemeinsamkeiten zwischen Elementar-, Primar- und Sekundarbereich hervorhebt, dabei beziehen sich einige Passagen nur auf eine der Bildungsstufen.[1] Die Begriffe *Inklusion* und *Integration*[2] werden aus Gründen der historischen Kontinuität der Integrations- und Inklusionsbewegungen seit dem letzten Viertel des 20. Jahrhunderts in weitgehend gleicher Bedeutung verwendet.

1 Menschenrechtliche Grundlagen, Stationen der Vorgeschichte und aktuelle gesellschaftliche Bedeutung

Die in der Allgemeinen Erklärung der Menschenrechte und ihren gruppenbezogenen Konkretisierungen verankerten Prinzipien der Freiheit, Gleichheit und Solidarität bieten einen normativen Rahmen für das Bemühen um inklusive Bildung in modernen Gesellschaften (Vereinte Nationen 1948; 1989; 2006; Unesco 2005; Deutsches Institut für Menschenrechte 2013; Habermas 2010). Die Vorgeschichte dieses Bemühens[3] lässt sich, ebenso wie die Vorgeschichte der Menschenrechte historisch weit zurückverfolgen. Früh finden sich Entwürfe einer Bildung für alle unterschiedlichen Menschen, begründet

---

1 Der Beitrag beruht auf früheren Studien der Autorin und führt sie weiter (Prengel 2013a; 2010a; 2014a).

2 Die Begriffe *Integration, integrativ, integriert* werden in der Literatur in verschiedenen Bedeutungen gebraucht, die sich jeweils nur aus dem Kontext erschließen lassen. Die Begriffe *Inklusion* und *Integration* werden in der einschlägigen Literatur teilweise synonym verwendet, teilweise werden sie unterschieden. In diesem Aufsatz werden *Integration* und *Inklusion* ähnlich gebraucht, um zu betonen, dass eine kontinuierliche Entwicklung stattgefunden hat. Studien aus der Zeit (Deppe-Wolfinger u.a. 1990) belegen, dass die in den siebziger Jahren beginnende Integrationsbewegung für einen gemeinsamen Unterricht im Wesentlichen den gleichen Einsichten und Praktiken verpflichtet war wie die heutige Inklusionsbewegung. Mit der Verabschiedung der Behindertenrechtskonvention war eine auf den Errungenschaften der Integrationsbewegung aufbauende Ausbreitung des Inklusionsbegriffs verbunden, die der Debatte wichtige neue Impulse verliehen hat (vgl. Hinz in diesem Band). Darum mag es in gegenwärtigen Auseinandersetzungen auch gute Gründe dafür geben, zwischen integrativen Entwicklungen – als punktuelleren Formen der Herstellung von Gemeinsamkeit – und inklusiven Entwicklungen – als umfassenderen Formen der Herstellung von Gemeinsamkeit – zu unterscheiden.

3 Vgl. für die Abschnitte zu historischen Entwicklungen Prengel 2013a; 2013b; 2014a; Kuhlemann 1992; Wiborg 2010; Klafki 1971; Blanck, Edelstein & Powell 2013; Friedeburg 1997; Lundgreen 1981; Krüger-Potratz 2006; Pehnke 1996; Powell & Pfahl 2009; Schmitt 1993; Rodehüser 1967.

mit der Gottesebenbildlichkeit aller, zum Beispiel bei Comenius (1592–1670). Die Ideen- und Institutionengeschichte der Schulbildung von feudalen über moderne bis hin zu heutigen spätmodernen Modellen lässt sich lesen als Geschichte von umstrittenen Einbeziehungen, Trennungen und Ausgrenzungen wechselnder Gruppen. Darin spiegeln sich, jeweils argumentativ legitimiert, gesellschaftliche Spaltungen ebenso wie menschenrechtlich begründete Kämpfe um Anerkennung und Teilhabe wider. Kinder verschiedener Stände, Klassen und Schichten, Kinder verschiedenen Geschlechts, Kinder verschiedener kulturell-ethnischer Zugehörigkeiten, Kinder verschiedener Religionen und Kinder weiterer Gruppierungen wurden je nach historischen und gesellschaftlichen Vorgaben von Bildung ausgeschlossen, in getrennte Bildungswege geleitet oder zu gemeinsamer Bildung zugelassen. Die Strategien wurden auf der einen Seite in Aussagesystemen mit den einzelnen Gruppierungen zugeschriebenen angeborenen Eigenschaften und ihnen zukommenden Aufgaben im Erwachsenenleben sowie auf der anderen Seite mit allen Kindern und Jugendlichen gemeinsamen Rechten und Bildungsfähigkeiten begründet.

Bestrebungen zur Aufhebung von Trennungen und Ausschlüssen in der Bildung gingen u.a. aus von den Philanthropen des 18. Jahrhunderts mit ihren ständische, konfessionelle und geschlechtliche Trennungen überwindenden Musterschulen,[4] von der Einheitsschulbewegung des 19. Jahrhunderts, von der ersten Frauenbewegung sowie von den mit der Arbeiterbewegung verbundenen Strömungen der Reformpädagogik. Nachdem die Allgemeine Unterrichtspflicht im Laufe des 19. Jahrhunderts in einem vielfach trennenden niederen und höheren Schulwesen flächendeckend umgesetzt worden war, und nachdem im Fin de Siècle reformpädagogische Ansätze einer kindgerechten Pädagogik propagiert und praktiziert worden waren, kam es nach dem ersten Weltkrieg in der Weimarer Republik zum Weimarer Schulkompromiss, der immerhin eine kurze vierjährige Grundschulzeit für alle Kinder mit Ausnahme der Kinder mit Behinderungen erlaubte. Nach dem zweiten Weltkrieg und der darauf folgenden deutschen Teilung entwickelte sich in der DDR ein einheitliches Schulsystem, während in Westdeutschland die Alliierten mit ihrem Vorhaben, auch hier Gesamtschulen einzurichten, scheiterten. Im Schulwesen der DDR und in der westdeutschen Bildungsreform bemühte man sich auf unterschiedliche Weise darum, überkommene und neu entstehende quasiständische und geschlechtliche Ungleichheiten zu überwin-

---

[4] So hat zum Beispiel Friedrich Eberhard von Rochow (1734–1805) in seinem „Versuch eines allgemeinen Schulplans“ den Entwurf einer Schule der gemeinsamen Grundbildung für Mädchen und Jungen aller Stände verfasst (Rochow 1800) und in seiner Gutsherrschaft Musterschulen eingerichtet (Schmitt 1993).

den. Kinder mit Behinderungen wurden in diesen Diskursen und Kämpfen, in denen das Motiv, soziale Ungleichheit zu vermindern, im Vordergrund stand, nicht berücksichtigt. Während in Deutschland trotz einiger integrativer Tendenzen bis heute segregierende Strukturen dominieren, wurden international in den vergleichbaren Gesellschaften schon im Laufe des 20. Jahrhunderts integrierendere Bildungssysteme eingerichtet.

Alle Bestrebungen für gemeinsame Bildung wurden zugleich auch von Verfechtern der Trennung bekämpft. Ein gemeinsames Lernen von Kindern aus verschiedenen Ständen oder Klassen, von Mädchen und Jungen, von Angehörigen verschiedener Religionen wurde in der Geschichte phasenweise von Interessengruppen für unmöglich gehalten und einige ihrer Vertreter in der Lehrerinnen- und Lehrerschaft weigerten sich, bestimmte Gruppen, zum Beispiel Mädchen, zu unterrichten.

Alle Anstrengungen um Gemeinsamkeit in der Bildung können dem langfristigen historischen Wandel des feudalen Bildungsmodells zum Bildungsmodell moderner Demokratien zugeordnet werden. Während im ständischen Modell Bildungswege und Lebensaufgaben als weitgehend von Geburt an feststehend konzipiert worden waren, dient Bildung in der Demokratie dazu, Leistung „chancengleich" zu ermöglichen und gesellschaftliche Positionierungen „meritokratisch" mit Leistung zu begründen. Internationale Leistungsvergleichsstudien kommen immer wieder zu dem Ergebnis, dass integrierende Bildungssysteme diese Aufgabe lösen können, dennoch sind in Deutschland jene Strömungen weitgehend bestimmend, die nach wie vor an segregierenden Strukturen festhalten.

Inzwischen ist in der gegenwärtigen Spätmoderne nicht nur das Ausmaß überkommener quasiständischer Ungerechtigkeiten immer deutlicher, sondern neben ihren Vorzügen sind auch Kehrseiten der meritokratisch-demokratischen Moderne sichtbar geworden. Dazu gehören psychische Kosten der destruktiven Konkurrenz, krank machende Einsamkeit, sich steigernde gesellschaftliche Spaltungen, Ängste um Statusverlust auf Seiten der Gewinner, symbolische Anerkennungsmängel und materielle Verteilungsmängel auf Seiten der Verlierer (Ehrenberg 2011; Heitmeyer & Imbusch 2005). Klarer wurde auch, dass mit einer konsequenten Leistungsorientierung existentiell und gesellschaftlich relevante Lebensbedingungen aller Menschen verdrängt werden (Bielefeldt 2009): In den Phasen am Anfang und am Ende des Lebens sind wir von anderen abhängige und bedürftige Wesen und das gilt – wenn auch in unterschiedlichem Maße ausgeprägt und wenig bewusst – während aller Lebensphasen.[5] In dem Maße, in dem Lebenszusammenhänge von Menschen mit schwereren Behinderungen sichtbar werden, wird auch die vielfach verdrängte universelle Abhängigkeit und Bedürftigkeit, die das Leben aller Menschen betrifft, unübersehbar.

Meine These ist: Indem sich Kindertagesstätten und Schulen mit Inklusion zu gemeinsamen Orten für ausnahmelos alle Angehörigen der jeweiligen Altersgruppen aus der jungen Generation machen, greifen sie Herausforderungen der Spätmoderne auf und stärken zugleich die Ansprüche auf Bildung für alle in der modernen Demokratie. Inklusion verabschiedet dabei nicht die Leistungsorientierung in der spätmodernen hochtechnisierten Wissensgesellschaft – im Gegenteil, sie anerkennt und fördert die Leistungsfähigkeit der Lernenden auf allen Leistungsniveaus, und sie ist dem Bemühen um Chancengleichheit verpflichtet. Inklusion schafft meritokratische Strukturen nicht ab, ist aber geeignet, diejenigen Strömungen in der modernen Demokratie, die sich vor allem auf Bildung als konkurrentes Aufstiegsszenario konzentrieren, zu überschreiten. Indem Inklusion die Anerkennung vielfältiger Lebens- und Lernweisen in das Bildungswesen einbringt, entsteht eine neue pädagogische Deutung von Pluralität, die zugleich die in langen historischen Phasen nach und nach kumulativ aufgeschichteten Traditionslinien der gemeinsamen Grundbildung für alle fortschreibt. Im Hinblick auf menschenrechtliche Prinzipien lässt sich sagen, dass Inklusion sich um die allen zukommende gleiche Freiheit bemüht, indem sie den Zusammenhang des Gleichheitsrechts auf Bildung, des Freiheitsrechts auf vielfältige eigene Lebensweisen sowie die Verpflichtung zur Solidarität in neuen Denk- und Handlungsmustern weiterführt. Inklusion orientiert sich am Gleichheitsprinzip, indem sie allen Menschen Zugänge zu Bildung im Sinne der Chancengleichheit und Teilhabe ermöglicht, am Freiheitsprinzip, indem sie vielfältigen Lebensweisen und daraus folgenden individuell eigenständigen Lernweisen Raum und Anerkennung bietet sowie am Solidaritätsprinzip, indem sie im Generationenverhältnis und in den Peergruppen unterstützende und fürsorgliche Beziehungen kultiviert (siehe Punkt 3.).

Das 2006 in der Generalversammlung der Vereinten Nationen verabschiedete Übereinkommen über die Rechte der Menschen mit Behinderungen bringt die neue Betonung des Zusammenhangs von Egalität, Pluralität und Solidarität in international gültiger Form zum Ausdruck. Die Anerkennung pluraler Lebensweisen wird für Menschen mit Behinderungen formuliert und kommt

---

5 In den Diskursen zur Palliativmedizin wird die Würde der Menschen und das Lebenswerte auch der aller gebrechlichsten Lebenslagen herausgearbeitet (vgl. Deutsche Gesellschaft für Palliativmedizin 2010).

zugleich allen zugute, indem die Freiheit aller für ihre vielfältigen Lebensweisen gestärkt wird (Bielefeldt 2009; Vereinte Nationen 2006; Cloerkes 2007; Waldschmidt & Schneider 2007). Theoretische und zeitdiagnostische Begründungen zur radikalen Anerkennung pluraler Lebensweisen finden sich in unterschiedlichen sozialphilosophischen Diskursen, zum Beispiel in der Postmodernen Philosophie, in der Kritischen Theorie und in aktuellen Freiheitstheorien (vgl. zusammenfassend Prengel 2014a; Pauer-Studer 2000).

2 Bausteine inklusiver pädagogischer Praxis

Die Anerkennung pluraler Lebens- und Lernweisen in den heterogenen Lerngruppen einer inklusiven Schule und Kindertagesstätte wurde seit fast 40 Jahren von Lehrerinnen und Lehrern, von pädagogischen Fachkräften sowie von Sonder- und Sozialpädagoginnen und -pädagogen entwickelt und durch wissenschaftliche Begleitungen dokumentiert und evaluiert (vgl. zusammenfassend Müller & Prengel 2013). Die in den letzten Jahrzehnten entstandene Praxis des Lehrens und Lernens in heterogenen Lerngruppen beruht auf Vorkehrungen, die alle Gestaltungsebenen von Bildung umfassen. Hilfreich ist es dabei zwischen fünf eng zusammenhängenden Handlungsebenen zu unterscheiden: der institutionellen, der professionellen, der relationalen, der didaktischen und der bildungspolitischen Ebene. Anhand dieser Unterscheidungen werden zentrale Bausteine inklusiver pädagogischer Praxis in den folgenden Stichpunkten in einem knappen Überblick holzschnittartig vereinfachend zusammengefasst (vgl. ausführlich Prengel 2013a; Stähling 2006; 2013; Graumann 2011; Boban & Hinz 2003).

- Zur *institutionellen Ebene* gehören: die Öffnung der wohnortnahen Kita und Schule für alle ohne Ausgrenzungen; die Kooperation aller zuständigen Institutionen; die Zusammenarbeit mit Eltern; die sozialpädagogische und sonderpädagogische Unterstützung in der inklusiven Einrichtung und in der inklusiven Schule; Strukturen für die Partizipation der Kinder; eine das Wohlbefinden der alten und der jungen Generation sichernde gute Ordnung mit klaren Regeln und Mitgliedschaft inszenierenden Ritualen; die Bildung von heterogenen Lerngruppen in stabilen Klassengemeinschaften; Ergänzung um temporäre Lerngruppen oder temporäre 1:1-Betreuung bei triftig begründetem Bedarf; die Trennung von Lern- und Leistungszertifizierungssituationen; die zeitlich flexible individuelle Vergabe aller Bildungsabschlüsse in Einklang mit den individuell erreichten Leistungsständen in den Sekundarstufen (siehe ausführlich 4.).
- Zur *professionellen Ebene* gehören: die kontinuierliche Kooperation in multiprofessionellen Teams mit regelmäßigen Teamgesprächen, Fallbe-

sprechungen und Supervisionen; die feste Zugehörigkeit von Sozial- und Sonderpädagoginnen und -pädagogen kombiniert mit der Unterstützung durch externe Expertinnen und Experten.

- Zur *relationalen Ebene* gehören: anerkennende Lehrer-Schüler-Beziehungen; feinfühlige Bindungen besonders für traumatisierte Kinder; Aufmerksamkeit der Erwachsenen für die Peer-Beziehungen und für soziales Lernen (siehe ausführlich Prengel 2013c; 2014b).
- Zur *didaktischen Ebene* gehören: die Kombination von zwei Säulen, eine obligatorische Säule mit einem individualisierungsfähigen, von Erwachsenen verantworteten Kerncurriculum und eine fakultative Säule mit Freiheiten für Projekte zu den Themen und Interessen der Lernenden, verbunden mit in die alltägliche Didaktik eingelassenen didaktisch-diagnostischen Tätigkeiten der pädagogischen Fachkräfte und Lehrkräfte, um für die individuellen Lernausgangslagen passende Lernmaterialien anbieten und Lerngelegenheiten gestalten zu können (siehe ausführlich 3.).
- Zur *bildungspolitischen Ebene* gehören: ausreichende Ausstattung mit Ressourcen; ausreichende Aus- und Fortbildung der beteiligten pädagogischen Berufe; systematische Implementation und Qualitätssicherung.

Diese Aufzählung macht sichtbar, dass die Bausteine der inklusiven Pädagogik zugleich die Elemente einer guten Pädagogik insgesamt abbilden; sie alle kommen – selbstverständlich mehr oder weniger stark ausgeprägt – in gelingenden Prozessen der Organisationsentwicklung im Bildungswesen zum Tragen. Die Bausteine der inklusiven Pädagogik stellen Antworten auf ungelöste Probleme des Regelschulsystems dar, mit denen jede Schule zu kämpfen hat (Tillmann 2006; Oelkers 2009; Höhn 1967). Einige dieser Probleme werden im Folgenden aufgeführt:

- die Unmöglichkeit, die Lernenden zuverlässig einem passenden Ort im segregierenden Schulsystem zuzuweisen, weil es keine Instrumente mit Prognosesicherheit gibt,
- die im gleichschrittigen Unterricht systematisch gegebene Vernachlässigung jener stets anwesenden Lernenden, die schon über den erwarteten Stand hinaus oder noch dahinter zurück sind,
- die Zurückstellungen, Klassenwiederholungen und Abstufungen an andere Schulen, die von der Lerngruppe trennen und mit denen demotivierende Kränkungen einhergehen,
- die Zuschreibung der „schlechten“ Schülerin/des „schlechten“ Schülers, die alltäglicher Diskriminierung gleichkommt und Leistungsfähigkeit vermindert,

- die mangelnde Trennung zwischen Lern- und Leistungssituationen, deren leistungsmindernde Wirkungen für einen Teil der Lernenden systematisch durch entwertende Ziffernnoten verstärkt werden,
- die Vereinzelung und Vereinsamung der allein hinter verschlossenen Türen arbeitenden Lehrpersonen.

Obwohl die auf fünf Ebenen angesiedelten Bausteine inklusiver Pädagogik eng aufeinander bezogen sind, stellen sie keinen monolithischen Block dar, der nur ganz oder gar nicht zu haben wäre. Vielmehr ist zu beobachten, dass sich in den Bundesländern auf sehr verschiedenen Ebenen ansetzende teilweise flächendeckende, teilweise auf Modellprojekte begrenzte Vorhaben zu mehr Integration finden lassen (vgl. für Schleswig-Holstein und als bayrisches Beispiel Pluhar 2011; Martschinke, Kopp & Ratz 2012). Dazu gehören: die Einschulung ohne Auslese (Liebers 2008), das jahrgangsübergreifende Lernen (Carle & Metzen 2014), die Zusammenlegung von Haupt- und Realschulen (Rösner 2010; Didacta 2010), die teilweise folgenreichen Kontroversen um Sitzenbleiben und Notengebung (Klemm 2009; Brügelmann 2006), die Vergabe mehrerer Abschlüsse an einer Schule der Sekundarstufe, die Aufnahme von Kindern mit geistiger Behinderung in einigen Gymnasien (Schöler 2009), die allgegenwärtige Tendenz zu mehr Individualisierung im Unterricht aller Bildungseinrichtungen (Klieme & Warwas 2011; Schaschek 2013; Lähnemann 2008), eine neue Aufmerksamkeit für die Relevanz pädagogischer Beziehungen vor allem für traumatisierte Kinder (Bausum u.a. 2013; Prengel & Irle 2013), die Stärkung von Partizipation und Demokratisierung in Schulverfassungen (Edelstein 2010), die Überwindung institutioneller Trennungen zwischen Schul- und Sozialpädagogik in Gesamt- und Ganztagsschulen (Maschke u.a. 2014; Ratzki 2002), die Auszeichnung inklusiver Kindertagesstätten und Schulen,[6] die zunehmende Rezeption der integrativen Verfasstheit internationaler Bildungssysteme (Preuss-Lausitz 2013) und schließlich auch der große Zuwachs an öffentlicher Aufmerksamkeit für Themen der inklusiven Pädagogik (vgl. z.B. Grossarth 2013).

3. Die beiden Säulen der inklusiven Didaktik

In der alltäglichen Praxis muss die Ebene der Didaktik als die wesentliche Handlungsebene inklusiver alltäglicher Praxis, als ein zentraler Baustein,

---

[6] Der deutsche Schulpreis, http://schulpreis.bosch-stiftung.de/content/language1/html/in dex.asp; Jakob Muth-Preis für inklusive Schule, http://www.jakobmuthpreis.de/; Cornelsen Stiftungspreis Zukunft Schule, http://www.stiftungspreis-zukunft-schule.de/wettbewerb/ (Zugriff: 01.03.2014).

angesehen werden. Neben der didaktischen Ebene kommt den Geschehnissen auf der Beziehungsebene eine ebenso grundlegende Bedeutung zu; sie betrifft die wechselseitige Anregung und Anerkennung der Kinder und Jugendlichen untereinander in den heterogenen Peergruppen sowie die pädagogischen Beziehungen, in denen es darum geht, anzuerkennen, dass jedes kindliche Verhalten subjektiv sinnvoll ist (Reiser 1993; 2006; Reiser & Werning 2002; Prengel 2013c; 2014b; Heinzel 2004). Inklusive Didaktik ist eine Didaktik der inneren Differenzierung, die sich unter der kontinuierlichen Beachtung auch der (im Kontext dieses Aufsatzes nur angedeuteten) Beziehungsebene an den Lernausgangslagen jedes einzelnen Kindes bzw. Jugendlichen in der heterogenen Lerngruppe orientiert. Der Baustein der inklusiven Didaktik soll im Folgenden mit seinen Konsequenzen für die Curriculumsentwicklung, die Unterrichtsmethodik, die Materialausstattung und die Leistungsbewertung vertiefend erläutert werden.

Der inklusiven Didaktik liegt ein inklusives Curriculum zugrunde, das – ausgesprochen oder unausgesprochen – im Grunde immer auf zwei Säulen beruht: Einem obligatorischen, aber individualisierungsfähigen *Kerncurriculum* zur Sicherung von Chancengleichheit und kultureller Teilhabe und einem fakultativen, offenen *Wahlcurriculum* zur Sicherung der Selbsttätigkeit der Kinder beim Lernen anhand von eigenen Interessen, selbstgewählten Themen und kreativen Aktivitäten. Wenn wir diese beiden Säulen auf menschenrechtliche Maximen beziehen, wird deutlich, dass das individualisierungsfähige inklusive Kerncurriculum zunächst der Gleichheit der Lernenden und das individuelle Wahlcurriculum zunächst der Freiheit der Lernenden dient. Beide Säulen stützen einander wechselseitig, indem sie gemeinsam die kindliche Lernentwicklung tragen und zu einem für alle anzustrebenden Leben in „gleicher Freiheit“ beitragen. Indem beide, der obligatorisch-verpflichtende Anteil und der fakultativ-freiheitliche Anteil der inklusiven Didaktik, herausgearbeitet werden, berücksichtigt die Theorie der inklusiven Didaktik auch die Bedeutung des Generationenverhältnisses für den Bildungsprozess. Aufgrund der unaufhebbar generationalen Verfasstheit von Bildungsprozessen geht es stets darum, weiterzugebende kulturelle Errungenschaften früherer Generationen auf der einen und neu zu erringende kulturelle Möglichkeiten der jungen Generation auf der anderen Seite miteinander zu vermitteln. In diesem Sinne spricht Heinzel (2011) von der „Generationenvermittlung“ in Bildungsprozessen.

Mit der *obligatorischen Säule* werden Inhalte eines von Angehörigen der Erwachsenengeneration verantworteten Kerncurriculums in den zentralen Fachgebieten aus Sprache, Mathematik, Sozialwissenschaften (einschließlich Ethik/Religion), Naturwissenschaften, Musik, Kunst, Bewegung ausgewählt und in individualisierten Formen vermittelt. Im Unterschied zum gleichschrittigen Bildungsmodell, in dem die Inhalte des Kerncurriculums in vorbestimmten, für alle Lernenden gleichzeitig verbindlichen Zeiteinheiten im Laufe der Kita- und Schuljahre angeordnet sind, werden diese Inhalte im differenzierenden Bildungsmodell individualisierbar gemacht. Das heißt, in der heterogenen Lerngruppe wird altersunabhängig von jedem Leistungsstand aus ein Einstieg in fachbezogenes Lernen angeboten. Fachbezogene Bildungsstandards in verantwortlich ausgewählten Kompetenzbereichen werden nicht eindimensional als ein für alle gleichermaßen bestimmter Regel- oder Minimalstandard konzipiert, sondern durch Stufung individualisierungsfähig gemacht. Jede und jeder Lernende soll in den als wesentlich erachteten Kompetenzbereichen von seiner jeweils schon erreichten Leistungsgrenze aus anhand seiner individuell bestmöglichen nächsten Lernschritte diese Leistungsgrenze in individuellem Tempo verschieben. Für die Arbeit an diesem individualisierbaren Kerncurriculum werden zwei Instrumente gebraucht: Stufenförmig aufgebaute Kompetenzraster, die jede Lernstufe mit Lerngelegenheiten und -aktivitäten, die zum Erreichen der nächsten Stufe führen, präzise beschreiben und eine Ausstattung mit zu jeder Stufe passenden Lernmaterialien für die Hand der Schülerinnen und Schüler. In guten inklusiven Kindertagesstätten und Schulen werden mit solchen Instrumenten der Organisation und Dokumentation individualisierte Lernprozesse systematisch gestaltet und überprüft (vgl. Geiling, Liebers & Prengel 2014; Prengel 2013 a; 2014c; Eschelmüller 2013; Müller 2003; Landesinstitut 2012). Auf diese Weise kann angestrebt werden, dass jedem Kind im Interesse seiner Chancengleichheit und seiner kulturellen Teilhabe so gut wie individuell irgend möglich Fähigkeiten im Bereich der grundlegenden Kulturtechniken des Lesens, Schreibens, Rechnens und der anderen als relevant erachteten Bereiche vermittelt werden. Eine solche Leistungsorientierung darf allerdings nicht dogmatisch verstanden werden, denn kindliches Lernen schreitet nicht immer linear voran, es finden sich auch Situationen in heterogenen Lerngruppen, in denen Kinder eine Weile auf der Stelle treten, im Kreis laufen, Sackgassen erkunden, zurückzufallen scheinen oder auch – zum Beispiel wegen progredienter Erkrankungen – schon errungene Fähigkeiten wieder verlieren.

Mit der *fakultativen Säule* inklusiver Didaktik werden Freiräume für das Lernen im Bereich eines Wahlcurriculums anhand selbstgewählter Themen eröffnet. Dabei kann es sich sowohl um individuell durch einzelne Kinder als auch um in kleinen oder größeren Gruppen gemeinsam zu entdeckende und zu bearbeitende Themen handeln. Obligatorische und frei gewählte Lerninhalte schließen einander nicht aus, sondern ergänzen und überschneiden einander. Erforderlich ist, dass Schülerinnen und Schüler von Erwachsenen

darin unterstützt werden, eigene Interessen zu entdecken und kreativ zu bearbeiten. Medien und Materialien dafür können durch die Schule angeboten, aber auch von den Lernenden selbst beschafft werden (vgl. z.B. Babbe 2009; Hartinger & Lohrmann 2011; Lorenzen 1998; Petillon 2007).
Die inklusive Didaktik beruht auf einem Zusammenhang von vier Aspekten: den Kern- und Wahlcurricula, den geeigneten Arbeitsformen, der didaktischen Diagnostik und der vorbereiteten Umgebung. Arbeitsformen für von der obligatorischen und der fakultativen Säule getragene differenzierende Lerngelegenheiten und pädagogische Umgebungen wurden seit den reformpädagogischen Konzeptionen vom Ende des 19. Jahrhunderts entwickelt und umfassend erprobt. Dazu gehören u.a. Freiarbeit, Wochen- und Tagesplanarbeit, Stationenarbeit sowie verschiedene Formen von Projektarbeit und Kreisgespräche (Graumann 2011). Um die individuell passenden Angebote für das Lernen in den Bereichen des Kerncurriculums und des Wahlcurriculums bereitstellen zu können, praktizieren Lehrkräfte und pädagogische Fachkräfte eine didaktische Diagnostik, die impliziter Bestandteil ihres alltäglichen pädagogischen und fachdidaktischen Handeln ist (Prengel 2014c). Sie sind aufgrund ihrer zentral zum Lehrerinnen- und Lehrerberuf gehörenden fachdidaktischen Expertise anhand der alltäglichen enaktiv-gegenständlichen, mündlichen oder schriftlichen Äußerungen der Kinder in der Lage wahrzunehmen, was Kinder in einzelnen Domänen des Lernens können und dazu passende adaptive Angebote bereitzustellen. Unerlässlich für die inklusive Didaktik ist die Ausstattung der Klassenräume sowohl mit systematisch aufgebauten Lernmaterialien und Medien für alle Lernniveaus des gestuften Kerncurriculums als auch mit Zugängen zu ganz verschiedenen kreativitätstauglichen Materialien für das offene Wahlcurriculum.
Fundament einer solchen didaktischen Diagnostik ist die spezielle Expertise und Tätigkeitsform des Lehrerinnen- und Lehrerberufs, dazu gehören unter anderem: der Zusammenhang fachwissenschaftlicher und fachdidaktischer Kompetenzen, die Gestaltung und kontinuierliche Überprüfung und Erneuerung der passenden Lerngelegenheiten und -angebote, das in jeder Unterrichtsstunde geschehende kontinuierliche Sammeln von Informationen zu Kinderleistungen, das Verständnis dieser Leistungen im ökosystemischen Kontext des Kinderlebens, die den Kindern kontinuierlich zukommende Rückmeldung. Zur durch Kontinuität ausgezeichneten Professionalität des Lehrerinnen- und Lehrerberufs gehört also eine didaktisch-diagnostische Expertise, die in der Theorie des umfassend empirisch fundierten und alltäglich erprobten Ansatzes des formativen Assessment (Guskey 2005; OECD 2005; Prengel, Rigeler & Wannack 2009) gültig gefasst wurde. Hier wird deutlich, dass für das kontinuierliche Lernen und Lehren im unterrichtlichen

Alltag die Erkenntnisperspektive von standardisierten psychologischen Tests nicht einschlägig geeignet und nicht durchgängig lernförderlich ist (Black & Wiliam 1998). Solche Tests können aber in eher seltenen Ausnahmesituationen ergänzende Informationen beisteuern (Prengel 2014c).
Um angemessene Vorkehrungen für die materiellen, methodischen und kommunikativen pädagogisch-didaktischen Angebote treffen zu können, ist eine enge Kooperation in Fachteams beziehungsweise in Jahrgangsteams, z.B. nach dem Team-Kleingruppen-Modell, wichtig (Eschelmüller 2013; Kreie 1985; Keim 1996). Hier zeigt sich die enge Verknüpfung der didaktischen und der professionellen Ebene, denn in den Teams werden fest dazugehörende Lehrkräfte sowie sozial- und sonderpädagogische Fachkräfte gebraucht. Ihre Arbeit muss unterstützt werden durch die Beratung von externen Expertinnen und Experten, vor allem, wenn es um Angebote für Kinder mit selteneren Behinderungen geht. An zahlreichen inklusiven bzw. innovativ orientierten Einrichtungen und Schulen hat sich, teilweise unterstützt von Landesinstituten, die Arbeit mit (fach)didaktisch fundierten Kompetenzrastern, auch für das Peer- und Selfassessment der Lernenden und kombiniert mit umfassenden Materialangeboten, längst in einer erstaunlichen Fülle ausgebreitet (vgl. z.B. Landesinstitut für Schulentwicklung 2012; Meiß & Prengel 2004). Ebenso erstaunlich ist, dass es so sehr an wissenschaftlichen Bestandsaufnahmen und Evaluationen dieser wichtigen und weit verbreiteten Instrumente fehlt.

4 Zum mehrperspektivischen Leistungsbegriff in der inklusiven Pädagogik

Zur Leistungsdokumentation und -bewertung gehört in der inklusiven Schule ein mehrperspektivischer Leistungsbegriff, der drei Bezugsnormen[7] kombiniert:

- Im Sinne einer *universellen Bezugsnorm* macht jede Schülerin, jeder Schüler die Erfahrung grundsätzlicher Zugehörigkeit. Persönliche Anerkennung kommt jedem Mitglied der Schulgemeinde unabhängig von erbrachten Leistungen zu. Die Schul- und Klassengemeinschaft trachtet danach, niemanden, auch nicht Kinder mit schweren Behinderungen, mit Verhaltensproblemen und aus armen Verhältnissen mit Ausgrenzung zu bedrohen. Im Schul- und Klassenleben wird das Prinzip der Zugehörigkeit aller inszeniert und ritualisiert und so alltäglich vermittelt.

[7] Versucht wird hier zu einer der inklusiven Pädagogik gemäßen Bezugsnormentheorie beizutragen, sie kann kritisch anknüpfen an den Vorschlag von Rheinberg 2001.

- Im Sinne der *individuellen Bezugsnorm* erfährt jede Schülerin, jeder Schüler Anerkennung für die erreichten Kompetenzstände und die darauf aufbauenden Lernschritte. Der Zusammenhang der universellen und der individuellen Bezugsnorm kommt zum Ausdruck in dem leitenden Gedanken: *Jedes Kind ist auf seiner Stufe kompetent.* Sammlungen von Schülerinnen- und Schülerarbeiten in Portfolios, freie Texte zu Lernerfahrungen und systematische Materialien in Gestalt von übersichtlichen Tabellen sind Instrumente der Dokumentation. Die Kommunikation zwischen Lehrerinnen und Lehrern, Schülerinnen und Schülern sowie Eltern erfolgt kontinuierlich durch schriftliche und mündliche verbal-deskriptive Leistungsrückmeldungen. Es geht dabei darum, die Lernprozesse von den blockierenden Wirkungen der hierarchisierenden Notengebung bei den „schlecht" abschneidenden Schülerinnen und Schülern zu entlasten. In einer solchen Fassung der individuellen Bezugsnorm ist zugleich eine kriteriale Bezugsnorm enthalten, denn sie beruht auf das gesamte Leistungsspektrum umfassenden fachlich-kriterialen Kompetenzstufenmodellen.
- Auf der Basis der universellen und der individuellen Bezugsnorm kann in inklusiven Schulen auch die *sozial vergleichende Bezugsnorm* zum Tragen kommen. Inklusive Schule sollte das Wissen um unterschiedliche Leistungsstände nicht tabuisieren, sie kann sich aber darum bemühen, dieses Wissen von diskriminierenden Zuschreibungen zu lösen. Dabei sind Leistungsvergleiche alltäglich möglich, denn die aktuellen Lernstände jedes Kindes sind bekannt und die Lernenden brauchen Unterstützung, wenn sie sich der Unterschiedlichkeit individueller Leistungsfähigkeiten bewusst werden. Die sozial vergleichende Bezugsnorm kommt schließlich vor allem bei der Vergabe von Bildungsabschlüssen zum Tragen. Die inklusive Schule sollte für alle Schülerinnen und Schüler ihrer heterogenen Lerngruppen zum jeweiligen Leistungsstand passende Abschlusszeugnisse vergeben, das heißt alle Bildungsabschlüsse sollten erworben werden können. Das sollte aber zu individuell verschiedenen Zeiten möglich sein, so dass nicht nur die Kinder in altersgemischten Eingangsstufen der Grundschule, sondern auch die Jugendlichen in den Sekundarstufen individuelle Verweildauer in Anspruch nehmen können. Daraus folgt, dass jeder Jugendliche sich individuell von der bereits erreichten Lernstufe aus um den nächsten erreichbaren Abschluss bemühen kann und dabei Unterstützung erfährt.

Ein mehrperspektivischer Leistungsbegriff kann dazu beitragen, die Eigenlogik von Lernsituationen auf der einen, Bewertungssituationen auf der anderen Seite zu würdigen. Die Trennung zwischen Lernen und Zertifizieren kann dazu beitragen, dass Kita und Schule angemessener der für sie zentralen

Qualifikations- und Sozialisationsfunktion entsprechen und dennoch ihren Beitrag zur – nun in ihrer Destruktivität begrenzten – meritokratischen Selektionsfunktion leisten.

5 Offene Fragen

Das Ensemble der Bausteine inklusiver Pädagogik ist in sich stimmig und konsistent und bietet Lösungen für zahlreiche Probleme, die das segregierende Bildungswesen aufwirft. Eine Reihe von Vorzügen von Inklusion sei abschließend noch einmal benannt: Die Lernenden werden nicht durch institutionell bestimmte Zuordnungen zu getrennten Bildungswegen in ihrem Selbstbild und in ihrem Ansehen bei anderen festgelegt und hierarchisiert, denn das individualisierte inklusive Lernen lässt für jeden lernenden Menschen die Vorstellung eines nicht voraussehbaren und nicht vorab zu begrenzenden Lernweges offen. Mit der Maxime, dass jeder lernende Mensch auf seiner Stufe kompetent ist und von dieser Basis aus die individuell anstehenden Lernschritte anhand geeigneter Lerngelegenheiten und -materialien gehen kann, wird ein realistischer leistungsförderlicher Umgang mit heterogenen Lernausgangslagen möglich, der weder destruiert noch idealisiert. Das individualisierte Lernen in heterogenen Lerngruppen unterstützt gute Leistungsentwicklungen; es steht nicht im Gegensatz zur Leistungsorientierung, sondern vermindert Leistungsblockierungen, die durch Segregation erzeugt werden. Die Kultivierung von Selbstachtung und Anerkennung der Anderen in der heterogenen Lerngruppe sowie die beiden pädagogischen Maximen „Jedes Kind ist auf seiner Stufe kompetent“ und „Jedes kindliche Verhalten ist subjektiv sinnvoll“ unterstützen eine fundierte menschenrechtlich orientierte Bildung für demokratische Gesellschaften in der Spätmoderne, indem sie helfen, Konkurrenz mit ihren destruktiven Folgen zu begrenzen und solidarisch Pluralität zu pflegen.

Diese Stärken des inklusiven Bildungsmodells könnten nun nicht etwa zum Tragen kommen, indem schlicht Lernende mit verschiedenen Lernausgangslagen zusammengewürfelt würden, die Vorzüge sind vielmehr voraussetzungsreich und beruhen auf qualitativ hochwertigem alltäglichem pädagogischem Handeln – sowohl auf der didaktischen und als auch auf der interpersonell-relationalen Ebene. Auch wäre es falsch, Inklusion zu idealisieren, denn selbstverständlich werden auch in nicht ausgrenzenden Einrichtungen und Schulen von Erwachsenen Fehler gemacht und von Kindern und Jugendlichen problematische Handlungsweisen an den Tag gelegt. Darum sind die Kultivierung von Pädagogik, Didaktik, Partizipation und Fairness in Peer-

Beziehungen eine dauerhafte und prinzipiell unabschließbare Herausforderung für die inklusive Pädagogik.
Während einerseits zahlreiche Akteure auf allen Ebenen des Bildungssystems dem inklusiven Modell verpflichtet sind, wird es von vielen anderen grundsätzlich abgelehnt. Die inklusionskritische Position beruht auf der Überzeugung, dass nur gleichschrittig entworfenes gemeinsames Lernen in einer homogen konzipierten Lerngruppe sinnvoll und erfolgreich sein kann. In einer solchen Perspektive erscheint das Aufeinandertreffen von Menschen mit verschiedenen Lernausgangslagen an einem Bildungsort als Störung des Lernens.
In dieser Situation stellen sich drei gegenwärtig weitgehend ungelöste und nicht leicht zu beantwortende Fragen. Wie kann Inklusion sich in der Fläche der Bildungslandschaft ausbreiten? Und wie kann eine ausreichend gute Qualität pädagogischen Handelns im inklusiven Alltag gesichert werden? Systematisch geplante Konzeptionen zur Implementation und Qualitätssicherung von inklusiver Pädagogik fehlen noch immer weitgehend (Deutsche UNESCO-Kommission 2014). Dennoch sind (wie oben aufgezählt) in den Bundesländern fragmentarische, unkoordinierte, einzelne inklusiv orientierte Ansätze an den unterschiedlichsten Orten und auf den unterschiedlichsten Handlungsebenen zu erkennen. Könnte es vielleicht sein, so lautet eine abschließende dritte Frage, dass so auch in der unübersichtlichen deutschen Bildungslandschaft Schritte in Richtung Inklusion Aufwind bekommen?

Literatur

Babbe, K. (Hrsg.) (2009): Wind unter Flügeln. Ein Theaterbuch für Kindergarten, Grundschule und Hort. Weimar/Berlin: Das Netz.

Bausum, J., Besser, L., Kühn, M. & Weiß, W. (2013): Traumapädagogik: Grundlagen, Arbeitsfelder und Methoden für die pädagogische Praxis. Weinheim & Basel: Beltz Juventa.

Bielefeldt, H. (2009): Zum Innovationspotenzial der UN-Behindertenrechtskonvention. Berlin: DIMR. Online unter: http://www.institut-fuer-menschenrechte.de/fileadmin/user_upload/Publikationen/Essay/essay_zum_innovationspotenzial_der_un_behindertenrechtskonvention_auflage3.pdf. Zugriff: 14.03.2013.

Black, P. & Wiliam, D. (1998): Inside the Black Box: Raising Standards Through Classroom Assessment. In: Phi Delta Kappan, 80. Jg., H. 2, 139–148 October 1998. Online unter: http://www.pdkintl.org/kappan/kbla9810.html. Zugriff: 01.06.2014.

Blanck, J.M., Edelstein, B. & Powell, J. (2013): Persistente schulische Segregation oder Wandel zur inklusiven Bildung? Die Bedeutung der UN-Behindertenrechtskonvention für Reformprozesse in den deutschen Bundesländern. In: Schweizerischen Zeitschrift für Soziologie, 39. Jg., H. 2, Sonderheft „Change and Reforms in Educational Systems & Organizations", Hrsg: Rosenmund, M., Leemann, R.J., Imdorf, Ch. & Gonon, Ph.

Boban, I. & Hinz, A. (Hrsg.) (2003): Index für Inklusion. Lernen und Teilhabe in der Schule der Vielfalt entwickeln. Halle (Saale). Online unter: http://www.eenet.org.uk/resources/docs/Index%20German.pdf. Zugriff: 18.03.2013.

Brügelmann, H. (2006): Sind Noten nützlich – und nötig? Eine Expertise der Arbeitsgruppe Primarstufe an der Universität Siegen im Auftrag des Grundschulverbands e.V. (Kurzfassung). In: Bartnitzky, H. u.a. (Hrsg.): *Pädagogische Leistungskultur: Materialien für Klasse 3/4. Beiträge zur Reform der Grundschule, Bd. 121.* Frankfurt a.M.: Grundschulverband.

Carle, U. & Metzen, H. (2014): Wie wirkt Jahrgangsübergreifendes Lernen? Wissenschaftliche Expertise des Grundschulverbandes. Frankfurt a.M.

Cloerkes, G. (2007): Soziologie der Behinderten. Eine Einführung. Heidelberg: Edition S.

Comenius, J.A. (1657): Sämtliche didaktischen Werke. Amsterdam. Zitiert nach Alt, R. (1960): Bilderatlas zur Schul- und Erziehungsgeschichte. Band 1. Berlin: Volk & Wissen.

Deppe-Wolfinger, H., Prengel, A. & Reiser, H. (1990): Integrative Pädagogik in der Grundschule. Bilanz und Perspektiven der Integration behinderter Kinder in der Bundesrepublik Deutschland 1976–1988. München: DJI-Materialien.

Deutsche Gesellschaft für Palliativmedizin u.a. (2010): Zur Betreuung schwertskranker und sterbender Menschen in Deutschland. Berlin. Online unter: http://www.charta-zur-betreuung-sterbender.de/tl_files/dokumente/Charta_Broschuere.pdf. Zugriff: 01.05.2014.

Deutsche UNESCO-Kommission (2014): Bonner Erklärung zur inklusiven Bildung in Deutschland. Bonn. Online unter: http://www.unesco.de/gipfel_inklusion_erklaerung.html. Zugriff: 01.05.2014.

Deutsches Institut für Menschenrechte (2013): Online Handbuch Inklusion als Menschenrecht. Berlin. Online unter: http://www.inklusion-als-menschenrecht.de/. Zugriff: 01.05.2014.

Didacta 2010 Themendienst (2010): Die deutsche Schule: Auf dem Weg in die Zweigliedrigkeit? Die Schulsysteme in den einzelnen Bundesländern. In: Bildungsklick, Osnabrück 4.2.2010. Online unter: http://bildungsklick.de/a/71876/die-deutsche-schule-auf-dem-weg-in-die-zweigliedrigkeit/. Zugriff: 10.03.2013.

Edelstein, W. (2010): Ressourcen für die Demokratie. Die Funktionen des Klassenrats in einer demokratischen Schulkultur. In: Aufenanger, St. u.a. (Hrsg.): *Bildung in der Demokratie. Beiträge zum 22. Kongress der Deutschen Gesellschaft für Erziehungswissenschaft.* Opladen u.a.: Verlag Barbara Budrich, 65–78.

Ehrenberg, A. (2011): Das Unbehagen in der Gesellschaft. Berlin: Suhrkamp.

Eschelmüller, M. (2013): Unterrichtsentwicklung mit Unterrichtsteams in integrativen Schulen. In: Werning, R. (Hrsg.): *Inklusion: Kooperation und Unterrichtsentwicklung.* Bad Heilbrunn: Klinkhardt, 125–147.

Friedeburg, L. von (1997): Differenz und Integration im Bildungswesen der Moderne. In: Zeitschrift für Soziologie der Erziehung und Sozialisation, 7. Jg., H. 1, 42–55.

Geiling, U., Liebers, K. & Prengel, A. (Hrsg.) (2014): Handbuch ILEA T. Individuelle Lernentwicklungsanalyse im Übergang. Halle (Saale): Universität Halle-Wittenberg. Online unter: http://ilea-t.reha.uni-halle.de. Zugriff: 01.05.2014.

Graumann, O. (2011): Integration behinderter Kinder in der Grundschule. In: Einsiedler, W., Götz, M., Hartinger, A., Heinzel, F., Kahlert, J. & Sandfuchs, U. (Hrsg.): *Handbuch Grundschulpädagogik und -didaktik.* Bad Heilbrunn: Klinkhardt, 98–102.

Grossarth, J. (2013): Kein Platz für Genies. Wer in einzelnen Fächern Spitze ist und sich für andere nicht interessiert, fällt an den Schulen durchs Raster. Das Bildungssystem ist ganz auf den Durchschnitt fixiert. In: Frankfurter Allgemeine Zeitung, 2./3.3.2013, Nr. 52. Online unter: http://www.faz.net/aktuell/beruf-chance/campus/bildung-kein-platz-fuer-genies-12098339.html. Zugriff: 19.03.2013.

Guskey, Th.R. (2005): Formative classroom Assessment and Benjamin S. Bloom: Theory, Research and Implications. Montreal: American Educational Research Association. Online unter: http://eric.ed.gov/?id=ED490412. Zugriff: 03.08.2014.

Habermas, J. (2010): Das utopische Gefälle. Das Konzept der Menschenwürde und die realistische Utopie der Menschenrechte. In: Deutsche Zeitschrift für Philosophie, 58. Jg., H. 3, 343–357. Auch in Blätter für Deutsche und Internationale Politik, 8/2010, 43–53. Online unter: http://www.blaetter.de/archiv/themen. Zugriff: 20.01.2013.

Hartinger, A. & Lohrmann, K. (2011): Entdeckendes Lernen. In: Einsiedler, W., Götz, M., Hartinger, A., Heinzel, F., Kahlert, J. & Sandfuchs, U. (Hrsg.): *Handbuch Grundschulpädagogik und -didaktik*. Bad Heilbrunn: Klinkhardt, 367–371.

Heinzel, F. (2004): Traktat vom „schwierigen Kind" oder pädagogischer Optimismus? In: Heinzel, F. & Geiling, U. (Hrsg.): *Demokratische Perspektiven in der Pädagogik*. Wiesbaden: VS, 114–126.

Heinzel, F. (2011): Generationenvermittlung in der Grundschule. Ende der Kindgemäßheit? Bad Heilbrunn: Klinkhardt.

Heitmeyer, W. & Imbusch, P. (Hrsg.) (2005): Integrationspotentiale einer modernen Gesellschaft. Analysen zu gesellschaftlicher Integration und Desintegration. Wiesbaden: VS.

Höhn, E. (1967): Der schlechte Schüler. Sozialpsychologische Untersuchungen über das Bild des Schulversagers. München: Piper.

Honneth, A. (2002): Einleitung. In: Honneth, A. (Hrsg.): *Befreiung aus der Mündigkeit. Paradoxien des gegenwärtigen Kapitalismus*. Frankfurt a.M.: Campus, 7–12.

Keim, W. u.a. (Hrsg.) (1996): Team-Kleingruppen-Modell Köln-Holweide – Theorie und Praxis. Frankfurt a.M.: Peter Lang.

Klafki, W. (1971/1976): Restaurative Schulpolitik 1945–1950 in Westdeutschland – Das Beispiel Bayern. In: Oppolzer, S. (Hrsg.): *Erziehungswissenschaft 1971 zwischen Herkunft und Zukunft der Gesellschaft*. Ratingen: Beltz Juventa, 253–299.

Klemm, K. (2009): Klassenwiederholungen – teuer und unwirksam. Eine Studie zu den Ausgaben für Klassenwiederholungen in Deutschland. Gütersloh: Bertelsmann Stiftung. Online unter: http://www.bertelsmann-stiftung.de/bst/de/media/xcms_bst_dms_29361_29362_2.pdf. Zugriff: 01.05.2014.

Klieme, E. & Warwas, J. (2011): Konzepte individueller Förderung. In: Zeitschrift für Pädagogik, H. 6, 805–818.

Kreie, G. (1985): Integrative Kooperation. Weinheim & Basel: Beltz Juventa.

Kron, M. (2006): 25 Jahre Integration im Elementarbereich. Ein Blick zurück, ein Blick nach vorn. In: Zeitschrift für Inklusion-online, 1. Jg. Online unter: bidok.uibk.ac.at/library/inkl-01-06-kron-elementar.html. Zugriff: 25.05.2014.

Krüger-Potratz, M. (2006): Präsent – aber vergessen. Zur Geschichte des Umgangs mit Heterogenität im Bildungswesen. In: Göhlich, M. u.a. (Hrsg.): *Transkulturalität und Pädagogik. Interdisziplinäre Annäherungen an ein kulturwissenschaftliches Konzept und seine pädagogische Relevanz*. Weinheim & München: Juventa, 212–137.

Kuhlemann, F.-M. (1992): Modernisierung und Disziplinierung. Göttingen: Vandenhoeck & Ruprecht.

Landesinstitut für Schulentwicklung (Hrsg.) (2012): Mit Kompetenzrastern dem Lernen auf der Spur. Stuttgart: NL04. Online unter: http://www.ls-bw.de/Handreichungen/pub_online/NL04_Mit_Kompetenzrastern_dem_Lernen_auf_der_Spur.pdf. Zugriff: 01.06.2014.

Lähnemann, Chr. (2008): Freiarbeit aus SchülerInnen-Perspektive. Wiesbaden: VS.

Liebers, K. (2008): Kinder in der flexiblen Schuleingangsphase. Perspektiven auf einen gelingenden Schulstart. Wiesbaden: VS.

Lorenzen, G. (1998): Das Freispiel in der Grundschule. München: Maiss.
Lundgreen, P. (1981): Sozialgeschichte der deutschen Schule im Überblick. Teil II: 1918–1980. Göttingen: Vandenhoeck & Ruprecht.
Martschinke, S., Kopp, B. & Ratz, Chr. (2012): Gemeinsamer Unterricht von Grundschulkindern und Kindern mit Förderschwerpunkt geistige Entwicklung in der ersten Klasse – Erste Ergebnisse einer empirischen Studie zu Effekten auf sozialen Status und soziales Selbstkonzept. In: Empirische Sonderpädagogik, 2. Jg., 183–201.
Maschke, S., Schulz-Gade, G. & Stecher, L. (2014): Jahrbuch Ganztagsschule 2014. Der pädagogische Umgang mit Heterogenität. Schwalbach/Ts.: Verlag Debus Pädagogik.
Meiß, G. & Prengel, A. (2004): So lernen wir .... Videodokumentation zur Arbeit der Kinder mit dem Pensenbuch. Potsdam. (Das Video ist zu beziehen über den Universitätsverlag der Universität Potsdam).
Müller, A. (2003): Lernen ist eine Dauerbaustelle. Kompetenzraster als Arbeits-, Selbstführungs- und Evaluationsinstrumente. Institut Beatenberg. Online unter: http://www.bertelsmann-stiftung.de/bst/en/media/5_3_3_lernen_dauerbaustelle.pdf. Zugriff: 14.03.2013.
Müller, F.J. (2013): Integrative Grundschule aus der Sicht der Eltern. Eine qualitativ/quantitative Erhebung. Bad Heilbrunn: Klinkhardt.
Müller, F.J. & Prengel, A. (2013): Empirische Zugänge zu Inklusion in der Früh- und Grundschulpädagogik. In: Zeitschrift für Grundschulforschung, 7. Jg., H. 1, 7–20.
OECD (Hrsg.) (2005): Formative Assessment: Improving Learning in Secondary Classrooms. Paris: OECD Publishing.
Oelkers, J. (2009): Barrieren für individuelle Förderung im Bildungssystem und ihre Bearbeitung. In: Bertelsmannstiftung (Hrsg.): *Heterogenität und Bildung. Individuelle Förderung in Deutschland – Hindernisse und Herausforderungen*. Gütersloh, 9–38.
Pauer-Studer, H. (2000): Autonom Leben. Reflexionen über Freiheit und Gleichheit. Frankfurt a.M.: Suhrkamp.
Pehnke, A. (1996): Die schulische Betreuung behinderter Kinder in der DDR. In: Liedtke, M. (Hrsg.): *Behinderung als pädagogische und politische Herausforderung. Historische und systematische Aspekte*. Bad Heilbrunn: Klinkhardt, 377–388.
Petillon, H. (2007): 1000 Spiele für Grundschulkinder. Weinheim & Basel: Beltz Juventa.
Pluhar, Chr. (2011): Auf dem Weg zu einem inklusiven Schulsystem – Zum Stand der Umsetzung der UN-BRK in Schleswig-Holstein. Recht der Jugend und des Bildungswesen. In: Zeitschrift für Schule, Berufsbildung und Jugenderziehung, 59. Jg., H. 2, 218–226.
Powell, J.J.W. & Pfahl, L. (2009): Ein kontinuierlicher deutscher Sonderweg? In: Knauer, S. & Ramseger, J. (Hrsg.): *Welchen Beitrag leistet die schulische Integration von Menschen mit Behinderungen auf dem Weg in den ersten Arbeitsmarkt?* Berlin: BMAS, 61–73.
Prengel, A. (2013a): Inklusive Bildung in der Primarstufe. Eine wissenschaftliche Expertise des Grundschulverbandes, Best. Nr. 2041, Frankfurt a.M.
Prengel, A. (2013b): Herausforderungen für die Bildungspolitik: Heterogenität. In: Dossier Zukunft Bildung. Wissenschaftszentrum Berlin/Bundeszentrale für politische Bildung. Bonn 9.9.2013. Online unter: http://www.bpb.de/gesellschaft/kultur/zukunft-bildung/145242/hete rogenitaet?p=0. Zugriff: 01.05.2014.
Prengel, A. (2013c): Pädagogische Beziehungen zwischen Anerkennung, Verletzung und Ambivalenz. Opladen u.a.: Verlag Barbara Budrich.
Prengel, A. (2014a): Heterogenität oder Lesarten von Gleichheit und Freiheit in der Bildung. In: Koller, H.-Chr., Casale, R. & Ricken, N. (Hrsg.): *Heterogenität – Zur Konjunktur eines pädagogischen Konzepts*. Paderborn: Schöningh-Verlag, 45–67.

Prengel, A. (2014b): Halt gebende pädagogische Beziehungen in der inklusiven Grundschule. In: Widmer-Rockstroh, U. u.a. (Hrsg.): *Gemeinsam unterwegs zur inklusiven Schule*, Frankfurt a.M.: Grundschulverband, Band Nr. 138.

Prengel, A. (2014c): Didaktische Diagnostik als Element alltäglicher Lehrerarbeit – Formative Assessment im inklusiven Unterricht. In: Amrhein, B. & Ziemen, K. (Hrsg.): *Diagnostik im Kontext inklusiver Bildung – Theorien, Ambivalenzen, Akteure, Konzepte*. Bad Heilbrunn: Klinkhardt, im Druck.

Prengel, A. (unter Mitarbeit von Zschipke, K., Horn, D. & Schultz, S.) (2010 a): Inklusion in der Frühpädagogik. Bildungstheoretische, empirische und pädagogische Grundlagen. München: DJI, Reihe WiFF Expertisen/5. Online unter: http://www.weiterbildungsinitiative.de/publikationen/inklusion.html. Zugriff: 15.09.2012.

Prengel, A., Riegler, S. & Wannack, E. (2009): „Formative Assessment" als Re-Impuls für pädagogisch-didaktisches Handeln. In: Röhner, Ch., Henrichwark, C. & Hopf, M. (Hrsg.): *Europäisierung der Bildung – Konsequenzen und Herausforderungen für die Grundschulpädagogik*. Wiesbaden: VS, 253–257.

Prengel, A. & Irle, K. (2013): Plädoyer für einen ethischen Diskurs. Interview. In: Erziehung und Wissenschaft. Zeitschrift der Bildungsgewerkschaft GEW. Themenheft Berufsethos, H. 6, 10–11.

Preuss-Lausitz, U. (2013): Inklusionsentwicklung in Deutschland unter Aspekten von Gerechtigkeit, Effektivität und Schulentwicklung. Vorlage für die Deutsche UNESCO-Kommission. Berlin 2013. Online unter: http://www.do.nw.schule.de/ggg/PM-PDF/Preuss-Lausitz+130311+Deutschland%20auf%20dem%20Weg%20zur%20inklusiven%20Schulentwicklung%20a.pdf. Zugriff: 24.03.2013.

Projektgruppe Integrationsversuch Fläming-Grundschule West-Berlin (Hrsg.) (1988): Das Fläming-Modell: gemeinsamer Unterricht für behinderte und nichtbehinderte Kinder an der Grundschule. Weinheim & Basel: Beltz Juventa.

Ratzki, A. (2002): Integrationsklassen an Gesamtschulen – Motor für Schulreform? In: Gemeinsam Leben, 10. Jg., 141–146.

Reiser, H. (1993): Entwicklung und Störung – Vom Sinn kindlichen Verhaltens. In: Behindertenpädagogik, 32. Jg., H. 3, 254–263.

Reiser, H. (2006): Psychoanalytisch-systemische Pädagogik. Erziehung auf der Grundlage der themenzentrierten Interaktion. Stuttgart: Kohlhammer.

Reiser, H. & Werning, R. (2002): Störungsbegriff und Klassifikation von Lernbeeinträchtigungen und Verhaltensstörungen aus konstruktivistischer Sicht. In: Schröder, U. & Wittrock, M. (Hrsg.): *Lernbeeinträchtigungen und Verhaltensstörung. Konvergenzen in Theorie und Praxis*. Stuttgart: Kohlhammer, 53–64.

Rheinberg, F. (2001): Bezugsnormen und schulische Leistungsbeurteilung. In: Weinert, F.E. (Hrsg.): *Leistungsmessungen in Schulen*. Weinheim & Basel: Beltz Juventa, 59–71.

Rochow, F.E. von (1800/1909): Versuch eines allgemeinen Schulplans. In: Neue Berlinische Monatsschrift. Berlin 1800, 163–172. Wieder abgedruckt in: Joans, F. & Wienecke, F. (Hrsg.) (1909): *Friedrich Eberhard von Rochows sämtliche pädagogische Schriften. III. Band*. Berlin: Georg Reimer, 188–193.

Rodehüser, F. (1967): Epochen der Grundschulgeschichte. Bochum: Winkler.

Rösner, E. (2010): Zweigliedrigkeit – und wie weiter? Vortrag am 13. November 2010 auf der Bundesarbeitstagung der GGG in Berlin. Gemeinnützige Gesellschaft Gesamtschule – Verband für Schulen des gemeinsamen Lernens. Online unter:: http://www.bildung-am-limes.de/docs/roesner2.pdf. Zugriff: 10.03.2013.

Schaschek, S. (2013): Ein Kind studiert. Hochbegabt: Der elfjährige Berliner Schüler Mert belegt Kurse an der TU. In: Potsdamer Neueste Nachrichten. 26.3.2013, 21.

Schmitt, H. (1993): Versuchsschulen als Instrumente schulpädagogischer Innovation vom 18. Jahrhundert bis zur Gegenwart. In: Historische Kommission der DGfE (Hrsg.): *Jahrbuch für Historische Bildungsforschung. Band 1*. Weinheim & München: Juventa, 153–178.

Schnell, I. (2003): Geschichte schulischer Integration: Gemeinsames Lernen von SchülerInnen mit und ohne Behinderung in der BRD seit 1970. Weinheim & München: Juventa.

Schöler, J. (1997): Leitfaden zur Kooperation von Lehrerinnen und Lehrern – nicht nur in Integrationsklassen. Heinsberg: Dieck.

Schöler, J. (2009): „Geistig Behinderte" am Gymnasium – Integration an der Schule für „Geistig Behinderte". In: BIDOK Digitale Volltextbibliothek. Innsbruck. Online unter: http://bidok.uibk.ac.at/library/schoeler-gymnasium.html. Zugriff: 10.03.2013.

Stähling, R. (2006): „Du gehörst zu uns". Inklusive Grundschule. Ein Praxisbuch für den Umbau der Grundschule. Baltmannsweiler: Schneider.

Stähling, R. (2013): Differenzieren lässt sich lernen. Wie die Grundschule Berg Fidel gelernt hat, mit Heterogenität umzugehen und Aussonderung zu unterlassen. In: Jürgens, E. & Miller, S. (Hrsg.): *Ungleichheit in der Gesellschaft und Ungleichheit in der Schule*. Weinheim & Basel: Beltz Juventa, 252–264.

Tillmann, K.-J. (2006): Viel Selektion – wenig Leistung: Ein empirischer Blick auf Erfolg und Scheitern in deutschen Schulen. In: Fischer, D. & Elsenbast, V. (Hrsg.): *Zur Gerechtigkeit im Bildungssystem*. Münster: Waxmann, 25–37.

Unesco (2005): Übereinkommen über den Schutz und die Förderung der Vielfalt kultureller Ausdrucksformen. Paris. Online unter: www.unesco.de/konvention_kulturelle_vielfalt.html?&L=0. Zugriff: 06.10.2009.

Vereinte Nationen – UN (1948): Allgemeine Erklärung der Menschenrechte. Online unter: www.un.org/Depts/german/grunddok/ar217a3.html. Zugriff: 10.08.2009.

Vereinte Nationen – UN (1979): UN-Konvention zur Beseitigung jeder Form der Diskriminierung der Frau. Online unter: www.un.org/womenwatch/daw/cedaw/cedaw.htm. Zugriff: 06.10.2009.

Vereinte Nationen – UN (1989): Übereinkommen über die Rechte der Kinder. Die UN Kinderrechtskonventionen. Online unter: www.unicef.de/fileadmin/content_media/Aktionen/Kinderrechte18/UN-Kinderrechtskonvention.pdf. Zugriff: 10.08.2009.

Vereinte Nationen – UN (2006): Übereinkommen über die Rechte von Menschen mit Behinderungen. Online unter: files.institut-fuer-menschenrechte.de/437/Behindertenrechtskonvention.pdf. Zugriff: 10.08.2009.

Waldschmidt, A. & Schneider, W. (2007) (Hrsg.): Disability Studies, Kultursoziologie und Soziologie der Behinderung. Bielefeld: transcript.

Wiborg, S. (2010): Why is there no comprehensive education in Germany? A historical explanation. In: History of Education: Journal oft he History of Education Socielty, 39. Jg., H. 4, 539–556.

Georg Feuser

Zur Frage der Didaktik einer inklusionskompetenten LehrerInnen-*Bildung* unter Aspekten multiprofessioneller Unterrichtsarbeit[1]

Abstract

Die Frage nach der Gestaltung einer inklusionskompetenten LehrerInnen-Bildung setzt gesellschafts- und bildungspolitische Entscheidungen voraus, das vertikal gegliederte, funktional selektierende, ausgrenzende und segregierende Erziehungs-, Bildungs- und Unterrichtssystem im Sinne eines Kindergartens und einer Schule für alle in ein horizontales zu überführen, was bis heute auch in Anbetracht der Forderungen der UN-BRK als nicht gewollt angesehen werden muss. Auch in den Fachdiskursen wird in völligem Widerspruch zum zentralen Begriff der Inklusion weiterhin davon ausgegangen, dass vor allem schwer(er) beeinträchtigte Kinder und Jugendliche einer Sonderschulung zuzuführen sind. Im Gegensatz dazu vermag eine konsistent subjektwissenschaftlich fundierte pädagogische Konzeption (Allgemeine Pädagogik), die in Anbetracht der Heterogenität und Vielfalt der Lernenden im Unterricht erforderlichen Differenzierungen durch entwicklungsniveaubezogene Individualisierung des Lernens an einem „Gemeinsamen Gegenstand" zu leisten, was eine sozial-kooperative gegenständliche Tätigkeit aller Schülerinnen und Schüler miteinander ermöglicht. Bezogen auf die dafür in Theorie und Praxis relevanten Grundlagen kann im Rahmen einer ihrerseits inklusiven Studierpraxis eine inklusionskompetente LehrerInnen-Bildung skizziert werden, die ein in Regel- und Heil- und Sonderpädagogik getrenntes Studium überwindet. Das Studium erfolgt nach den gleichen didaktischen Grundsätzen, nach denen die zukünftigen Lehrpersonen mit den Schülerinnen und Schülern einen inklusiven Unterricht gestalten können.

---

[1] In diesem Beitrag verwende ich aus Gründen vereinfachter Schreibweise grammatikalisch die männliche Sprachform. Wenn das Genus für den Sinn des Gemeinten oder das Verständnis einer Passage von Bedeutung ist, wird auch die Bezeichnung entsprechend spezifiziert.
Ferner verweise ich auf Feuser (2013c) zur Thematik der „LehrerInnen-Bildung", mit der es, der Thematik geschuldet, zu Überschneidungen kommt. Gleichwohl sollte jener Beitrag ergänzend zu diesem herangezogen werden.

1 Es ist nicht gewollt, was als gewollt propagiert wird

Die Frage nach der Didaktik einer inklusionskompetenten LehrerInnen-Bildung imponiert auf den ersten Blick vor allem dadurch, dass sie suggeriert, die Etablierung eines inklusiven Bildungssystems sei eine Art beschlossene Sache und es gelte nun, die Lehrpersonen, die in diesem Bildungssystem zu unterrichten haben, dafür durch angemessene hochschuldidaktische Verfahren best möglich zu qualifizieren und sie gleichzeitig damit auch zu befähigen, das bestehende *selektierende*, in der Folge *ausgrenzende* und wiederum in Folge die Ausgegrenzten *segregierende Erziehungs-, Bildungs- und Unterrichtssystem* (sasEBU) in ein *inklusives* (iEBU) zu überführen.[2] Bestätigung dessen mag man darin finden, das die Aktionsprogramme der Bundesregierung Deutschlands und der Bundesländer in Sachen einer Umsetzung der UN-Behindertenrechtskonvention (UN-BRK) ihrerseits die Frage der Lehrerbildung[3] artikulieren und in den Bundesländern zunehmend auch entsprechende Expertenkommissionen tätig werden und Resultate vorlegen. So kann man im Nationalen Aktionsplan der Bundesregierung Deutschlands zur Umsetzung der UN-BRK (2011) unter Bildung lesen:

> „Die Bundesregierung setzt sich dafür ein, dass inklusives Lernen in Deutschland eine Selbstverständlichkeit wird. Kindergärten und -tagesstätten, Schulen, Hochschulen und Einrichtungen der Weiterbildung sollen alle Menschen von Anfang an in ihrer Einzigartigkeit und mit ihren individuellen Bedürfnissen in den Blick nehmen und fördern“ (27).

Bezogen auf die Ausgestaltung und Organisation schulischer Bildung (Punkt 3.2.1) wird darauf hingewiesen, dass es trotz der Kooperation der KMK in Bildungsfragen „eine von Bundesland zu Bundesland unterschiedliche Ausgestaltung der sonderpädagogischen Förderung“ gibt. Die Forderung, dass alle Menschen in ihrer Einzigartigkeit und mit ihren individuellen Bedürfnissen in den Blick zu nehmen sind, was im Text sogar fett hervorgehoben wurde, findet sich nun in einen blau umrandeten Kasten unter „Visionen aus der Zivilgesellschaft“ gesetzt, wie folgt: „Eine Schule für alle – Inhalte und Bildungsformen orientieren sich an den individuellen Bedürfnissen der Kin-

---

[2] Mit „Bildungssystem“ bezeichne ich Fragen von Erziehung, Bildung und Unterricht über alle Lebensalterstufen hinweg, unabhängig davon, ob in die Geschichte zurückgewendet, die Gegenwart betreffend oder auf zukünftige Entwicklungen verweisend. Von „Erziehungs-, Bildungs- und Unterrichtssystem (EBU)“ spreche ich überwiegend mit Blick auf das etablierte institutionalisierte Schulsystem, aber auch bezogen auf die Frühe Bildung bzw. auf den tertiären Bildungsbereich.

[3] Den Begriff der Lehrerbildung verwende ich i.S. der heute üblichen Praxis der Aus-, -Fort- und Weiterbildung von Lehrerinnen und Lehrern.

der/Jugendlichen“ (28). Das verdeutlicht, dass die Anliegen der UN-BRK in der staatlichen Bildungspolitik bekannt sind. Dass ein Wille bestehen könnte, das etablierte EBU und, damit notwendigerweise verbunden, die Lehrerbildung entsprechend zu verändern, sehe ich in keinem Bundesland (Bude 2011). Eberwein und Feuser (2012) unterbreiten weitgehende Vorschläge dazu. Auch in den anderen deutschsprachigen Ländern sind zwar vergleichbare Bemühungen zu beobachten, aber ebenso wenig eine konsistente Realisierung der sich daraus ergebenden Konsequenzen für die Lehrerbildung. Einige Hinweise mögen das verdeutlichen.

Allein die restriktive und ablehnende Haltung des Landes Baden-Württemberg zur Beschulung eines Schülers mit Down-Syndrom in einem Gymnasium, die Hinweise der Elternbeiratsvorsitzenden, dass es weder im Land noch in Walldorf hinreichend Erfahrungen mit zieldifferentem Unterricht im Gymnasium gäbe und dazu die ach so verständnisvolle Stellungnahme des Landesvorsitzenden der GEW, dass die Gymnasien einfach noch nicht so weit seien und, last not least, die Ablehnung des Inklusionsversuchs durch die Lehrerkonferenz verdeutlichen, dass auf allen Ebenen – um es der Realität entsprechend zu bezeichnen – einfach nicht gewollt ist, was propagiert wird.[4] Das findet überdeutlichen Ausdruck in der 80–90:100-Regel, wie sie im Gutachten von Poscher, Rux und Langer (2008) mit Bezug auf den §24 der UN-BRK vertreten wird. Als Zielvorstellung, so die Autoren, liegt der UN-BRK „eine fast vollständige Inklusion von Schülern mit Behinderungen in die Regelschulen zugrunde“ (27). Ebenso ergibt sich „aus dem Inklusionsziel des Abkommens von 80 bis 90% [...] nicht die Verpflichtung, genau diese Inklusionsquote zu erreichen“ (28). Zudem schließt der Art. 24 Abs. 1 der UN-BRK, so folgern die Autoren weiter, „die Existenz von Förderschulen nicht aus“. „Er enthält keine Vorgaben dazu, wie die 10 bis 20% der Schüler mit Behinderungen unterrichtet werden, die auch von einer inklusiven Regelschule nicht aufgenommen werden“ (28). Das entspricht auch dem Verständnis vieler prominent für Inklusion eintretenden Fachkollegen, die für tiefgreifend und umfassend in ihrer Entwicklung beeinträchtigte Menschen ohne hinreichend humanwissenschaftliche Fundierungen deren Sonderschulung fordern und die damit verbundenen biopolitischen Zusammenhänge nicht einmal erörtern. (Agamben 2002, 2003; Foucault 2006a,b; Feuser 2009a, 2013b, 2014). Konsistent damit werden sowohl von staatlicher wie zivilgesellschaftlicher Seite nach Übernahme der UN-BRK im März 2009 in

---

[4] Siehe den Beitrag des Deutschlandfunks (Campus & Karriere) vom 11.04.2014 um 14:35 Uhr. Negiert bleiben auch die Bildungsbiographien anderer Menschen mit Down-Syndrom, die nie eine Sonderschule besucht haben. Ich erinnere nur an den durch den Film „Me too“ bekannt gewordenen Pablo Pineda, der heute als Lehrer in Cordoba arbeitet.

das nationale Recht, Persönlichkeits- und Menschenrechte für einen real existierenden Menschen, in diesem Fall die des Schülers Henri, dessen Erziehungsberechtigten sein Begehren gleichsinnig fordern, außer Kraft gesetzt, was in Anbetracht der großen Bekanntheit dieses Falles in der Öffentlichkeit aus meiner Sicht staatsanwaltschaftlich verfolgt werden müsste.

2 Inklusion ist keine erziehungswissenschaftlich und pädagogisch relevante Kategorie

Dennoch verdeutlicht die skizzierte Kontroverse auch eine als richtig zu bezeichnende Komponente, die sich im Erfordernis eines zieldifferenten Unterrichts artikuliert, nämlich die Frage nach der Differenzierung. Auf den Punkt gebracht geht es um die Schaffung eines vielfältigen Bedürfnissen und Entwicklungspotentialen (*aller* Kinder, Schülerinnen und Schüler) gerecht werdenden Unterrichtsangebotes, das einen uneingeschränkten Zugang und eine nicht limitierte Teilhabe an umfassender Bildung verlangt und die Realisierung einer individuellen Bildungsbiographie ermöglicht. Diese erfordert in einzelnen Fällen nicht nur eine bauliche Barrierefreiheit, sondern auch inhaltlich angemessene informationstechnologische Unterstützungssysteme und personbezogen auch personale bzw. advokatorische Assistenz (Feuser 2011b) oder, im noch bestehenden System, Nachteilsausgleiche in Bezug auf Lernkontrollen u.a.m. Diese Anforderungen verbinde ich hier mit dem Begriff der „Bildungsgerechtigkeit“. Ohne ein solches Recht auf Differenzierung wäre Bildungsgerechtigkeit nicht zu realisieren. Die Frage der Differenzierung – sie ist eine didaktische Größe – ist im Diskurs um ein inklusives Bildungssystem bislang weitgehend nicht beachtet und hinsichtlich ihrer qualitativen Seite nur sehr marginal behandelt worden. Sie sollte als eine zentrale Quelle der Kontroverse um Inklusion im Bildungssystem erkannt werden und zur Bewusstheit kommen.
Sämtlichen Schulformen (auch des tertiären Bildungsbereiches) und Sonderschultypen ist ein Bildungsgerechtigkeit negierender sozialer Ausgrenzungsmechanismus und Bildungsreduktionismus eigen. Sie differenzieren durch Selektion, Ausgrenzung und Einschluss der Ausgegrenzten auch in Sondersysteme, wenn eine Behinderung bzw. ein so genannter „sonderpädagogischer Förderbedarf“ festgestellt wird. Das aber ist keine pädagogische Qualität, sondern ein ordnungsstaatlicher Prozess mit weitreichenden negativen lern- und entwicklungsrelevanten Folgen. Das vertikal-hierarchisch gegliederte EBU, worin sich seine im Kern antidemokratische und ständische Grundorientierung ausdrückt, was u.a. auch die OECD- und PISA-Studien hinreichend belegt haben, kann eine pädagogisch qualitative Differenzierung

im Sinne der Schaffung von Bildungsgerechtigkeit seiner Struktur nach funktional nicht leisten. Man spricht sie aber gerade diesem System zu, das zur Schaffung von „Humankapital“[5] auch unter Aspekten des Einbezugs der Sonderschulen als Hort für die zur Schaffung von „Humankapital“ nicht hinreichend leistungsfähigen Schulpflichtigen[6] optimiert ist, während man sie dem horizontalen Modell „einer Schule für alle“ nicht nur abspricht, sondern diesem sogar die Nivellierung der individuellen Potentialitäten der Persönlichkeitsentwicklung aller Lernenden im Sinne von Gleichmacherei anlastet.
Der Inklusionsbegriff vermag die Komplexität der Dialektik von Gesellschaftsfragen und Bildungsfragen zu markieren. Er ist aber keine relevante Größe, um Bildungsgerechtigkeit für alle im hier beschriebenen Sinne, unabhängig von an einer Person zu beobachtenden Merkmalskomplexen bzw. ihrer kulturellen Herkunft oder des ihr zugemessenen sozialen Status zu garantieren. Bildungsgerechtigkeit kann, wie deutlich wurde, nur im Sinne individueller Bildungsbiographien geschaffen werden, für die eine subjektbasierte Differenzierung der Bildung ermöglichenden pädagogischen Prozesse – mithin des Unterrichts – konstituierend ist. Damit stellt sich für das EBU die Frage (a) nach einer *anerkennungsbasierten, nicht ausgrenzenden Pädagogik* gemäß der Aufnahme und Annahme aller Kinder, Schulpflichtigen, Ausbildungs- und Studierwilligen und (b) die nach einer *die erforderlichen Differenzierungen und die Realisierung individueller Bildungsbiographien leistenden Didaktik*, für die dann in Bezug auf deren Realisierung im Unterricht in der LehrerInnen-*Bildung*[7] zu qualifizieren ist. Gefasst und realisierbar sind diese Ansprüche in der „Allgemeinen Pädagogik und entwicklungslogischen Didaktik“ (Feuser 1989, 1995, 2011a, 2013a).[8] Es bleibt festzuhalten: Der Begriff der Inklusion ist diesbezüglich erziehungswissenschaftlich nicht

---

[5] Bei diesem Begriff handelt es sich um einen in der Volkswirtschafts- und Betriebswirtschaftslehre gefasste Relation von verfügbarem Wissen einer Person und erforderlichen und getätigten Investitionen in Bildung. Der Begriff verdeutlicht in besonderer Weise die Reduktion des Menschen auf seine durch Bildung zu erreichende und zu steigernde Verwertbarkeit im Sinne von Kosten-Nutzen-Relationen. Als homo educandus mit seinen umfassenden Erziehungs- und Bildungsbedürfnissen spielt er im sasEBU keine Rolle mehr, auch wenn das in Schulkonzepten und Sonntagsreden vorgegeben wird.

[6] In soziologischen Diskursen repräsentiert diese Population u.a. auch die „Überflüssigen“ (Bude & Willisch 2008).

[7] Mit LehrerInnen-*Bildung* bezeichne ich die Qualifizierung von Lehrerinnen und Lehrern durch ein neu zu entwickelndes und zu gestaltende Studium einer inklusionskompetenten, subjektwissenschaftlich begründeten „Allgemeine Pädagogik und entwicklungslogische Didaktik“ (Feuser); einbezogen alle Bildungsbereiche eines life-long-learnings.

[8] Die Lektüre dieser Beiträge sollte diesen in vielen Aspekten sehr knapp gehaltenen Beitrag ergänzen.

relevant und auch nicht sinnvoll auf pädagogische und didaktische Qualifikationen hin zu operationalisieren.

Relevant ist weit mehr der Begriff der *Exklusion*. Es ist bereits deutlich geworden, dass das EBU zur Optimierung des Auftrags zur effizienten Schaffung hinreichend verwertbaren Humankapitals eine Funktions- und Strukturlogik von Exklusions- und Inklusionsprozessen vom regelpädagogischen in das Parallelsystem der Heil- und Sonderpädagogik bedient. Diese werden, wie deutlich wurde, selbst aus juridischer Sicht der UN-BRK nicht gebrochen. Durch die Inklusion des Personenkreises, der in Sonderschulen „gefördert" wird (von Bildung ist da nicht mehr die Rede), zu großen Anteilen in die Heim- und Arbeitswelten der Behindertenfürsorge, bleibt dieser dem Kreislauf der Prozesse funktionaler Differenzierung der Gesellschaft wirksam entzogen. Das exkludiert diesen Personenkreis, wie das in einer funktional differenzierten Gesellschaft für das gesamte Prekariat der Fall ist, aus dem Prozess permanent wechselnder Teilsysteminklusionen eines „bürgerlichen" Alltags oder, anders gesagt, es entzieht Menschen dem Prozess der exklusions-inklusionsgenerierten Systemwechsel, die den daran gekoppelten Kompetenzmerkmalen, Qualifikationsprofilen und Verhaltenscodices nicht entsprechen. Sie werden sozusagen immobilisiert und in extrem wenigen Systemen (z.B. in einer Sonderschule eines spezifischen Typs, in einem Wohnheim, in der Werkstatt für Behinderte) geradezu eingefroren. Bude (2008) schreibt treffend: „Die Anormalen werden gerade nicht aus-, sondern eingeschlossen" (258). Was diesen total Inkludierten vorenthalten wird, ist die Möglichkeit der Exklusion und dadurch die Möglichkeit ihrer selbstbestimmten Teilhabe an Kommunikationen (z.B. in Feldern des Konsums, der Arbeit, der Kultur und Bildung), die Gesellschaft konstituieren.

Gesellschaft kann als ein umfassendes Sozialsystem im Sinne der Gesamtheit aller erwartbaren Kommunikationen verstanden werden (Luhmann 1984). Das sind dialogische, interaktive, reziprok-kommunikative, mithin sozialkooperative Handlungen im Sinne referentieller Prozesse (Trevarthen & Aitken 2001). Bezogen auf den Menschen kann nur durch Teilhabe an Kommunikation zur Kommunikation befähigt werden (Feuser & Jantzen 2014; Rödler 2001), und diese Befähigung ermöglicht wiederum die Teilhabe an Kommunikationen. *Exklusion im Allgemeinen* kann unter Aspekten der humanwissenschaftlich fassbaren Grundbedingungen menschlicher Persönlichkeitsentwicklung allgemein als Prozess des Ausschlusses aus hinreichend vielfältigen sozial-kooperativen Lebenszusammenhängen verstanden werden. Dieser geht mit der Inklusion der Betroffenen in diese Bedingungen minimierende bis negierende, mithin isolierende gesellschaftliche Räume (z.B. Sonderinstitutionen) einher, wodurch ihre physisch wie psychisch dekompensierende, desorganisierende und dissoziierende Wirkung in Gang kommt (Jantzen 2014), was Not wendender Weise zur Entwicklung autokompensatorischer Strategien führt (Lanwer 2002), die wiederum als Symptome der diagnostizierten Krankheit oder Behinderung verstanden werden (Jantzen & Meyer 2014). Darauf bezogen wird *Exklusion im Speziellen* als Befreiung aus diesen persönlichkeitszerstörenden Feldern und die Partizipation in auf höchstem kulturellem Niveau organisierten Lebens- und Lernräumen erforderlich. Durch Exklusion die Voraussetzungen zur Partizipation in regulären Lebens- und Lernfeldern zu ermöglichen, ist im gesellschafts-politischen Feld Aufgabe der *Integration*. Sie geht unmittelbar mit der Überwindung fixierter Inklusionen in gesellschaftliche Teilsysteme einher, d.h. Integration hebt sich in Prozessen inklusiver Partizipationen auf. Bezogen auf ein iEBU wird aber auch von Inklusion nicht mehr zu reden sein, wenn die *Allgemeine Pädagogik* als reformpädagogischer Akt der Humanisierung und Demokratisierung des Bildungssystems auf der Basis eines fundamentalen Wandels unseres Menschen- und Behinderungsbildes und der Auffassungen über menschliches Lernen und die Persönlichkeitsentwicklung nach Schaffung entsprechender horizontal-differenzierender Organisationsformen und Strukturen des Lernens Praxis geworden ist. Sie kann in Anlehnung an Paolo Freire (1973) in gewisser Weise auch als „Pädagogik der Befreiung" verstanden werden.

3 „Allgemeine Pädagogik und entwicklungslogische Didaktik"

Wenn ein iEBU tatsächlich das etablierte sasEBU überwinden und schließlich ablösen soll, dann ist ein Weg zu beschreiten, der, wie dargelegt, *von der Segregation durch Integration zur Inklusion* zu führen hätte. Das öffnet einen breiten Fächer an resultierenden Konsequenzen für den Umbau des institutionalisierten Bildungssystems und der LehrerInnen-*Bildung*, von denen nur zwei zentrale Momente rudimentär angedeutet werden können.
Eine generelle Konsequenz pädagogisch-*struktureller* Art ist, die Parallelsysteme der Regel- und Heil- und Sonderpädagogik im Sinne eines qualitativ neuen erziehungswissenschaftlichen Denkens und Bewusstseins zur Synthese zu bringen (und keineswegs deren additive Zusammenlegung!), was mit der Formel *ein Kindergarten und eine Schule für alle* programmatisch zum Ausdruck gebracht werden kann. Dieses Prozedere kann, wie das Edouard Sèguin schon 1866 in seinem Hauptwerk zum Ausdruck gebracht hat, pädagogisch als die Forderung nach der „Wiederherstellung der zusammenhanglos gewordenen Mittel und Werkzeuge der Erziehung" begriffen werden, verbunden

mit der Notwendigkeit der Zusammenarbeit der Lehrpersonen, der therapeutischen Fachkräfte und der für die Kinder bzw. Schüler erforderlichen Assistenzen in multiprofessionellen Teams[9] und des Verzichts auf Formen äußerer Differenzierung i.S. von leistungshomogenen Gruppen oder individuellen Curricula (für Schüler mit „sonderpädagogischem Förderbedarf“ sind das oft die des Sonderschultyps, den sie anstelle der Integration besuchen würden).
Eine zweite, grundlegende Konsequenz pädagogisch-*funktionaler* Art ist die Orientierung auf die Organisation von Lernfeldern als Möglichkeitsräume der Persönlichkeitsentwicklung (Feuser 2009b) der Kinder und Schüler und die Priorisierung eines Lernens, das Entwicklung induziert und auf Erkenntnisgewinn hin orientiert ist. Einfach ausgedrückt geht es nicht primär um Wissensvermittlung, sondern um ein *handelnd-forschendes Lernen des Lernens(!)*, das erkenntnisbasiert Wissen als Resultat und Werkzeug weiteren Erkenntnisgewinns generiert. Das verweist auf eine Pädagogik, die es in einer komplexen Welt, deren Komplexität nicht beliebig reduzierbar ist, leistet, dass Menschen in wechselseitiger Anerkennung ihres Soseins und ihrer Kompetenzen und in sozial-kooperativer Zusammenarbeit ihr Leben und die Gegenwartsprobleme zukunftsträchtig und nachhaltig zu bewältigen vermögen und im Geiste des Gemeinsinns eine humane, demokratische und dadurch menschenwürdige Welt zu gestalten vermögen. Dies im Sinne der Forderung von Séguin (1912) nach der „Wiederherstellung der Einheit des Menschen in der Menschheit“. Transformiert in eine didaktische Sicht kann zusammengefasst werden: Der Mensch erschließt sich die Dinge durch den Menschen und sich den Menschen über die Dinge – in gemeinsamer Kooperation.
Damit sind zwei miteinander aufs Engste verflochtene Momente eines iEBU bezeichnet, die u.a. vornehmlich die Vereinheitlichung der LehrerInnen-*Bildung* i.e.S. bezogen auf die humanwissenschaftlich fundierten Grundlagen menschlichen Lebens, Lernens und menschlicher Persönlichkeitsentwicklung erfordern und nötige Spezialisierungen nicht auf die Schulformen und -stufen beziehen, sondern auf zentrale Dimensionen einer Lernbegleitung aller Lernenden – wiederum in der gesamten Spanne eines life-long-learning.
Ihre Grundlagen haben beide Momente in der (kritischen und materialistischen) „Behindertenpädagogik“, wie sie durch Jantzen (2007) auf der Basis

[9] Mit Co-Teaching bezeichne ich die gleichberechtigte Zusammenarbeit von Regel- und Sonderschullehrerinnen und -lehrern und mit Team-Teaching die Zusammenarbeit aller Lehrpersonen und Fachkräfte im Unterricht. Inklusiver Unterricht bedarf darüber hinaus auch interdisziplinärer Zusammenarbeit und transfunktionaler Prozesse derart, dass z.B. eine Fachperson in unterschiedlichen Zusammenhängen tätig wird und mit verschiedenen anderen Lehr- und Fachpersonen kooperiert.

der „Kulturhistorischen Schule“ (z.B. Vygotskij 1985/1987, Leont’ev 1973/1982, Gal’perin 1980, Lurija 1982 u.a.) in den 1970er Jahren grundgelegt wurde und in ihrer subjektwissenschaftlichen Dimension auf dem Hintergrund des heute vorliegenden humanwissenschaftlichen Erkenntnisstandes Fragen menschlichen Lernens und der Persönlichkeitsentwicklung auch hinsichtlich der dafür abträglichen Bedingungen, wie ich sie oben kurz angedeutet habe (Feuser 1995), ergänzend verstanden werden kann. Ferner haben sie eine Grundlage in der seit den 1950er Jahren auf der „kategorialen Bildungstheorie“ aufbauenden „kritisch-konstruktiven Didaktik“ und „Allgemeinbildungskonzeption“ Klafki’s (1963, 1996), die für die ‚allgemeine Pädagogik‘ eine „Bildung für alle im Medium des Allgemeinen“ in Kontexten „epochaltypischer Schlüsselprobleme“ postuliert und die Regelpädagogik auf ein dialektisches Denkniveau anhebt, auch wenn dieses didaktisch weitgehend auf die so genannte Objektseite der Bildungsinhalte und -gehalte und damit auf curriculare Zwänge fokussiert bleibt, denen im Sinne des „Elementaren“ und „Fundamentalen“ eine den Lernenden für seine Welt erschließende Qualität zugesprochen wird. Beide Momente bestimmt die „Allgemeine Pädagogik“ subjektwissenschaftlich neu, die ermöglicht und es leistet, dass ***alle*** Kinder und Schüler *in Kooperation miteinander* auf ihrem jeweiligen Entwicklungsniveau – nach Maßgabe ihrer momentanen Wahrnehmungs-, Denk- und Handlungskompetenzen – in Orientierung auf die „nächste Zone ihrer Entwicklung“ (Vygotskij 1987) an und mit einem *Gemeinsamen Gegenstand* spielen, lernen und arbeiten können, was impliziert, dass alle Kinder und Schüler *alles* lernen dürfen, jedes Kind und jede Schülerin und jeder Schüler auf ihre/seine Weise lernen darf und alle die erforderlichen Hilfen bekommen, derer sie bedürfen. Dabei ist die *kooperative Tätigkeit*, wie deutlich herausgestellt wurde, die integrale Einheit des mit unserer menschlichen Existenz immanent bestehenden Bedürfnisses nach der Spiegelung seiner selbst im anderen Menschen und in dem von der Gattung geschaffenen kulturellen Erbe. Sie ist also stets intersubjektiv und bildungsinhaltlich! Dies im Sinne von *Erziehung* als die Ausbildung des Bedürfnisses des Menschen nach dem Menschen und auf dieser Basis die Strukturierung der Tätigkeit des Menschen mit dem Ziel größter Realitätskontrolle und im Sinne von *Bildung*, verstanden als das Gesamt der Wahrnehmungs-, Denk- und Handlungskompetenzen eines Menschen im Sinne seiner aktiven Selbstorganisation, verdichtet in seiner Biographie.

Dass wir bezogen auf eine Realisierung dieser ein iEBU konstituierenden Momente auch im vierten Jahrzehnt der Entwicklung der Integration/Inklusion im deutschsprachigen Raum noch kaum von einer Annäherung sprechen können, ist offensichtlich. Auf eine programmatische Formel gebracht, lassen sich sowohl die gegenwärtig dominierenden gesellschafts- und bildungspolitischen Tendenzen als auch die fachimmanenten der Pädagogik, eingeschlossen die Lehrerbildung, die weiterhin auf Schulformen, Schulstufen und Sonderschultypen bezogen bleibt – und sich im Großen und Ganzen damit begnügt, ein obligatorisches Modul „Inklusion" in die bestehenden Modelle der Lehrerbildung zu integrieren[10] – um es kurz, aber wohl voll zutreffend zu beschreiben, als das Prozedere der *Integration der Inklusion in die Segregation* beschreiben.

Die „Allgemeine Pädagogik" versteht sich als eine Gegenkraft gegen die das sasEBU reproduzierenden Momente. Ein iEBU muss aus dem bestehenden sasEBU heraus entwickelt werden – das ist Faktum. Aber zu glauben, dass dies mit den das sasEBU produzierenden und reproduzierenden Mitteln bewerkstelligt werden kann, ist so irreal, wie anzunehmen, dass eine Tasse, die zu Boden fällt und zerbricht, irgendwann wieder auf den Tisch, von dem sie herunter gefallen ist, zurückspringen und ganz sein würde. Dieser Absurdität scheint man heute in Bezug auf die unterrichtsbezogene Bewältigung der Inklusion im Bildungssystem anzuhängen, was an Einfältigkeit und Naivität nicht zu überbieten ist – und sich gleichwohl auch in den Entwürfen einer auf „Inklusion"(?) orientierten Lehrerbildung dokumentiert.

Bezogen auf eine programmatische Analyse der Funktionszusammenhänge im sasEBU können wir zusammenfassen: Die *Selektion* der Kinder und Schüler nach normwertorientierten Leistungskriterien führt zum Ausschluss aus regulären Lernfeldern und zur *Segregierung* in Sonderinstitutionen, wenn ein „sonderpädagogischer Förderbedarf" festgestellt wird. Dadurch werden die Kinder und Jugendlichen in Reduktion auf ihre vermeintlichen Defizite und Auffälligkeit *atomisiert* und entsprechend in *homogenen* Gruppen, die der diagnostizierten Art ihrer Behinderung bzw. ihres angenommenen Leistungsvermögens entsprechen, zusammengefasst. Den Schülern werden diesen Annahmen folgend entsprechend *reduzierte und parzellierte Bildungsangebote* gemacht, also ein pädagogischer Reduktionismus praktiziert, der in Kombination mit der im Bildungssystem mit den Schulformen und Sonderschultypen Struktur gewordenen *äußeren Differenzierung* einen sich selbst generierenden Zirkel der Produktion und Reproduktion von Ungleichheit und Be-Hinderung einleitet.

Eine „Allgemeinen Pädagogik" hätte gegen jedes dieser Momente ein „Gegenmoment" zu setzen, d.h. fachlich wie politisch eine „Gegenkraft" zu ent-

---

[10] Es wäre notwendig, die aktuellen Bemühungen der Implementierung der Forderungen der UN-BRK, besonders bezogen auf den §24, länderübergreifend zu vergleichen und kritisch zu analysieren, was hier nicht geleistet werden kann.

falten, die Inklusion ermöglicht, wie es die nachfolgende Tabelle verdeutlicht.

Pädagogik Heute (Regel- und Sonderpädagogik)	**Allgemeine Pädagogik** (Inklusion)
Menschenbild: Defekt- und abweichungsbezogene *Atomisierung* der als behindert geltenden Menschen	*Menschenbild:* *Mensch als integrierte Einheit* seiner biologischen, psychischen und sozialen Systeme und Wirklichkeit
Sozialform: größtmögliche *Homogenität*	*Sozialform:* größtmögliche *Heterogenität*
Didaktisches Fundamentum: ***Selektion*** nach Leistungskriterien und	*Didaktisches Fundamentum:* ***Kooperation*** aller miteinander **am**
reduzierte und parzellierte Bildungsinhalte (Pädagogischer Reduktionsimus)	***Gemeinsamen Gegenstand*** (Projekte, Vorhaben, offene Lernformen u.a.m.)
Segregierung durch ***äußere Differenzierung*** (auch in Sonderinstitutionen)	***Innere Differenzierung*** (interkulturell, jahrgangsübergreifend)
und ***individuelle Curricula*** (für Behinderte und Nichtbehinderte, Schul-/Sonderschultypen, Schul- u. Altersstufen u.a.)	**durch** ***entwicklungsniveaubezogen-biografische Individualisierung*** (im Sinne des Gemeinsamen Gegenstands)

Tab. 1: Gegenüberstellung „Pädagogik Heute" und „Allgemeine Pädagogik"

Darauf bezogen zeichnen sich die Erfordernisse eines Verständnisses des Menschen als integrierte Einheit seiner biologischen, psychischen und sozialen Systeme ab, die Schaffung größtmöglicher Diversität und Heterogenität der Lerngruppen und die Erfordernisse der *Kooperation am Gemeinsamen Gegenstand* und einer *inneren Differenzierung durch entwicklungsniveaubezogene und individualbiographisch orientierte Individualisierung* (des Gemeinsamen Gegenstandes bezogen auf den alle spielen, lernen und arbeiten). Diese gepaarten und sich dialektisch vermittelnden Momente bilden das „didaktische Fundamentum" einer „Allgemeinen Pädagogik" und begründen eine „entwicklungslogische Didaktik". Der Mensch ist das erkennende Subjekt auf der Basis gegenständlicher Tätigkeit, die es i.S. der *Tätigkeitsstrukturanalyse* zu bestimmen gilt. Sie realisiert sich in vielfältigen sozial-kooperativen Handlungen des Menschen mit den Menschen und Sachverhalten der Welt, die es ihrerseits subjektspezifisch i.S. der *Handlungsstrukturanalyse* zu bearbeiten gilt. In beiden Komponenten liegt, was bildend ist und nicht in den curricularen Sachstrukturen, die Mittel und Werkzeuge der Bildung sind und als solche selbstverständlich didaktisch bearbeitet werden müssen, aber bezogen auf ein Entwicklung induzierendes Lernen keinen Selbstzweck haben, wie im klassischen, eindimensional auf die Sachstrukturen fixierten Unterricht. Die Struktur einer entwicklungslogischen Didaktik ist folglich eine dreidimensionale. Das didaktische Feld ihrer Realisierung im Unterricht öffnet (inklusive) soziale Räume im Sinne von Lern-Handlungsfeldern, in denen Menschen unterschiedlichster Biographie, Herkunft, Sprache, Religion und Kultur, Entwicklungsniveaus und Lernmöglichkeiten in Kooperation miteinander an verschiedenen erkenntnisrelevanten Dimensionen (die den „Gemeinsamen Gegenstand" kennzeichnen) einer zu bearbeitenden Wirklichkeit im Sinne eines Entwicklung induzierenden Lernens zieldifferent arbeiten können, wie das im Baum-Modell (Feuser 2011a) verdeutlicht werden kann. Der Stamm repräsentiert die äußere thematische Struktur, die Wurzeln den jeweils möglichen wissenschaftlichen Erkenntnisstand hinsichtlich der einzelnen erkenntnisrelevanten Dimensionen, die in den Ästen entsprechend der subjektiven Erkenntnismöglichkeit von Welt auf unterschiedlichsten Entwicklungsniveaus aufscheinen.[11] Mithin entsprechen die Äste nicht den traditionellen Unterrichtsfächern (!), sondern der Vielfalt der Handlungsmöglichkeiten, mittels derer die Gegenstandsseite – entwicklungspsychologisch gesehen – (am Astansatz) sinnlich konkret bis hin zu einer abstrakt-logisch symbolisierten internen Rekonstruktion z.B. in Form von Sprache, Schrift, Formeln und Theorien (Astspitze) für alle Schüler entsprechend ihrem Wahrnehmungs-, Denk- und Handlungsniveau – subjektiv erfahrbar und fassbar werden, was unterrichtsorganisatorisch nur in Form eines durchgängigen Projektunterrichts geleistet werden kann.

Der Fächerunterricht selbst ist Ausdruck der traditionellen eindimensionalen didaktischen Orientierung und wesentliche Bezugsquelle seiner selektierenden und ausgrenzenden Dynamik. Es wird dabei irrigerweise angenommen, dass die fachdidaktische Systematik, wie sie z.B. ein fächerbezogenes Unterrichtswerk repräsentiert, mit den Prozessen der Entwicklung z.B. des mathematischen Denkens bei Kindern und Schülern unterschiedlicher Entwicklungsstufen und Lernerfahrungen identisch sei. Auch abstrahiert das traditionelle Unterrichtsgeschehen weitgehend davon, dass lernende Aneignung an intrapsychische Prozesse der *Sinn*bildung und *Bedeutungs*konstituierung geknüpft sind, was auch auf den Zusammenhang stabiler Emotionen (z.B.

---

[11] Eine didaktisch relevante Einschätzung von Entwicklungsniveaus im Sinne der „aktuellen und nächsten Zone der Entwicklung" erfordert den Einbezug der Entwicklungstheorien und -psychologien von Leont'ev, Piaget, Spitz und Vygotskij.

Angstfreiheit, Sicherheit, Selbstvertrauen der Kinder und Schüler auf der Basis von Authentizität und Verlässlichkeit der Lehrpersonen) mit der Entfaltung der möglichen kognitiven Potentiale verweist, worauf hier nicht weiter eingegangen werden kann. Die thematisch voneinander isolierten Fächer bieten auch keine Möglichkeiten des Erkennens von Sachzusammenhängen geschweige denn der diesen übergeordneten systemischen Prozesse bezogen – hier verkürzt gesagt – auf die Evolution des Kosmos, die Biosphäre der Erde und deren ökologischen Zusammenhänge wie auf die Vergesellschaftung des Menschen und deren produktiven und reproduktiven Strukturen.

Ich denke, dass hier aufzuscheinen beginnt, weshalb von LehrerInnen-*Bildung* und nicht von LehrerInnen-Ausbildung zu sprechen ist. Die Lehrpersonen müssen im Sinne ihrer Bildung diese Zusammenhänge wahrnehmen und ihre Bedeutung erfassen können, damit sie, ich nehme mir diese Formulierung heraus, die Kinder und Schüler in ihren Erkenntnisinteressen und – potentialen nicht aufgrund ihrer eigenen „Halbbildung“ (Adorno 1998) blockieren. *Inklusiver Unterricht ist kooperative Tätigkeit der Subjekte im Kollektiv*, in das die Lehrpersonen als Mitlernende eingebunden sind. In seiner „Theorie der Halbbildung“ von 1960 definiert Adorno Halbbildung als „die Verbreitung von Geistigem ohne lebendige Beziehung zu lebendigen Subjekten, nivelliert auf Anschauungen, die herrschenden Interessen sich anpassen“ (576) – welch eine Beschreibung des heute herrschenden Unterrichts (!), mit dessen noch so perfekter Optimierung kein inklusiver Unterricht zu realisieren ist.

4 Aspekte einer Didaktik inklusionskompetenter LehrerInnen-*Bildung*

Didaktik definiere ich als einen erziehungswissenschaftlichen Operator der Transformation von Bildungs- und Gesellschaftsfragen in die konkrete Erziehungs- und Unterrichtspraxis und der Transformation der dort entstehenden empirischen Erfahrung in die erziehungswissenschaftliche Reflexion und Theoriebildung. Diese Funktionen wären in Bezug auf die LehrerInnen-*Bildung* in doppelter Weise zu betrachten: Zum einen hinsichtlich des (inklusiven) Unterrichts, den die zukünftigen Lehrpersonen mit den Kindern und Schülern zu realisieren haben und hinsichtlich des Unterrichts (Studium), der sie als Studierende dafür qualifizieren soll. Eine solche Qualifizierung an den Universitäten und Hochschulen kann, wie für inklusiv kompetenten Unterricht hier hinreichend ausgeführt, ihrerseits nicht unter den traditionellen Bedingungen eines sasEBU erfolgen, dem auch die Lehrerbildungsstätten zuzuordnen sind. Das aber setzt voraus, dass bestimmt ist, was Inklusion im

Bildungssystem meint und will. Diesbezüglich kann ich keine hinreichend tragfähige Basis erkennen; weder im Fach noch in der Bildungspolitik. Die Diskurslage agiert meiner Einschätzung zu Folge einerseits auf einem Niveau, das der Sprachentwicklung eines Kindes entspricht, das noch keiner wissenschaftlichen Begriffe mächtig ist bzw. solche noch nicht konsistent zu gebrauchen vermag. So gesehen hat die Pädagogik ihrer mit Inklusion verbundenen Hausaufgaben bis heute noch nicht gemacht, denn es kann wohl nicht angehen, dass das Lernen und die Persönlichkeitsentwicklung von Schülern z.B. in Schleswig-Holstein anderen Gesetzmäßigkeiten unterliegt, als das bei Schülern in Baden-Württemberg oder in anderen Bundesländern oder in Schweizer Kantonen der Fall ist. Eine fachliche Verständigung auf eine inklusionskompetente Pädagogik liegt bis heute nicht vor. Das bestehende fachliche Chaos ist aber auch bildungspolitisch intendiert, worauf sich eine eigenständige Erziehungswissenschaft, die es seit nahezu einem Jahrhundert gibt, nicht einzulassen hätte. Sie ist nicht gehindert, eine inklusionskonsistente pädagogische Konzeption vorzulegen, die aus fachlicher Sicht auch durch politische Hegemoniebestrebungen nicht ausgehebelt werden kann. Es wäre dann zumindest eindeutig, dass politische Machtverhältnisse dem Rechnung zu tragen gewillt sind – oder eben nicht. So aber ist die Pädagogik willfähriger Spielball gesellschafts- und bildungspolitischer Kalküle. Die Kombination dieser Gegebenheiten lässt es nicht zu, eine hinsichtlich des Grundgedankens der UN-BRK einheitliche (nämlich inklusive) Schule zu schaffen, die eine entsprechend einheitliche LehrerInnen-*Bildung* zur Konsequenz hätte. Mit dieser und an anderer Stelle geführten Kritik möchte ich die Bemühungen um die Sache nicht schmälern oder herabwürdigen. Dennoch gilt es, den Tatsachen ins Auge zu sehen und sie nicht, wie es mit dem Inklusionsbegriff gegen den Integrationsbegriff geschehen ist, durch Um- oder Neuetikettierungen unsichtbar zu machen, was ihr Fortbestehen nicht unterbindet.

Deshalb lege ich die vorgestellte pädagogische Konzeption den nachfolgenden Hinweisen auf eine didaktische Bewältigung einer inklusionskompetenten LehrerInnen-*Bildung* zu Grunde, was bedeutet, dass die Qualifikation zukünftiger Lehrpersonen unter denselben Prämissen zu erfolgen hätte, nach denen diese späterhin zu unterrichten hätten, nämlich inklusiv und sozialkooperativ, was hier nur programmatisch ohne ergänzende Erläuterungen geleistet werden kann. Das bedeutet generell:

- *Inklusion ist keine Spezialisierung in der LehrerInnen-Bildung*, sondern deren notwendige Grundlage in Anerkennung der Einzigartigkeit eines jeden Menschen und seiner existentiellen Angewiesenheit auf sozial-kooperative gegenständliche Tätigkeit. Sie kann nicht als Fach oder Modul gelehrt werden.

- Hochschulen und Universitäten sind in das Gesamt des Bildungssystems eingebundene Bildungsinstitutionen (Sonderschulen!). *Ihnen kommt* aufgrund ihres Forschungspotentials und der Einflussnahme über die Lehre auf zukünftig kulturschaffende und -tragende Mitglieder unserer Gesellschaft *eine besondere Verantwortung hinsichtlich der Umsetzung der UN-BRK* und der Realisierung der Menschenrechte *zu.*
- Inklusionskompetente LehrerInnen-*Bildung* hebt die Trennung von Regel- und SonderschullehrerInnenbildung auf und überwindet notwendigerweise die kategoriale Heil- und Sonderpädagogik, was in einem gemeinsamen BA-Studium grundgelegt und in einem MA-Studium spezifiziert werden kann. Das meint nicht die alten Schulform-, Schulstufen-, Fächer- und Jahrgangsorientierungen!

Daraus resultieren u.a. folgende zentralen Erfordernisse:
Bildungsinhaltlich:

- Es bedarf eines aufklärungsbasierten Studiums, das unter politologischen, ökonomischen, soziologischen und psychologischen Gesichtspunkten die Analyse der Geschichte von Ausgrenzung und Vernichtung von als behindert und in anderer Weise als abweichend und minderwertig erachteter Menschen betreibt und die eigene Verflochtenheit wie die eines sasEBU in diese bevölkerungs- und bio-politischen, rassistisch-eugenischen und lebensphilosophischen Zusammenhänge zur Bewusstheit bringt.
- Die Studierenden sind

  (a) grundlegend mit dem Menschen als komplexestes und am wenigsten determiniertes lebendes System zu befassen, dessen Komplexitätssteigerung und Diversifikation (seine Entwicklung) sich durch die Qualität seiner interpersonalen Beziehungen in Relation zur intrapersonalen Re-Konstruktion seiner Welt-Mensch-Beziehungen im Verhältnis der Möglichkeit zu kooperativer Teilhabe zu den zur Wirkung kommenden Graden seiner Isolation (von ökonomischer Sicherheit, vom sozialen Verkehr, von Kultur und Bildung u.a.m.) herausbildet, was

  (b) nur in interdisziplinären Zusammenhängen der relevanten Gesellschafts-, Kultur- und Humanwissenschaften und ihrer naturphilosophischen Grundlagen,

  (c) in mehrsemestrigen Projekten anhand übergeordneter Themenstellungen geleistet werden kann, die ihrerseits selbst in der gesamten Spanne von Theoriebildung, Forschung und Praxis als inklusive Studienprojekte zu konzipieren sind.

(d) Das erfordert ein *inklusives* Studium, das in Gemeinschaft mit als behindert geltenden Menschen stattfindet, was eine Revision der Zugangsvoraussetzungen zu Hochschulen und Universitäten bedingt, aber auch bauliche, technische und digitale Barrierefreiheit. Durch die Schaffung sozialer Netzwerke und durch nachteilsausgleichende Studien- und Prüfungsanpassungen sowie beratende, unterstützende und assistierende Dienste für Studierende mit Behinderung kann die LehrerInnen-*Bildung* ihrerseits zum Schrittmacher der Entwicklung einer inklusiven Hochschule und Universität werden.

- Das Studium soll die Studierenden zu der zentralen Erkenntnis führen, dass alles, was wir an einem Menschen beobachten können, ein entwicklungslogisches Produkt der Integration der Erfahrungen dieses lebenden Systems in sein System mit den Mitteln seines Systems ist. Es wäre verstehend zu begreifen, dass alle Handlungsweisen, die ein Mensch unter den für ihn gegebenen Ausgangs- und Randbedingungen ausbildet und die wir in normativer Bewertung als „pathologisch" klassifizieren, entwicklungslogisch und als solche „dem Menschen möglich" sind.
- Die diese Grundverhältnisse erklärenden und zu vermittelnden Erkenntnismodelle sind die *Selbstorganisationstheorie*, die in ihr gründende *Systemtheorie* und der (kritische) *Konstruktivismus* und die *Tätigkeitstheorie der Kulturhistorischen Schule*, die das Verhältnis des Menschen zu seiner Welt als *Subjekt-Tätigkeit-Objekt*-Relation begreift, was meint, dass der Mensch sich Welt in aktiv-gegenständlicher Tätigkeit aneignet und sein Lernen als Prozess der Interiorisation (Ferrari & Kurpiers 2001; Jantzen 2004; Lompscher 2004) verstanden werden kann. Das erfordert, diese naturphilosophischen und humanwissenschaftlichen Komplexe in das Feld der Erziehungswissenschaften und in pädagogische Praxis zu transferieren, was in unterschiedlichsten pädagogischen und therapeutischen Settings beratend und supervidiert zu praktizieren (neu) erlernt werden muss.[12] Dies wird am besten in dafür qualifizierten und zertifizierten Bildungsinstitutionen gelingen, die organisatorisch und personell in einem sehr engen Arbeits- und Forschungszusammenhang mit den Hochschulen und Universitäten stehen.
- In das Projekt-Studium einzubetten sind *Forschungsqualifikationen* quantitativer und qualitativer Art, die *„Rehistorisierende Diagnostik"* (Jantzen & Lanwer 2011), die Aneignung entwicklungsdiagnostisch fundierte Kompetenzen in einem für die Dauer des mindestens dreisemestrigen Pro-

[12] Die angeeigneten Erkenntnisse bedingen nicht automatisch eine entsprechend erkenntnisgeleitete Handlungsfähigkeit.

jekts *durchgängigen Theorie-Praxis-Kontext*, die *Qualifizierung in advokatorischer und personeller Assistenz* (Feuser 2011b), in pädagogisch-therapeutischem Handeln (auch in Interventionsstrategien z.B. hinsichtlich herausfordernder u.a. autokompensatorischer Verhaltensweisen) *MIT* den betroffenen Menschen.[13] In diesen Kontexten soll die (Selbst-) Erfahrung und Qualifizierung in Beratung, Coaching und Supervision vor allem auch unter Aspekten der Ausbildung von interdisziplinärer, multiprofessioneller und transdisziplinärer Teamfähigkeit erfolgen. Damit verbunden sind auch Kompetenzentwicklung in Evaluation, Qualitätsmanagement und in Schulentwicklung, in Personalführung und -leitung und in Fort- und Weiterbildung.

Strukturell:

- Nur ein *„inklusives" Projektstudium*, das eine übergeordnete Fragestellung („Gemeinsamer Gegenstand") über (mindestens) drei Semester bearbeitet, in dem zentrale Teilfragen in kooperativen, interdisziplinären Prozessen arbeitsteilig forschend zur Lösung gebracht und wöchentlich in einem Projektplenum ausgetauscht und neu konfiguriert werden und
- in dem Teilhabe durch *Zusammenarbeit mit Menschen aller Arten und Schweregrade an Beeinträchtigungen* (als Mitstudierende und Partner in Vorhaben und Teilprojekten) erfahren werden kann, vermag einen forschungsgeleiteten Studienkontext in Theorie und Praxis zu realisieren und die Erfahrung zu vermitteln, die Lehrpersonen ihrerseits in ihrer beruflichen Tätigkeit mit Kindern, Jugendlichen und Erwachsenen grundzulegen haben.
- Für die Mit-Studierenden mit (auch schweren!) Beeinträchtigungen wären die Verbesserung ihrer Lebenslagen bis hin zu mit der LehrerInnen-*Bildung* zu kombinierenden berufliche Qualifizierungen und begleitete Übergänge in den ersten Arbeitsmarkt zu verknüpfen (Doose 2006).

Die Studienkonzeption:

Die inklusionskompetente LehrerInnen-*Bildung* sollte einphasig (ohne nachfolgendes Referendariat) und im *BA* als *inklusives Projektstudium* für *alle* Lehramtsstudierenden eingeschlossen die Früherziehung und Frühe Bildung (Kindergarten; Feuser 1987) erfolgen; inklusive aller Forschungs-, Leistungs-, Praxis- und Prüfungsanteile pädagogischer und therapeutischer Art wie aller weiteren Fachanteile.

- Das 1. Studiensemester sollte für alle Studierenden aus einer integrierten Eingangs- und Orientierungsphase bestehen, die der Einführung in das

---

[13] Hierzu kann ich nur auf die von mir entwickelte „Substituierend Dialogisch-Kooperative Handlungs-Therapie (SDKHT)" verweisen: Feuser 2001, 2002.

Studium an einer Hochschule/Universität, dem Kennenlernen ihrer Struktur, Organisation und ihrer (technischen wie sozialen) Dienste sowie der Technik des Studierens und der Einführung und Orientierung in den Inhalten des Studiums und der Propädeutik der fachlichen Domänen für den gesamten Studienverlauf dient.

- Das 2. bis 4. Studiensemester umfasst darauf aufbauend das 1. Projekt (durchgängiger Theorie-Praxis-Kontext!). Dessen Schwerpunkte sind die erkenntnistheoretische und methodologische Befassung mit den für die Allgemeine Pädagogik grundlegenden Humanwissenschaften und ihrer naturphilosophischen Grundlagen, mit ihren gesellschafts-, sozial und kulturwissenschaftlichen Aspekten in Kombination mit einer aufgabenbezogenen Einführung und praktisch-forschenden Tätigkeit in den Handlungs- und Praxisfeldern des EBU, der Behindertenfürsorge, der Gesundheits- und Sozialdienste und der Disability Studies.
- Das 5. und 6. Studiensemester dient einem fachlich begleiteten, supervidierten und themenzentrierten wissenschaftlich auszuwertenden Halbjahrespraktikum (ggf. auch Schuljahrespraktikum). Der thematische Fokus ergibt sich aus den Kontexten des 1. Projekts und die wissenschaftliche Auswertung fungiert im Rahmen des 6. Studiensemester als Bachelor-Arbeit.

Im *MA* umfassen

- das 7. bis 9. Studiensemester ein 2. Projekt. Dessen Schwerpunkte sind die erkenntnistheoretische und methodologische Befassung mit den Erziehungswissenschaften, insbesondere mit den allgemeinen und speziellen Momenten entwicklungslogischer Didaktik in Kombination mit den entsprechenden fachlichen Differenzierungen (z.B. Naturwissenschaften, Sprachen, Musik, Kunst, Sport u.a.) und Spezialisierungen bezogen auf Lern- und Entwicklungsniveaus der gesamten Lebensspanne wie z.B: auf Früherziehung (0–3. Lj.), Frühe Bildung und sechsjährigen Primarbereich (3.–12. Lj.), polytechnischer Oberstufenbereich (13.–17. Lj.; darauf aufbauend Möglichkeiten der Kombination von Berufsbildung und Studium), Erwachsenenbildung, personale und advokatorische Assistenz u.a.
- Das 10. Studiensemester schließt das Studium mit einer Masterthesis ab, deren Thema sich aus dem 2. Projekt ergibt und einen Nachweis theoriegeleiteter Professionalisierung und Handlungskompetenz in den gewählten fachlichen Differenzierungen und Handlungsfeldern erbringt.

5 Und nun?

Die vorgestellte Skizze zu didaktisch relevanten Fragestellungen einer inklusionskompetenten LehrerInnen-*Bildung* dürfte zu Erstaunen, zu harscher Kritik bis hin zu Erklärungen führen, dass so etwas einfach absurd sei. Wenn sie das erreicht, wäre gegen Ende des vierten Jahrzehnts der Entwicklung der Integration/Inklusion immerhin ein kritischer Diskurs zu diesen Fragen eingeleitet und das blinde Machen der Implementierung der Inklusion in ein durch und durch ausgrenzendes und segregierendes EBU, wie das derzeit landauf, landab erfolgt, vielleicht für einen Moment lang unterbrochen (Feuser 2012). Dies im Sinne der Aussage von Richter (1978): „Wenn man im Machen nicht mehr anwendet, was man erkannt hat, kann man schließlich auch nicht mehr erkennen, was zu machen ist“ (23). Vielleicht dürfte das wiederum dazu führen, zu bedenken, was in einem Gespräch zwischen Franco Basaglia und Jean Paul Sartre zum Ausdruck kommt. Basaglia merkt an:

> „Es kommt darauf an, das Andere nicht nur zu denken, sondern es zu machen“ (39).

Darauf antwortet Sartre:

> „Das Andere muss sich aus der Überwindung des Bestehenden ergeben. Kurz, es geht nicht darum, das gegenwärtige System pauschal zu negieren. Man muss es vielmehr Zug um Zug außer Kraft setzen: *in der Praxis*. Der Angelpunkt ist die Praxis. Sie ist die offene Flanke der Ideologie“ (Basaglia/Basaglia-Ongaro 1980, 40).

Literatur

Adorno, T.W. (1998): Theorie der Halbbildung. In: Adorno, T.W.: *Soziologische Schriften I.* Darmstadt: Wissenschaftliche Buchgesellschaft, 93–121.

Agamben, G. (2002): Homo sacer. Frankfurt a.M.: Suhrkamp.

Agamben, G. (2003): Was von Auschwitz bleibt. Frankfurt a.M.: Suhrkamp.

Basaglia-Ongaro, F. & Basaglia, F. (1980): Befriedungsverbrechen. In: Basaglia, F. et al: *Befriedungsverbrechen. Über die Dienstbarkeit der Intellektuellen.* Frankfurt a.M.: Europäische Verlagsanstalt, 11–61.

Brenner, P. (2010): Bildungsgerechtigkeit. Stuttgart: Kohlhammer.

Bude, H. (2008): Das Phänomen der Exklusion. In: Bude, H. & Willisch, A. (Hrsg.): *Exklusion. Die Debatte über die „Überflüssigen“.* Frankfurt a.M.: Suhrkamp, 246–260.

Bude, H. (2011): Bildungspanik. Was unsere Gesellschaft spaltet. München: Hanser.

Bude, H. & Willisch, A. (Hrsg.) (2008): Exklusion. Die Debatte über die „Überflüssigen“. Frankfurt a.M.: Suhrkamp.

Bundesministerium für Arbeit und Soziales (2011): Nationaler Aktionsplan der Bundesregierung zur Umsetzung des Übereinkommens der Vereinten Nationen über die Rechte von Menschen mit Behinderungen (Stand 27.04.2011).

Doose, S (2006): Unterstützte Beschäftigung: Berufliche Integration auf lange Sicht. Marburg: Lebenshilfe-Verlag.

Eberwein H. & Feuser, G. (2012): Ein Manifest zur politischen Struktur unseres Schul- und Bildungssystems. In: Behindertenpädagogik, 51. Jg., H. 4, 401–408.

Ferrari, D. & Kurpiers, S. (2001): P.J. Gal'perin – Auf der Suche nach dem Wesen des Psychischen. Butzbach-Griedel: Afra-Verlag.

Feuser, G. (1987[3]): Gemeinsame Erziehung behinderter und nichtbehinderter Kinder im Kindertagesheim. Bremen: Diakonisches Werk.

Feuser, G. (1989): Allgemeine integrative Pädagogik und entwicklungslogische Didaktik. In: Behindertenpädagogik, 28. Jg., H. 1, 4–48.

Feuser, G. (1995): Behinderte Kinder und Jugendliche. Zwischen Integration und Aussonderung. Darmstadt: Wissenschaftliche Buchgesellschaft.

Feuser, G. (2001): Ich bin, also denke ich! Allgemeine und fallbezogene Hinweise zur Arbeit im Konzept der SDKHT. In: Behindertenpädagogik, 40 Jg., H. 3, 268–350.

Feuser, G. (2002): Die „Substituierend Dialogisch-Kooperative Handlungs-Therapie (SDKHT)" – eine Basistherapie. In: Feuser, G. & Berger, E. (Hrsg.): *Erkennen und Handeln. Momente einer kulturhistorischen (Behinderten-) Pädagogik und Therapie*. Berlin: Pro Business Verlag, 349–378.

Feuser, G. (2009a): Naturalistische Dogmen: Unerziehbarkeit, Unverständlichkeit, Bildungsunfähigkeit. In: Dederich, M. & Jantzen, W (Hrsg.): *Behinderung und Anerkennung. Bd. 2 des Enzyklop. Hdb. der Behindertenpädagogik: Behinderung, Bildung, Partizipation*. Stuttgart: Kohlhammer, 233–239.

Feuser, G. (2009b): Was braucht der Mensch? Kooperation und Dialog – Grundlagen einer Allgemeinen Pädagogik und entwicklungslogischen Didaktik. Reflexionen zu Grundfragen der Integration für Josef Fragner. In: Behinderte Menschen, 6. Jg., 19–35.

Feuser, G. (2011a): Entwicklungslogische Didaktik. In: Kaiser, A. et al. (Hrsg.): *Didaktik und Unterricht. Bd. 4 des Enzyklop. Hdb. der Behindertenpädagogik: Behinderung, Bildung, Partizipation.* Stuttgart: Kohlhammer, 86–100.

Feuser, Georg (2011b): Advokatorische Assistenz. In: Erzmann, T. & Feuser, G. (Hrsg.): *„Ich fühle mich wie ein Vogel, der aus dem Nest fliegt." Menschen mit Behinderungen in der Erwachsenenbildung*. Frankfurt a.M.: Peter Lang, 203–218.

Feuser, G. (2012): Der lange Marsch durch die Institutionen. Ein Inklusionismus war nicht das Ziel! In: Behindertenpädagogik, 51. Jg., H. 1, 5–34.

Feuser, G. (2013a): Die „Kooperation am Gemeinsamen Gegenstand" – ein Entwicklung induzierendes Lernen. In: Feuser, G. & Kutscher, J. (Hrsg.): *Entwicklung und Lernen. Bd. 7 des Enzyklop. Hdb. der Behindertenpädagogik: Behinderung, Bildung, Partizipation*. Stuttgart: Kohlhammer, 282–293.

Feuser, G. (2013b): Gesellschafts-Politische und fachliche Perspektiven der Geistigbehindertenpädagogik. In: Ackermann, K.-E., Musenberg, O. & Riegert, J. (Hrsg.): *Geistigbehindertenpädagogik!? Disziplin-Profession-Inklusion.* Oberhausen: Athena, 219–246.

Feuser, G. (2013c): Grundlegende Dimensionen einer LehrerInnen-Bildung für die Realisierung einer inklusionspotenten Allgemeinen Pädagogik. In: Feuser, G. & Maschke, T. (Hrsg.): *Lehrerbildung auf dem Prüfstand. Welche Qualifikationen braucht die inklusive Schule?* Gießen: Psychosozial-Verlag, 11–66.

Feuser, G. (2014): Bildung und Förderung im Kontext von Integration und Inklusion. Ein Essay. In: Lanwer, W. (Hrsg.): *Bildung für alle. Beiträge zu einem gesellschaftlichen Schlüsselproblem.* Gießen: Psychosozial-Verlag, 13–55.

Feuser, G. & Jantzen, W. (2014): Bindung und Dialog. In: Feuser, G., Herz, B. & Jantzen, J. (Hrsg.): *Emotion und Persönlichkeit. Bd. 10 des Enzyklop. Hdb. der Behindertenpädagogik: Behinderung, Bildung, Partizipation*. Stuttgart: Kohlhammer [im Druck].

Feuser, G. & Maschke, T. (Hrsg.) (2013): Lehrerbildung auf dem Prüfstand. Welche Qualifikationen braucht die inklusive Schule? Gießen: Psychosozial-Verlag.

Foucault, M. (2006a): Sicherheit, Territorium, Bevölkerung. Frankfurt a.M.: Suhrkamp.

Foucault, M. (2006b): Die Geburt der Biopolitik. Frankfurt a.M.: Suhrkamp.

Freire, P. (1973): Pädagogik der Unterdrückten. Reinbek bei Hamburg: Rowohlt.

Gal'perin, P. (1980): Zu Grundfragen der Psychologie. Köln: Pahl Rugenstein.

Jantzen, W. (Hrsg.) (2004): Die Schule Gal'perins. Berlin: Lehmanns Media.

Jantzen, W. (2007): Allgemeine Behindertenpädagogik. Berlin: Lehmanns Media.

Jantzen, W. (Hrsg.) (2012): Kulturhistorische Didaktik. Berlin.

Jantzen, W. (2014): Dissioziation. In: Feuser, G., Herz, B. & Jantzen, J. (Hrsg.): *Emotion und Persönlichkeit. Bd. 10 des Enzyklop. Hdb. der Behindertenpädagogik: Behinderung, Bildung, Partizipation.* Stuttgart: Kohlhammer [im Druck].

Jantzen, W. & Meyer, D. (2014): Isolation und Entwicklungspsychopathologie. In: Feuser, G.; Herz, B. & Jantzen, J. (Hrsg.): *Emotion und Persönlichkeit. Bd. 10 des Enzyklop. Hdb. der Behindertenpädagogik: Behinderung, Bildung, Partizipation.* Stuttgart: Kohlhammer [im Druck].

Jantzen, W. & Lanwer, W. (2011): Diagnostik als Rehistorisierung. Berlin: Lehmanns Media.

Klafki, W. ($1963^{5/7}$): Studien zur Bildungstheorie und Didaktik. Weinheim [u.a.]: Beltz Juventa.

Klafki, W. (1996^{5}): Neue Studien zur Bildungstheorie und Didaktik. Weinheim [u.a.]: Beltz Juventa.

Lanwer, W. (2002): Selbstverletzungen bei Menschen mit einer sogenannten geistigen Behinderung. Butzbach-Griedel: Afra.

Leont'ev, A. (1973): Probleme der Entwicklung des Psychischen. Frankfurt a.M.: Athenäum.

Leont'ev, A. (1982): Tätigkeit, Bewusstsein, Persönlichkeit. Köln: Pahl Rugenstein.

Luhmann, N. (1984): Soziale Systeme. Grundriss einer allgemeinen Theorie. Frankfurt a.M.: Suhrkamp.

Lurija, A.R. (1982): Sprache und Bewusstsein. Köln: Pahl Rugenstein.

Lompscher, J. (2004): Lernkultur. Kompetenzentwicklung aus kulturhistorischer Sicht. Berlin: Lehmanns Media.

Poscher, R., Rux, J. & Langer, T. (2008): Von der Integration zur Inklusion. Baden-Baden: Nomos.

Richter, H.-E. (1978): Engagierte Analysen. Reinbek bei Hamburg: Rowohlt.

Rödler, P. (1999): geistig behindert: Menschen lebenslang auf Hilfe angewiesen. Neuwied.

Rödler, P., Berger, E. & Jantzen, W. (Hrsg.) (2001): Es gibt keinen Rest! – Basale Pädagogik für Menschen mit schwersten Beeinträchtigungen. Neuwied/Berlin: Luchterhand.

Séguin, E. (1912): Die Idiotie und ihre Behandlung nach der physiologischen Methode. (Krenberger, S. [Hrsg.], Original 1866) Wien: Karl Graeser & Ci.

Trevarthen, C. & Aitken, K. (2001): Infant Intersubjectivity: Research, Theory, and Clinical Application. In: Journal Child psychol. Psychiat., 42. Jg., H. 1, 3–48.

Vygotskij, L.S. (1985, 1987): Ausgewählte Schriften, Bd. 1 u. 2. Köln: Pahl Rugenstein.

Andreas Hinz

Inklusion als Vision und Brücken zum Alltag.[1] Über Anliegen, Umformungen und Notwendigkeiten schulischer Inklusion

Abstract

Der vorliegende Text analysiert die aktuelle Diskussion um schulische Inklusion. Ausgehend vom internationalen Diskurs verdeutlicht er die Grundlagen von Inklusion und nimmt auf dieser Basis wesentliche deutsche Diskursstränge in Bildungspolitik und Wissenschaft und insbesondere ihre Verengung auf den Aspekt von Beeinträchtigung kritisch in den Blick. Abschließend formuliert er Herausforderungen für eine stimmige Weiterentwicklung schulischer Inklusion.

Um die Jahrtausendwende wurde der pädagogische Inklusionsbegriff in den deutschsprachigen Fachdiskurs eingeführt mit dem Anliegen, deutlich zu machen, worum es international bei Inklusion geht. Von dieser internationalen Inklusions-Debatte war der deutsche Sprachraum bis dahin weitgehend abgetrennt (vgl. Hinz 2004). Die vielzitierte Salamanca-Erklärung von 1994 wird häufig fälschlicherweise als Beginn des Inklusionsdiskurses bezeichnet; da der pädagogische Inklusionsbegriff im deutschsprachigen Raum unbekannt war, wurde in der Erklärung damals ‚Inclusion' mit ‚Integration' übersetzt. Tatsächlich begann der Diskurs in den USA bereits in den 1970er Jahren (vgl. Hinz 2008).

Heute ist die Situation anders: In der Folge der UN-Behindertenrechtskonvention (vgl. UN 2008) wird in einem Ausmaß über Inklusion diskutiert, das vor wenigen Jahren unvorstellbar war. Und wie bei jedem Begriff, der eine neue Orientierung repräsentiert und schnell zum unscharfen bis konturlosen Modebegriff wird, ist es auch hier so, dass inzwischen nahezu alles als Inklusion deklariert wird, was als positiv und fortschrittlich dargestellt werden soll – und so kann dann auch gut behauptet werden, dass der juristische

[1] Der vorliegende Text ist eine erweiterte und aktualisierte Fassung des Textes im Band 138 der Beiträge zur Reform der Grundschule (Peters & Widmer-Rockstroh 2014).

Anspruch auf Realisierung eines inklusiven Bildungssystems erfüllt wird (vgl. dazu Boban, Hinz & Kruschel 2013). Das ist logisch und dramatisch zugleich, weil damit die inhaltliche Klarheit dessen immer mehr schwindet, was Inklusion eigentlich meint. Mittlerweile stellt sich Inklusion an vielen Orten eher wie ihr Zerrbild dar: Schulen, die ohnehin schon unter vielerlei Druck stehen, müssen unter unzureichenden personellen, sächlichen und qualifikatorischen Rahmenbedingungen ‚auch noch alle Kinder mit Beeinträchtigungen' aufnehmen und ‚mit ihnen klarkommen'. So erscheint Inklusion wie eine zusätzliche, schwere Belastung – also das Gegenteil von dem, was mit ihr intendiert ist.

1 Schulische Inklusion als Vision

Der Diskurs um ‚inclusive education' wird weltweit geführt – überall sind Bildungssysteme gefragt, wie sie mit der Unterschiedlichkeit von Menschen umgehen, zumal mit zugeschriebenen Eigenschaften, die für Bildungsprozesse bedeutsam sind. In allen Ländern stellt sich also die Herausforderung, im Bildungssystem vorhandene diskriminierende Barrieren abzubauen.
Bei einer Aufarbeitung des internationalen Diskurses um Inklusion in der Bildung sind vier Eckpfeiler auszumachen (vgl. Hinz 2004, 46f.): Inklusion …

- wendet sich der Vielfalt positiv zu, nimmt sie also nicht als weg zu organisierendes, sondern als produktives Moment wahr – einschließlich aller Konflikte und Spannungen,
- umfasst alle Dimensionen von Heterogenität (Fähigkeiten, Geschlechterrollen, Herkünfte, Erstsprachen, ‚races' im Sinne von Hautfarben, ‚classes' als soziale Milieus, Religionen, sexuelle Orientierungen, körperliche Bedingungen und andere Aspekte), die nicht wie bisher getrennt diskutiert, sondern nun in einen Gesamtzusammenhang gebracht werden,
- orientiert sich an der Bürgerrechtsbewegung und wendet sich gegen jede Tendenz zur Marginalisierung aufgrund jeglicher Zuschreibungen und
- vertritt die Vision einer inklusiven Gesellschaft.

Damit ist deutlich, dass Inklusion einen visionären Anteil hat und nie vollständig erreichbar ist. Dennoch gibt der ‚Nordstern der Inklusion' Orientierung für nächste Entwicklungsschritte, die unmittelbar angegangen werden können – und mit der UN-Konvention auch müssen.
Für eine Ausdifferenzierung inklusiver Pädagogik ist Tony Booths Unterscheidung von drei Perspektiven auf Inklusion sinnvoll (2008, 53–64):
Mit der ersten Perspektive geht es um die *Partizipation von Personen*. Hier wird die Frage nach der vollen Partizipation für die Person an allen gesellschaftlichen Bereichen gestellt. Dies ist auch ggf. die Ebene juristischer Aus-

einandersetzungen, bei denen die Realisierung von Menschenrechten überprüft wird. Problematisch kann dabei jedoch sein, dass die Partizipation von der Überwindung eines behindernden Merkmals abhängig gesehen wird – und das kann diskriminierende Wirkungen entfalten, da es die Person auf dieses ‚Merkmal' reduzieren und andere Merkmale von ihr ignorieren könnte.
Eine zweite Perspektive bezieht sich auf *Partizipation an und Barrieren in Systemen*. Mit ihr stellt sich die Frage, wie vorhandene Systeme wie Schulen mit der Heterogenität der in ihnen Lernenden umgehen. Während auf der ersten Ebene das Problem eher bei der einzelnen Person lokalisiert wird, wird es mit der zweiten Perspektive beim System selbst verortet. Hier ist also die systemische Qualität gefragt.
Eine dritte Perspektive zielt auf die *Umsetzung von inklusiven Werten*. Hier geht es um die grundlegende Wertorientierung eines Systems, viele Aspekte stehen hier zur Debatte. So kann es um Themen wie Partizipation, Gleichheit, Gemeinschaft, Nachhaltigkeit, Gewaltfreiheit gehen, auch Fragen der Bedeutung von Mut, Freude und Liebe können hier eine Rolle spielen. Jedes System basiert auf Werten – die Frage ist dabei, wie bewusst sie sind und wie weit ein Konsens besteht.
Eine Perspektive bleibt notwendigerweise beschränkt, erst ihre Ergänzung ermöglicht eine inklusive Gesamtperspektive: Die Partizipation von Personen, die Diskriminierungskritik an Systemen und die gemeinsame inklusive Grundorientierung sind notwendige Aspekte kontinuierlicher Reflexion.

Normative Basis von Inklusion: Realisierung von Menschenrechten
Immer wieder wird bei inklusiver Pädagogik – ebenso wie bei Inklusion insgesamt – damit argumentiert, dass es um die Realisierung von Menschenrechten geht. Dabei ist Inklusion selbst kein Menschenrecht, vielmehr stellt sie eine Strategie dar, Menschenrechte umzusetzen. Alle Menschen sind gleich an Würde und Rechten geboren – so heißt es in der Erklärung der Menschenrechte 1948. Damit sind sie universell, unteilbar und unverbrüchlich (vgl. Gummich & Feige 2013).
Sobald sich Bildung – und hier inklusive Bildung notwendigerweise – auf sie bezieht, lassen sich analytisch drei Dimensionen ausmachen, die Rechtsansprüche markieren (vgl. UN 2012):
- Bildung über Menschenrechte umfasst das Wissen über sie und Instrumente zu ihrem Schutz sowie die ihnen zugrundeliegenden Werte,
- Bildung durch Menschenrechte bezieht sich auf die Reflexion und Diskussion über sie im Hinblick auf das eigene Handeln – und das bezieht sich auch auf die Form der Auseinandersetzung, die die Menschenrechte achtet, also partizipativ und inklusiv erfolgt, und

- Bildung für Menschenrechte befähigt zum solidarischen Handeln und zum emanzipatorischen Denken mit dem Ziel, sich für die eigenen Rechte und die anderer einzusetzen.

Somit umfasst das Recht auf Bildung folgende Aspekte, die mit ihren englischen Begriffen häufig als „4-A-Schema“ bezeichnet werden (vgl. DIMR 2005):

- Availability (Verfügbarkeit) bezeichnet die Verpflichtung, dass Bildungseinrichtungen und notwendige Ressourcen für Bildungsangebote in ausreichendem Maß zur Verfügung stehen und funktionsfähig sind,
- Accessibility (Zugänglichkeit) verlangt die Sicherstellung des räumlichen, finanziellen, sprachlichen und konzeptionellen Zugangs zu Bildungseinrichtungen und -angeboten ohne Diskriminierung,
- Acceptability (Annehmbarkeit) zielt darauf, dass Form und Inhalte von Bildung auf die Bedürfnisse und Lebenslagen aller Lernenden abgestimmt sind, und
- Adaptability (Adaptierbarkeit) garantiert, dass Bildung an gesellschaftliche Veränderungen angepasst und so allen Lernenden gerecht wird.

Mit ihrer Hilfe lassen sich jegliches Bildungsangebot und jede Bildungseinrichtung im Hinblick auf ihre Verträglichkeit mit der Realisierung von Menschenrechten überprüfen – und ebenso die entsprechende Bildungspolitik.

Herausforderung inklusiver Pädagogik: Lernmöglichkeiten gestalten

Die pädagogische Herausforderung der Inklusion lässt sich etwas konkreter beschreiben (vgl. Boban & Hinz 2012): Wie weit Schulen eine inklusive Qualität aufweisen, hängt in hohem Maße von ihrer Gestaltung von Lernprozessen ab. Dabei spielt eine zentrale Rolle, wie aktiv oder passiv und wie vorgegeben oder selbst gewählt gelernt werden kann. Dies gilt nicht nur für Schülerinnen und Schüler, sondern auch analog für die Arbeit schulischer Professioneller, auch für Mitarbeiterinnen und Mitarbeiter in Fortbildungseinrichtungen, Schulämtern und Ministerien …

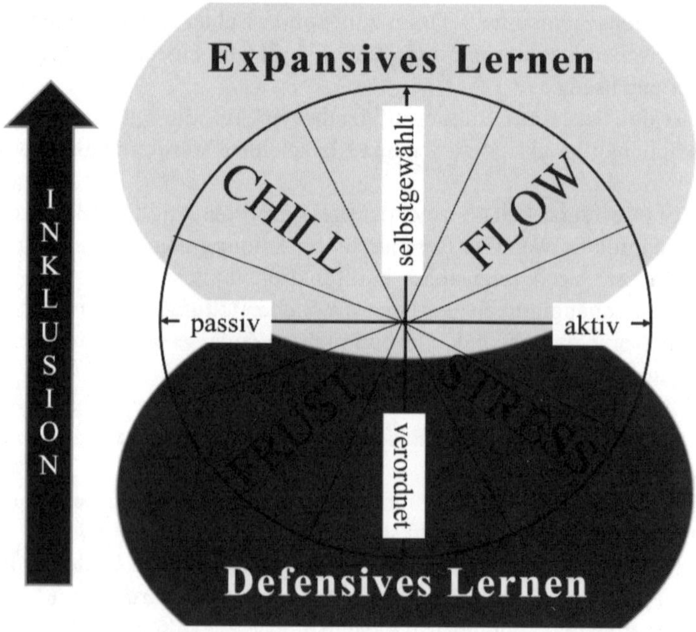

Abb. 1: Lernbedingungen und ihre tendenziellen Folgen (Boban & Hinz 2012, 71)

Besteht Aktivität vorwiegend aus dem Erfüllen verordneter Aufgaben, entsteht bei vielen Menschen Stress, dominiert hingegen passives Stillsitzen und Zuhören, entsteht bei Manchen Frust. Häufig kommt es in einer Lerngruppe zu beidem gleichzeitig, weil Lehrende in einem im Wesentlichen durch sie gesteuerten Unterricht in die schwierige Motor-Brems-Dynamik geraten, bei der sie einige Lernende anschieben und andere verlangsamen müssen. Der hohe Grad an Stress für Lehrende entsteht letztlich dadurch, dass sie alle Lernenden in einem Modus „defensiv begründeten Lernens“ (Holzkamp 1992, 9) mit curricularer Fremdbestimmung halten.

Der heimliche Lehrplan macht für alle deutlich, dass die Fragen und Interessen der Lernenden, aber auch ihre individuellen Fähigkeiten und Stärken nicht zum Tragen kommen, sondern es darauf ankommt, die Lehrenden mit ihren Aufgaben zufriedenzustellen. Nach Holzkamp zielt dieses außengesteuerte Lernen lediglich auf die Abwehr von möglichen Bestrafungen; primär geht es „um die Abrechenbarkeit des Lernerfolgs bei den jeweiligen Kontrollinstanzen“ (1995, 193). Was hierbei gelernt wird, mag auch fragmentarisches Wissen sein, vor allem aber wird gelernt, wie die je nächste Hürde

ohne Clash zu nehmen ist. Den Lernenden ist häufig das Verweilen im ‚Stand-by-Modus' anzusehen, denn ihre Körper reagieren deutlich auf Frust oder entsprechend auf Stress.
Bei selbstbestimmtem Lernen kommt es dagegen zu einem Fließen von positiver Energie im Flow-Modus oder beim gemeinsamen Tun oder Chillen mit anderen. Es wird klar, welcher Bereich Potenziale der Kränkung enthält und welcher an sich zu Gesundheit beiträgt. Gelingt bei großem Aktivitätsgrad im „Flow-Kanal" (Burow 2011, 64) ein intensives Eintauchen in die Auseinandersetzung mit einer Sache, fühlen sich Eintauchende erfrischt und tauchen inspiriert und froh erschöpft wieder auf. Was sie danach zum ‚Runterkommen', zur Erholung und vor allem zur Verarbeitung des gerade ‚Geschöpften' brauchen, ist geringe Aktivität: Möglichkeiten zum ‚Chillen'. Solch entspanntes ‚Abhängen', während dessen Erarbeitetes weiter verarbeitet werden kann – und aus beidem besteht Lernen notwendigerweise –, wird bislang in Bildungseinrichtungen wenig wertgeschätzt, bestenfalls in Pausen. Inklusive Pädagogik vergrößert also Möglichkeitsräume „expansiv begründeten Lernens" (Holzkamp 1995, 191).

Brücken zwischen Vision und Alltag – Indexe für Inklusion
Große Visionen wie die der Inklusion bleiben eher folgenlos, wenn sie nicht mit dem Alltagshandeln verbunden werden können. Beim Bau und beim Unterhalt dieser Brücke können die verschiedenen Versionen des Index für Inklusion helfen, die den Prozesscharakter der Inklusion unterstreichen. Inklusive Bildung ist demnach als Prozess zu verstehen, in dessen Rahmen alle Beteiligten gemeinsam die aktuelle pädagogische Situation mit all ihren Aspekten reflektieren und nächste Schritte in Richtung auf einen inklusiven ‚Nordstern' gehen, indem sie auf die unterschiedlichen Bedarfe und Bedürfnisse der Lernenden wie der Mitarbeitenden immer besser einzugehen in der Lage sind. Damit bedeutet Inklusion auch, mit sich selbst pfleglich umzugehen – und daher verabreden die Beteiligten solche und so große Schritte, dass sie sie auch bewältigen können, ohne sich und andere zu überfordern. Mittlerweile liegen Fassungen des Index für Schulen (vgl. Boban & Hinz 2003), für Kindertageseinrichtungen (vgl. Booth, Ainscow & Kingston 2006) sowie für kommunale Konstellationen (vgl. MSJG 2011) vor. Für 2015 ist die Herausgabe eines alle Praxisfelder umfassenden „Index für Inklusion in der Bildung" geplant (vgl. Boban & Hinz 2015). Je nach Fragestellung stehen die Fassungen des Index für Bildungseinrichtungen zur Verfügung – sinnvollerweise mit breiter Partizipation der intern Beteiligten und in Kooperation mit jeweilig externen Partnerinnen und Partnern.

Die Indexe schlagen zum einen vor, wie der Entwicklungsprozess systematisch angegangen werden kann – in Anlehnung an bekannte Prinzipien und Phasenmodelle der Organisationsentwicklung. Und sie zeigen mit einem hohen Grad an Detailliertheit auf, welche Aspekte eine Schule bei ihrer inklusiven Weiterentwicklung in die Überlegungen einbeziehen kann.
Den Rahmen bilden dabei drei Dimensionen und ihre jeweils zwei Bereiche (vgl. Boban & Hinz 2003, 14–17, 53–96):

- Inklusive *Kulturen schaffen* bezieht sich auf das Selbstverständnis einer Schule und enthält die Aspekte, wie weit sie auf dem Weg ist, eine Gemeinschaft zu bilden und wie weit sie Klarheit über ihre grundlegenden Werte hat.
- Inklusive *Strukturen etablieren* betrifft die innere Organisation einer Schule und bezieht sich darauf, wie weit sie bereits eine ‚Schule für alle' ist und wie sie ihre Vielfalt unterstützt.
- Inklusive *Praktiken entwickeln* meint das Tagesgeschäft des Unterrichts und fragt nach dem Orchestrieren von Lernprozessen und dem Mobilisieren von Ressourcen.

Jede Dimension und ihre beiden Bereiche enthalten eine Anzahl von Indikatoren, die sich wiederum über viele Fragen erklären. Dadurch kommt es zu einem großen Buffet von Fragen, von denen es nicht nur die anregenden auszusuchen gilt, sondern zu denen die Beteiligten auch ihre eigenen hinzufügen können. Auch wenn etwa 560 Fragen im schulischen Index auf den ersten Blick Stress auslösen mögen, geht es doch darum, die Vielfalt des Buffets als Angebot wahrzunehmen, sich die pädagogisch schmackhaftesten Teile herauszusuchen und daraus die nächsten Schritte auszuwählen. Am handlungswirksamsten kann der Index werden, wenn die Beteiligten seine Fragen auf die eigene Situation beziehen und im Dialog neue Perspektiven entwickeln (vgl. Beispiele in Boban & Hinz 2011).

2 Schulische Inklusion in Deutschland – zur Entwicklung des Diskurses

Im Folgenden werden verschiedene Tendenzen zu Umformungsprozessen herausgearbeitet, also Veränderungen, die interessengeleitet das Ursprüngliche in etwas Anderes verwandeln. Sie werden bezogen auf die Diskurse in der Bildungspolitik, in der Wissenschaft und deren Zusammenspiel.

Inklusion im bildungspolitischen Diskurs: Umformung in De-Segregation

Die Inklusionsdebatte ist durch die UN-Behindertenrechtskonvention massiv angeschoben worden. Daneben kann sie jedoch auch eine Sicht bestärken, Inklusion als Spezialthema mit einer spezifischen Zielgruppe aufzufassen: Menschen mit Beeinträchtigungen (vgl. Boban & Hinz 2009, Hinz 2009). Diese Tendenz bestand jedoch auch international bereits vor der Behindertenrechtskonvention, wie die Diskurse in verschiedenen Kontexten zeigen, etwa in Indien und Südafrika (vgl. Boban & Hinz 2008a).

Dass Sozial- und Bildungspolitik ebenso wie die Bildungsverwaltung die Chance wahrnehmen, Inklusion spezieller und damit weniger umfassend zu verstehen, so dass sie auch leichter als erfolgreich ‚bewerkstelligt' gelten kann, ist nachvollziehbar. Zudem können mit einem solchen Zugang bildungspolitische Konflikte vermieden oder verringert werden, die mit der Frage nach dem grundsätzlichen Umgang mit Heterogenität und einer ‚gefährlichen Nähe' zu alten Schulstrukturdebatten aufflammen könnten.

Bei solcherlei Sicht gibt es zwei Probleme: Zum einen wird zwar rhetorisch über Inklusion gesprochen, es geht jedoch eher um De-Segregation, nämlich um die Schülerinnen und Schüler, die bisher in der allgemeinen Schule nicht aufgenommen oder aus ihr ausgesondert werden. Damit ist die Zentrierung auf diejenigen folgerichtig, für die nun juristisch mit der Behindertenrechtskonvention De-Segregation gefordert ist. Dies kann dann auch als Fortsetzung von Sonderpädagogik verstanden werden, und logischerweise werden in Kultusministerien Referentinnen und Referenten für Sonderpädagogik federführend tätig. Es stellt sich allerdings die Frage, was das mit Inklusion zu tun hat – jedenfalls dann, wenn man dem internationalen Diskurs in der oben beschriebenen Weise folgt (vgl. Booth 2008).

Zum anderen verkennt der hiesige Diskurs oft, dass es bei der Behindertenrechtskonvention nicht um besondere Rechte für eine besondere Gruppe geht, sondern lediglich darum, dass allgemeine, universelle und unteilbare Rechte für eine Gruppe nochmals betont und konkretisiert werden, weil das offenbar notwendig ist – 1979 bei der Frauenrechtskonvention, 1989 bei der Kinderrechtskonvention und 2006 bei der Behindertenrechtskonvention.

Als Zwischenfazit kann festgehalten werden, dass sich der bildungspolitische Diskurs zwar rhetorisch um Inklusion dreht, real jedoch auf die De-Segregation von Schülerinnen und Schülern mit sonderpädagogischem Förderbedarf zentriert ist. Da kann es nicht verwundern, wenn

- Kultusministerien sich exklusiv um neue Strukturen ‚sonderpädagogischer Förderung' in der allgemeinen Schule bemühen,

- Programme der Lehrerinnen und Lehrerfortbildung sich im Schwerpunkt auf Sonderpädagogik beziehen (vgl. Amrhein & Badstieber 2013) und teilweise zu einer ‚inklusiven Qualifikation' mit den Schwerpunkten Lernen, Sprache und emotional-soziale Entwicklung im Sinne von ‚Sonderpädagogik light' gerinnen,
- Sonderpädagoginnen und Sonderpädagogen per se zu Expertinnen und Experten für Inklusion erklärt werden – was sie keineswegs automatisch mehr als andere sind – und
- alle anderen Aspekte von Inklusion ebenso wie alle anderen Professionen und Kompetenzen weitgehend außerhalb der Aufmerksamkeit bleiben.

So kommt das Deutsche Institut für Menschenrechte beim Monitoring der BRK in einer Analyse der Veränderungen in Schulgesetzen mit den menschenrechtlichen Kriterien des 4-A-Schemas zu dem Ergebnis, dass die Herausforderungen bisher in geringem Ausmaß angenommen worden sind und die entscheidenden Veränderungen noch weitgehend ausstehen (vgl. DIMR 2014).

Dramatischer erscheint, dass sich die – nach Einschätzung des Deutschen Instituts für Menschenrechte eher zögerliche – kultusministerielle Planung von Entwicklungen weitgehend auf strukturelle Aspekte beschränkt, die top-down über gesetzliche Regelungen und Erlasse fixiert werden. Weniger kommen prozessuale, auch innovationsstrategische Aspekte zum Tragen, die dafür zu sorgen hätten, dass Lehrerinnen und Lehrer die Chance bekommen, inklusive Pädagogik ‚können zu können'. Angesichts der durch Verwaltungslogik, Ressortorientierung und Legislaturperioden bestimmten Vorgehensweisen verwundert es nicht, dass in einigen Bundesländern Inklusion von Lehrerinnen und Lehrern sowie von Eltern zunehmend als rücksichtsloses Sparprogramm, mindestens unter dem Verdikt der Kostenneutralität, wahrgenommen wird, so dass die Stimmung kippt. Nach dem Schritt von der Diskussion um das ‚Ob' zum ‚Wie' scheint nun der Schritt zum ‚Warum um Himmels willen' zu drohen.

Inklusion im wissenschaftlichen Diskurs: Umformung in Entwicklung von Sonderpädagogik

Wie in der Sozial- und Bildungspolitik gibt es ähnliche Tendenzen im wissenschaftlichen Diskurs zur Sonderpädagogisierung. So finden sich zahlreiche Versuche, inklusive Pädagogik als Kontinuum bisheriger Heil- oder Sonderpädagogik zu konstruieren (vgl. z.B. Biewer 2009). Solchen Darstellungen ist gemeinsam, dass sie ihren Fokus so eng fassen, dass sie auf Menschen mit Beeinträchtigungen blicken. Damit bleiben nahezu alle anderen Aspekte außerhalb der Betrachtung – bestenfalls soziale Differenzen, evtl. Gender kommen vor.

Weiter finden sich Argumentationen, wie sich Sonderpädagogik mit ihren spezifischen Kompetenzen einbringen kann. Hierbei erlangt in letzter Zeit das „Response-to-Intervention"-Modell (RTI) einige Prominenz. Dabei wird die intensive diagnostische Begleitung aller Kinder in der Grundschule durch Tests in den Kulturtechniken favorisiert, in Abhängigkeit von deren Ergebnissen werden individuelle Fördermaßnahmen eingeleitet, so etwa im sogenannten „Rügener Inklusionsmodell" (vgl. Mahlau u.a. 2011). In aufwändigen Fortbildungskursen werden in Nordrhein-Westfalen und Niedersachsen Lehrkräfte durch RTI landesweit ‚auf Inklusion vorbereitet'.

Aus dem nordamerikanischen Kontext kommend, zielt dieser Ansatz mit drei Stufen der Förderung auf eine frühzeitige „Identifikation und Prävention von Lern- und Verhaltensproblemen durch eine integrative Organisation pädagogischer und sonderpädagogischer Förderung" (Liebers & Seifert 2012). Auf der Basisstufe finden regelmäßige Screenings aller Schülerinnen und Schüler statt. Mindestens drei Mal im Jahr wird der Lernstand erhoben, darüber hinaus vielfältige Informationen von den Lehrkräften gesammelt. Darauf baut die zweite Stufe mit der Analyse der individuellen Lernfortschritte der als auffällig ermittelten Schülerinnen und Schüler mit engmaschigen Lernerfolgskontrollen ein- bis zweimal pro Woche auf. Schließlich folgt für ‚nicht responsiv' reagierende Schülerinnen und Schüler die dritte Stufe mit einer weiteren Intensivierung individueller Förderung über längere Zeiträume oder umfangreiche Differenzialdiagnostik mit weiteren standardisierten „Tests zur Erfassung der kognitiven, sozial-emotionalen, sprachlichen, motorischen und rezeptiven Kompetenzen" (ebd., vgl. auch Hillenbrand 2013, 43).

Die Ausrichtung an Tests, zumal mit dem schon lange problematisierten Versprechen einer linearen Verbindung von Diagnostik und Förderung (vgl. Kautter u.a. 1998), geben zu denken. Bei RTI scheint ein deutlich behavioristischer Zugang durch, der von einer linearen Vorstellung des Lernens ausgeht, eine massive Verstärkung der Kontrolle von Leistungsentwicklungen anstrebt und der Idee folgt, sie fern jeglicher Bezüge zur Lebenswelt durch Intervention zur Normalentwicklung bringen zu können.

RTI steht mit solchen Grundannahmen im krassen Widerspruch zu inklusiver Pädagogik mit ihrer Vorstellung des Lernens als aktivem, expansivem Prozess, der Akzeptanz individueller Lernwege und der Begleitung (einschließlich produktiver Reibung) zwischen allgemeinen Entwicklungsvorstellungen und individuellen Ausformungen von Interessen, Lernschritten und Lernwegen in positiver Interdependenz, etwa im Kooperativen Lernen, im Plura-

listischen Lernen demokratischer Bildung (vgl. Boban & Hinz 2008b) oder in kreativen Ergänzungserfahrungen (vgl. Burow 2011).
Mit RTI liegt ein Ansatz vor, mit dem mit einer vorgeblichen Sicherheit und Systematik für die Lehrerinnen und Lehrer präventiv in der allgemeinen Schule gearbeitet und mit dem die Zuständigkeit der sonderpädagogischen Profession auf etwa 20% aller Schülerinnen und Schüler ausgeweitet werden soll. Seine Wirksamkeit wird offenbar sehr unterschiedlich gesehen: Vertreterinnen und Vertreter von RTI stellen diesen Ansatz als international am breitesten akzeptierten Rahmen für inklusive Bildung dar (vgl. Hillenbrand 2013, 42), andere sehen seine Wirksamkeit nicht eindeutig belegt und stellen fest, dass RTI inzwischen auch in Nordamerika eher kritisch gesehen wird (vgl. Moser 2013, 140). Der ambivalente Bezug zwischen Prävention und Inklusion und die grundlegenden Widersprüche zwischen dem Selbstverständnis von RTI und inklusiver Pädagogik werden ausgeblendet (vgl. Hinz 2013). So kann der begründete Eindruck entstehen, dass hier Sonderpädagogik versucht, neues Terrain zu erschließen und sich über eine Intensivierung der Kooperation mit der Schulpädagogik ein inklusives Etikett zu verschaffen. Dass RTI so bereitwillig von Ministerien aufgenommen wird und vielen Lehrerinnen und Lehrern attraktiv erscheint, kann mit seiner Übersichtlichkeit und dem – letztlich nicht haltbaren – Versprechen der systematischen Kontrolle von kindlicher Entwicklung erklärt werden (vgl. Hinz, Geiling & Simon 2014).

Entwicklungsperspektiven schulischer Inklusion – neue Machtkonstellationen?

RTI findet – und es ist hier nur ein kleiner Puzzlestein – in einer Zeit Verbreitung, in der die Effektivierung von Bildung über Evaluation, Inspektion, internationale Vergleichsuntersuchungen und Screenings ohnehin auf der Agenda steht, die Ökonomisierung des Bildungssystems vorangetrieben wird und der Druck auf die produktive Entwicklung des „Humankapitals“, auch auf und durch die Erziehungswissenschaft, zunimmt (vgl. Radtke 2003). Es spricht einiges für Radtkes auf der Tagung der deutschsprachigen Integrations-/Inklusionsforscherinnen und -forscher 2014 vertretene These, dass ein Dreieck aus Wirtschaft (über ihre massiv Bildung beeinflussenden Stiftungen), Bildungspolitik und dort ‚eingebetteter Wissenschaft‘ ein neues Machtzentrum darstellt, das Bildungsforschung finanziert, damit auch definiert und sich seine Legitimation durch entsprechende Fragestellungen und Untersuchungen verschafft. Dies korrespondiert mit dem Abbau bisheriger Bildungsmöglichkeiten in Universitäten durch Kostenreduzierung mit Kurzstudiengängen und immer geringeren Forschungsmitteln. Es drängt sich der

Eindruck auf, dass Inklusion von solchen neoliberal ausgerichteten Machtinteressen eingefangen und damit der bisherige Diskurs mehr und mehr enteignet wird.
Ein Beispiel mag dies illustrieren: Auf der von den Bundesministerien für Bildung und Soziales sowie der KMK organisierten Nationalen Konferenz zur inklusiven Bildung im Juni 2013 wurde überdeutlich, dass Inklusion auf den Aspekt Behinderung zu begrenzen und sonderpädagogisch auszurichten ist. Die mit der Tagung verbundenen Gutachten des DIPF (vgl. Döbert & Weishaupt 2013) wurden weitgehend an Personen vergeben, die nicht in der inklusiven Pädagogik einschlägig sind. Wenn doch ein Beitrag eines ausgewiesenen Inklusionsforschers zugelassen wird, wird dies durch einen RTI-Vertreter relativiert. Gutachter werden massiv darauf hingewiesen, Inklusion nicht breiter zu fassen – eine deutliche Art von ‚Steuerung' von Entwicklung und ein Beleg für Radtkes Machtdreieck. Für die bisherige Inklusionsforschung könnte sich künftig die Alternative stellen, sich entweder in vordefinierte Forschungsprogramme ‚hineinzuverbiegen' oder außen vor zu bleiben.

3 Notwendige Bedingungen für eine stimmige Weiterentwicklung von schulischer Inklusion

Abschließend werden statt eines Fazits einige Aspekte beleuchtet, die für eine sinnvolle, inklusionsverträgliche und -erhaltende Weiterentwicklung bedeutsam sind.

Inklusion im Ganzen sehen
Zunächst ist wichtig, die ganze Breite von Inklusion im Blick zu behalten, denn wenn dies nicht geschieht, hat das inhaltlich wie innovationsstrategisch problematische Folgen: Bei dem breiten Verständnis ist klar, dass jede allgemeine Schule – und weitaus mehr pädagogische Orte – unmittelbar für dieses Thema zuständig ist. Zudem ist es ein Querschnittsthema, das so bearbeitet werden kann, dass die ohnehin anstehenden Themen mit einer ‚inklusiven Brille' angeschaut und dadurch evtl. eine schärfere Sicht oder zusätzliche Aspekte gewonnen werden können. Geht es bei Inklusion dagegen exklusiv um Behinderung, ist sehr schnell die Sonderpädagogik zuständig, besonders engagierte (‚integrative') Grundschulen fühlen sich prädestiniert oder werden ausgewählt, z.B. als Schwerpunktschulen zu fungieren. Allgemeine Schule und Schulpädagogik können sich dann entspannt zurücklehnen und anfangen, Aufgaben und ggf. auch Zuständigkeiten zu delegieren. Nur wenn ein breites Verständnis von Inklusion vorhanden ist, ist sie unmittelbare Aufgabe aller Schulen und integraler Bestandteil von Schulentwicklung.

Inklusion strukturell und prozessual unterstützen

Wenn Inklusion sich menschenrechtsbasiert entwickeln können soll, sind strukturell klare Vorgaben und Zusagen von Seiten der Verantwortlichen unverzichtbar. Eine verlässliche Ausstattung mit notwendigen Ressourcen ist unabdingbar; der Teufel steckt allerdings im Detail, womit welche Not gewendet werden muss. Häufig werden vorhandene Ressourcen wenig genutzt – seien es die Schülerinnen und Schüler, seien es außerschulische Kooperationspartnerinnen und -partner. So groß, auch unabhängig von Inklusion, der Stressor des Ein-Lehrer-Systems und so wichtig die Überwindung des Einzelkämpfertums ist – ein überall einzurichtendes, kontinuierliches Zwei-Lehrer-System ist weder notwendig noch bezahlbar. Zweite Erwachsene drohen schnell mit ‚der Störung' aus dem Klassenraum zu gehen, anstatt dass sich alle Beteiligten gemeinsam überlegen, wie sie mit der Herausforderung umgehen können. Die Lösung personeller Probleme kann schon gar nicht in der massenweisen Rekrutierung von ‚Inklusionshelferinnen' und ‚Inklusionshelfern' liegen, zu der aktuell aus Not, Ratlosigkeit und fehlender personeller Flexibilität in Bezug auf andere Ressourcen gegriffen wird. Dies ist teils ein hausgemachtes Problem, wenn Bundesländer als ‚friedensstiftende Lösung' zwei parallele Systeme (segregativ und integrativ) dauerhaft vorsehen – was übrigens nicht in Übereinstimmung mit der UN-Konvention steht. Hier sind die Verantwortlichen strukturell gefragt, und zwar nicht im Sinne einer additiven stundenweisen integrativen Unterstützung für ‚Kinder mit sonderpädagogischem Förderbedarf', sondern im Sinne der Inklusion verschiedener pädagogischer Berufsgruppen mit gemeinsamer Zuständigkeit und pauschaler Ressourcenzuweisung in einer Schule mit diskriminierungsfreiem Zugang für alle.

Die Verantwortlichen haben noch eine weitere Aufgabe der Systementwicklung: sich um die Prozesse inklusiver Entwicklung zu kümmern. Wenig wird bisher darüber nachgedacht und noch weniger implementiert, wie Schulen die notwendigen Kompetenzen für Inklusion erwerben können sollen. Hier gilt es Unterstützungsprogramme und -systeme zu entwickeln, die praxisnah, prozessorientiert und auf Teams bezogen die Reflexion über aktuelle Praktiken und nächste Schritte zu entwickeln helfen – und die Integrationsforschung der letzten 30 Jahre hätte hier viel beizutragen. Aktuelle Projekte wie das landesweite Unterstützungssystem „InPrax" in Schleswig-Holstein (vgl. Hinz & Kruschel 2013, 2014) können zeigen, in welche Richtung dies gehen kann; auch international gibt es strukturelle Anregungen, etwa durch New Brunswick in Kanada (vgl. Hinz 2006; Köpfer 2013).

Den Blick auf ununterteilbare heterogene Lerngruppen ausrichten

Inklusive Pädagogik hat nur eine Chance, wenn das Denken in zwei Gruppen – ‚Normale' und ‚Abweichende' – immer wieder kritisch hinterfragt und ‚durchlöchert' wird. Die Arbeit in Teams wird nicht erst durch ‚ganz besondere' Schülerinnen und Schüler legitimiert, sondern durch die Heterogenität der Lerngruppen mit ihrem großen Spektrum von ‚Unikaten', die bestenfalls verwaltungslogisch, aber nicht pädagogisch sinnvoll unterteilt werden können. Diese Heterogenität pädagogisch produktiv werden zu lassen, bildet eine Zielsetzung sowohl für die Praxis als auch für Analyse in der Forschung. Dies gilt umso mehr, als die gesellschaftlichen Tendenzen sozialer Ungleichheit stark in eine trennende, wenn nicht sogar spaltende Richtung gehen – und das darf Schule zumindest nicht verstärken.

Den inklusiven Umgang mit Widersprüchen unterstützen

Immer wieder wird beklagt, dass allgemeine Schulen in Widersprüche gebracht werden, die sie als Zerreißprobe empfinden: Einerseits sollen sie immer mehr Situationen entsprechen, in denen Standards kontrolliert werden (Vergleichsarbeiten, Zentralabitur, Inspektion, Evaluation, …), andererseits sollen sie Inklusion entwickeln. Wie weit dies antagonistische Widersprüche sind, die sich ausschließen, oder eher Spannungsverhältnisse, die auch Seiten mit einer gewissen Passung enthalten, gilt es im fachlichen Diskurs auszuloten. Es könnte auch sein, dass – je nachdem, wie sie formuliert werden – Standards methodische Freiräume eröffnen, indem sie ihr Erreichen freistellen. Es könnte auch sein, dass Vergleichsarbeiten – je nachdem, wie sie konstruiert sind, wie eng oder weit ihr Spektrum erfassbarer Leistungen bemessen ist und mit welchen Folgen die Ergebnisse verbunden sind – für die Reflexion des Unterrichts hilfreich sind und keinen Druck auf Schülerinnen und Schüler und vor allem auf Lehrerinnen und Lehrer ausüben müssen.
Viele Widersprüche sind aber auch dem Bildungssystem grundsätzlich eigen – etwa die Funktionen der Qualifikation und der Allokation –, und sie können nicht aufgelöst werden, denn Schule vermittelt notwendigerweise Qualifikationen und verteilt Zukunftschancen. Gestaltbar ist jedoch, wie (rigide) sie das tut und welche Funktion sie mehr in den Hintergrund schieben oder weiter nach vorn bringen kann. Die jeweils eigenen Gestaltungsräume inklusiv entwickelnd nutzen und die anderer politisch im Sinne von Inklusion beeinflussen – das könnte eine sinnvolle inklusive Strategie sein.

Literatur

Amrhein, B. & Badstieber, B. (2013): Lehrerfortbildungen zur Inklusion – eine Trendanalyse. Gütersloh: Bertelsmann Stiftung. Online unter: http://www.bertelsmann-stiftung.de/cps/rde/xbcr/SID-8F25519E-30EA2990/bst/xcms_bst_dms_37966_37970_2.pdf. Zugriff: 20.8.2014.

Biewer, G. (2009): Grundlagen der Heilpädagogik und Inklusiven Pädagogik. Bad Heilbrunn: Klinkhardt.

Boban, I. & Hinz, A. (Hrsg.) (2003): Index für Inklusion. Lernen und Teilhabe in Schulen der Vielfalt entwickeln. Halle (Saale): Martin-Luther-Universität. Online unter: http://www.eenet.org.uk/resources/docs/Index%20German.pdf. Zugriff: 20.8.2014.

Boban, I. & Hinz, A. (2008a): Inclusive Education – Annäherungen an Praxisentwicklung und Diskurs in verschiedenen Kontexten. In: Biewer, G. u.a. (Hrsg.): *Begegnung und Differenz: Menschen – Länder – Kulturen. Beiträge zur Heil- und Sonderpädagogik*. Bad Heilbrunn: Klinkhardt, 314–329.

Boban, I. & Hinz, A. (2008b): „The inclusive classroom" – Didaktik im Spannungsfeld von Lernprozesssteuerung und Freiheitsberaubung. In: Ziemen, K. (Hrsg.): *Reflexive Didaktik – Annäherungen an eine Schule für alle*. Oberhausen: Athena, 71–98.

Boban, I. & Hinz, A. (2009): Inklusive Pädagogik zwischen allgemeinpädagogischer Verortung und sonderpädagogischer Vereinnahmung – Anmerkungen zur internationalen und zur deutschen Debatte. In: Börner, S. u.a. (Hrsg.): *Integration im vierten Jahrzehnt. Bilanz und Perspektiven*. Bad Heilbrunn: Klinkhardt, 220–228.

Boban, I. & Hinz, A. (2011): „Index für Inklusion" – ein breites Feld von Möglichkeiten zur Umsetzung der UN-Konvention. In: Flieger, P. & Schönwiese, V. (Hrsg.): *Menschenrechte – Integration – Inklusion. Aktuelle Perspektiven aus der Forschung*. Bad Heilbrunn: Klinkhardt, 169–175.

Boban, I. & Hinz, A. (2012): Individuelle Förderung in der Grundschule? Spannungsfelder und Perspektiven im Kontext inklusiver Pädagogik und demokratischer Bildung. In: Solzbacher, C. u.a. (Hrsg.): *Ressourcen stärken! Individuelle Förderung als Herausforderung für die Grundschule*. Köln: Wolters Kluwer, 68–82.

Boban, I. & Hinz, A. (Hrsg.) (2015): Index für Inklusion in der Bildung. Lernen und Partizipation im Bildungsbereich entwickeln (in Vorbereitung).

Boban, I., Hinz, A. & Kruschel, R. (2013): Inklusion, eine Verpflichtung zum gerechten Schulsystem – aber wie? In: LISA (Hrsg.): *Bildungsgerechtigkeit – Herausforderung an Schulentwicklung und Lehrerfortbildung*. Forum Lehrerfortbildung, H. 45. Halle: LISA, 28–53.

Booth, T. (2008): Ein internationaler Blick auf inklusive Bildung: Werte für alle? In: Hinz, A., Körner, I. & Niehoff, U. (Hrsg.): *Von der Integration zur Inklusion. Grundlagen – Perspektiven – Praxis*. Marburg: Lebenshilfe, 53–73.

Booth, T., Ainscow, M. & Kingston, D. (2006): Index für Inklusion (Tageseinrichtungen). Lernen, Partizipation und Spiel in der inklusiven Kindertageseinrichtung entwickeln. Frankfurt a.M.: GEW. Online unter: http://www.eenet.org.uk/resources/docs/Index%20EY%20German2.pdf. Zugriff: 20.8.2014.

Burow, O.-A. (2011): Positive Pädagogik. Sieben Wege zu Lernfreude und Schulglück. Weinheim [u.a.]: Beltz Juventa.

DIMR (Deutsches Institut für Menschenrechte) (Hrsg.) (2005): Die „General Comments" zu den VN-Menschenrechtsverträgen. Baden-Baden: Nomos Verlag.

DIMR (Deutsches Institut für Menschenrechte) (Hrsg.) (2014): Vorabfassung der Studie Inklusive Bildung: Schulgesetze auf dem Prüfstand. Berlin: Deutsches Institut für Menschenrechte.

Online unter: http://www.institut-fuer-menschenrechte.de/uploads/tx_commerce/Vorabfassung_Studie_Inklusive_Bildung_Schulgesetze_auf_dem_Pruefstand.pdf. Zugriff: 20.8.2014.

Döbert, H. & Weishaupt, H. (Hrsg.) (2013): Inklusive Bildung professionell gestalten. Situationsanalyse und Handlungsempfehlungen. Münster: Waxmann.

Gummich, J. & Feige, J. (2013): Inklusion – ein menschenrechtlicher Auftrag. In: Betrifft Mädchen, 26. Jg., 148–154.

Hillenbrand, C., Melzer, C. & Hagen, T. (2013): Bildung schulischer Fachkräfte für inklusive Bildungssysteme. In: Döbert, H. & Weishaupt, H. (Hrsg.): *Inklusive Bildung professionell gestalten. Situationsanalyse und Handlungsempfehlungen*. Münster: Waxmann, 33–68.

Hinz, A. (2004): Vom sonderpädagogischen Verständnis der Integration zum integrationspädagogischen Verständnis der Inklusion!? In: Schnell, I. & Sander, A. (Hrsg.): *Inklusive Pädagogik*. Bad Heilbrunn: Klinkhardt, 41–74.

Hinz, A. (2006): Kanada – ein ‚Nordstern' in Sachen Inklusion. In: Platte, A., Seitz, S. & Terfloth, K. (Hrsg.): *Inklusive Bildungsprozesse*. Bad Heilbrunn: Klinkhardt, 149–158.

Hinz, A. (2008): Inklusion – historische Entwicklungslinien und internationale Kontexte. In: Hinz, A., Körner, I. & Niehoff, U. (Hrsg.): *Von der Integration zur Inklusion. Grundlagen – Perspektiven – Praxis*. Marburg: Lebenshilfe, 33–52.

Hinz, A. (2009): Inklusive Pädagogik in der Schule – veränderter Orientierungsrahmen für die schulische Sonderpädagogik!? Oder doch deren Ende?? In: Zeitschrift für Heilpädagogik, 60. Jg., 171–179.

Hinz, A. (2013): Inklusion – von der Unkenntnis zur Unkenntlichkeit?! Kritische Anmerkungen zu zehn Jahren Diskurs zur schulischen Inklusion. In: Zeitschrift für Inklusion, H. 1. Online unter: http://www.inklusion-online.net/index.php/inklusion/article/view/201/182. Zugriff: 20.8.2014.

Hinz, A., Geiling, U. & Simon, T. (2014): Response-To-Intervention – (k)ein inklusiver Ansatz? In: Bernhardt, N., Hauser, M., Poppe, F. & Schuppener, S. (Hrsg.): *Inklusion und Chancengleichheit. Diversity im Spiegel von Bildung und Didaktik*. Bad Heilbrunn: Klinkhardt, 135–140.

Hinz, A. & Kruschel, R. (2013): InPrax – ein weiterer Schritt zur Inklusion in Schleswig-Holstein? In: Dorrance, C. & Dannenbeck, C. (Hrsg.): *Doing Inclusion. Inklusion in einer nicht inklusiven Gesellschaft*. Bad Heilbrunn: Klinkhardt, 119–127.

Hinz, A. & Kruschel, R. (2014): Unterstützungssysteme für inklusive Schulentwicklung – ein Beispiel aus Schleswig-Holstein. In: Huber, S.G. (Hrsg.): *Jahrbuch Schulleitung 2014*. Köln: Carl Link, 284–298.

Holzkamp, K. (1992): Die Fiktion administrativer Planbarkeit schulischer Lernprozesse. Online unter: http://www2.ibw.uni-heidelberg.de/~gerstner/holzkampLernfiktion.pdf. Zugriff: 20.8.2014.

Holzkamp, K. (1995): Lernen. Subjektwissenschaftliche Grundlegung. Frankfurt a.M.: Campus.

Kautter, H. u.a. ([4]1998): Das Kind als Akteur seiner Entwicklung. Idee und Praxis der Selbstgestaltung in der Frühförderung entwicklungsverzögerter und entwicklungsgefährdeter Kinder. Heidelberg: Winter.

Köpfer, A. (2013): Inclusion in Canada. Analyse inclusiver Unterrichtsprozesse, Unterstützungsstrukturen und Rollen am Beispiel kanadischer Schulen in den Provinzen New Brunswick, Prince Edward Island und Québec. Bad Heilbrunn: Klinkhardt.

Liebers, K. & Seiffert, C. (2012): Assessmentkonzepte für die inklusive Schule – eine Bestandsaufnahme. In: Zeitschrift für Inklusion, H. 3. Online unter: http://www.inklusion-online.net/index.php/inklusion/article/view/166/156. Zugriff: 20.8.2014.

Mahlau, K., Diehl, K., Voss, S. & Hartke, B. (2011): Das Rügener Inklusionsmodell (RIM) – Konzeption einer inklusiven Grundschule. In: Zeitschrift für Heilpädagogik, 62. Jg., 464–472.

Moser, V. (2013): Professionsforschung als Unterrichtsforschung. In: Döbert, H. & Weishaupt, H. (Hrsg.): *Inklusive Bildung professionell gestalten. Situationsanalyse und Handlungsempfehlungen.* Münster: Waxmann, 135–146.

MSJG (Montag Stiftung Jugend und Gesellschaft) (Hrsg.) (2011): Inklusion vor Ort. Kommunaler Index für Inklusion – ein Praxishandbuch. Berlin: Deutscher Verein für öffentliche und private Fürsorge.

Peters, S. & Widmer-Rockstroh, U. (Hrsg.) (2014): Gemeinsam unterwegs zur inklusiven Schule. In: Beiträge zur Reform der Grundschule, 138. Jg. Frankfurt a.M.: Grundschulverband.

Radtke, F.-O. (2003): Die Erziehungswissenschaft der OECD – Aussichten auf die neue Performanz-Kultur. In: Erziehungswissenschaft, H. 27, 109–136.

UN (United Nations) (2008): Gesetz zu dem Übereinkommen der Vereinten Nationen vom 13. Dezember 2006 über die Rechte von Menschen mit Behinderungen sowie zu dem Fakultativprotokoll vom 13. Dezember 2006 zum Übereinkommen der Vereinten Nationen über die Rechte von Menschen mit Behinderungen vom 21. Dezember 2008. Bundesgesetzblatt Jahrgang 2008 Teil II Nr. 35, 1419–1457. Online unter: http://www.un.org/Depts/german/ueber einkommen/ar61106-dbgbl.pdf. Zugriff: 20.8.2014.

UN (United Nations) (2012): United Nations Declaration on Human Rights Education and Training. Online unter: http://daccess-dds-ny.un.org/doc/UNDOC/GEN/N11/467/04/PDF/N1146704.pdf?OpenElement. Zugriff: 20.8.2014.

Ulf Preuss-Lausitz

Implementation schulischer Inklusion in Deutschland. Herausforderungen und Perspektiven

Abstract
Der Beitrag erörtert fünf zentrale Herausforderungen auf dem Weg zur Umsetzung eines inklusiven Bildungssystems am Beispiel der allgemeinen Schule und macht Vorschläge zur Problembewältigung. Es werden Fragen der Diagnostik und der damit verbunden Ressourcenumsteuerung, die Konsequenzen der demografischen Entwicklung für Inklusion und Förderschule, die inklusive Unterrichts- und Schulentwicklung, die regionale Inklusionsverankerung und die finanziellen Aufwendungen unterschiedlicher Kostenträger erörtert und jeweils Perspektiven zur Diskussion gestellt.

1 Inklusionsentwicklung: widersprüchlich und komplex

Die Bekräftigung und Konkretisierung der Menschenrechte in der Charta der Vereinten Nationen von 1948 durch die 2006 beschlossene UN-Behindertenrechtskonvention (UN-BRK), die inzwischen von über 85% aller Staaten übernommen wurde, hat weltweit den Respekt gegenüber und die Partizipation von Menschen mit Behinderungen gestärkt.

Deutschland hat die UN-BRK durch Bundesregierung und Bundesrat und damit auch durch die Bundesländer *einstimmig* übernommen. Seit März 2009 ist sie Bundesrecht und damit ihre Umsetzung auch für die Länder und Kommunen bindend. Sie formuliert in 50 Artikeln für alle Lebensbereiche umzusetzende Ziele, etwa zu Fragen der Nichtdiskriminierung, der Barrierefreiheit im öffentlichen Raum, der rechtlichen Gleichheit, zu Frauen mit Behinderungen, zum Schutz vor sexueller Ausbeutung, zum Schutz der Privatsphäre, zum Wohnen, zur Arbeit, zum sozialen Schutz und nicht zuletzt zur Realisierung dieser und anderer Aspekte (UN 2006). Ein Monitoring überprüft regelmäßig, wie auch bei anderen UN-Konventionen, etwa der Kinderrechts-Konvention, ob und wie die Umsetzung auch in Deutschland vorankommt. Von der Bundesregierung wurde das Institut für Menschenrechte in Berlin mit dieser prüfenden Begleitung beauftragt (vgl. DIM 2013). Die zweite Dekade des 21. Jahrhunderts ist für Deutschland so das Jahrzehnt geworden, in dem die Umsetzung der UN-Behindertenrechtskonvention in allen Lebensbereichen geplant, organisiert, finanziert und umgesetzt werden muss.

Das gilt auch für den Bildungsbereich. Die Artikel 4, 7 und vor allem 24 sind der Partizipation, Gleichberechtigung und inklusiven Bildung von Heranwachsenden mit Behinderungen gewidmet. „An inclusive education system at all levels and lifelong learning" sei zu gewährleisten, damit „persons with disabilities can access an inclusive, quality and free primary education and secondary education on an equal basis with others in the communities in which they live". Und nochmals, damit es keine Missverständnisse gibt: „Effective individualized support measures are provided in environments that maximize academic and social development, consistent with the goal of full inclusion" (Art. 24, 2). Inklusive Bildung ist sozial wie kognitiv anspruchsvolle Bildung.

Dass *inclusive education* für Deutschland ein besonders herausforderndes Ziel darstellt, zeigt sich beim Blick auf den bildungspolitischen Sonderweg: Die Bundesrepublik wie die DDR setzten nach 1945 auf einen massiven Ausbau eines hochdifferenzierten Sonderschulsystems mit bis zu acht Sonderschularten und führten so die Tradition aus dem frühen 20. Jahrhundert fort (vgl. Preuss-Lausitz 2012). Während welt- und europaweit seit den 1970er Jahren immer mehr Staaten Schülerinnen und Schüler mit Behinderungen innerhalb der allgemeinen Schulen bilden, ist dies von der Kultusministerkonferenz der Bundesländer erst 1994 als *mögliche Alternative* akzeptiert worden – nicht als individuelles Recht oder als Normalfall, sondern als wohlwollendes Gewähren unter ‚Haushaltsvorbehalt' und unter der Voraussetzung, dass das nun Förderschulsystem genannte Sondersystem erhalten bleibt.

Das Ergebnis kann besichtigt werden: Während 2011 in so unterschiedlichen europäischen Staaten wie Italien, Schweden, Norwegen, Island, Portugal, Litauen und Malta die Inklusionsanteile der *students with special educational needs* bei über 90% und in weiteren Staaten wie Finnland, Frankreich, Spanien und Irland bei über 80% liegen – mit weiter wachsender Tendenz –, ist mit knapp 25% der bundesweite Inklusionsanteil zusammen mit Belgien der geringste in Europa (vgl. European Agency 2012, eigene Berechnungen).

Dieser Durchschnitt verdeckt Differenzen zwischen den Bundesländern und zwischen den Altersstufen: Während im Jahr 2012 Schleswig-Holstein, Bremen und Berlin bei Inklusionsanteilen von inzwischen über 50% liegen, erreichen Niedersachsen und Hessen erst Werte deutlich unter 20%. Und während zu dieser Zeit bundesweit 67% der Kinder mit Behinderungen in integrativen Kindertagesstätten aufwachsen, sind nur 39% in Grundschulen und nur 22% in der Sekundarstufe zu finden (vgl. Klemm 2013). Biografische Brüche sind damit programmiert – auf gemeinsames Lernen folgt die Absonderung und die diskriminierende Erfahrung des Verlustes von Freunden und Lernpartnern.

Die oben zitierten Kernsätze aus Art. 24 der UN-BRK schaffen noch keinen Konsens über Ziele und Wege zur Umsetzung. Es gibt nicht nur höchst unterschiedliche Wirklichkeiten, sondern auch unterschiedliche Interpretationen der UN-BRK: Manche meinen, das gegenwärtige Bildungssystem sei zureichend inklusiv, weil es schon jetzt Bildung für Kinder mit Behinderungen gewährleiste, gegebenenfalls eben auch in Förderschulen. Für andere gilt Inklusion erst dann als möglich, wenn zuvor das selektive, insbesondere das in der Sekundarstufe gegliederte Bildungssystem vollständig umgestaltet werde (vgl. dazu Preuss-Lausitz 2013a). Dann gibt es viele, die als Adressaten inklusiver Bildung *alle* Heranwachsende aus risikobehafteten Familien und mit erschwerten Lebens- und Bildungswegen ansehen, zum Beispiel auch Flüchtlings- und Migrantenkinder. Nicht zuletzt wird Inklusion auch auf die gezielte Unterstützung von Begabungen und besonderen Talenten bezogen. Damit schließt letztlich *inclusive education* alle Schülerinnen und Schüler ein, weit mehr als die von der UN-BRK genannten *persons with disabilities*. Die *individuelle Förderung aller Heranwachsenden* wird zum Grundprinzip öffentlicher Bildung und Erziehung und identisch mit Inklusion, ohne dabei die besonderen Unterstützungsbedürfnisse zu vernachlässigen.

Die Landesregierungen betonen zwar häufig, dass *inclusive education* sich auf alle Schülerinnen und Schüler beziehe, konzentrieren sich in ihren konkreten Schritten aber doch erkennbar auf *students with disabilities* oder diejenigen, die in der administrativen Sprache ‚Schülerinnen und Schüler mit sonderpädagogischem Förderbedarf' heißen. Dabei sind die Interpretation dessen, was gesetzlich, administrativ, baulich, qualifikatorisch, personell, finanziell oder pädagogisch *über das Bisherige hinaus* nötig sei, höchst unterschiedlich. Manche Bundesländer haben zur Realisierung der UN-BRK im Bereich Bildung ihre Schulgesetze und Verordnungen geändert, andere bereiten dies vor. Manche haben ihre geplanten Schulgesetzänderungen aus unterschiedlichen Gründen verschoben, andere sehen gar keine Notwendigkeit zur Gesetzesänderung (vgl. Aichele 2013). Einige Bundesländer lassen bestimmte Förderschularten (insbesondere Förderschulen Lernen, emotionale und soziale Entwicklung und Sprache) auslaufen und überführen deren pädagogisches Personal in allgemeine Schulen oder planen dies; andere ermöglichen den einzelnen Schulträgern, dies selbst zu entscheiden. Wieder andere garantieren die Aufrechterhaltung des gesamten, achtfach ausdifferenzierten Förderschulsystems, um Eltern eine Wahl zwischen Förderschule und allgemeiner Schule zu ermöglichen.[1] Auch dies wird als Umsetzung der UN-BRK und als Verwirklichung inklusiver Bildung erklärt, unabhängig von gegenteiligen Voten der Monitoringstelle oder der Deutschen Unesco (vgl. DUK 2011).

Diese Widersprüchlichkeit in Bezug auf die Umsetzung inklusiver Entwicklungen ist nicht nur divergierenden bildungspolitischen Grundverständnissen regierender Parteien geschuldet. Zahlreiche Akteure mischen beim ‚Inklusionsdiskurs' und bei der Umsetzung mit: konkurrierende Parteien; Fachministerien auch außerhalb von Bildung, nicht zuletzt die Sozial-, Jugend- und Finanzministerien; Schulträger in Kommunen, Kreisen und Städten und ihre Verbände; Eltern-, Lehrerinnen- und Lehrer-, Behinderten- und Sozialverbände; Wissenschaftlerinnen und Wissenschaftler unterschiedlicher Disziplinen; Medien; Sportvereine; Theater- und Musikgruppen – und viele mehr. Sie haben oft sehr unterschiedliche Vorstellung vom dem, was ‚Inklusion' meint, sie haben ihre Interessen, ihre Befürchtungen und Hoffnungen und beeinflussen den Weg zur *inclusive education* mit.

Zum anderen erzeugt die Komplexität bei der Umsetzung inklusiver Bildung Unsicherheit. Es geht ja nicht nur darum, *formal* das Recht auf gemeinsamen Unterricht in allen Bundesländern und für Kinder aller Behinderungen zu sichern: Es geht um lern- und sozialwirksamen Unterricht unter Bedingungen von Heterogenität, wofür die Qualifikation und die Haltung aller Lehrkräfte entscheidend ist. Es geht um die Verbindung von Schulentwicklung und Schulkultur mit Inklusion. Es geht um die Einstellung der Schulleiter und um die Frage, welche Ausstattung und welche weitere Unterstützung es innerhalb der einzelnen Schule geben soll. Es geht um die kontinuierliche Zusammenarbeit der Einzelschule mit externen Einrichtungen und Institutionen, z.B. der Jugendhilfe. Es geht um Partizipation von Betroffenen in der Region und damit um die Stärkung zivilgesellschaftlicher Aktivitäten vor Ort. Es geht um die Einbindung der kommunalen und privaten Kinder- und Jugendarbeit in die inklusive pädagogische Arbeit der Schule. Es geht um eine transparente und faire Rechenschaftslegung der personellen und anderen Mittel für Inklusion. Es geht um inklusive Einstellungen bei Eltern, Lehrkräften, den kommunalen Institutionen und der medialen Öffentlichkeit im Umgang mit Be-

[1] In der UN-BRK ist von einem „Elternwahlrecht" nicht die Rede, nicht einmal von Förderschulen, sondern vom Recht des Kindes auf inklusive Bildung in allgemeinen Schulen.

hinderungen, mit anderen Minderheiten, also um *diversity* in einer Pädagogik der Vielfalt.
Angesichts dieser Komplexität kann man, fünf Jahre nach Inkrafttreten der UN-BRK, für den Bereich Bildung schließen: Die Jahre bis 2020 werden benötigt, um ein Gesamtkonzept inklusiver Bildung zu verwirklichen. Die damit verbundenen Herausforderungen sind heute konkreter benennbar als Ende der 2000er Jahre. Und: Lösungskonzepte für sie liegen auf dem Tisch. Im Folgenden werden daher fünf dieser zentralen Probleme benannt und jeweils mögliche Lösungen zur Diskussion gestellt.

2 Herausforderung eins: Über welche Kinder und Jugendlichen sprechen wir?

Ein Kernproblem in der Inklusionsdebatte ist die Frage, welche Schülerinnen und Schüler gemeint sind. Sind *persons with disabilities* identisch mit *students with special educational needs*, und diese mit ‚Schülerinnen und Schülern mit sonderpädagogischem Förderbedarf'? Gehören zu diesen auch solche mit Teilleistungsstörungen wie Dyskalkulie oder Legasthenie? Wenn nein, was ist dann der Unterschied zwischen sonderpädagogischer Förderung und allgemeiner Förderung, die für diese Kinder in der Regel eingesetzt wird? Wie kommt es, dass die Gruppe derer, denen insgesamt sonderpädagogischer Förderbedarf zugeschrieben wird (sogenannte Förderquote[2]), seit 1990 von rd. 4% auf 6,6% (2013), also um fast zwei Drittel, zugenommen hat? Wie kann es sein, dass zwischen den Bundesländern 2012 die Förderquoten zwischen 5% und 11% liegen (vgl. Klemm 2013, 9)? Und wie lässt sich erklären, dass nicht nur bei den sogenannten ‚weichen' Förderschwerpunkten (Lernen, emotionale und soziale Entwicklung, Sprache), sondern auch bei den vermeintlich eindeutigen Behinderungen Hören, Sehen, geistige Entwicklung und körperlich-motorische Entwicklung die spezifischen Förderquoten sich zwischen den Bundesländern (und auch innerhalb der Länder) oft um das Mehrfache unterscheiden (vgl. Preuss-Lausitz 2012, 161)? Ganz offensichtlich werden von den Diagnostikern, in der Regel Sonderpädagoginnen und -pädagogen, ganz unterschiedliche Maßstäbe für die Feststellung eines sonderpädagogischen Förderbedarfs angewandt. Diagnostik und Diagnostikverfahren sind in der Krise.
Hinzu kommt: Die (fach)öffentliche Spekulation darüber, für wie viele Schülerinnen und Schüler über den normalen Unterricht hinaus zusätzliche (in der

---

[2] Die allgemeinen Förderquoten sind in der Statistik der KMK auf die Schülerinnen und Schüler der Klassen 1–10 bezogen.

Regel sonderpädagogische) Förderung nötig sei, treibt wilde Blüten. Da ist zuweilen von 10%, 20%, ja 40% Kindern die Rede, die ohne zusätzliche (personelle) Unterstützung beim Lernen oder im Verhalten scheitern würden. Gern wird in diesem Zusammenhang auf andere Staaten verwiesen. Zwar liegen die Anteile von *students with special educational needs* in europäischen Staaten zwischen 2% und 25% – im Schnitt allerdings bei unter 5% (European Agency 2012, eigene Berechnung). Die hohen Werte etwa von Island (25%) und Schottland (15%) sind jedoch nicht mit den deutschen Förderquoten vergleichbar: Da in diesen Ländern auch alle diejenigen in der Statistik erscheinen, die *zeitweilige* zusätzliche Unterstützung in der allgemeinen Schule erhalten, häufig nur wenige Wochen, sind höhere Anteile logisch. Dagegen kann das in Deutschland bislang übliche Vorab-Diagnostikverfahren Förderbedarf nur für das *gesamte* (kommende) Schuljahr feststellen – unabhängig davon, ob diese Kinder dies dauerhaft brauchen.

Es gibt mehrere Auswege aus dem Streit um den Umfang der Förderquoten und damit um die personellen Ressourcen: Erstens wären für die speziellen Förderbereiche Hören, Sehen, geistige und körperlich-motorische Entwicklung *bundesweit einheitliche und transparente Kriterien* zu vereinbaren *und in den Ländern deren Anwendung auch zu kontrollieren*. Die Förderstundenumfänge für diese Förderbereiche sollten sich am sonderpädagogischen Stundenaufwand pro Schülerin/Schüler in den Förderschulen orientieren; der *allgemeine* Lehrer-Schüler-Faktor käme hinzu.

Zweitens sollte für die sich oft überschneidenden Förderschwerpunkte Lernen, emotionale und soziale Entwicklung und Sprache (LES) eine *sonderpädagogische Grundausstattung* in allen Grundschulen und allen Schulen der sogenannten ‚zweiten Säule' außerhalb der Gymnasien entsprechend ihrer allgemeinen Schülerinnen- und Schülerzahl etabliert werden. Sie sollte mit einem Sozialfaktor modifiziert werden, weil in sozialen Brennpunkten ein höherer, in gutbürgerlichen Vierteln ein geringerer Bedarf besteht.[3] Diese Grundausstattung ermöglichte die *Ersetzung* der Vorab-Diagnostik durch *lernbegleitende Förderdiagnostik* und Förderung innerhalb des Schuljahres.

---

3 Brandenburg stellt z.B. in seinen 86 Pilot-Grundschulen für 5% aller Schülerinnen und Schüler je 3,5 Stunden (h) für LES zur Verfügung (vgl. www.inklusion-brandenburg.de). Hamburg rechnet mit 4% in Grundschulen, 8% in Stadtteilschulen. In GS à 5,03 h in Halbtagsgrundschulen, 12,93 h in Ganztagsgrundschulen (Verhältnis Sonderpädagoginnen/-pädagogen – Sozialarbeiterinnen/-arbeiter je Schulentscheidung zwischen 40 und 60%) (vgl. Hamburg 2012). Der Berliner Beirat Inklusion schlägt in den Grundschulen der Klassen 3–6 eine sonderpädagogische Grundausstattung für LES für 2,5% bis 5,5% je nach sozialem Umfeld à 2,5 h vor, für die Integrierten Sekundarschulen für 2,5% bis 9% à 3,0 h. Zusätzlich wird ein Sonderpädagogik-Pool empfohlen für darüber hinaus gehende Einzelfälle. Vgl. SenBJW 2013, 15.

Selbstverständlich würden dann in den entsprechenden Förderschulen der Einzugsgebiete keine neuen Klassen mehr eingerichtet; die Schulen liefen also mittelfristig aus; ihr Personal würde in die allgemeinen Schulen integriert. Die Gebäude könnten als allgemeine Schulen oder für andere öffentliche Zwecke genutzt, bei fehlendem Bedarf auch verkauft werden.
Drittens sollten alle personellen Ressourcen, die in einer Schule außerhalb der normalen Durchführung von Unterricht verfügbar sind, *gebündelt* werden (für Sonder- und Sozialpädagogik, für Teilungsunterricht, für die Behebung von Teilleistungsstörungen, für Begabungsförderung, für Koordinierung, für spezifische Gender- und andere Programme). Gemeinsam und gezielter als bislang kann dann individuelle Förderung innerhalb und außerhalb des Unterrichts dort eingesetzt werden, wo die Schule es für sinnvoll ansieht.

3 Herausforderung zwei: Demografische Entwicklung, Inklusion und das Förderschulsystem

Die Frage nach dem Umfang der nötigen zusätzlichen (sonderpädagogischen, sozialpädagogischen, betreuenden oder therapeutischen) Unterstützung für Schülerinnen und Schüler ist natürlich auch von der allgemeinnen Schülerinnen- und Schülerzahlentwicklung abhängig. Die Geburtenentwicklung[4] führt insgesamt bundesweit zum Kinder- und damit Schülerinnen- und Schülerrückgang, verstärkt ab 2015. Dabei muss differenziert werden: Der Zuzug junger Erwachsener in Großstädte führt dort zu einem Kinder-Zuwachs; im ländlichen Bereich – nicht nur in den neuen Bundesländern – ist von teilweise dramatischen Rückgängen auszugehen, wie die regionalen Geburtenprognosen der Statistischen Landesämter ausweisen.
Diese Entwicklung bedroht kleine Schulen, auch Förderschulen. Da die meisten Bundesländer für Schulen je nach Schulstufe und -typ Mindestschülerinnen- und Schülerzahlen festlegen, führt der allgemeine Schülerinnen- und Schülerrückgang dazu, dass in den nächsten Jahren Schulen geschlossen werden müssen, die unter diesen Margen liegen.[5]
Die Situation der Förderschulen wird verschärft durch die UN-BRK: Zunehmend werden Kinder bzw. ihre Sorgeberechtigten ihr individuelles Recht auf inklusive Bildung wahrnehmen, insbesondere dann, wenn die inklusiven

---

[4] Frauen im Alter zwischen 15 und 45 Jahren bekommen im Schnitt in Deutschland rd. 1,4 Kinder. Zur Erhaltung der sogenannten Reproduktionsquote sind jedoch 2,1 Kinder nötig.

[5] So müssen beispielsweise in NRW bis 2020 fast 80% aller Förderschulen Lernen geschlossen werden, weil die Mindestschülerinnen- und Schülerzahl von 144 (entsprechend der Mindestgrößen-Verordnung von 2013) unterschritten wird.

Rahmenbedingungen den Betroffenen mindestens akzeptabel erscheinen. Die Förderschulen verlieren also, vor allem im ländlichen Raum, aus zwei Gründen Schülerinnen und Schüler. Der ‚klassische' Ausweg, einzelne Standorte zu schließen, aber das ohnehin schon erhebliche Einzugsgebiet einzelner Förderschulen noch weiter auszudehnen, um so die nötige Schülerinnen- und Schülerzahl wieder zu erreichen, würde nicht nur die Fahrtzeiten der Kinder mit Behinderungen zur Schule extrem erhöhen, er würde auch auf geringe Akzeptanz stoßen (vgl. Preuss-Lausitz 2007).

Die Perspektive der Förderschulen muss nach Förderart differenziert werden: Die Förderschulen im Bereich LES laufen, wie oben vorgeschlagen, jahrgangsweise aus, während gleichzeitig ihr Personal jahrgangsweise von den allgemeinen Schulen integriert wird. Von den übrigen, zu klein gewordenen speziellen Förderschulen (Hören, Sehen, körperliche und geistige Entwicklung) könnten manche für größere Einzugsbereiche als ‚Schulen ohne Schüler' zu Standorten werden, die die spezifische Diagnostik, die Beratung, die Fortbildung, die Kommunikation, die Medienpflege und -Ausleihe übernehmen und als Stellenpool für die entsprechenden sonderpädagogischen Lehrkräfte dienen, kurzum zu Beratungs-, Kommunikations- und Organisationszentren ohne Unterricht werden. Die übrigen Förderschulen bestehen so lange weiter, wie ihre Schülerinnen- und Schülerzahl und das Optionsverhalten der Sorgeberechtigten dies erlauben.

Vor allem die Schulträger (Gemeinden, Landkreise/kreisfreie Städte) und die Zuständigen für die Schulentwicklungsplanung (Landkreise/kreisfreie Städte) wissen oft nicht, wie sie ‚inklusiv' reagieren sollen. Sind künftig alle allgemeinen Schulen barrierefrei umzubauen, nicht nur für Schülerinnen und Schüler mit körperlichen Beeinträchtigungen, sondern auch für Hör-, Seh- und geistig Behinderte? Wie werden, wenn schulrechtlich die Sorgeberechtigten frei entscheiden dürfen, diese sich verhalten? Welche Schulstandorte sind langfristig sicher, welche müssen aufgegeben werden?

Antworten auf diese Fragen werden in einigen Bundesländern geplant oder sind schon beschlossen: Neben der sonderpädagogischen Grundausstattung für die Förderschwerpunkte LES in allgemeinen Schulen sollen für die Bereiche Hören, Sehen, körperlich-motorische und geistige Entwicklung in jeder Schulstufe und Schulart einzelne allgemeine Schulen sogenannte *‚Schwerpunktschulen'* werden mit spezifischer personeller Ausstattung, mit entsprechenden baulichen Standards und mit zusätzlichem Lehr-Lernmaterial.

Das gilt vor allem für den *Sekundarbereich*. Es genügt beispielsweise, dass im Landkreis ein Gymnasium und eine Gemeinschafts- bzw. Gesamtschule Akustikräume für Hörbehinderte, ein Leitsystem für Sehbehinderte, für körperlich und geistig Beeinträchtigte baulich-räumliche Barrierefreiheit eingerichtet werden und das Land diesen Schulen das spezifische (sonderpädagogische) Personal und einen besonderen Etat für Lehr-Lernmaterial zuweist.[6] Das schließt nicht aus, dass andere, nicht entsprechend ausgestattete Schulen Kinder mit diesen Behinderungen aufnehmen, wenn sich alle Beteiligten einigen.

Im *Grundschulbereich* ist dagegen das Prinzip ‚kurze Beine, kurze Wege' gerade bei Kindern mit sinnes-, körperlich-motorischen und geistigen Behinderungen gewichtiger. Da die Kinder i.d.R. schon mehrere Jahre zuvor durch Frühförderung unterstützt werden und ihre Bedarfe bekannt sind, können für die Grundschulzeit rechtzeitig individuelle und pragmatische Lösungen zwischen Schulträger, Schulaufsicht, Sorgeberechtigten und ggf. weiteren Akteuren gefunden werden.

4 Herausforderung drei: Was ist guter inklusiver Unterricht in einer inklusiven Schule?

Die Inklusion von *students with disabilities* legitimiert sich nicht nur durch das Menschenrecht, mit den anderen Kindern und Jugendlichen des sozialen Umfeldes leben und lernen zu können, sondern auch durch die kognitive und soziale Wirksamkeit dieses Prozesses. Schule muss also zeigen können, dass guter Unterricht für behinderte wie für alle anderen Schülerinnen und Schüler lernwirksam ist, sozial integrativ wirkt und alle sich wohlfühlen – in der Klasse wie in der gesamten Schule.

Was guter Unterricht ist, haben die allgemeine Unterrichtsforschung (vgl. Helmcke 2004; Jürgens & Standop 2010) und die integrationspädagogische Forschung (vgl. Klemm & Preuss-Lausitz 2012) herausgearbeitet. Auf die Lehrerinnen und Lehrer kommt es an, wie die Hattie-Studie (2013) einmal mehr betont. Worauf sollen sie Wert legen? Die allgemeine Unterrichtsforschung setzt auf einen lernförderlichen, freundlich-anerkennenden Lehrerinnen- und Lehrerstil, auf klare Strukturierung des Unterrichtsablaufs, auf inhaltliche Klarheit, Methodenvielfalt, Nutzung der Lernzeit, aber vor allem auf die Beachtung der individuellen Lernausgangslagen *aller* Schülerinnen und Schüler (sogenannter adaptiver Unterricht). Die integrationspädagogische Unterrichtsforschung betont darüber hinaus das Lernen mit allen Sinnen, den Handlungsbezug, das peer-peer-Lernen, die Möglichkeiten der Lernenden, beim Anspruchsniveau, bei Teilthemen, Zeitdauer, Medien, Sozialformen und Präsentationstechniken zu wählen. Sie hebt den Nutzen des 4-

[6] Eine Schwerpunktschule kann, neben ihrer LES-Grundausstattung, einen oder mehrere spezielle fachliche Schwerpunkte haben.

Augen-Prinzips *innerhalb* des Lernraums (anstelle mit einer Kleingruppe in den Flur oder den Gruppenraum zu gehen, vgl. Nolting 2010), die Wichtigkeit von Zielvereinbarungen und die Regelmäßigkeit gegenseitigen Feedbacks durch Kinder und Lehrkräfte hervor. Während die klassische Unterrichtsforschung von *einer* Lehrkraft im Unterricht ausgeht, eröffnet der gemeinsame Unterricht zusätzliche pädagogische Möglichkeiten, die durch eine zweite Lehrkraft oder andere Erwachsene (Integrationshelferinnen und -helfer, Schulsozialarbeiterinnen und -arbeiter, Erzieherinnen und Erzieher) geschaffen wird. Diese Chance kann allerdings nur durch klare Absprachen genutzt werden.

Vielen Lehrkräften sind die genannten Merkmale guten inklusiven Unterrichts bekannt; sie fühlen sich dennoch oft nicht in der Lage, sie umzusetzen. Daher ist eine auf die eigenen Fächer, die konkreten Herausforderungen an der eigenen Schule bezogene *Fortbildung* nötig. Erfahrungen zeigen, dass Hospitationen in anderen Schulen oder bei Fachkollegen besonders akzeptiert werden. Auch motiviert ein schuleigener Etat für schulspezifische Fortbildungswünsche. Nicht zuletzt zeigt sich, dass alle in einer Schule Tätigen – Sonderpädagoginnen und -pädagogen, Schulsozialarbeiterinnen und -arbeiter, allgemeine Lehrkräfte mit ihren unterschiedlichen Fachkompetenzen, Erzieherinnen und Erzieher, die Schulleitung, Elternvertreterinnen und -vertreter und Schülervertreterinnen und -vertreter, Honorarkräfte – sich am besten *gemeinsam* fortbilden.

Um ein ‚inklusives Schulklima' zu schaffen, ist die Verankerung inklusiver Werte im *Leitbild* der Schule und die Umsetzung in ihrem konkreten *Schulprogramm* erforderlich. Aber dies und der oben skizzierte gute inklusive Unterricht genügen nicht immer, um auf Krisensituationen innerhalb des Unterrichts, auf Verhaltensprobleme, auf Diskriminierungserfahrungen oder auf Gewalt der Schülerinnen und Schüler – mit und ohne Behinderungen – produktiv antworten zu können. Dazu braucht es unterstützende Strukturen innerhalb und außerhalb der Schule. Um ‚ausrastende' Kinder auffangen zu können und Lehrkräfte wie Lerngruppen für kurze Zeit zu entlasten, sind daher Auszeitmöglichkeiten für Kinder durch *Schulstationen* oder Oasen hilfreich (vgl. zum Umgang mit ‚schwierigen' Kindern Preuss-Lausitz 2013b).

Um alle pädagogischen Unterstützungsmöglichkeiten der Schule zu bündeln, und damit wirksamer zu gestalten, sind *Zentren unterstützender Pädagogik (ZuP)* hilfreich. Sie haben zwei bis drei Räume, eine eigenen Leitung, die Verantwortung für die Kontakte zu schulexternen unterstützenden Institutionen (Schulpsychologischer Dienst, Jugendamt, Sozialamt, Behindertenverbände usw.), führen die schulinterne Diagnostik durch, entwickeln kooperativ

Förderpläne, koordinieren die Förderung spezieller Talente, beraten Schülerinnen und Schüler, Kolleginnen und Kollegen sowie Eltern, und dokumentieren ihre Arbeit in einem öffentlichen Rechenschaftsbericht. Ein ZuP ist ein Ausweg aus der bislang oft zersplitterten und isolierten Arbeit der Sonderpädagoginnen und -pädagogen, der Schulsozialarbeiterinnen und -arbeiter, der im Freizeitbereich aktiven Teamer aus Vereinen oder der nur stundenweise in der Schule tätigen Therapeutinnen und Therapeuten. Das Land Bremen führt in *allen* Schulen solche Zentren unterstützender Pädagogik ein (vgl. Bremen 2010; 2012).

Inklusiver guter Unterricht und eine inklusive Schulkultur und Schulentwicklung gehören zusammen. Gemeinsam tragen sie dazu bei, Unterricht und Erziehung für alle Schülerinnen und Schüler kognitiv und sozial wirksam zu gestalten.

5 Herausforderung vier: Regionale Unterstützung und Strukturen inklusiver Bildungsentwicklung

Lange Jahre fand gemeinsamer Unterricht nur in wenigen Klassen statt, durchgesetzt von einzelnen Eltern und Lehrkräften. Wenn Schulen gemeinsames Lernen als Teil ihres Schulprofils ansahen, strahlten sie wie ein ‚Leuchtturm' in einer wenig inklusiven Landschaft. Generelle inklusive Strukturen in der Region fehlten. Vor allem jene Eltern, die für ihre Kinder Leistungen über die Krankenkassen, die Sozialgesetzbücher VIII oder XII oder durch ihre Kommune beantragen, werden auch heute noch oft von Pontius zu Pilatus geschickt, und der Schwarze Peter der Leistungsbewilligung wird hin und her geschoben. Auch die Informationen über Rechte, Ansprechpartner und Entscheidungsprozesse sind oft schwer verständlich (und selten in nichtdeutschen Herkunftssprachen) geschrieben; niedrigschwellige Beschwerdeinstanzen fehlen.

Da die UN-BRK nun neben dem individuellen Recht auf gemeinsamen Unterricht ein inklusives Gesamtsystem fordert, sind daher entsprechende regionale Strukturen aufzubauen, die diese Mängel überwinden. Landkreise/kreisfreie Städte brauchen innerhalb einer übergreifenden Steuerungsgruppe Inklusion für die regionalen Lebensbereiche (Wohnen, Stadt-/Raumentwicklung, Arbeit, Gesundheit, Soziales, Kultur, Freizeit) eine *Steuerungsgruppe inklusive Bildung*, die die Frühförderung, die Kindertagesstätten, Schulen, Horte, berufliche Bildung und das inklusive Kultur- und Vereinsleben einbezieht. In einer Steuerungsgruppe sollten auch die Gesundheits-, Jugend- und Sozialämter, die Kirchen und Kammern, die Arbeitnehmervertreter und die Selbsthilfegruppen vertreten sein. Sie wäre für die Erarbeitung eines regiona-

len *Aktionsplanes Inklusive Bildung*[7] zuständig, der dann von den politischen Gremien beschlossen wird und am besten in eine ‚kommunale Bildungslandschaft' (vgl. Stein, Krach & Niedick 2010) eingebunden ist.
Alle beklagen die oben genannten Schwierigkeiten für Eltern, insbesondere jene mit sozialen Belastungen, ihre Leistungsansprüche stressfrei realisieren zu können. Eine Lösung stellte die regionale Einrichtung eines *Bürgerbüros Inklusion* dar, in dem alle Anträge angenommen werden, die Eltern sich durch eine feste Bezugsperson beraten lassen können, intern interdisziplinär geklärt wird, wer für die Bewilligung zuständig ist, und die Eltern dort ihre Bescheide abholen. Das Bürgerbüro Inklusion böte *Informationen*, auch in leichter Sprache und den wichtigsten Sprachen der Region, und sie hätte eine (von den Leistungsträgern unabhängige) *Ombudsstelle*, die bei Konflikten moderiert. Es ist selbstverständlich, dass dieses Bürgerbüro Inklusion, das von mehreren Ämtern/Institutionen (Jugendamt, Sozialamt, Schulamt, ggf. auch Gesundheit und Kammern) getragen wird, eine gemeinsame Leitung und eine von den sie tragenden Institutionen eingerichtete Steuerungsgruppe braucht.
Für viele Lehrkräfte sind Schülerinnen und Schüler mit sozialen und emotionalen Problemen – meist Jungen – die zentrale ‚inklusive' Herausforderung. Das überrascht nicht, wenngleich es schon erstaunlich ist, dass gerade Kinder dieses Förderschwerpunkts mit 43% (2012) bundesweit am häufigsten integriert werden (vgl. Klemm 2013, 27). Oft genügt der kompetente Umgang mit ‚schwierigen' Kindern in Unterricht und Schule nicht, um diese Kinder in ihrer Entwicklung zu unterstützen. Dringend erforderlich sind daher *regionale Beratungs- und Unterstützungszentren*, in denen Teams aus Psychologinnen und Psychologen, Sonderpädagoginnen und -pädagogen, allgemeinen Lehrkräften, Sozialpädagoginnen und -pädagogen und des Jugendamts für die Schulen feste Ansprechpartner sind. Entsprechende Einrichtungen haben nicht nur Hamburg und Bremen, sondern auch andere Städte geschaffen (vgl. Reiser, Willmann & Urban 2007). Diese Einrichtungen könnten wiederum von Schulträgern und Schulaufsicht gemeinsam getragen werden. Entscheidend ist auch hier, dass die Beratung von Eltern, Kindern und Lehrkräften kurzfristig möglich ist, auf gleicher Augenhöhe stattfindet und die erarbeitete Lern- und Entwicklungsförderung in einem einheitlichen Hilfeplan (einschließlich, falls geboten, der Leistungen aus SGB VIII) erfolgt. Denkbar ist, dass Bürgerbüro Inklusion und Beratungs- und Unterstützungszentrum in

---

[7] Als Beispiel für solche Aktionspläne können der ‚Inklusionsplan für Kölner Schulen' (Köln 2012) oder der des Landkreises Oberspreewald-Lausitz (2013) gelten.

einem Gebäude untergebracht sind und unterschiedliche ‚Säulen' eines ‚Hauses Inklusion' darstellen.
Die hier dargestellten regionalen Unterstützungsschritte und -einrichtungen verlangen, wie immer bei neuen Wegen, eine regelmäßige Reflexion aller Beteiligten, z.B. durch jährliche Veranstaltungen, in denen zurück und vorausgeblickt wird, einen regelmäßigen Monitoring-Bericht, die Einrichtung einer interaktiven Seite im Netz und anderes. Die offensive Werbung für *inclusive education of children with disabilities* und das Ernstnehmen von Schwierigkeiten bei der Umsetzung gehören zusammen, auch in der Region.

6 Herausforderung fünf: Kosten und politisches Handeln: Ist der Politik die Inklusion zu teuer?

Die UN-BRK begründet das individuelle Recht auf *inclusive education* menschenrechtlich. Dennoch muss auch über die finanziellen Aufwendungen auf dem Weg zur inklusiven Schule gesprochen werden, weil vor allem der zeitliche Umsetzungsplan davon abhängt. Zu den Kosten sonderpädagogischer Förderung gehören nicht nur Lehrerinnen- und Lehrerstellen, sondern auch solche für betreuendes oder therapeutisches Personal; die Betriebskosten von (Förder- und allgemeinen) Schulen; die Aufwendungen für Barrierefreiheit; die Beförderungskosten für Kinder mit Behinderungen; das Lehr-Lernmaterial usw. Unstrittig ist das gegenwärtige Doppelsystem aus gemeinsamem Unterricht *und* Aufrechterhaltung des achtfachen Förderschulsystems die teuerste Variante (vgl. Preuss-Lausitz 2009).
Wichtig ist, vier Fragen zu klären: Erstens: *Welcher Kostenträger* ist durch die Umsetzung von Inklusion be- oder entlastet: das Land (päd. Personal), die Kommune (Schulträger von Grund- und teilweise Sekundarschulen; Beförderung; Jugendhilfe; Sozialhilfe), der Landkreis/die kreisfreie Stadt (Schulträger von Förderschulen, teilweise von Sekundarschulen); ggf. freie Träger?
Zweitens: *Welche Parameter* werden zur Grundlage von Berechnungen gewählt? Es besteht die Gefahr, viel pädagogisch Wünschenswertes den Inklusionskosten zuzuordnen, die *im Grundsatz* nicht den Inklusionskosten zuzurechnen sind (z.B. Ausbau der Ganztagsschule; kleinere Klassenfrequenzen; Errichtung von Gruppenräumen, zusätzliche Schulpsychologinnen und -psychologen usw.). Auch werden zuweilen nur die *zusätzlichen* Aufwendungen im allgemeinen Schulsystem, nicht aber die *entfallenden* im Förderschulsystem bedacht.
Drittens: Welche Strukturen und Entscheidungen sind *inklusionsförderlich* und zugleich *finanziell ökonomisch oder* weniger inklusionsförderlich, dafür kostenträchtig? Nur ein Beispiel: Wenn die Beförderung von Schülerinnen

und Schülern mit Behinderungen von der Wohnortgemeinde getragen werden muss, wird diese an kurzen, kostengünstigeren Wegen, also an wohnortnaher Inklusion, Interesse haben. Muss, wie dies in vielen Bundesländern üblich ist, der Schulträger der Förderschule (etwa ein Landkreis) die Beförderungskosten übernehmen, sind diese – längeren – Wege nicht nur teurer, sondern wird auch die Wohnortgemeinde wenig Interesse an Inklusion entwickeln. Meijer (1999) hat auf der Grundlage einer europaweiten Analyse Vorschläge für ein inklusionsförderliches Finanzierungssystem vorgelegt.

Viertens: Über *welche Zeiträume* sprechen wir? Über die Zeit, wenn *alle* Kinder mit Förderbedarf in allgemeinen Schulen sind? Über eine Zwischenzeit mit vermuteten Inklusions-Anstiegs-Szenarien? Und liegen für den Landkreis/die kreisfreie Stadt die *heutigen Gesamtkosten* für Förderschulen und gemeinsamen Unterricht als Ausgangslage jeder künftigen Planung vor?

Wenn diese vier Fragen beantwortet sind, kann geklärt werden, ob und für wen welche finanziellen Be- und auch Entlastungen wann eintreten. International wurde schon länger festgestellt, dass der Paradigmenwechsel vom Sonderschul- zum inklusiven Schulsystem insgesamt kostengünstiger ist (vgl. Hagerty 1995).

Er ist zugleich kognitiv wirksamer, sozial integrativer und demokratiestärkend. Die inklusive Schule ist die Schule der Zukunft.

Literatur

Aichele, V. (2013): Umsetzung des Rechts auf inklusive Bildung: die Entwicklung der Schulgesetze seit 2009. Vorlage für die Expertenkommission Inklusion der Deutschen UNESCO, März 2013.

Bremen (2010): Die Senatorin für Bildung und Wissenschaft: Entwicklungsplan Inklusion. Dezember. Online unter: www.lis.bremen.de/sixcms/media.php/13/entwicklungsplan inklusion.pdf. Zugriff: 15.12.2013.

Bremen (2012): Die Senatorin für Bildung und Wissenschaft: Verordnung unterstützender Pädagogik. Online unter: www.bildung.bremen.de. Zugriff: 15.12.2013.

DIM (2013): www.institut-fuer-menschenrechte.de/de/monitoringstelle/. Zugriff: 15.12.2013.

DUK (Deutsche UNESCO-Kommission) (2011): Inklusive Bildung in Deutschland stärken. Resolution der 71. Hauptversammlung der Deutschen UNESCO-Kommission, Berlin, 24.6.2011.

European Agency (2012): Country Data 2011/12. Online unter: https://www.european-agency.org. Zugriff: 15.12.2013.

Hagerty, S. (1995): Resources. In: OECD (Ed.): *Integrated Students with special Needs into Mainstreaming Schools*. Paris: OECD, 77–81.

Hamburg (2012): Handreichung Inklusion und sonderpädagogische Förderung. Online unter: www.hamburg.de/integration-inklusion/downloads/3685622/handreichung-artikel.html. Zugriff: 15.12.2013.

Hattie, J. (2013): Lernen sichtbar machen. Überarbeitete deutschsprachige Ausgabe von ‚Visible Learning', besorgt von Beywl, W. & Zierer, K. Baltmannsweiler: Schneider Verlag Hohengehren.

Helmcke, A. (2004): Unterrichtsqualität erfassen, bewerten, verbessern. Seelze: Friedrich.

Jürgens, E. & Standop, J. (Hrsg.) (2010): Was ist ‚guter' Unterricht? Bad Heilbrunn: Klinkhardt.

Klemm, K. (2013): Inklusion in Deutschland – eine bildungsstatistische Analyse. Gütersloh: Bertelsmann Stiftung.

Klemm, K. & Preuss-Lausitz, U. (2012): Was ist guter inklusiver Unterricht? In: Metzger, K. & Weigl, E. (Hrsg.): *Inklusion – praxisorientiert*. Berlin: Cornelsen, 19–32.

Köln (2012): Dezernat für Bildung, Jugend und Sport, Integrierte Jugendhilfe- und Schulentwicklungsplanung: Inklusionsplan für Kölner Schulen. Mai 2012.

Landkreis Oberspreewald-Lausitz (2013): Schritte auf dem Weg zu einem inklusiven Bildungssystem im Landkreis Oberspreewald-Lausitz, beschlossen im Kreistag 20.6.2013. Online unter: www.osl-online.de/. Zugriff: 15.12.2013.

Meijer, C. (Hrsg.) (1999): Finanzierung der sonderpädagogischen Förderung. Middelfart: European Agency for Development in Special Needs Education.

Nolting, H.-P. (2010): Störungen in der Schulklasse. 10. Aufl., Weinheim und Basel: Beltz Juventa.

Preuss-Lausitz, U. (2007): Demografie und Gemeinsame Erziehung. Folgen der Bevölkerungsentwicklung und Deutschland für den Ausbau integrativen Unterrichts. In: Demmer-Dieckmann, I. & Textor, A. (Hrsg.): *Integrationsforschung und Bildungspolitik im Dialog*. Bad Heilbrunn: Klinkhardt, 61–70.

Preuss-Lausitz, U. (2009): Untersuchungen zur Finanzierung sonderpädagogischer Förderung in integrativen und separaten Schulen. In: Eberwein, H. & Knauer, S. (Hrsg.): *Integrationspädagogik*, 9. Aufl., Weinheim und Basel: Beltz Juventa, 514–524.

Preuss-Lausitz, U. (2012): Separation oder Inklusion. Zur Entwicklung der sonderpädagogischen Förderung im Kontext der allgemeinen Schulentwicklung. In: Berkemeyer, N. u.a. (Hrsg.): *Jahrbuch der Schulentwicklung, Bd. 16*, Weinheim und München: Juventa, 153–180.

Preuss-Lausitz, U. (2013a): Muss eine inklusive ‚Schule für alle' die Auflösung des gegliederten Schulsystems zur Folge haben? Zu Anforderungen an die Zukunftsfähigkeit unserer Schulen. In: Brodkorb, M. & Koch, K. (Hrsg.): *Inklusion – Ende des gegliederten Schulsystems? Dokumentation des 2. Inklusionstages*. Schwerin: Ministerium für Bildung, Wissenschaft und Kultur Mecklenburg-Vorpommern, 19–50. Vgl. auch online unter www.bm.regierung-mv.de/. Zugriff: 15.12.2013.

Preuss-Lausitz, U. (Hrsg.) (2013b): Schwierige Kinder – schwierige Schule? Inklusive Förderung verhaltensauffälliger Schülerinnen und Schüler. Weinheim und Basel: Beltz Juventa. Darin u.a.: Ders.: Die UN-Behindertenrechtskonvention und die Inklusion ‚schwieriger' Kinder, 204–220.

Preuss-Lausitz, U. (2013c): Inklusionsentwicklung in Deutschland unter Aspekten von Gerechtigkeit, Effektivität und Schulentwicklung. Vorlage für die Expertenkommission Inklusion der Deutschen Unesco Kommission, März.

Reiser, H., Willmann, M. & Urban, M. (2007): Sonderpädagogische Unterstützungssysteme bei Verhaltensproblemen in der Schule. Bad Heilbrunn: Klinkhardt.

SenBJW (Senatsverwaltung für Bildung, Jugend und Wissenschaft) (Hrsg.) (2013): Inklusive Bildung in Berlin. Empfehlungen des Beirats Inklusive Bildung in Berlin. Berlin, Februar 2012. Online unter: www.berlin.de/sen/bjw/. Zugriff: 15.12.2013.

Stein, A.-D., Krach, St. & Niedick, I. (Hrsg.) (2010): Integration und Inklusion auf dem Weg ins Gemeinwesen. Bad Heilbrunn: Klinkhardt.

UN (2006): Convention on the Rights of Persons with Disabilities. Genf: United Nations. In Deutsch: http://www.bmas.de/EN/Our-Topics/Participation-of-Persons-with-Disabilities/un-convention.html. Zugriff: 15.12.2013.

Birgit Lütje-Klose & Phillip Neumann

Die Rolle der Sonderpädagogik im Rahmen der Lehrerinnen- und Lehrerprofessionalisierung für eine inklusive schulische Bildung

Abstract

Die pädagogische Disziplin der Sonderpädagogik befindet sich aktuell in einem Wandlungsprozess, in dem ihre Rolle und Aufgaben neu zu justieren und mit den anderen Fachdisziplinen – allen voran der allgemeinen Schulpädagogik – neu auszutarieren sind. Die Veränderungen betreffen elementare Fragen des sonderpädagogischen Selbstverständnisses in Bezug auf ihre Eigenständigkeit als Disziplin und Profession, auf ihre Klientel und ihre professionelle Verantwortung bei der Erziehung und Bildung, Beratung und Unterstützung von Kindern und Jugendlichen mit besonderen pädagogischen Bedürfnissen und Behinderungen. Fragen nach den verschiedenen Ausformungen professionellen sonderpädagogischen Handelns in Förderschulen einerseits und in den verschiedenen Modellen integrativer und inklusiver Unterrichtung andererseits sowie einer dafür erforderlichen Aus- und Fortbildung werden zur Zeit so intensiv und kontrovers diskutiert wie selten zuvor. In diesem Beitrag steht daran anschließend die Frage im Zentrum, ob schulische Sonderpädagoginnen und -pädagogen in einem zunehmend inklusiver ausgerichteten Schulsystem in höherem Maße eine Spezialistenrolle oder eher eine ausgeweitete Generalistenrolle einnehmen sollten.

1 Die umstrittene Rolle der Sonderpädagogik in einem inklusiven Schulsystem

In Folge der Ratifizierung der UN-Konvention über die Rechte von Menschen mit Behinderungen (UN-BRK 2008) findet derzeit unter der Leitperspektive der Inklusion eine massive Ausweitung der gemeinsamen Unterrichtung von Schülerinnen und Schülern mit und ohne einen sonderpädagogischen Förderbedarf statt (vgl. Autorengruppe Bildungsberichterstattung 2014). In der UN-BRK (Art. 24) wird das Recht auf den Zugang zu einem inklusiven Bildungssystem und effektive individuelle Unterstützungsmaßnahmen festgeschrieben, die erforderlich sind, um im Sinne der „full inclusion" die akademische und soziale Entwicklung bestmöglich zu unterstützen. Um diesen Anspruch einzulösen, sind „angemessene Vorkehrungen" (ebd.) zu schaffen, worunter auch die Bereitstellung von entsprechenden organisatorischen Bedingungen und qualifiziertem Personal zu verstehen ist. Dadurch sollen die institutionellen Ermöglichungsbedingungen (vgl. Felder 2012) für eine inklusive Unterrichtung und Förderung nicht nur wie bisher für einen kleinen Teil der als sonderpädagogisch förderbedürftig ausgewiesenen, sondern für alle Schülerinnen und Schüler geschaffen werden. Für Lehrkräfte der allgemeinen Schulformen, die in der Vergangenheit vielfach nur in einem relativ geringen Umfang und auf der Basis freiwilliger Entscheidungen an der Unterrichtung von Schülerinnen und Schülern mit einem sonderpädagogischen Förderbedarf beteiligt waren, besonders aber für sonderpädagogisch qualifizierte Lehrkräfte, die bislang mehrheitlich an Förderschulen tätig waren, bringt dies deutliche Veränderungen mit sich. Wie genau eine inklusive Unterstützung aussehen und welche Rolle die Sonderpädagogik dabei einnehmen kann, um Partizipationsprozesse zu unterstützen und nicht etwa zu behindern, wird dabei kontrovers diskutiert (z.B. Hinz 2013; Hillenbrandt et al. 2013; Heinrich et al. 2014). Die in der Geschichte der Heil- und Sonderpädagogik immer wieder thematisierte Frage der Sonderpädagogik als eigenständige Disziplin versus ihre Subsidiarität im Verhältnis zur allgemeinen (Schul-) Pädagogik, wie sie in Deutschland seit der Entstehung der Hilfsschulen und erneut mit der behinderungsspezifischen Ausdifferenzierung des Sonderschulsystems sowie der zugeordneten sonderpädagogischen Fachrichtungen seit den 1970er Jahren aufgeworfen wurde (vgl. Eberwein 1998; Hinz 2009; Werning/Lütje-Klose 2012; Ahrbeck 2014), gewinnt dabei neue Aktualität.

Indes ist die Diskussion um die Rolle, die sonderpädagogisch qualifizierte Lehrkräfte in einem inklusiven Schulsystem einnehmen sollen, in Deutschland keineswegs neu, sie wurde bislang aber schwerpunktmäßig im „Insider-Kreis" der Integrations- und Inklusionsbewegung und -forschung geführt. Im traditionellen deutschen Förderschulsystem war und ist diese Rolle (anders als in vielen anderen Ländern) als die einer *Lehrkraft* für sonderpädagogische Förderung definiert, deren Aufgaben – genau wie die aller anderen Lehrkräfte – neben dem „Kerngeschäft" Unterrichten (Kolbe & Reh 2008) auch die Bereiche Erziehen, Diagnostizieren und Beurteilen, Fördern, Beraten und Innovieren umfassen (vgl. KMK 2014). Zusätzlich zu ihrer Lehrbefähigung in einem oder zwei Fächern (je nach Bundesland) verfügen sonderpädagogisch qualifizierte Lehrkräfte über Kompetenzen in Bezug auf spezifischen Unterstützungsbedarf in i.d.R. zwei sonderpädagogischen Fachrichtungen (vgl. KMK 2013), so dass sie im Rahmen dieser Tätigkeiten auch die besonderen Bedürfnisse von Schülerinnen und Schülern mit Beeinträchtigungen berücksichtigen können. Eine Besonderheit gegenüber den anderen Lehrämtern stellt zudem der Auftrag zur Feststellung des sonderpädagogischen Förderbedarfs in den entsprechenden Förderschwerpunkten dar. Wenn es allerdings um die Aufgaben von Sonderpädagoginnen und -pädagogen in inklusiv orientierten Modellen geht, so sind die Schwerpunktsetzungen innerhalb der Aufgabenbereiche keineswegs eindeutig.

Im Modell des Gemeinsamen Unterrichts in *integrativen Klassen*, wie es in Deutschland seit den 1980er Jahren in den meisten Bundesländern dominiert hat, werden Sonderpädagoginnen und -pädagogen i.d.R. primär als Lehrkräfte verstanden, die – gemeinsam mit den Regelschullehrkräften – für den Unterricht ebenso wie die individuelle Förderung und alle weiteren Aufgaben in der gesamten Lerngruppe verantwortlich sind. Kretschmann (1993) hat als einer der ersten die Frage aufgeworfen, inwieweit die Förderlehrkräfte in diesem Modell unter der Maßgabe einer gemeinsamen Verantwortung als Generalistinnen und Generalisten tätig sein sollten, also im Prinzip dieselben Aufgaben wahrnehmen wie alle anderen Lehrkräfte und für alle Kinder einer Lerngruppe zuständig sind, oder ob sie als Spezialistinnen und Spezialisten primär für die Kinder mit sonderpädagogischen Förderbedarfen bzw. für spezialisierte Tätigkeiten Verantwortung übernehmen. Wie mehrere Interview-Studien mit sonderpädagogischen Expertinnen und Experten in inklusiven Settings zeigen (vgl. Lütje-Klose et al. 2005; Arndt & Werning 2013), wird bei weitgehender Übernahme der Generalistenrolle durch die Förderlehrkräfte ggf. die Gefahr einer zu geringen Berücksichtigung spezifischer Unterstützungsbedarfe gesehen. Dagegen kann eine Überbetonung der Spezialistenrolle dazu führen, dass eine Verbesonderung und Stigmatisierung der Kinder mit Förderbedarf eintritt oder verstärkt wird und der Bezug zum Unterricht in der Lerngruppe verloren geht. Murawski & Dieker (2004, 55) betonen daher die gemeinsame Verantwortung beider Lehrkräfte für alle Schülerinnen und Schüler und die Vorteile ihrer unterschiedlichen Expertise, die die besondere Qualität inklusiven Unterrichts ermögliche. In einer Reihe anderer Modelle sonderpädagogischer Förderung in der Regelschule, die je nach Bundesland sehr unterschiedlich strukturiert sind (z.B. sonderpädagogische Grundversorgung jeder Regelschule, Förderzentren oder Einzelintegration, vgl. Heimlich 2012), liegt der Arbeitsschwerpunkt der Sonderpädagoginnen und -pädagogen dagegen weniger auf dem Unterricht, sondern deutlich stärker auf der Diagnostik, individuellen Förderung und Beratung von ausgewiesenen Schülerinnen und Schülern mit Förderbedarf und basiert damit primär auf ihrer spezifisch sonderpädagogischen Expertise.

Aber nicht nur in Deutschland, sondern auch international wird die Diskussion um die Rolle der Sonderpädagogik im Zuge einer Ausweitung inklusiver schulischer Bildung kontrovers geführt. In der US-amerikanischen Debatte sprechen Fuchs, Fuchs & Stecker (2010) gar von zwei Lagern, die in Bezug auf das Verständnis sonderpädagogischer Professionalität zu unterscheiden seien: Das IDEA-Lager (in Bezug auf den „Individuals with Disabilities Education Act" von 2004), in dem von einer klaren Abgrenzung zur allgemeinen Pädagogik und spezifischen Zuständigkeit der Sonderpädagogik[1] für Kinder mit „special educational needs" ausgegangen wird, und das NCLB-Lager (in Bezug auf den „No Child Left Behind Act" von 2001), in dem die Sonderpädagogik als der allgemeinen Pädagogik zugehörig und in einem subsidiären Verhältnis zu ihr gesehen wird.
Ansätze einer solchen „Lagerbildung" sind auch in Deutschland derzeit auszumachen. Im Rahmen von Tagungen und Publikationen findet eine zum Teil erbitterte Auseinandersetzung von Vertreterinnen und Vertretern einer inklusiven Pädagogik der Vielfalt (vgl. Hinz 2013; Hinz et al. 2014) und Vertreterinnen und Vertretern des Response-to-Intervention-Modells (vgl. Hartke in diesem Band; Huber & Grosche 2012; Hillenbrandt et al. 2013) statt. Beide Lager nehmen für sich in Anspruch, im Rahmen eines inklusiven Schulsystems den Beitrag der Sonderpädagogik zu definieren, unterscheiden sich aber in ihrem Verständnis des Inklusionsbegriffs und in den favorisierten Kooperationsformen von allgemeinen und sonderpädagogischen Lehrkräften deutlich.

Das Verständnis von schulischer Inklusion und professioneller Kooperation

In der internationalen, insbesondere der anglo-amerikanischen Debatte, ist die Ablösung der Begriffe Mainstreaming und Integration durch den Inklusionsbegriff eng mit der o.g. Frage nach der Rolle der Sonderpädagogik verknüpft: Die sogenannte „Regular Education Initiative" forderte bereits in den 1990er Jahren eine Abkehr von der verpflichtenden Feststellung von „special educational needs" (IDEA 2004) und an die Kategorisierung gebundenen Zuordnung sonderpädagogischer Ressourcen mit dem Ziel des Mainstreaming, also der weitest möglichen Anpassung der Kinder an die Norm ihrer Altersgruppe. Stattdessen wurde die Akzeptanz der Unterschiedlichkeit

---

[1] Gemeint ist hier nicht nur die Profession der „special education teachers", sondern auch verwandte Professionen, die die sogenannten „related services" in den USA anbieten (speech language pathologists, hearing impairment specialists etc.), für die in Deutschland (zumindest bislang) die unterschiedlichen sonderpädagogischen Fachrichtungen verantwortlich sind (vgl. Lütje-Klose 1997).

und eine primäre Verantwortungsübernahme für alle Kinder durch die Regelschullehrlehrkräfte und kooperierende Sonderpädagoginnen und -pädagogen gefordert, die eine individuelle Unterstützung und präventive Förderung ermöglicht, ohne dass eine vorgängige Kategorisierung erfolgen muss (Wang & Walberg 1988; vgl. auch Lütje-Klose 1997). Dieser Grundgedanke wurde mit dem Begriff der Inklusion verbunden und fand in den meisten angloamerikanischen Ländern Niederschlag in den entsprechenden Gesetzgebungen (z.B. England, vgl. Dyson 2010; Kanada, vgl. Köpfer 2013). In einem sehr politischen Sinne wurde und wird der Inklusionsbegriff dabei verknüpft mit der Forderung nach sozialer Gerechtigkeit (social justice) und gleichen Bürgerrechten für alle (Civil Rights Movement), wie sie sich – nach vielen Jahren der internationalen Diskussion – in der UN-Konvention über die Rechte von Menschen mit Behinderungen (UN-BRK 2006) und in der UN-Charta „Education for All" (UNESCO 2010) widerspiegelt. Bedeutsam ist dabei die Betonung der Rechte *aller* Schülerinnen und Schüler, denn ein inklusives Bildungssystem hat nicht nur diejenigen im Blick, für die ein sonderpädagogischer Förderbedarf bzw. special educational needs festgestellt wurden, sondern strebt einen produktiven pädagogischen Umgang mit allen Lernerinnen und Lernern in ihren heterogenen Ausgangslagen, Interessen, Fähigkeiten und Bedürfnissen an und betont dabei die Rechte derjenigen, die aus unterschiedlichen Gründen von Benachteiligungen und Behinderungen betroffen sind.[2] Eine den individuellen Bedürfnissen entsprechende Unterstützung muss aus dieser Perspektive nicht an die offizielle Feststellung eines sonderpädagogischen Förderbedarfs gebunden sein, sondern gilt als Aufgabe jeder Schule im Hinblick auf alle ihre Schülerinnen und Schüler. Zentrale Prinzipien einer inklusiven Pädagogik sind dabei in der grundsätzlichen Akzeptanz der Einzelnen in ihrer Verschiedenheit und zugleich der bewussten Herstellung von Gemeinsamkeit aller zu sehen (vgl. Prengel 2006). Ein inklusiver Unterricht ist einerseits durch ein hohes Maß an Adaptivität und Strukturiertheit gekennzeichnet und andererseits durch offene und kooperative Arbeitsformen, die die Kooperation der Schülerinnen und Schüler untereinander stützen und ihnen größtmögliche Partizipation ermöglichen sollen (vgl. Werning & Lütje-Klose 2012; Kullmann et al. 2014).

---

[2] In einem weiten Verständnis des Inklusionsbegriffs, wie er hierzulande u.a. von Werning & Lütje-Klose (2012) und Wocken (2011) verwendet wird, werden die bisherigen integrativen Ansätze mit unter den Inklusionsbegriff gefasst. Der Begriff der Inklusion umfasst dann alle Modelle und Maßnahmen der fachdidaktischen, sonderpädagogischen, therapeutischen und sonstigen Unterstützung von Kindern mit besonderen Bedürfnissen und ihren Lerngruppen, die im Kontext der allgemeinen Schule stattfinden.

2 Unterstützung schulischer Inklusion und professionelle Kooperation als zentrale Aufgaben von Sonderpädagoginnen und -pädagogen

Um inklusive Unterrichtung und Förderung umsetzen zu können, benötigen Lehrkräfte – wie Moser et al. (2012) auf Grundlage einer Metaanalyse empirischer Daten herausarbeiten – eine positive Einstellung gegenüber den vielfältigen Lernvoraussetzungen und Vorerfahrungen der Schülerinnen und Schüler, die Bereitschaft zur Akzeptanz und Wertschätzung ihrer Unterschiedlichkeit sowie zur Planung und Durchführung eines adaptiven Unterrichts auf der Grundlage einer individualisierenden Didaktik. Prengel (2013) betont zudem die Fähigkeit der Lehrkräfte zu einer wertschätzenden pädagogischen Beziehungsgestaltung, die sich sowohl auf die Beziehung zwischen Lehrkräften und Kindern als auch auf die Unterstützung solcher Beziehungen bei den Kindern untereinander bezieht. Diese Kompetenzen sind dabei nicht nur für sonderpädagogisch qualifizierte, sondern für alle Lehrkräfte erforderlich, um eine inklusive Unterrichtung umsetzen zu können. Sie sind dementsprechend auch in der allgemeinen Lehrerinnen- und Lehreraus- und -fortbildung zu bearbeiten (vgl. Lütje-Klose & Miller 2014).
Die Kooperation der Lehrkräfte und weiteren Professionellen gilt dabei als wichtige Bedingung für das Gelingen inklusiver Prozesse (vgl. Lütje-Klose & Urban 2014). Kooperation wird als

> „auf demokratischen Werten basierendes, auf der Gleichwertigkeit und gegenseitigem Vertrauen der Kooperationspartnerinnen und -partner beruhendes, zielgerichtetes und gemeinsam verantwortetes Geschehen interpretiert, in dem aufgrund von Aushandlungsprozessen die Schaffung bestmöglicher Entwicklungsbedingungen aller Kinder einschließlich derjenigen mit besonderen Bedürfnissen angestrebt wird" (ebd. 113).

Eine gemeinsame Zielorientierung wird ebenso betont wie die gemeinsame Verantwortung für inklusive Unterrichts-, Schulentwicklungs- und Professionalisierungsprozesse. Das Erreichen eines hohen Kooperationsniveaus gilt als voraussetzungsreicher Prozess, der neben geklärten Rollen und Aufgaben aller Beteiligten auch Wertschätzung und Vertrauen erfordert. Je nachdem, wie sehr diese Voraussetzungen erfüllt sind und wie stark die gemeinsamen Ziele und Rahmenbedingungen es zulassen, kann die Qualität und Intensität professioneller Kooperationen unterschiedlich ausgeprägt sein.
In den letzten Jahren wurden verschiedene Modelle entwickelt, um Kooperationsbeziehungen auf unterschiedlichen Niveaustufen oder Modi einzuordnen (vgl. ebd.). Verbreitet rezipiert wird in Deutschland das Modell von Gräsel et

al. (2006), die drei verschiedene Kooperationsmodi unterscheiden: den Modus des *Austausches* z.B. durch Gespräche und Materialaustausch, die *arbeitsteilige Kooperation*, bei der die einzelnen Mitglieder Teilaufgaben übernehmen, und die *Ko-Konstruktion*, die auf die wechselseitige Unterstützung und gemeinsame Reflexion und Entwicklung neuen Wissens ausgerichtet ist. Die Ko-Konstruktion stellt dabei die intensivste Form der Kooperation dar, während der Austausch mit geringerem Zeitaufwand und weniger Einschränkungen der jeweiligen Autonomie verbunden ist (vgl. Böhm-Kasper u.a. 2013). Der Modus der Ko-Konstruktion entspricht weitgehend dem angloamerikanischen Begriff der „Collaboration“ (Friend & Cook 2010), der für eine besonders hoch entwickelte Arbeitsbeziehung auf der Basis von gegenseitigem Respekt, Wertschätzung und Vertrauen steht und auf Kollegialität und Gleichwertigkeit basiert. Dabei wird die Bedeutung einvernehmlicher Problemlösungen betont: „A collaborative problem-solving process is used with teams of collaborators interacting in a collegial, parity-based, and consensus-building manner“ (Idol et al. 1995, 1).

Inwieweit ein kollaborativer Problemlösungsprozess gelingen kann, ist auch davon abhängig, dass die beteiligten Personen Unterricht und Förderung gemeinsam planen, Zeit zur direkten Zusammenarbeit in der Lerngruppe zur Verfügung haben und gemeinsam darüber reflektieren (vgl. Lütje-Klose & Miller 2014). Auf die Bereitschaft zur Implementierung innovativer Arbeitsformen und Problemlösungen wirken sich zudem kontinuierliche Teamgespräche, wie sie bei gelingender Kooperation zwischen Regelschul- und Förderlehrkräften durchgeführt werden, positiv aus (vgl. Scruggs et al. 2007). Sie regen demnach eine intensivere Reflexion des professionellen Wissens und Handlungsrepertoires an. Einer Studie von Holtappels (2013) zufolge (die allerdings inklusive Aspekte nicht direkt berücksichtigt), tendieren Grundschullehrkräfte in fest installierten Jahrgangs- oder Klassenteams stärker dazu, adaptivere Unterrichtsformen zu implementieren.

Wie stark auch ein Kollegium als Ganzes die Aufgabe schulischer Inklusion für sich annimmt, ein hohes Maß an inklusiven Haltungen ausprägt und erfolgreich gemeinsame Problemlösungen entwickelt, ist in hohem Maße abhängig vom Ausmaß an strukturierter Kooperation nicht nur auf Klassen- und Jahrgangsebene, sondern im gesamten Kollegium. Einer qualitativen Analyse auf der Basis von Gruppendiskussionen im Rahmen der BiLieF-Studie (vgl. Serke et al. 2014) zufolge spielt die Zugehörigkeit der Sonderpädagoginnen und -pädagogen zum Kollegium und ihre gleichberechtigte Beteiligung an der Schul- und Unterrichtsentwicklung dabei eine entscheidende Rolle. Ihr Beitrag kann demnach insbesondere in solchen Kollegien fruchtbar gemacht werden, die als „professionelle Lerngemeinschaften“ (Bonsen & Rolf 2006)

kooperativ zusammenarbeiten und ihren Fokus gemeinsam auf die Schaffung bestmöglicher Entwicklungs- und Lernbedingungen richten.
Neben der *intraprofessionellen Kooperation* unterschiedlicher Lehrkräfte ist für die effektive Unterstützung besonders von Schülerinnen und Schülern mit besonderen Förderbedürfnissen auch die *interprofessionelle Kooperation* mit außerschulischen Unterstützungssystemen (Schulpsychologie, Beratungsstellen, Jugendhilfe etc.) sowie mit den pädagogischen Fachkräften des Ganztags bedeutsam, die als Erzieherinnen und Erzieher oder Sozialpädagoginnen und -pädagogen die Verantwortung für außerunterrichtliche Angebote und Fördermaßnahmen übernehmen (vgl. Böhm-Kasper et al. 2013). Zudem ist die Kooperation mit den Eltern u.a. in Bezug auf die Förderplanung von hoher Relevanz (vgl. Albers 2013).

Rollenausformungen einer „Sonderpädagogik als Serviceleistung"
Die möglichen Rollenausformungen von Sonderpädagoginnen und -pädagogen in inklusiven Settings sind an das Ausmaß gebunden, in dem die Verantwortung für alle Schülerinnen und Schüler durch ein multiprofessionelles Team gemeinsam getragen wird. Im Verständnis einer inklusiven Pädagogik wird die Verantwortung für die Unterrichtung und Förderung von Schülerinnen und Schülern, die besondere Unterstützung benötigen, nicht an eine andere Institution – die Förderschule – oder an bestimmtes Personal – die Lehrkräfte für sonderpädagogische Förderung – delegiert, vielmehr sind alle in der Institution Schule tätigen Professionen gemeinsam dafür verantwortlich, dass entsprechend inklusive Strukturen und Praktiken entwickelt werden (vgl. Booth & Ainscow 2011). Dazu bedarf es zudem geteilter Werte und Ziele (inklusive Kulturen), die ebenso wie die Rollen- und Aufgabenverteilung zwischen den verschiedenen professionellen Akteuren im Kollegium in einem kooperativen Prozess ausgehandelt und umgesetzt werden müssen (vgl. ebd.).
Reiser (1998) führte in Deutschland den international verbreiteten Grundgedanken einer „Sonderpädagogik als Serviceleistung in der allgemeinen Schule" ein, der seitdem vielfach rezipiert wurde (vgl. Lütje-Klose et al. 2005; Lindmeier 2009; Willmann 2009 u.a.), und unterschied dabei drei grundlegende Modelle der sonderpädagogischen Unterstützung. Er nennt als mögliche Rollenausformungen für Sonderpädagoginnen und -pädagogen in inklusiven Settings zum einen *direkte Unterstützungsmaßnahmen* im Sinne einer Arbeit *mit den Kindern* und zum anderen systembezogene, *indirekte Maßnahmen* im Sinne einer Arbeit *für die Kinder* durch eine Beratung und Unterstützung der Regelschullehrkräfte und Eltern. Eine direkte Förderung kann demnach als „personalisierte additive Serviceleistung" im Rahmen einer

Einzel- und Kleingruppenförderung von Kindern mit einem ausgewiesenen sonderpädagogischen Förderbedarf umgesetzt werden und wird dann i.d.R. von Sonderpädagoginnen und -pädagogen weitgehend *unabhängig vom Unterricht in Form von förderschwerpunktspezifischen Maßnahmen oder Programmen* durchgeführt (z.B. spezifische Sprachförderung, Lese-Rechtschreibförderung, Konzentrationsförderung). Im angloamerikanischen Raum wird dieses Vorgehen als „pullout model" bezeichnet, weil überwiegend in äußerer Differenzierung gearbeitet wird (vgl. Lütje-Klose 1997). Die zweite Variante der direkten Förderung ist die *Durchführung von gemeinsamem Unterricht* in Doppelbesetzung mit der allgemeinen Lehrkraft, die die Berücksichtigung der individuellen Lernausgangslagen und Förderbedürfnisse aller Schülerinnen und Schüler in gemeinsamer Verantwortung zum Ziel hat, dementsprechend als „systembezogene Serviceleistung" angelegt ist. Das in den USA als „classroom-based model" bezeichnete Modell wird mit einer relativ umfangreichen Doppelbesetzung umgesetzt (vgl. ebd.). Die dritte Variante der indirekten Förderung im Rahmen einer sonderpädagogischen Ambulanz und Beratung ist ebenfalls systembezogen angelegt und bezieht neben dem Unterricht auch andere Ebenen der inklusiven Schul- und Unterrichtsentwicklung ein. Die sonderpädagogische Förderung erfolgt, indem Regelschullehrkräfte und Eltern *durch die kooperative oder auch Expertenberatung* dabei unterstützt werden, ihrerseits effektiver mit den Kindern zusammenzuarbeiten und auftretende Probleme zu lösen. Analog zum amerikanischen „collaborative consultation model" wird großer Wert auf eine gleichwertige Kooperationsbeziehung gelegt, dennoch sind die Sonderpädagoginnen und -pädagogen in diesem Modell klar in einer Expertinnen- und Expertenrolle und stellen ihre Expertise mit dem Ziel des Kompetenztransfers zum Beispiel in Fallberatungen, gemeinsamen Förderplanungsprozessen oder Konfliktklärungen zur Verfügung. Vielfach finden sich außerdem Mischformen (vgl. ebd.).

RTI – ein Modell inklusiver Förderung?

Der aus dem anglo-amerikanischen Raum adaptierte Response-to-Intervention-Ansatz (RTI), der von einer Reihe Vertreterinnen und Vertretern der deutschen Sonderpädagogik als Weg inklusiver sonderpädagogischer Förderung vertreten wird (vgl. Huber & Grosche 2012), ist in diese Varianten nicht eindeutig einzuordnen, denn er stellt kein einheitliches Modell oder Konzept dar. In der amerikanischen Literatur ist vielmehr die Rede vom RTI-framework, da die Anzahl und die konkrete Ausgestaltung der Stufen, die Wahl der Interventionen, die Rollen der Akteurinnen und Akteure etc. sich in verschiedenen Umsetzungen unterscheiden können (vgl. Fuchs, Fuchs & Stecker

2010). Berichte einer wissenschaftlich begleiteten Umsetzung liegen in Deutschland bislang für das Rügener-Inklusions-Modell (RIM) (vgl. Voß et al. 2013; Hartke in diesem Band) und aus der Stadt Leverkusen vor (vgl. Huber et al. 2013). Ziel der Maßnahmen ist die präventive Förderung zur Vermeidung von „manifesten Minderleistungen“ (Voß et al. 2013, 91) und damit eine Normalisierung der Leistung. Dabei werden systematisch standardisierte Screenings und Verfahren zum curriculumbasierten Messen (CBM) eingesetzt (vgl. Grosche 2014). Eine formale Feststellung von sonderpädagogischem Förderbedarf als Voraussetzung für eine zieldifferente Unterrichtung erfolgt im Rahmen der RTI-Modelle dann, wenn ein Kind trotz der intensiven präventiven Förderung auf der 3. Stufe nicht die erwarteten Lernfortschritte erzielt (vgl. Hartke & Diehl 2013). Dabei wird eine zeitweilige Sonderbeschulung zwecks Diagnostik und Förderung nicht ausgeschlossen (vgl. Huber & Grosche 2012), auch wenn insbesondere Grosche (2014) darauf hinweist, dass die diagnostischen Maßnahmen im Rahmen von RTI-Modellen zur Evaluation der Effektivität des Unterrichts und der durchgeführten Interventionen und nicht als Selektionsdiagnostik fungieren sollen. Förderung im Verständnis des RTI-Ansatzes bedeutet demnach hin-fördern zur Leistungsnorm (je nach Verständnis: der Klasse, des Jahrgangs, der Schule oder der Testnorm).

Dabei werden die Kinder in drei „Förderstufen“ eingeteilt. Der „evidenzbasierte Unterricht“, der von Grundschullehrkräften ggf. mit Beratung durch Förderlehrkräfte umgesetzt wird, ist an Leistungsstandards orientiert, die für alle Kinder gleichermaßen gelten, und nicht etwa grundsätzlich zieldifferenzierend ausgerichtet. Eventuelle Risiken werden durch Screenings erfasst. Mit ansteigender „Förderstufe“ werden weniger Kinder intensiver (i.S.v. häufiger) gefördert, und es wird eine differenziertere und engmaschigere Diagnostik durchgeführt (vgl. Huber & Grosche 2012). Damit wechselt auch die primäre Zuständigkeit für die Förderung dieser Kinder von den Regelschullehrkräften zu den Förderlehrkräften, die auf Stufe 2 mit standardisierten Förderprogrammen und auf Stufe 3 mit stärker individualisierenden Interventionen arbeiten. Auch die Frage danach, wie die Herstellung von Gemeinsamkeit und die gegenseitige Akzeptanz durch pädagogisches Handeln unterstützt werden kann, wird mit dem Einsatz standardisierter Programme beantwortet. Konkrete Aufgaben der Förderlehrkräfte sind demnach in den RTI-Konzeptionen in der differenzierten Diagnostik und Durchführung von Fördermaßnahmen auf den Stufen 2 und 3 sowie in der Beratung der Regelschullehrkräfte – auch im Hinblick auf den Unterricht – zu sehen, als Unterrichtende sind sie selbst aber i.d.R. nicht tätig. Darüber hinaus werden evidenzbasierte Instruktionsformen, Interventionen und Diagnoseinstrumente, schul-

interne Weiterbildung und Evaluation sowie die Mitarbeit im „Problem Solving Team“ – je nach Konzept entweder optional (Huber & Grosche 2012) oder verbindlich (Hillenbrand et al. 2013) – genannt.
Die Frage, inwiefern das RTI-framework einen Beitrag zur Umsetzung einer inklusiven Schulentwicklung leistet und die Rolle der Sonderpädagogik in diesem Rahmen schärfen kann, wird daher kontrovers diskutiert. Die starke Fokussierung auf Leistungsstandards, die hohe Frequenz des Einsatzes von standardisierten Testverfahren, die Aufteilung von Verantwortlichkeiten für unterschiedliche Schülerinnen- und Schülergruppen und die erhebliche Ausweitung sonderpädagogischer Zuständigkeiten auf bis zu 20% der Schülerinnen- und Schülerschaft (vgl. Hinz et al. 2014) werden dabei kritisch gesehen. Als ein Vorteil kann die klare Strukturierung und eindeutige Rollenklärung gelten (vgl. Huber & Grosche 2012), die allerdings um den Preis nicht gleichwertiger Kooperationsbeziehungen erkauft wird. Die mit der ausgeprägten Spezialistenrolle ggf. verbundene Hierarchisierung gegenüber den Regelschullehrkräften, die in diesem Modell durchgängig als zu Beratende gesehen werden, steht dem Inklusionsgedanken (je nach Umsetzung) ggf. entgegen.

3 Fazit und Ausblick

Vor dem Hintergrund der vorgestellten Forschungsergebnisse lässt sich die zukünftige Rolle der Sonderpädagogik in einem inklusiver werdenden Schulsystem mit Reiser (1998) und Lindmeier (2009) als Unterstützungssystem im allgemeinen Schulsystem beschreiben, das die Regelschulen bei der Bewältigung der Komplexität zu unterstützen hat, die bei der Unterrichtung heterogener Lerngruppen unter Einbeziehung von Schülerinnen und Schülern mit sonderpädagogischem Förderbedarf entsteht. Wie die sonderpädagogischen Aufgaben und Rollen im Einzelnen aussehen, ob sie eher eine Spezialisten- oder eine ausgeweitete Generalistenrolle einnehmen und inwieweit die soziale Inklusion der Schülerinnen und Schüler in ihrem Aufmerksamkeitsfokus ist, unterscheidet sich in den dargestellten Modellen.
Die Modelle des RTI-framework sind, wie oben dargestellt, vorrangig als „personalisierte additive Serviceleistungen“ konzipiert und bearbeiten vor allem die individuellen Defizite von einzelnen Kindern, die als förderbedürftig identifiziert wurden und durch gestufte präventive Maßnahmen dabei unterstützt werden sollen, die Standards der Regelklasse zu erreichen. Die Sonderpädagoginnen und -pädagogen arbeiten in der Rolle von Spezialistinnen und Spezialisten für Diagnostik, Förderung und ggf. Beratung für eine adaptive Unterrichtsgestaltung. In Bezug auf die Kooperationsbeziehungen

überwiegen dann der Modus der Arbeitsteilung oder des Austausches. Wenn dabei nicht zugleich die Kontextbedingungen (z.B. Probleme im Klassenunterricht oder in der Peer Group) mit berücksichtigt werden, die an der Entstehung und Aufrechterhaltung von Behinderung und Benachteiligung beteiligt sind, birgt dies das Risiko einer Individualisierung der Problemlagen, die sich aus besonderen Unterstützungsbedarfen ergeben. Die Kontextfaktoren könnten dann nicht im selben Maße berücksichtigt werden wie bei systembezogenen Maßnahmen. Mit dem Inklusionsgedanken und seinen Prinzipien der Akzeptanz von Verschiedenheit, einem grundsätzlich zieldifferenten Unterricht, Ressourcenorientierung und Dekategorisierung wäre ein solches Vorgehen nur vereinbar, wenn es durch eine intensive und strukturierte Kooperation der Lehrkräfte im Rahmen von problem solving teams oder kooperativen Beratungsformen ergänzt würde, die einen regelmäßigen Austausch der Lehrkräfte über ihre jeweiligen Ziele und Maßnahmen ermöglichen. Insofern ist das Niveau der Kooperation als Gradmesser für die mögliche Inklusivität sonderpädagogischer Beiträge zu sehen. In Bezug auf die Frage der vorzufindenden Kooperationsbeziehungen im RTI-framework besteht allerdings ein Forschungsdesiderat.

In den Modellen des gemeinsamen Lernens wird i.d.R. eine „systembezogene Serviceleistung" umgesetzt (Reiser 1998), die sich auf eine Unterstützung der Schulklasse und Lehrkraft bei der Bewältigung der in der Lerngruppe vorzufindenden Heterogenität einschließlich besonderer Unterstützungsbedarfe bezieht. Hier arbeiten die Sonderpädagoginnen und -pädagogen dagegen meist in einer ausgeweiteten Generalistinnen- und Generalistenrolle, die eine gemeinsame Zuständigkeit für einen differenzierenden Unterricht aller Schülerinnen und Schüler und einer inklusiven Schulentwicklung einschließt. Dabei stehen sich Modelle der gemeinsamen Unterrichtung in Doppelbesetzung einerseits und Beratungsmodelle andererseits gegenüber, die beide – je nach Umsetzung – auch den Modus der Kokonstruktion ermöglichen. Wenn dies gelingt, so wird es in verschiedenen qualitativen Studien als wesentliche Qualitätssteigerung und zentraler „Mehrwert" inklusiver Beschulung hervorgehoben (vgl. Lütje-Klose et al. 2005; Arndt & Werning 2013; Serke et al. 2014), wohingegen eine weniger kooperative Rolle der Sonderpädagoginnen und -pädagogen im Kollegium die Gefahr der Hierarchisierung in der einen wie in der anderen Richtung mit sich bringt und inklusive Prozesse beeinträchtigen kann (vgl. Heinrich et al. 2014). Inwieweit eher ein gemeinsam durchgeführter und verantworteter Unterricht dominiert oder in Kombination mit einem Beratungsmodell umgesetzt wird, ist dabei in hohem Maße abhängig von den Rahmenbedingungen, die das jeweilige organisatorische Modell ermöglicht, und den bestehenden Unterstützungsbedarfen bei Lehrkräften sowie Schülerinnen und Schülern.

Beratungsaufgaben im Sinne einer indirekten Förderung, die eine stärkere Betonung der Spezialistenrolle mit sich bringen, werden für Sonderpädagoginnen und -pädagogen in den nächsten Jahren sowohl im RTI-Modell als auch im Modell des gemeinsamen Lernens voraussichtlich zunehmend größere Bedeutung erlangen. Ob sie allerdings im Vergleich zur direkten unterrichtsbezogenen Zusammenarbeit überwiegen oder diese sogar ganz verdrängen sollten, wie dies etwa von Reiser (1998) oder Lindmeier (2009) diskutiert wird, darüber besteht bei weitem kein Konsens. Als inklusiv sind solche Modelle dann einzuschätzen, wenn sie im Sinne einer kooperativen Beratung (Mutzeck 2008) eine Wechselseitigkeit auch in der Beratungsbeziehung implizieren und die entsprechenden (z.B. fachdidaktischen) Kompetenzen der Regelschullehrkräfte auch im Hinblick auf die Diagnostik und Förderung besser nutzen als das in der Vergangenheit vielfach der Fall war. Die Berücksichtigung eines umfangreicheren Heterogenitätsspektrums der Entwicklung der Schülerinnen und Schüler auch in den fachdidaktischen Studienanteilen sowohl für die sonderpädagogische als auch für die allgemeine Lehramtsausbildung stellt dafür eine wichtige Voraussetzung dar.

Die internationalen Erfahrungen in dieser Frage lassen vermuten, dass zur sonderpädagogischen Unterstützung des Regelschulsystems bei der großen Aufgabe der Inklusion auch weiterhin verschiedene Profile nebeneinander bestehen werden. Für die Aus- und Fortbildung stellt sich daher die komplexe Aufgabe, zukünftige Sonderpädagoginnen und -pädagogen auf unterschiedliche Rollenprofile vorzubereiten.

Literatur

Ahrbeck, B. (2014): Inklusion: Eine Kritik. Stuttgart: Kohlhammer.

Albers, T. (2013): Individuelle Entwicklungspläne (IEP) in inklusiven Settings – Internationale Befunde zur Partizipation von Kind und Familie im Prozess der Förderplanung. In: Vierteljahresschrift für Heilpädagogik und ihre Nachbargebiete (VHN), 3. Jg., 202–212.

Arndt, A.-K. & Werning, R. (2013): Unterrichtsbezogene Kooperation von Regelschullehrkräften und Lehrkräften für Sonderpädagogik. Ergebnisse eines qualitativen Forschungsprojektes. In: Werning, R. & Arndt, A.-K. (Hrsg.): *Inklusion: Kooperation und Unterricht entwickeln.* Bad Heilbrunn: Klinkhardt, 12–40.

Autorengruppe Bildungsberichterstattung (Hrsg.) (2014): Bildung in Deutschland 2014. Ein indikatorengestützter Bericht mit einer Analyse zur Bildung von Menschen mit Behinderungen. Bielefeld: W. Bertelsmann.

Böhm-Kasper, O., Dizinger, V. & Heitmann, V. (2013): Interprofessionelle Kooperation an offenen und gebundenen Ganztagsgrundschulen. In: Zeitschrift für Grundschulforschung, 6. Jg., 53–68.

Bonsen, M. & Rolff, H.-G. (2006): Professionelle Lerngemeinschaften von Lehrerinnen und Lehrern. In: Zeitschrift für Pädagogik, 52. Jg., H. 2, 167–184.

Booth, T. & Ainscow, M. (Hrsg.) (2011): Index for Inclusion. Developing Learning and Participation in Schools. Bristol: CSIE.

Dyson, A. (2010): Die Entwicklung inklusiver Schulen: drei Perspektiven aus England. In: DDS – Die Deutsche Schule, 102. Jg., H. 2, 115–129.

Eberwein, H. (1998): Sonder- und Rehabilitationspädagogik – eine Pädagogik für „Behinderte" oder gegen Behinderungen? Sind Sonderschulen verfassungswidrig? In: Eberwein, H. & Sasse, A. (Hrsg.): *Behindert sein oder behindert werden? Interdisziplinäre Analysen zum Begriff und Verständnis von „Behinderung".* Neuwied: Luchterhand, 60–88.

Felder, F. (2012): Inklusion und Gerechtigkeit: Das Recht behinderter Menschen auf Teilhabe. Frankfurt a.M.: Campus Verlag.

Friend, M. & Cook, L. (2010): Interactions: Collaboration Skills for School Professionals. Boston: Pearson Education.

Fuchs, D., Fuchs, L.S. & Stecker, P.M. (2010): The „Blurring" of Special Education in a New Continuum of General Education Placements and Services. In: Exceptional Children, 76. Jg., H. 3, 301–323.

Gräsel, C., Fußnagel, K. & Pröbstel, C. (2006): Lehrkräfte zur Kooperation anregen: eine Aufgabe für Sisyphos? In: Zeitschrift für Pädagogik, 52. Jg., H. 2, 205–219.

Grosche, M. (2014): Fördermaßnahmen im Prozess überprüfen. Das Konzept der Lernverlaufsdiagnostik. In: Bohl, T. (Hrsg.): *Fördern. 32. Friedrich-Jahresheft.* Seelze: Friedrich, 113–116.

Hartke, B. & Diehl, K. (2013): Schulische Prävention im Bereich Lernen. Stuttgart: Kohlhammer.

Heimlich, U. (2012): Schulische Organisationsformen sonderpädagogischer Förderung auf dem Weg zur Inklusion. In: Heimlich, U. & Kahlert, J. (Hrsg.): *Inklusion in Schule und Unterricht. Wege zur Bildung für alle.* Stuttgart: Kohlhammer, 80–117.

Heinrich, M., Arndt, A.-K. & Werning, R. (2014): Von „Fördertanten" und „Gymnasialempfehlungskindern" – Professionelle Identitätsbehauptung von Sonderpädagog/innen in der inklusiven Schule. In: Zeitschrift für interpretative Schul- und Unterrichtsforschung, 1. Jg., 58–71.

Hillenbrand, C., Melzer, C. & Hagen, T. (2013): Bildung schulischer Fachkräfte für inklusive Bildungssysteme. In: Döbert, H. & Weishaupt, H. (Hrsg.): *Inklusive Bildung professionell gestalten. Situationsanalyse und Handlungsempfehlungen.* Münster [u.a]: Waxmann, 33–68.

Hinz, A. (2009): Inklusive Pädagogik in der Schule – veränderter Orientierungsrahmen für die schulische Sonderpädagogik!? Oder doch deren Ende? In: Zeitschrift für Heilpädagogik, 5. Jg., 171–179.

Hinz, A. (2013): Inklusion – von der Unkenntnis zur Unkenntlichkeit!? Kritische Anmerkungen zu einem Jahrzehnt Diskurs über schulische Inklusion in Deutschland. Online unter: http://www.inklusion-online.net/index.php/inklusion-online/article/view/26/26 Zugriff: 18.7.2014.

Hinz. A., Geiling, U. & Simon, T. (2014): Response-To-Intervention – (k)ein inklusiver Ansatz? In: Schuppener, S., Bernhardt, N., Hauser, M. & Poppe, F. (Hrsg.): *Inklusion und Chancengerechtigkeit. Diversity im Spiegel von Bildung und Didaktik.* Bad Heilbrunn: Klinkhardt, 135–140.

Holtappels, H.G. (2013): Schulentwicklung und Lehrerkooperation. In: McElvany, N. & Holtappels, H.G. (Hrsg.): *Empirische Bildungsforschung. Theorien, Methoden, Befunde und Perspektiven.* Münster [u.a.]: Waxmann, 35–61.

Huber, C. & Grosche, M. (2012): Das response-to-intervention Modell als Grundlage für einen in-klusiven Paradigmenwechsel in der Sonderpädagogik. In: Zeitschrift für Heilpädagogik, 63. Jg., 312–322.

Huber, C., Grosche, M. & Schütterle, P. (2013): Inklusive Schulentwicklung durch response-to-intervention (RTI) – Realisierungsmöglichkeiten des RTI-Konzepts im Förderbereich Lesen. In: Gemeinsam leben, 2. Jg., 79–90.

Idol, L., Paolucci-Whitcomb, P. & Nevin, A. (1995): The Collaborative Consultation Model. In: Journal of Educational and Psychological Consultation, 6. Jg., H. 4, 329–346.

KMK Kultusministerkonferenz (2014): Standards für die Lehrerbildung: Bildungswissenschaften. Online unter: http://www.kmk.org/fileadmin/veroeffentlichungen_beschluesse/2004/2004_12_16-Standards-Lehrerbildung-Bildungswissenschaften.pdf. Zugriff: 29.8.2014.

KMK Kultusministerkonferenz (2013): Fachprofil Sonderpädagogik. Online unter: http://www.kmk.org/bildung-schule/allgemeine-bildung/sonderpaedagogische-foerderung-in klusion.html. Zugriff: 21.8.2014.

Kolbe, F.-U. & Reh, S. (2008): Kooperation unter Pädagogen. In: Coelen, T. & Otto, H.-U. (Hrsg.): *Grundbegriffe Ganztagsbildung. Das Handbuch*. Wiesbaden: VS, 799–808.

Köpfer, A. (2013): Inclusion in Canada – Analyse inclusiver Unterrichtsprozesse, Unterstützungsstrukturen und Rollen am Beispiel kanadischer Schulen in den Provinzen New Brunswick, Prince Edward Island und Québec. Bad Heilbrunn: Klinkhardt.

Kretschmann, R. (1993): Methodik und Didaktik integrativen Unterrichtens. In: Mohr, H. (Hrsg.): *Integration verändert Schule*. Hamburg: Buchwerkstatt, 54–72.

Kullmann H., Lütje-Klose B. & Textor A. (2014): Eine allgemeine Didaktik für inklusive Lerngruppen – fünf Leitprinzipien als Grundlage eines Bielefelder Ansatzes der Inklusiven Didaktik. In: Amrhein B. & Dziak-Mahler M. (Hrsg.): *Fachdidaktik inklusiv – Auf der Suche nach didaktischen Leitlinien für den Umgang mit Vielfalt in der Schule*. Münster [u.a]: Waxmann, 89–107.

Lindmeier, C. (2009): Lehrerbildung für ein Inklusives Schulsystem. In: Zeitschrift für Heilpädagogik, 10. Jg., 416–427.

Lütje-Klose, B. (1997): Wege integrativer Sprach- und Kommunikationsförderung in der Schule. Konzeptionelle Entwicklungen und ihre Einschätzung durch amerikanische und deutsche ExpertInnen. St. Ingbert: Röhrig.

Lütje-Klose, B., Urban, M., Werning, R. & Willenbring, M. (2005): Sonderpädagogische Grundversorgung in Niedersachsen – Qualitative Forschungsergebnisse zur pädagogischen Arbeit in Regionalen Integrationskonzepten. In: Zeitschrift für Heilpädagogik, 3. Jg., 82–94.

Lütje-Klose, B. & Miller, S. (2014): Eine integrierte Lehrerinnenbildung für die Primarstufe als Antwort auf Inklusion – Das Beispiel der gemeinsamen Ausbildung von Grundschullehrkräften und Lehrkräften für sonderpädagogische Förderung in Bielefeld. In: Sonderpädagogische Förderung heute, Beiheft, im Druck.

Lütje-Klose, B. & Urban, M. (2014): Professionelle Kooperation als wesentliche Bedingung inklusiver Schul- und Unterrichtsentwicklung. Teil 1: Grundlagen und Modelle inklusiver Kooperation. In: Vierteljahreszeitschrift für Heilpädagogik und ihre Nachbargebiete (VHN), 83. Jg., H. 2, 111–123. Teil 2: Forschungsergebnisse zu intra- und interprofessioneller Kooperation. In: Vierteljahreszeitschrift für Heilpädagogik und ihre Nachbargebiete (VHN), 83. Jg., H. 4, im Druck.

Moser, V., Kuhl, J., Schäfer, L. & Redlich, H. (2012): Lehrer/innenbeliefs im Kontext sonder-/inklusionspädagogischer Förderung: Vorläufige Ergebnisse einer empirischen Studie. In: Seitz, S., Finnern, N.-K., Korff, N. & Scheidt, K. (Hrsg.): *Inklusiv gleich gerecht? Inklusion und Bildungsgerechtigkeit*. Bad Heilbrunn: Klinkhardt.

Murawski, W.W. & Dieker, L.A. (2004): Tips and Strategies for Co-Teaching at the Secondary Level. In: Council for Exceptional Children, 36. Jg., H. 5, 52–58.

Prengel, A. (2006): Pädagogik der Vielfalt (3. überarb. Aufl.). Opladen: Leske + Budrich.

Prengel, A. (2013): Pädagogische Beziehungen zwischen Anerkennung, Verletzung und Ambivalenz. Opladen: Budrich.

Reiser, H. (1998): Sonderpädagogik als Serviceleistung. Perspektiven der sonderpädagogischen Berufsrolle zur Professionalisierung der Hilfsschul- bzw. Sonderschullehrerinnen. In: Zeitschrift für Heilpädagogik, 49. Jg., 46–54.

Serke, B., Urban, M. & Lütje-Klose, B. (2014): Teamarbeit und Team-Teaching in inklusiven Grundschulen. In: Franz, E., Trumpa, S. & Esslinger-Hinz, I. (Hrsg.): *Inklusion. Eine Herausforderung für die Grundschulpädagogik*. Hohengehren: Schneider, 242–253, im Druck.

Scruggs, T.E., Mastropieri, M.A. & McDuffie, K.A. (2007): Co-teaching in inclusive classrooms: A metasynthesis of qualitative research. In: Exceptional Children, 4. Jg., 392–416.

UNESCO (2010): The Dakkar framework for action: Education for all. World Education Forum. Online unter: http://unesdoc.unesco.org/images/0012/001211/121147e.pdf. Zugriff: 13.8.2014.

UNO-Generalversammlung (2008): Übereinkommen über die Rechte von Menschen mit Behinderungen. Bundesgesetzblatt 2008 II. Online unter: http://www.institut-fuer-menschenrechte.de/fileadmin/user_upload/PDF-Dateien/Pakte_Konventionen/CRPD_behindertenrechtskonvention/crpd_b_de.pdf. Zugriff: 21.8.2014.

Voß, S., Blumenthal, Y., Diehl, K., Mahlau, K., Sikora, S. & Hartke, B. (2013): Das Rügener Inklusionsmodell (RIM): Zwischenergebnisse nach zwei Jahren. In: Gemeinsam leben, 2. Jg., 91–99.

Wang, M.C. & Walberg, H.J. (1988): Four Fallacies of Segregationism. In: Exceptional Children, 55. Jg., 128–137.

Werning, R. & Lütje-Klose, B. (2012): Einführung in die Pädagogik bei Lernbeeinträchtigungen. 3. Auflage. München: Reinhardt.

Willmann, M. (2009): Lehrer-Kooperation. In Opp, G. & Theunissen, G. (Hrsg.): *Handbuch schulische Sonderpädagogik*. Bad Heilbrunn: Klinkhardt, 470–478.

Wocken, H. (2011): Das Haus der inklusiven Schule: Baustellen-Baupläne-Bausteine. Hamburg: Feldhaus.

Jürgen Budde

Zum Verhältnis der Begriffe Inklusion und Heterogenität

Abstract
Inklusion und Heterogenität sind zwei der zentralen Topoi der aktuellen Debatte um Schule und Unterricht. Galt lange Zeit eine Orientierung an der vermeintlichen Homogenität der Lernenden als besonderes Kennzeichen des Umgangs mit Differenz, so rücken nun im Kontext bildungspolitischer Bestrebungen und reformpädagogischer Überlegungen verstärkt differenzbejahende Ansätze ins Zentrum. Beide Begriffe verhandeln soziale Differenz. Während Inklusion zumeist auf Behinderung orientiert ist, spielt Heterogenität auf unterschiedliche soziale Differenzkategorien an. Damit einhergehend ist Inklusion mit spezifischen Ressourcen und Verfahren versehen, während Heterogenität eher die Akzeptanz von intersektionalen Unterschiedlichkeiten ins Zentrum stellt. Beide Begriffe allerdings sind in je spezifischer Weise zu kurz gegriffen, da Machtdimensionen durch die Verschleierung von Leistung als schulisches Differenzierungskriterium auf eine nicht-relationierte Vielheit reduziert werden. Anstatt dessen favorisiert der Beitrag den sozialwissenschaftlichen Begriff der Differenz als Alternative.

1 Einleitung

Unterschiede sind ein bedeutsamer Topos aktueller Diskurse rund um das Schulsystem. Zentral ist dabei eine aktuelle (Re-)Adressierung der Institution Schule in Bezug auf die Verpflichtung zu Chancengleichheit. Debatten um Reformen zur Schulstruktur werden in der Regel geführt mit Verweis auf die größere Chancengleichheit, die mit einem (wie auch immer ausgestalteten) ‚Zwei-Säulen-Modell' verbunden wäre, während das mehrgliedrige Schulsystem gerade mit Verweis auf die immanente Ungerechtigkeit zunehmend problematisiert wird.[1]

Allerdings wird diese Forderung gebrochen durch eine gesellschaftlich generell zunehmende Selbstverantwortlichkeit der Subjekte für die Gestaltung ihrer biographischen Verläufe und deren Risiken, die ihren Widerklang in Gouvernementalitätstheorien findet (Lemke et al. 2000; Balzer 2004). Soziale Unterschiede spielen aber nicht nur auf diesen Ebenen in Verbindung mit Gerechtigkeitsfragen eine Rolle, sondern ebenso beispielsweise in Unterrichtsentwicklungsprozessen, die auf die Öffnung von Unterricht durch Individualisierung, Selbsttätigkeit und Differenzierung abzielen und häufig argumentativ in den Kontext Chancengleichheit gestellt werden. Auf einer diskursiven Ebene wiederum lässt sich eine Verschiebung konstatieren, die Vielfalt und Unterschiedlichkeit zunehmend als positiven Tatbestand begreift und beispielsweise durch Konzepte wie Managing Diversity marktfähig macht. Galt vor Jahrzehnten noch die Orientierung an Homogenität als normative Orientierung (Tillmann 2008), so finden sich zunehmend Bezugnahmen, die eine Perspektive auf ‚Vielfalt als Chance' in einer ‚Schule für alle' reklamieren (Hinz 2008).

Zwei der aktuell aufgeladensten Begriffe der schulpädagogischen Debatte zum Thema Unterschiede sind sicher die Begriffe *Heterogenität* und *Inklusion*, die durch spezifische Unschärfen und Spannungsfelder gekennzeichnet sind, die dazu herausfordern, ihre Bestimmung und ihre Relation zum Gegenstand erziehungswissenschaftlicher Reflexion zu machen. Dies betrifft beispielsweise den Widerspruch zwischen normativer Überhöhung (‚Vielfalt tut gut') und praktischer Überforderung (Reh 2005). Wie aber die beiden Begriffe zueinander stehen, welche Gemeinsamkeiten und Unterschiede existieren, inwieweit einer der Begriffe gleichsam im anderen aufgeht, soll im folgenden Artikel diskutiert werden. Dazu wird zuerst auf Gemeinsamkeiten und Unterschiede der Begriffe eingegangen (2) und dann problematische Aspekte diskutiert (3), um im abschließenden Kapitel den Begriff der Differenz ins Spiel zu bringen (4).

[1] Dabei soll nicht unterstellt werden, dass nicht auch das Zwei-Säulen-Modell soziale Ungleichheit (re-)produziert, sondern lediglich darauf verwiesen werden, dass die Zusammenlegung nicht-gymnasialer Schulformen häufig unter Verweis auf ‚mehr Bildungsgerechtigkeit' legitimiert wird.

2 Heterogenität und Inklusion

Die Frage, mit welcher Terminologie Unterschiede zu beschreiben sind, beschäftigt die Erziehungswissenschaft seit längerem, ohne eine abschließende Klärung vorgenommen zu haben (Kleinau & Rendtorff 2012). Populär ist beispielsweise die Vorstellung von Vielfalt (Prengel 2006). Der Begriff Heterogenität hat eine vergleichsweise junge Geschichte, die vor allem die letzten zehn Jahre umfasst (Budde 2013b). Populär, wenngleich keineswegs in direktem Zusammenhang, ist das Konzept seit der PISA-Studie mit einem breiten Aufgreifen in differenzwissenschaftlichen und praxisorientierten Diskursen. Heterogenität „wird zumeist in Differenzdimensionen gefasst, die soziale Gruppen umschreiben", sie wird „mit der Erwartung verknüpft, Ungleichheiten zu überwinden" (Sturm 2013, 9). Mit Heterogenität wird darauf abgehoben, dass Lernende entlang unterschiedlicher sozialer Differenzkategorien und ihrer Leistung unterschiedlich sind und eine Abkehr von homogenisierenden pädagogischen Praktiken gefordert. Damit einher geht eine Akzentuierung der Verschiedenheit und der Differenz zwischen Individuen.
Inklusion im heutigen Verständnis wiederum lässt sich als Weiterentwicklung des Integrationsgedankens verstehen. Ältere (eher soziologische) Diskurse um Inklusion und Exklusion wurden durch diese Sichtweise abgelöst (Stichweh 2005). Reagiert wird mit dem Konzept ebenso auf die zunehmende politische Skandalisierung der Ausgrenzung von Menschen mit Behinderung aus den Bildungsorganisationen wie auch auf die Kritik an dem Integrationsmodell, welches auf die Anpassung Behinderter an die ‚Norm' ziele. Demgegenüber wird eine Pädagogik favorisiert, in der „jede Person als wichtiges Mitglied der Gemeinschaft unabhängig von seinen Möglichkeiten und Einschränkungen, die sich ohnehin bei allen Menschen nur graduell unterscheiden, wertgeschätzt" wird (Hinz 2003). Ebenso wie das Konzept Heterogenität ist Inklusion zwar im Schulsystem besonders bedeutsam, wird aber auch in anderen Bildungsinstitutionen wie der Elementarbildung oder der Weiterbildung thematisch.
Eine Recherche in der Datenbank FIS-Bildung dokumentiert für Inklusion und Heterogenität ähnliche Konjunkturkurven. Während die Begriffe vor dem Jahr 2000 praktisch keine Verwendung im Diskurs fanden, vermehrt sich die Anzahl der Einträge zu den beiden Stichworten mit immer größerer Geschwindigkeit. Je nach Ereignissen (PISA-Studie, UN-Behindertenkonvention) lassen sich dabei besondere Thematisierungswellen verzeichnen. Dahinter liegen Diskussionen über Vielfalt und Unterschiedlichkeiten von Lernenden und deren Individualität im Sinne von Ausgangslagen, Möglichkeiten und Bedingungen. Und diese Diskussionen sind bei weitem nicht neu.

Wie mit Unterschieden umgegangen wird, ist bereits seit der klassischen, Ernst Christian Trapp zugedichteten Formulierung von „den Unterricht auf die Mittelköpfe zu kalkulieren“ eine der zentralen Fragen und Herausforderungen der Schulpädagogik. Diese bezieht sich nicht nur auf die – im Zitat thematisierte – Dimension des Unterrichtens, sondern beispielsweise auch auf die schulorganisatorische Ebene. So ist ein allgemeiner Gleichheitsanspruch überhaupt kennzeichnend für die Etablierung eines modernen Schulsystems im Laufe des 19. Jahrhunderts. Die Einführung der allgemeinen Schulpflicht, für alle gleichermaßen geltend, lässt sich als ein wesentliches Merkmale einer modernen Schule charakterisieren. Auch von Arnold wird beispielsweise darauf hingewiesen, dass dieses Phänomen nicht neu ist, indem er mit Blick auf den Heterogenitätsdiskurs provokant fragt, was denn das *Neue* an der Tatsache der Unterschiedlichkeit aller Lernenden sei, die bereits Klafki systematisch zu einem Faktor von Unterrichtsplanung erkläre (Arnold 2010).

M.E. lassen sich allerdings zwei Punkte identifizieren, die durchaus – über kurzfristige Zeitgeistdiagnosen hinweg – auf eine dauerhafte Veränderung hinweisen. Neben erstens dem schulstrukturellen Umbau in Richtung Zwei-Säulen-Modell, der sich als abnehmende horizontale und zunehmende vertikale Stratifizierung fassen lässt, betrifft dies zweitens vor allem die Konnotierung, mit der das Thema im Diskurs auftaucht. So lässt sich eine diskursive Verschiebung hin zu einer differenzbejahenden Perspektive feststellen (z.B. Bräu & Schwerdt 2005; Hinz et al. 2008). Homogenisierung im Schulsystem wird als „Fiktion“ (Tillmann 2008) entlarvt und skandalisiert. Dagegen wird Heterogenität als „gut“ oder „wunderbar“ (Meyer 2003) angesehen oder als „Chance“ identifiziert (Bräu & Schwerdt 2005), die es zu „bejahen“ (Frank & Hallwirth 2010) gelte.[2]

Leistung als schulische Differenzkategorie

Mit diesen skizzierten Veränderungen der Vorstellungen über Unterschiede gehen bedeutsame Verschiebungen einher. Dies sind beispielsweise verstärkte Bemühungen um eine Öffnung von Unterricht durch Individualisierung, Selbsttätigkeit und Differenzierung, veränderte Schulleitbilder oder etwa zielgruppenspezifische pädagogische Angebote. Diese Veränderungen haben aber ebenso wesentliche Effekte für die Kategorie Leistung als soziales Konstrukt, der in Bezug auf Differenz in der Schule eine wichtige Rolle zu-

---

[2] Womit keinesfalls angenommen wird, dass diese diskursive Verschiebung für alle Beteiligten oder in allen Bereichen des Diskurses in gleicher Weise gilt. Mit Foucault (1992) ist vielmehr davon auszugehen, dass die Kämpfe um Hegemonie konstitutiv für den Diskurs sind.

kommt. Vor allem die Leistungsselektion als eine zentrale gesellschaftliche Funktion steht dabei mindestens in zweifacher Hinsicht konflikthaft zu differenzbejahenden Ansätzen, die sich eher auf persönliche Funktionen von Schule beziehen (Fend 2008; Zeinz 2009).

Schule als Institution ist im Rahmen der Diskussion um Heterogenität erstens mit dem Paradox konfrontiert, Leistungsunterschiede als zentrale Zuweisungs- und Differenzierungskategorie zu verwenden, im Unterrichtsvollzug permanent herzustellen und diese Unterschiede gleichzeitig als legitim, notwendig und als in der individuellen Begabung der Lernenden verankert zu markieren. Die Hervorbringung von Leistungsunterschieden und deren differentielle Bewertung ist geradezu eine wichtige Funktion von Schule, unabhängig davon, ob sie sich im Einzelfalle der individuellen Förderung oder der größtmöglichen Gleichheit verschrieben hat (vgl. Sacher 2009; Sacher & Grunder 2011). Die Erzeugung, Dokumentation und Vermessung von Leistungsunterschieden manifestiert sich ebenso im mehrgliedrigen Schulsystem wie in der Benotungspraxis oder in Dokumenten der Leistungsbewertung wie Klausuren oder Portfolios. Gerade an diesem Punkt lassen sich bemerkenswerterweise starke Übereinstimmungen zwischen reformpädagogischen Orientierungen mit traditionelleren Unterrichtskonzepten feststellen. Während in traditionelleren Konzepten Leistungsunterschiede als zentrales Klassifikationsmerkmal für die Zuordnung zu bestimmten Leistungsgruppen herangezogen werden und so soziale Differenz durch Leistung manifestiert wird, richten reformpädagogische Ansätze zwar ihre Kritik scharf auf eben jene Funktionsweise, tragen durch eine Akzentuierung individueller Leistungspotentiale (und deren Überprüfung und Dokumentation in ‚alternativen Formen' wie Portfolio, Feedback etc.) aber ebenso dazu bei, Leistung als zentrales Differenzkriterium zu etablieren. Eine Schule, die sich – in reformpädagogischer Tradition oder im Bestreben um Inklusion – dem individuellen Leistungsvermögen und dem individuellen Leistungspotential der Kinder verschreibt, steigert durch diesen Ansatz gleichsam notwendigerweise die Unterscheidungen zwischen den Lernenden (Budde 2013b), da ‚bestmögliche Förderung aller' in der letzten Konsequenz eben auch eine Abkehr vom gemeinsamen Gegenstand bedeuten würde. Die Bedeutung dieser, den Gedanken der Individualisierung an einem zentralen Punkt von Schule aufnehmenden Entwicklung lässt sich zum jetzigen Zeitpunkt kaum abschätzen.

Zum zweiten soll Schule zur Minimierung von sozialen Unterschieden beitragen (Maaz et al. 2010; Kramer & Helsper 2010). Dies meint neben kompensatorischen Interventionen und pädagogischen Maßnahmen ebenso, dass eine Gleichbehandlung aller Lernenden unabhängig von sozialen Kategorien grundlegend im Selbstverständnis des schulischen Feldes verankert ist – und damit eine überindividuelle homogenisierende Perspektive. Gerade nicht das ‚Lob der Vielfalt', sondern der Anspruch auf universalistische Gleichbehandlung soll hier Gerechtigkeit absichern. Es erscheint illegitim, soziokulturelle Differenzen (anhand von Geschlecht, Nationalität, Kultur, Religion etc.) zur Begründung von Ungleichheit heranzuziehen. Während also im schulischen Feld in Bezug auf Leistung Unterschiede im Vordergrund stehen, wird traditionell soziokulturelle Gleichheit postuliert (Becker & Hadjar 2009), wenngleich Maßnahmen wie jahrgangsübergreifender Unterricht oder bilinguale Klassen dieses Postulat hinterfragen.

Gemeinsamkeiten der Begrifflichkeiten Heterogenität und Inklusion
Vor diesem Hintergrund lassen sich auf unterschiedlichen Ebenen eine Reihe von Gemeinsamkeiten zwischen den Begriffen Heterogenität und Inklusion identifizieren. Erstens stehen beide Begriffe im Kontext von zuvörderst (bildungs-)politisch inspirierten Schulstruktur- und Unterrichtsreformen, welche die bisherige Praxis als unzureichend markieren und auf Veränderungen durch eine gewendete Relation von Gleichheit und Differenz abzielen. Beide Begriffe gehen über eine reine ‚Tatsachenbeschreibung' hinaus und stehen in direktem Zusammenhang mit der Postulierung von Handlungsnotwendigkeiten. So zeichnet sich auf der schulstrukturellen Ebene bundesweit der Trend zu einem Zwei-Säulen-Modell unter Beibehaltung einiger behinderungsspezifischer Förderschulen ab. Während dies zu einer Reduzierung von Vielfalt (der Schulformen) bei gleichzeitig zunehmender vertikaler Stratifizierung führt, hat dies für die Klassenzusammensetzung einen unmittelbar heterogenisierenden Effekt, indem Kinder, die vorher Sonder-, Haupt-, Real- oder Gesamtschülerinnen bzw. -schüler waren, nun die gleiche Schulform besuchen. Auch die zunehmende Forderung nach individualisiertem Unterricht im Kontext neuer Lernkulturen wird mit beiden Begriffen argumentativ untermauert und legitimiert (Boller et al. 2007). Hier findet die bereits beschriebene differenzbejahende Position ein großes Betätigungsfeld.
Zweitens haben beide Begriffe einen je eigenen ‚Gründungsmythos' (Budde 2012a). Für den Begriff Heterogenität sind es die PISA-Studien, die das Thema soziale Ungleichheit aufgrund soziokultureller Differenzen auf die bildungspolitische, pädagogische und erziehungswissenschaftliche Agenda gesetzt haben (Deutsches PISA-Konsortium 2003). Im Verein mit dem Befund aus der TIMS-Studie zum gleichförmigen und wenig elaborierten Schulunterricht in Deutschland (Baumert et al. 1997) entwickelte sich seither ein wahrer Boom der Thematisierung von Heterogenität. Für Inklusion sind es die Ratifizierungen der Erklärung von Salamanca sowie der UN-Konvention über die Rechte von Behinderten, die den zentralen diskursiven

Referenzpunkt darstellen. Diese ‚Gründungsmythen' finden bis heute ihren Widerklang in Publikationen, die immer wieder auf diese Ereignisse hinweisen und dadurch (implizit) jeweils eine Kontextualisierung der Begrifflichkeiten vornehmen.

Auf einer gänzlich anderen Ebene liegt eine weitere Gemeinsamkeit. Sichtet man die vorliegenden Verwendungsweisen, dann dominiert sowohl in Bezug auf Heterogenität als auch in Bezug auf Inklusion eine Essentialisierungsfigur, nach der beide Phänomene scheinbar natürlich ‚einfach da' sind. In den Aussagen dominieren die Betonung von Einzigartigkeit und Individualität und damit die Orientierung auf die Unterschiede zwischen Individuen. Differenz wird nicht als sozial konstruierte Relation eingesetzt, sondern als fixierter Abstand zwischen den Individuen, der sich scheinbar selbstverständlich aus der Tatsache ihrer Unterschiedlichkeit ergibt. Dadurch wird auch der Beitrag von Schule zur Herstellung ebenjener Unterschiede unkenntlich gemacht.

Eine letzte Gemeinsamkeit findet sich darin, dass die zugrundliegenden Ideen beider Begriffe diskursive wie materielle Bedeutung dadurch erlangt haben, dass sie Teil gesetzlicher Regelungen sind. So fordert beispielsweise der §2 des niedersächsischen Schulgesetzes, die Schule solle

> „religiöse und kulturelle Werte […] erkennen und […] achten, ihre Beziehungen zu anderen Menschen nach den Grundsätzen der Gerechtigkeit, der Solidarität und der Toleranz sowie der Gleichberechtigung der Geschlechter […] gestalten, den Gedanken der Völkerverständigung, insbesondere die Idee einer gemeinsamen Zukunft der europäischen Völker, […] erfassen und […] unterstützen und mit Menschen anderer Nationen und Kulturkreise zusammen[…]leben" (§2 NSCHG).

In dem Zitat werden wesentliche soziale Heterogenitätskategorien (Geschlecht, Nationalität, Kultur, Religion etc.) benannt und mit differenzbejahenden Zielen in Verbindung gebracht, wenngleich der Begriff Heterogenität selber nicht zur Anwendung kommt. Zwar würde eine scharfsinnige Analyse an dieser Stelle herausarbeiten können, dass dieser Blick kulturalisierend und essentialisierend angelegt ist, und die Perspektive mehrheitsdeutscher Personen zum Maßstab macht, gleichzeitig ist die Orientierung auf Differenz nicht zu übersehen. Ähnliche Formulierungen finden sich in Schulgesetzen anderer deutscher Bundesländer. Auch das Thema Inklusion wird an ähnlich prominenter Stelle im selben niedersächsischen Schulgesetz angesprochen, nämlich in §4, in dem es heißt:

> „Die öffentlichen Schulen ermöglichen allen Schülerinnen und Schülern einen barrierefreien und gleichberechtigten Zugang und sind damit inklusive Schulen. […] 1 In den öffentlichen Schulen werden Schülerinnen und Schüler mit und ohne Behinderung gemeinsam erzogen und unterrichtet. 2 Schülerinnen und Schüler, die we-

> gen einer bestehenden oder drohenden Behinderung auf sonderpädagogische Unterstützung angewiesen sind, werden durch wirksame individuell angepasste Maßnahmen unterstützt; die Leistungsanforderungen können von denen der besuchten Schule abweichen" (§4 NSCHG).

Inklusion wird als barrierefreier und gleichberechtigter Zielzustand dargestellt und es wird an geteilte Gerechtigkeitsimperative appelliert. Die Differenz zwischen „Schülerinnen und Schülern mit und ohne Behinderung" wird zwar problematisiert, soll aber, der Idee des Gesetzes folgend, bedeutungslos sein bzw. „durch wirksame individuell angepasste Maßnahmen" minimiert werden.

Allerdings zeigen sich in den Gesetzestexten bereits einige Unterschiede. Der Begriff Inklusion wird klar benannt, Heterogenität taucht als Ansammlung unterschiedlicher Differenzkategorien lediglich implizit auf. Entsprechend wird Inklusion bis auf die Ebene der Leistungsanforderung heruntergebrochen, an spezifische (nämlich als behindert zugeschriebene) Personengruppen gerichtet und an gerechtigkeitstheoretische Konzepte angeschlossen, während die Thematisierung von Differenz im Postulieren allgemeiner Ansprüche verbleibt und keine „wirkungsvollen Maßnahmen" erwähnt werden.

Unterschiede

In ähnlicher Weise zeigen sich weitere Trennlinien zwischen den Konzepten. So sind Unterschiede in Bezug auf die jeweiligen institutionalisierten Förderpraktiken zu identifizieren. Ausgehend von den skizzierten, vergleichsweise klareren gesetzlichen Vorgaben, sind mit dem Thema Inklusion spezifische pädagogische, diagnostische oder therapeutische Maßnahmen verknüpft. Ein sonderpädagogischer Förderbedarf, ein ‚I-Status', zieht in der Regel definierte Prozeduren, diagnostische Verfahren, Formulare, entsprechende Verwaltungsapparate mit ihren Sachbearbeiterinnen usw. nach sich, bzw. setzt zwecks Statuserteilung diese Prozeduren ja bereits voraus. Daran schließen sich materielle und personelle Unterschiede an. Inklusion hat in der Überführung und Betreuung von Sonderschülerinnen und -schülern in der Regelschule einen konkreten materiellen Ausdruck gefunden, der gleichzeitig mit der Etablierung eigener materieller (z.B. Förderräume, Förderpläne) und personeller (Inklusionshelferinnen und -helfer, Förderlehrpersonen) Ressourcen einhergeht. Diese Engführung auf Behinderung etabliert die Produktion eines ‚institutionellen Hintergrundapparates' mit seinen ganz eigenen, im foucault'schen Sinne höchst produktiven Logiken. Kelle und Tervooren (2008) zeigen, dass diese Förderpraktiken selber an der Konstruktion von Inklusionskindern beteiligt sind, indem sie die als behindert klassifizierten Lernenden mit spezifischen (sichtbaren) Prozeduren ausstatten, die wiederum starke Normierungen enthalten. Beispielhaft kann dies ebenfalls anhand der Handhabung des ‚Inklusionsraums' verdeutlicht werden (Buchner 2013). Die Differenz zwischen ‚Normal' und ‚Behindert' entsteht nicht zuletzt gerade durch diese Materialisierung in Diagnose- und Förderpraktiken. Heterogenität hingegen richtet sich an keine spezifische Gruppe und verbleibt ein Sammelbegriff ohne konkreten Inhalt, Prozeduren, Ressourcen und Verfahren. Es bedarf immer erst der Konkretisierung, welche Differenzen im Heterogenitätskonzept angesprochen sind, um ebenfalls diese materielle Dimension aufzurufen, beispielsweise in Form spezifischer Förderprogramme für Kinder mit Migrationshintergrund.

Weiter ist Inklusion ein normatives Ziel und als solches Resultat direkter politischer Entscheidungen, die sich auf die oben beschriebenen Ansprüche berufen kann, während Heterogenität als Gesellschaftsdiagnose eher als ein abgeleitetes Resultat politischer Entscheidungen (z.B. Migrationspolitik, Stadteinwicklung, Bildungspolitik) verstanden werden kann. Entsprechend liegen beide Begriffe auf unterschiedlichen konzeptuellen Ebenen.

Ein letzter Unterschied zeigt sich – an den letztgenannten Punkt anknüpfend – in der gerechtigkeitstheoretischen Ausrichtung. Wenngleich beide Begriffe soziale Differenzkategorien zugrunde legen und größere Chancengerechtigkeit beanspruchen, so sind die Zielperspektiven deutlich different. Inklusion fordert – ausgehend von einer These der Benachteiligung durch Ungleichbehandlung Anderer (Behinderter) – das Recht auf Gleichheit. Unter dem Begriff Heterogenität hingegen wird – ausgehend von der These Gleichbehandlung Ungleicher (z.B. Kinder mit Migrationshintergrund) – das Recht auf Unterschiedlichkeit gefordert. Grob vereinfacht lässt sich pointieren, dass Inklusion Gemeinsamkeit zum Ziel hat, Schriften zum Thema Heterogenität wehren sich zumeist gegen ebenjenen Homogenitätsanspruch und zielen auf die Anerkennung von Unterschieden (Prengel 2006). Selbstverständlich ist in beiden Konzepten das ‚Recht auf Gleichheit' mit dem ‚Recht auf Unterschiedlichkeit' verbunden, Unterschiede liegen in der Priorisierung der Relation vor.

3 Problematische Verwendungsweisen

Vor diesem Hintergrund lassen sich für beide Begriffe unterschiedlich problematische Verwendungsweisen identifizieren, die das Potential der Begriffe auf je unterschiedliche Weise limitieren. Eine diskursanalytische Annäherung an den Begriff Heterogenität zeigt mehrere problematische Effekte des schulpädagogischen Diskurses (Budde 2012a). Erstens scheint der Gegenstand im Diskurs permanent verunklart und sich einer Definition zu entziehen. Anstelle von Definitionen finden sich begriffliche Verwandtschaften, die durch reihende Nennungen erzeugt werden. Verwendete Stilmittel sind beispielsweise Formulierungen wie „Heterogenität als…" oder in der Reihung von Begriffen wie „Heterogenität, Vielfalt und Differenz". Gerade diese Unklarheit wirkt produktiv im Sinne von diskursanreizend. In der Rede über Heterogenität wird zweitens gleichzeitig eine Handlungsnotwendigkeit installiert, nach der Heterogenität nicht einfach Heterogenität ist, sondern zumeist „Umgang mit …". Daran an schließt eine Art „Befreiungsfigur" an, nach der Heterogenität als durch das Schulsystem unterdrückter Normalfall konzipiert wird, dessen Verleugnung aber aufgrund gesellschaftlicher Transformationen nicht mehr aufrechtzuerhalten sei. In den Aussagen dominieren die Betonung von Einzigartigkeit und Individualität und damit die Orientierung auf die Unterschiede zwischen Individuen. Heterogenität wird nicht als Relation eingesetzt, sondern als fixierter Abstand zwischen den Individuen, der sich scheinbar selbstverständlich aus der Tatsache ihrer Unterschiedlichkeit ergibt.

Auch die Verwendungen des Begriffs Inklusion sind in dieser Hinsicht nicht unproblematisch. Als diskursiver Einsatz fungiert in der Regel der Anspruch auf Integration behinderter Lernender in das Regelschulsystem (Schwohl & Sturm 2010; Lütje-Klose et al. 2011). Dadurch wird in mehrfacher Hinsicht eine Engführung vorgenommen. Denn durch seine starke Fokussierung auf diagnostizierbare Behinderungen und Förderbedarfe vermeidet der Begriff Anschlüsse an andere Differenzkategorien, sondern etabliert eine Hierarchisierung unterschiedlicher sozialer Differenzkategorien mit einer Priorisierung von Behinderung. Schon beim Blick auf Kinder mit Behinderung zeigt sich jedoch, dass es ja nicht nur Kinder mit Behinderungen sind, sondern eben auch vergeschlechtlichte Schülerinnen und Schüler mit je spezifischen soziokulturellen Hintergründen. Zumeist stammen die als Kinder mit besonderem Förderbedarf identifizierten Lernenden aus ressourcenschwachen Familien, so dass Lernrückstände nicht nur als Resultat einer Behinderung, sondern ebenso als milieubezogener Bias interpretiert werden könnten (schon Stötzner 1864, zit. nach Moser 2012; Autorengruppe Bildungsberichterstattung 2010). Die unter dem Stichwort Intersektionalität diskutierte Überschneidung unterschiedlicher Differenzachsen wird hier nicht fruchtbar gemacht (Budde 2013a; Winker & Degele 2009). Damit geht einher, dass erstens die Diagnoseverfahren und Bearbeitungsinstrumente für die Sicherstellung eines besonderen Förderbedarfes die Schwierigkeiten individualisieren, denn als Problem wird vor allem die Behinderung der jeweiligen Kinder oder Jugendlichen erkannt; kulturelle Kontexte, konflikthafte Passungsverhältnisse oder etwa Armut als Ursachen für schulische Schwierigkeiten geraten aus dem

Blick bzw. werden als individuelles Problem gedeutet. Zweitens wird genau durch diese Fixierung auf Behinderung die Produktion des oben bereits angesprochenen ‚institutionellen Hintergrundapparates' mit seiner ganz eigenen Logik befördert.

4 Relationierung der Begriffe

Vor dem Hintergrund wäre abschließend zu diskutieren, wie die Begriffe zueinander relationiert sind. Braucht die Debatte beide Begriffe? Oder kann ein Begriff als Sammelbegriff für den anderen verstanden werden? Wie sind sie relationiert? Moser beispielsweise spricht von einer „Konkurrenz" der Konzepte, da es um die Integration unterschiedlicher Benachteiligter (Kinder mit Migrationshintergrund hier, Behinderte dort) gehe (Moser 2012). Andere schlagen vor, beide Begriffe in-eins zu setzen. Eine solche Akzentuierung findet sich im Anschluss an die Pädagogik der Vielfalt z.B. bei Heinzel und Prengel (2013). Die beiden Autorinnen postulieren, dass die Inklusion Behinderter neben der gendersensiblen Pädagogik und der Berücksichtigung unterschiedlicher natio-ethnischer Herkünfte gleichsam das ‚Dreigestirn' der Vielfaltspädagogik darstellt. Dabei fällt auf, dass Milieu als bedeutsame Kategorie sozialer Ungleichheit gerade nicht thematisiert wird. Weiter bringen die beiden – ebenso wie auch Wagner-Willi und Sturm – die Begriffe in einen engen Zusammenhang, indem sie darauf verweisen, dass Inklusion mehr umfasst als Integration, sondern auf eine gerechte „Schule für alle" zielt (Wagner-Willi & Sturm 2012). Problematisch an dieser in-eins-Setzung ist, dass die Schwachstelle eines rein normativ bestimmten Bezugspunktes nicht aufgelöst wird. So wie der Diskurs um Inklusion ausblendet, dass diese notwendigerweise mit Exklusion verknüpft ist, so verliert der ‚Umgang mit Heterogenität' das Thema Homogenisierung aus dem Blick. Beide solcherart verkürzten Begriffe nehmen zwar die politische Dimension im Sinne von Gerechtigkeitserwägungen auf, bieten aber für pädagogische oder empirisch-sozialwissenschaftliche Zugriffe kein Potential, da die Perspektive von vornherein normativ entschieden ist. Inklusion und Heterogenität werden als ‚gut' und ‚positiv zu bejahen' stilisiert, problematische Effekte dieser Setzung werden unkenntlich gemacht.

Zu den problematischen Effekten zählt nicht zuletzt insbesondere die eingangs thematisierte Verschleierung von Leistung als schulisches Differenzierungskriterium. Eine Schule, die Heterogenität und Inklusion auch auf den Leistungsbegriff anwendet, unterminiert damit selber ihre gesellschaftliche Funktion. Politisch mag dies begrüßenswert sein, die Leistungsgesellschaft als Grundlage auch der Schule wird jedoch dadurch nicht außer Kraft gesetzt, da sich diese beispielsweise in Zugangshürden zu Beruf und Studium fortsetzt. Auch gesellschaftliche Teilhabe oder etwa Verfügung über Kulturgüter sind an universalistischen Prinzipien orientiert, eine normativ und zugleich positivistisch über Inklusion oder Heterogenität bestimmte Individualisierung von Leistung wird an diesem Punkt notwendigerweise zu kurz greifen, da sie im Kern auf eine nicht-relationierte Vielheit hinauslaufen, deren sozialgemeinschaftlicher Gehalt fragwürdig ist. Und nicht zuletzt unterliegen beide Konzepte der pädagogischen Omnipotenzfantasie, gesellschaftliche Probleme und bildungspolitische Entscheidungen im Mikrokosmos Klassenzimmer sinnvoll bearbeiten zu können. Inklusion wie Heterogenität versprechen, Differenz und Gleichheit pädagogisch bearbeiten zu können und blenden dadurch makrostrukturelle Einflüsse ebenso aus wie institutionelle oder organisationale Bedingungen.

Vorzuziehen wäre deswegen der Begriff Differenz, da dieser als sozialwissenschaftliches Konzept notwendigerweise Gleichheit mit aufruft. So verweisen Gleichheit und Differenz permanent aufeinander. Heterogenität existiert ebenso wie die Vorstellung von Inklusion nur relational im Verhältnis zu Homogenität bzw. Exklusion. Die jeweiligen Konstruktionen von Differenz und Gleichheit oder Zugehörigkeit und Ausschluss sind weder universalistisch noch singulär zu verstehen, sondern verweisen immer schon grundlegend aufeinander. Differenzkonstruktionen sind somit nicht isoliert ohne Konstruktionen von Gleichheit bzw. Norm zu erfassen (Budde 2012b). Im Gegensatz zu einer essentialisierenden Perspektive auf soziale Differenzkategorien, wie sie sich in Heterogenitäts- oder Inklusionsdiskursen finden lassen, kann mit dem Begriff Differenz eine kulturtheoretisch informierte Sichtweise eingenommen werden, die (in dieser Lesart) davon ausgeht, dass Differenzkategorien Produkt sozialer Konstruktion sind. Für Kategorien wie Geschlecht, Milieu und Ethnizität, aber auch Behinderung ist ja hinlänglich belegt, dass sich diese Differenzkategorien nicht auf einen ursprünglichen, natürlichen oder vorsozialen Gehalt beziehen, sondern in unterschiedlichen Dimensionen mit sozialer Bedeutung versehen sind. Auch der schulische Leistungsbegriff ist Ergebnis sozialer Erwartungen, die individuelle Leistungsfähigkeit ist demnach weder angeboren noch ‚vom Himmel gefallen'. In diesem Sinne entstehen Gleichheit und Differenzen in Prozessen des Wahrnehmens und Vergleichens, denen implizite oder explizite Maßstäbe oder Bezüge zu Grunde gelegt sind. Während mit Differenzen Unterschiede zwischen zwei Eigenschaften, Personen oder Artefakten im Hinblick auf ein Kriterium beschrieben werden, beschreibt Gleichheit die Übereinstimmung von Aspekten im Vergleich. Was jeweils als Gleichheit oder Differenz wahrgenommen und mit Bewertungen belegt wird, fällt je nach lokalem Kontext unterschiedlich aus. Was an einer Schule, in einem Unterricht, Unterschiede macht, kann an einer anderen Schule oder in einem anderen Unterricht gleich sein. Last but not least ist darauf zu verweisen, dass Differenz- und Gleichheitskonstruktionen im schulischen Feld von Machtverhältnissen durchzogen sind. Im Gegensatz zur Annahme einer ‚egalitären Differenz' ist davon auszugehen, dass Differenz und Gleichheit in Beziehung zum Feld der Macht zu analysieren ist. Wie sich diese Hierarchisierungen konkret gestalten, ist eine jeweils empirische Frage und kann nicht vorab geklärt werden.

Damit einhergehend wäre für eine verstärkte Aufnahme schulpädagogischer und allgemein-erziehungswissenschaftlicher Ansätze zum Thema Differenz zu votieren (vgl. Budde & Hummrich eingereicht), eine stark sonder-, heil- oder behindertenpädagogisch inspirierte Perspektive hingegen reklamiert eine fachlich begründete Differenz, die den pädagogischen und didaktischen Umgang mit Behinderten meint und als sonderpädagogische Richtung eher spezielle sonder- und inklusionspädagogische Spezialistinnen und Spezialisten in der Pflicht sieht. Aus differenzorientierter Perspektive wäre jedoch genau dieses Ansinnen zurückzuweisen und auf die Intersektionalität sozialer Ungleichheit zu verweisen, also auf die Verknüpfung von unterschiedlichen Kategorien, die soziale Ungleichheit produzieren, von denen Behinderung eine – aber beileibe nicht die einzige – ist. Letztlich wird damit für ein Verwerfen der Begriffe Heterogenität und Inklusion und eine (Re)Etablierung der soziologischen Theoriekomplexe Differenz und Gleichheit plädiert, weil dadurch sowohl die Relationalität, die Herstellungsprozesse, als auch die Machtebene einbezogenen werden können und der ganze Diskurs weitreichender, komplexer und fruchtbarer gemacht wird.

Literatur

Arnold, K.-H. (2010): Heterogenität von Schulklassen: Was ist das Neue am Altbekannten, dass es jeden Schüler nur einmal gibt? In: Köker, A., Rohmann, S. & Textor, A. (Hrsg.): *Herausforderung Heterogenität. Ansätze und Weichenstellungen*. Bad Heilbrunn: Klinkhardt, 11–24.

Autorengruppe Bildungsberichterstattung (2010): Bildung in Deutschland 2010. Ein indikatorengestützter Bericht mit einer Analyse zu Perspektiven des Bildungswesens im demografischen Wandel. Bonn: Kultusminister-Konferenz.

Balzer, N. (2004): Von den Schwierigkeiten, nicht oppositional zu denken. Linien der Foucault-Rezeption in der deutschsprachigen Erziehungswissenschaft. In: Ricken, N. & Rieger-Ladich, M. (Hrsg.): *Michel Foucault: Pädagogische Lektüren*. Wiesbaden: VS Verlag, 15–37.

Baumert, J., Lehmann, R.H. & Lehrke, M. (1997): TIMSS – mathematisch-naturwissenschaftlicher Unterricht im internationalen Vergleich. Deskriptive Befunde. Opladen: Leske + Budrich.

Becker, R. & Hadjar, A. (2009): Meritokratie. Zur gesellschaftlichen Legitimation ungleicher Bildungs-, Erwerbs- und Einkommenschancen in modernen Gesellschaften. In: Becker, R. (Hrsg.): *Lehrbuch der Bildungssoziologie*. Wiesbaden: VS Verlag, 35–59.

Boller, S., Rosowski, E. & Stroot, Th. (Hrsg.) (2007): Heterogenität in Schule und Unterricht. Handlungsansätze zum pädagogischen Umgang mit Vielfalt. Weinheim [u.a.]: Beltz Juventa.

Bräu, K. & Schwerdt, U. (2005): Heterogenität als Chance. Vom produktiven Umgang mit Gleichheit und Differenz in der Schule. Münster: Lit-Verlag.

Budde, J. (2012a): Die Rede von der Heterogenität in der Schulpädagogik. Diskursanalytische Perspektiven. In: Forum Qualitative Sozialforschung/Forum: Qualitative Social Research, 13. Jg., H. 2, Online unter: http://nbn-resolving.de/urn:nbn:de:0114-fqs1202160. Zugriff: 05.07.2014.

Budde, J. (2012b): Problematisierende Perspektiven auf Heterogenität als ambivalentes Thema der Schul- und Unterrichtsforschung. In: Zeitschrift für Pädagogik, 58. Jg., H. 4, 522–540.

Budde, J. (2013a): Intersektionalität als erziehungswissenschaftliche Herausforderung. Theoretische und methodische Reflexionen. In: Busse, S., Sandring, S., Schneider, E. & Siebholz, S. (Hrsg.): *(Re-)Produktion sozialer Ungleichheiten. Prozesse – Bildungsorte – Diskurse*. Wiesbaden: VS Verlag.

Budde, J. (2013b): Unscharfe Einätze – (Re-)Produktion von Heterogenität im schulischen Feld. In: Budde, J. (Hrsg.): *Unscharfe Einsätze: (Re-)Produktion von Heterogenität im schulischen Feld*. Wiesbaden: VS Verlag, 7–26.

Budde, J. & Hummrich, M. (2013): Reflexive Inklusion. In: Zeitschrift für Inklusion, 8. Jg., H. 4. Online unter http://www.inklusion-online.net/index.php/inklusion-online/article/view/193/199. Zugriff: 05.07.2014.

Deutsches PISA-Konsortium (Hrsg.) (2003): PISA 2000. Ein differenzierender Vergleich auf die Länder der Bundesrepublik Deutschland. Opladen: Leske + Budrich.

Fend, H. (2008): Neue Theorie der Schule. Einführung in das Verstehen von Bildungssystemen. 2., durchges. Auflage, Wiesbaden: VS Verlag.

Foucault, M. (1992): Die Ordnung des Diskurses. Erw. Ausg., Frankfurt a.M.: Fischer Taschenbuch Verlag.

Frank, J. & Hallwirth, U. (2010): Heterogenität bejahen. Bildungsgerechtigkeit als Auftrag und Herausforderung für evangelische Schulen. Münster/New York: Waxmann.

Heinzel, F. & Prengel, A. (2013): Heterogenität als Grundbegriff inklusiver Pädagogik. In: Zeitschrift für Inklusion, 8. Jg., H. 3. Online unter: http://www.inklusion-online.net/index.php/inklusion/article/view/161/151. Zugriff: 04.12.2013.

Hinz, A. (2003): Die Debatte um Integration und Inklusion – Grundlage für aktuelle Kontroversen in Behindertenpolitik und Sonderpädagogik? In: Sonderpädagogische Förderung, 48. Jg., 330–347.

Hinz, A. (2008): Inklusion – historische Entwicklungslinien und internationale Kontexte. In: Hinz, A., Körner, I. & Niehoff, U. (Hrsg.): *Von der Integration zur Inklusion. Grundlagen, Perspektiven, Praxis.* Marburg: Lebenshilfe-Verlag, 33–52.

Hinz, A., Körner, I. & Niehoff, U. (Hrsg.) (2008): Von der Integration zur Inklusion. Grundlagen, Perspektiven, Praxis. Bundesvereinigung Lebenshilfe für Menschen mit Geistiger Behinderung. Marburg: Lebenshilfe-Verlag.

Kelle, H. & Tervooren, A. (2008): Kindliche Entwicklung zwischen Heterogenität und Standardisierung – Eine Einleitung. In: Kelle, H. & Tervooren, A. (Hrsg.): *Ganz normale Kinder. Heterogenität und Standardisierung kindlicher Entwicklung.* Weinheim [u.a.]: Beltz Juventa, 7–14.

Kleinau, E. & Rendtorff, B. (Hrsg.) (2012): Differenz, Diversität und Heterogenität in erziehungswissenschaftlichen Diskursen. Leverkusen: Budrich.

Kramer, R.-T. & Helsper, W. (2010): Kulturelle Passung und Bildungsungleichheit. Potenziale einer an Bourdieu orientierten Analyse der Bildungsungleichheit. In: Krüger, H.-H., Rabe-Kleberg, U., Kramer, R.-T. & Budde, J. (Hrsg.): *Bildungsungleichheit revisited. Bildung und soziale Ungleichheit vom Kindergarten bis zur Hochschule.* Wiesbaden: VS Verlag, 101–125.

Lemke, Th., Krasmann, S. & Bröckling, U. (2000): Gouvernementalität, Neoliberalismus und Selbsttechnologien. Eine Einführung. In: Bröckling, U., Krasmann, S. & Lemke, Th. (Hrsg.): *Gouvernementalität der Gegenwart. Studien zu Ökonomisierung des Sozialen.* Frankfurt a.M.: Suhrkamp, 7–40.

Lütje-Klose, B., Langer, M.-Th., Serke, B. & Urban, M. (Hrsg.) (2011): Inklusion in Bildungsinstitutionen. Eine Herausforderung an die Heil- und Sonderpädagogik. Bad Heilbrunn: Klinkhardt.

Maaz, K., Baumert, J. & Trautwein, U. (2010): Genese sozialer Ungleichheit im institutionellen Kontext der Schule. Wo entsteht und vergrößert sich soziale Ungleichheit? In: Krüger, H.-H., Rabe-Kleberg, U., Kramer, R.-T. & Budde, J. (Hrsg.): *Bildungsungleichheit revisited. Bildung und soziale Ungleichheit vom Kindergarten bis zur Hochschule.* Wiesbaden: VS Verlag, 69–102.

Meyer, M.A. (2003): Heterogenität macht Schule. In: Warzecha, B. (Hrsg.): *Heterogenität macht Schule. Beiträge aus sonderpädagogischer und interkultureller Perspektive.* Münster/New York: Waxmann, 13–14.

Moser, V. (2012): Inklusion statt Rehabilitation? Zur Zukunft einer Disziplin. Antrittsvorlesung, Humboldt-Universität zu Berlin, Institut für Rehabilitationswissenschaften. Online unter http://www.reha.hu-berlin.de/lehrgebiete/arp/materialien/vera-moser-2012-inklusion-in-berlin. Zugriff: 04.12.2013.

Moser, V. (2012): Braucht die Inklusionspädagogik einen Behinderungsbegriff? In: Zeitschrift für Inklusion, 8. Jg, H. 3. Online unter: http://www.inklusion-online.net/index.php/inklusion/article/view/163/153. Zugriff: 04.12.2013.

Prengel, A. (2006): Pädagogik der Vielfalt. Verschiedenheit und Gleichberechtigung in Interkultureller, Feministischer und Integrativer Pädagogik. 3. Aufl. Wiesbaden: VS Verlag.

Reh, S. (2005): Warum fällt es Lehrerinnen und Lehrern so schwer, mit Heterogenität umzugehen? Historische und empirische Deutungen. In: Die deutsche Schule, 97. Jg., H. 1, 76–86.

Sacher, W. (2009): Leistungen entwickeln, überprüfen und beurteilen. Bewährte und neue Wege für die Primar- und Sekundarstufe. 5. Aufl. Bad Heilbrunn: Klinkhardt.

Sacher, W. & Grunder, H.-U. (Hrsg.) (2011): Diagnose und Beurteilung von Schülerleistungen – Grundlagen und Reformsätze. Baltmannsweiler: Schneider-Verlag Hohengehren.

Schwohl, J. & Sturm, T. (Hrsg.) (2010): Inklusion als Herausforderung schulischer Entwicklung. Wiedersprüche und Perspektiven eines erziehungswissenschaftlichen Diskurses. Bielefeld: transcript.

Stichweh, R. (2005): Inklusion und Exklusion. Studien zur Gesellschaftstheorie. Bielefeld: transcript.

Sturm, T. (2013): Lehrbuch Heterogenität in der Schule. München [u.a.]: E. Reinhardt.

Tillmann, K.-J. (2008): Die homogene Lerngruppe – oder: System jagt Fiktion. In: Otto, H.-U. & Rauschenbach, Th. (Hrsg.): *Die andere Seite der Bildung. Zum Verhältnis von formellen und informellen Bildungsprozessen*. 2. Auflage. Wiesbaden: VS Verlag, 33–39.

Wagner-Willi, M. & Sturm, T. (2012): Inklusion und Milieus in schulischen Organisationen. In: Zeitschrift für Inklusion, 7. Jg., H. 4. Online unter http://www.inklusion-online.net/index.php/inklusion/article/view/185/173. Zugriff: 04.12.2013.

Winker, G. & Degele, N. (2009): Intersektionalität. Zur Analyse sozialer Ungleichheiten. Bielefeld: transcript.

Zeinz, H. (2009): Funktionen der Schule. In: Blömeke, S., Bohl, Th. & Haag, L. (Hrsg.): *Handbuch Schule. Theorie – Organisation – Entwicklung*. Stuttgart: UTB, 87–94.

2. Teil:
Lehrerinnen- und Lehrerbildung – programmatisch und empirisch

Aart Pabst

Inklusive Lehrerinnen- und Lehrerbildung – Positionen und Aktivitäten der Kultusministerkonferenz

Abstract
Den Vorgaben und Empfehlungen der Kultusministerkonferenz kommt für die Entwicklung der Lehrerinnen- und Lehrerbildung in der föderalen Bundesrepublik eine große Bedeutung zu. Im Zuge der Umstellung des Schulsystems auf die Inklusion und der damit verbundenen konzeptionellen Fortentwicklung der universitären Lehrerinnen- und Lehrerausbildung hat sich die KMK als Motor für die Veränderung in der universitären Lehrerinnen- und Lehrer bildung erwiesen. Grundlage dafür war eine auf wissenschaftliche Unterstützung und breite Beteiligung der Fachdomänen angelegte Arbeitsweise. Sie hat eine hohe länderübergreifende Übereinstimmung bzgl. der grundlegenden Erfordernisse einer Lehrerinnen- und Lehrerausbildung für die inklusive Schule erarbeitet und damit zugleich die wissenschaftliche Diskussion und disziplinübergreifende Kooperation forciert. Dieser Beitrag beschäftigt sich vor allem mit dem Prozess dieser Überarbeitung länderübergreifender Regelungen der KMK zur Lehrerinnen- und Lehrerbildung.

1 Als die Inklusion nach Deutschland kam …

Als im März 2009 die Bundesrepublik Deutschland das „Übereinkommen der Vereinten Nationen vom 13. Dezember 2006 über die Rechte von Menschen mit Behinderung" (Behindertenrechtskonvention) ratifizierte, wurde eine rechtlich bindende Verpflichtung eingegangen, für deren Einlösung es im Bildungswesen der Bundesrepublik weder strukturelle Voraussetzungen noch nennenswerte konzeptionelle Vorarbeiten gab. Zwar wird die Integration behinderter Kinder in besonderen Lerngruppen, also das „gleichberechtigte und wertschätzende Miteinander der Verschiedenen" (Katzenbach 2013), wie sie in verschiedenen Bundesländern praktiziert wurde, gelegentlich als Vorstufe herangezogen, aber das trifft die Dimension der Zäsur, die Inklusion für

ein bis dahin konzeptionell selektiv aufgestelltes Schulsystem und eine darauf ausgerichtete Lehrerinnen- und Lehrerbildung darstellt, nur bedingt. Während in der Integration die Unterschiedlichkeit „explizit thematisiert wird, um Gleichberechtigung und Wertschätzung zu sichern", ist es im Sinne der Inklusion selbstverständlich, „dass (…) Unterschiedlichkeit nicht eigens thematisiert werden muss" (ebd.). Inklusion lenkt den Blick unausweichlich auf die allgemeinbildende Schule und verlässt den Rahmen gesonderter Arrangements wie etwa der Integrationsklasse oder gar gesonderter Schularten.
Bezeichnend ist, dass die Entstehungsgeschichte der Behindertenrechtskonvention und die europäische Entwicklung zur Inklusion selbst in der Fachöffentlichkeit Deutschlands bis zu der o.a. Ratifizierung kaum thematisiert wurde.
Zwar unterzeichnete die Bundesrepublik 1994 nach der UNESCO-Konferenz in Salamanca/Spanien die sogenannte „Salamanca-Erklärung", in der eine auf das Kind zentrierte Pädagogik der Vielfalt und ein allgemeines Schulsystem gefordert wird, das Kindern mit besonderen Bedürfnissen gerecht wird (vgl. Klemm & Lausitz 2011, 9ff.); Folgen für die Schulpolitik der Länder waren indes nicht zu verzeichnen.
Im Gegensatz dazu haben z.B. Spanien, Portugal und Griechenland im Anschluss an die Salamanca-Konferenz ihre Förderung von Schülerinnen und Schülern mit Behinderungen (fast) völlig auf inklusive Erziehung und Unterrichtung umgestellt. In 17 von 30 europäischen Ländern lag der Inklusionsanteil im Jahre 2008 schon über 75% (vgl. ebd.).
Eine Melange aus verbreiteter Selbstgefälligkeit bzgl. des hergebrachten deutschen Schulsystems in Verbindung mit der Segmentierung der Wissenschaftsdomänen, namentlich der Sonderpädagogik und der allgemeinen Pädagogik, hat in der Bundesrepublik zu lange den Blick auf diese europäische Entwicklungslinie verstellt. Hinzu kam der für eine langfristige Bildungspolitik fatale Hang der meisten Landesregierungen, den eigenen Gestaltungshorizont auf die Dauer der jeweiligen Legislatur zu begrenzen und vorwiegend strukturkonservativ zu agieren. Nicht erst seit im Jahre 2010 in Hamburg eine Bürgerinitiative eine Schulreform zu Fall brachte, bei der es nur um ein etwas längeres Miteinander der Kinder in einer verlängerten Grundschule ging, ist klar, dass man mit Bildungspolitik Wahlen verlieren kann. So weitreichende Änderungen in der Schul- und Bildungspolitik, wie sie mit der Inklusion eingeleitet wurden, hätte sich daher wohl keine Landesregierung im Alleingang zugetraut.
Die Inklusion ist also kein Kind deutscher Eltern, sie klopfte gleichsam als schon erwachsene EU-Bürgerin an unsere Tür. Die Bildungspolitik, aber auch die Fachöffentlichkeit in Deutschland (weitgehend leider einschließlich

der beteiligten wissenschaftlichen Lehrerinnen- und Lehrerausbildung), wurden „kalt erwischt" und rieben sich erstaunt die Augen. Ein Teil der Probleme, die bei der Umsetzung der Inklusion in der Bundesrepublik zu beobachten sind, erklären sich aus diesem frühen Versäumnis der meisten Akteure.
Es gab zum Zeitpunkt der o.a. Ratifizierung nicht viele, die der Konferenz der Kultusminister der Länder (KMK) zutrauten, eine Schlüsselrolle in dem Prozess der Neuorientierung einzunehmen. Die eher als behäbig und machtlos erscheinende KMK schien vielen von vornherein mit der Gestaltung dieser Umsetzung überfordert, kann sie doch „eigentlich" nur nachzeichnen, was in den sechzehn Ländern akzeptiert wird. Zu unterschiedlich aber waren die ersten Reaktionen der Länder auf diese Herausforderungen, zu unterschiedlich auch die Lesart der Konvention: Auf moralische Appelle reduzierte Verlautbarungen, die irgendwie eine andere „Haltung" forderten und zumeist an Lehrpersonen gerichtet waren, standen neben rigorosen Vorschlägen einzelner (Sonder-)Pädagogeinnen und -pädagogen, die ab sofort keine Schularten mehr kennen wollten und für die es nur noch die eine Lehrperson geben konnte, die „Inklusionslehrkraft" eben. Andere sahen angesichts der Größe der Aufgabe den Föderalismus überfordert und forderten zentrale Zuständigkeiten und Regelungen – immer in der Gewissheit freilich, dass diese zentralen Regelungen ihren Vorstellungen schon entsprechen würden.

2 Inklusion, ein Entwicklungsprojekt im und für den Föderalismus

Angesichts der o.a. Situation bei der Ratifizierung vor fünf Jahren ist es bemerkenswert, dass heute die Inklusion in *allen* Bundesländern solche ideologisch-moralischen Verengungen, ebenso wie die Fixierung auf rigorose strukturelle Debatten, überwunden hat und überwiegend als das behandelt wird, was sie ihrem Wesen nach ist: ein anspruchsvolles und sensibles Entwicklungsprojekt, das ganz grundsätzliche neue Orientierungen gesellschaftlicher und berufsfachlicher Art mit strukturellen Konsequenzen im Bildungswesen verbindet und in besonderer Weise auf die Entwicklung von Professionalität sowie die Akzeptanz aller beteiligten Akteure und Adressaten angewiesen ist.
Zu dieser konstruktiven Entwicklung hat die KMK entscheidend beigetragen. Durch das Wirken dieser gemeinsamen Einrichtung der Länder konnte das föderale Bildungssystem bei der Umsetzung der Inklusion die Stärken der Pluralität nutzen und sich dadurch – anders als ihr oft nachgesagt wird – durchaus als innovativ und leistungsfähig erweisen.

Ein erster Impuls wurde mit dem „frühen" Positionspapier „Pädagogische und rechtliche Aspekte der Umsetzung des Übereinkommens der Vereinten Nationen vom 13. Dezember 2006 über die Rechte von Menschen mit Behinderungen in der schulischen Bildung" (KMK 2010) gesetzt. Erstmals wurde damit der aus der Behindertenrechtskonvention resultierende Auftrag in einer KMK-Empfehlung aufgegriffen und als zentrales Anliegen „das gemeinsame zielgleiche oder zieldifferente Lernen von Schülerinnen und Schülern mit und ohne Behinderungen (...) in der allgemeinen Schule" (ebd.) beschrieben. Dem Entwicklungsstand der Diskussion in den Ländern geschuldet, fokussierten diese Empfehlungen noch sehr auf das Merkmal „Behinderung" und vermochten noch nicht, den umfassenden Anspruch der Inklusion, wie er heute etwa in den KMK-Standards für die Lehrerinnen- und Lehrerbildung zum Ausdruck kommt, darzustellen. Aber bereits die nachfolgend aus diesem Positionspapier entwickelten Empfehlungen „Inklusive Bildung von Kindern und Jugendlichen mit Behinderungen in Schulen" (KMK 2011) konkretisieren diese Gedanken und geben konzeptionelle Impulse für die Ausrichtung der Schulen auf die unterschiedlichen Voraussetzungen von Kindern und Jugendlichen.

Schon diesen beiden ersten übergreifenden KMK-Empfehlungen zur Inklusion kam große Bedeutung als Entwicklungsimpuls und für die Weichenstellungen in den Ländern zu – auch, weil in den Ländern zu diesem Zeitpunkt noch keine Ergebnisse mit vergleichbarer Akzeptanz verfügbar waren.

Beginnend etwa ab 2011 wurde in den Schulgesetzen der Länder der Anspruch auf eine inklusive Bildung grundsätzlich normativ festgeschrieben, und es wurden in den Ländern verschiedene Initiativen zur Umsetzung dieses Anspruchs gestartet. Dies geschah zumeist unter Bezug auf die Behindertenrechtskonvention und auf die o.a. Empfehlungen der KMK.

3 Lehrerinnen- und Lehrerbildung in den Ländern: nicht gleich, aber vergleichbar

Diese sich ändernde Situation in den Ländern wiederum machte es möglich, besser: erforderlich, die Arbeit der KMK zur Inklusion zu intensivieren, galt es doch die nun einsetzenden Entwicklungen der Lehrerinnen- und Lehrerbildung in den Ländern aufzugreifen und über Vereinbarungen zu gewährleisten, dass die Studiengänge und Ausbildungen in den Ländern miteinander vergleichbar bleiben, indem sie sich z.B. an gemeinsamen Standards und Strukturvorgaben orientieren. Für die Kommission Lehrerinnen- und Lehrerbildung der KMK war dabei von vornherein klar, dass die Umsetzung der Inklusion in den Schulen und in der Lehrerinnen- und Lehrerausbildung der sechzehn Länder nicht völlig gleichförmig verlaufen wird, sondern auf der Grundlage der jeweiligen landesspezifischen Vorgaben und den Erfordernissen, die sich aus den jeweiligen Schulstrukturen ergeben, unterschiedliche Lösungen verfolgt werden.

Umso wichtiger wurde es, die ländergemeinsamen Vorgaben für die Lehrerinnen- und Lehrerausbildung fortzuentwickeln, denn die Sorge um Qualität und Vergleichbarkeit ist gleichsam eine „Kernaufgabe“ der KMK. Im November 2011 hat die Kommission Lehrerinnen- und Lehrerbildung der KMK daher eine Unterarbeitsgruppe Inklusion eingerichtet, deren Hauptaufgabe es ist, die ländergemeinsamen Empfehlungen und Vereinbarungen der KMK mit Blick auf die Erfordernisse der Inklusion zu überarbeiten.

Bevor die dabei entstandenen Neufassungen dargestellt werden, soll dargelegt werden, in welcher Weise sich im Zuge dieser Arbeit Grundannahmen über das inklusive Schulsystem und einer darauf ausgerichteten Lehrerinnen- und Lehrerbildung fortentwickelt haben. Für die Einschätzung der Tragfähigkeit dieser Positionen ist wichtig, dass alle Empfehlungen der Unterarbeitsgruppe in der Kommission Lehrerinnen- und Lehrerbildung der KMK, in der ministerielle Vertreterinnen und Vertreter der Bundesländer zusammenwirken, abgestimmt und manchmal auch verändert werden, bevor sie die Amtschefkonferenz erreichen, um dann letztendlich von der Kultusministerkonferenz beschlossen zu werden. Dieses dialogische Verfahren ist mit Blick auf die grundgesetzlich verankerte Zuständigkeit der Länder unverzichtbar. Gleichzeitig aber werden in diesem Verfahren auch Länderregelungen zur Debatte gestellt, insbesondere dann, wenn sie die gegenseitige Anerkennung der Ausbildung erschweren oder zu eng auf „landsmannschaftliche“ Besonderheiten abstellen und auf diese Weise die Mobilität der Lehrkräfte einschränken. Diese Diskussionen sind mitunter anstrengend, manchmal auch zeitraubend, weil sie oftmals mehrfache Rückkoppelungen erforderlich machen. Aber sie schärfen in allen Ländern den Blick auf die gemeinsame Aufgabe und halfen z.B. bei der Inklusion, wichtige inhaltliche Übereinstimmungen zu entwickeln, die einerseits die normativ-rechtlichen (und politischen) Möglichkeiten der 16 Länder reflektieren, andererseits aber auch den Stand der wissenschaftlichen Diskussion aufnehmen:

- Die Empfehlungen der KMK gehen – wie die Behindertenrechtskonvention – vom Leitbild einer inklusiven Schule und einer inklusiven Pädagogik aus, in der Heterogenität in einem umfassenden Sinne Normalität ist. Inklusion beschränkt sich nicht auf die Integration sonderpädagogischer Förderung in die allgemeinbildenden Schulen. Vielmehr geht es darum, grundsätzlich die individuelle Verschiedenheit der Schülerinnen und Schüler zum Ausgangspunkt für die Gestaltung jedweden Unterrichts zu nehmen. Somit umfasst Inklusion weitere Handlungsfelder, wie z.B. Interkulturalität und die Genderthematik.

- Die Empfehlungen der KMK bzgl. der Lehrerinnen- und Lehrerausbildung für eine inklusive Schule beziehen sich ausdrücklich auf alle Lehrämter und betreffen die Erziehungs- oder Bildungswissenschaften, die Fachdidaktik aller Fächer sowie der beruflichen Schwerpunktfächer und natürlich die Sonderpädagogik.
- Die Empfehlungen der KMK tragen der Veränderung des Berufsbildes angesichts der berufsfachlichen Anforderungen der Inklusion Rechnung. Danach wird an inklusiven Schulen die pädagogische Arbeit entscheidend durch eine Kooperation der Lehrkräfte der allgemeinbildenden, der beruflichen und der sonderpädagogischen Lehrämter mit Erzieherinnen und Erziehern, Sozialpädagoginnen und Sozialpädagogen sowie ggf. mit weiteren Berufsgruppen geprägt. Zwar kommt der sonderpädagogischen Expertise in der inklusiven Schule eine besondere Bedeutung zu, aber die multiprofessionelle Kooperation wird als eine Gelingensbedingung inklusiver Schulen angesehen.
  Bzgl. der Formen dieser multiprofessionellen Kooperation bestehen in den Ländern durchaus unterschiedliche Vorstellungen. Dass die dafür erforderlichen Kompetenzen in der Ausbildung sowie in der Fort- und Weiterbildung aller beteiligten Berufsgruppen systematisch entwickelt werden müssen, gehört jedoch zu den gemeinsamen Überzeugungen und prägt die KMK-Empfehlungen.
- Es besteht länderübergreifend Einigkeit darüber, dass auf eine vertiefende sonderpädagogische Expertise auch künftig nicht verzichtet werden kann. Einzelne Länder versuchen dieses Erfordernis durch die Kombination eines sonderpädagogischen Förderbereichs mit einem allgemeinbildenden Lehramt zu realisieren. Der bestehende Lehramtstyp 6 (Sonderpädagogik) soll – zumindest zunächst – erhalten bleiben, der Einsatz der Sonderpädagoginnen und -pädagogen jedoch auf alle Schulformen und Schularten ausgeweitet werden. Die Kombination verschiedener Förderschwerpunkte zu „crosskategorialen“ Schwerpunkten (hier insb. Lernen/Verhalten/Emotionale und soziale Entwicklung) ist möglich.

4 Rahmenvereinbarungen, Empfehlungen und Standards, die Instrumente der KMK

Diese inhaltlichen Gemeinsamkeiten bilden die Grundlage für die Empfehlungen der Kultusministerkonferenz zur Lehrerinnen- und Lehrerausbildung und gleichzeitig die „Blaupause“ für die Rahmenvereinbarungen über die gegenseitige Anerkennung der Lehramtsabschlüsse.

- Den „Rahmenvereinbarungen über die Ausbildung und Prüfung für die Lehramtstypen“ (KMK 2013) kommt besondere Bedeutung für die gegenseitige Anerkennung der Abschlüsse und damit die Mobilität der Lehrkräfte zu. Nach umfänglicher Vorarbeit der Unterarbeitsgruppe, bzw. der Kommission Lehrerbildung, wurde mit Beschluss der KMK vom 6.12.2012 festgelegt, dass künftig in der Ausbildung für alle Lehrämter den pädagogischen und didaktischen Basisqualifikationen in den Themenbereichen „Umgang mit Heterogenität und Inklusion“ sowie „Grundlagen der Förderdiagnostik“ eine besondere Bedeutung zukommt. Die Rahmenvereinbarungen wurden um einen entsprechenden Passus erweitert. Hier ist eine thematische Verschränkung zwischen den Studien- und Ausbildungsinhalten der Sonderpädagogik und denen der allgemeinen Lehrämter auf den Weg gebracht worden. Damit ist eine grundsätzliche Orientierung sowohl für die an der Lehrerinnen- und Lehrerausbildung beteiligten Universitäten, Hochschulen und Institutionen der zweiten Phase als auch für die Akkreditierungsagenturen gegeben. Insbesondere der letztgenannte Aspekt hat, so haben die vergangenen Jahre gezeigt, eine erhebliche steuernde Wirkung.
- Der Lehramtstyp 6 (Sonderpädagogik), der neben den sonderpädagogischen Förderbereichen ein obligatorisches Unterrichtsfach vorsieht, ist mit Beschluss der Kultusministerkonferenz von 06.12.2012 für das gymnasiale Unterrichtsfach geöffnet worden. Auch an den Gymnasien soll so eine Erweiterung der Expertise der Kollegien ermöglicht werden, die eine inklusive Förderung in dieser Schulform unterstützt. Diese Regelung, die innerhalb der Bundesländer zunächst umstritten war, soll verhindern, dass das Gymnasium zur „inklusionsfreien Zone“ wird.
- Die Möglichkeiten zur Ausbildung einer vertieften sonderpädagogischen Expertise sind erweitert worden. Das Lehramt des Typs 1 (Grundschule) kann mit einem soliden sonderpädagogischen Schwerpunkt ausgestattet werden. Angesichts des Bedarfes der Schulen kann diese Ausweitung zu einer Attraktivitätssteigerung dieses Lehramtes führen, zumal nunmehr die gegenseitige Anerkennung dieser kombinierten Studiengänge gesichert ist.
- Das entscheidende Instrument zur Sicherung der *inhaltlichen* Vergleichbarkeit der Lehrerinnen- und Lehrerbildung in den Bundesländern sind die „Ländergemeinsamen Vorgaben für die Fächer“ (KMK 2008) bzw. die Bildungswissenschaften (KMK 2004). Sie werden oft als „Standards für die Lehrerbildung“ bezeichnet, weil sie bundesweit akzeptierte Referenzen für Inhalt und Qualität der Ausbildung darstellen. Diese Vorgaben der

KMK stellen ausdrücklich kein abgeschlossenes Curriculum dar, dessen Entwicklung in der Zuständigkeit der Länder bzw. Hochschulen liegt. Vielmehr werden in diesen Standards die für das jeweilige Unterrichtsfach bzw. die sonderpädagogischen Schwerpunkte charakteristischen Kompetenzen und konstitutiven Inhalte beschrieben und so eine Orientierung über Niveau und Inhalt der Lehrerinnen- und Lehrerbildung gegeben.

Die Anpassung dieser Vorgaben an die Erfordernisse der inklusiven Bildung erfordert eine Abstimmung zwischen den Wissenschaften, den jeweils einschlägigen Fachverbänden und den sechzehn Bildungsadministrationen, um die bisherige Autorität dieser KMK-Vorgaben als inhaltliche Referenz jeglicher Akkreditierung der Lehramtsstudiengänge zu erhalten.

Am Beispiel Sonderpädagogik: Zunächst wurden renommierte Wissenschaftlerinnen und Wissenschaftler gebeten, Vorschläge zur Überarbeitung der Fachvorgaben vorzulegen. Der von diesen wissenschaftlichen Expertinnen erstellte Entwurf für veränderte Fachvorgaben zur Sonderpädagogik wurde von der Arbeitsgruppe Inklusion in eine schriftliche Anhörung mit den einschlägigen wissenschaftlichen Fachverbänden und Berufsverbänden eingebracht. Die Rückmeldungen wurden in Korrespondenz mit den Expertinnen und Experten eingearbeitet und das Ergebnis der Kommission Lehrerinnen- und Lehrerbildung der KMK vorgelegt. Hier erfuhren die Entwürfe unter Berücksichtigung der Stellungnahmen der zuständigen Ministerien der Länder weitere Modifikationen und wurden schließlich am 12.06.2014 von der Ministerrunde der KMK beschlossen. Dieser Prozess ist für alle 20 Unterrichtsfächer angestoßen worden.

Für die meisten Fächer (darunter Mathematik, Physik und Chemie) liegen mittlerweile Überarbeitungsvorschläge wissenschaftlicher Expertinnen und Experten vor, die sukzessive von der KMK bearbeitet und veröffentlicht werden.

- In einem ähnlichen Verfahren wurden die Standards für die Bildungswissenschaften in der Lehrerinnen- und Lehrerbildung angepasst. Im September 2013 fand ein vorbereitendes „Fachgespräch" mit namhaften Wissenschaftlerinnen und Wissenschaftlern der Bildungswissenschaften und der Sonderpädagogik statt. Die Einleitungsreferate wurden von Prof. Dr. Terhart (Allgemeine Schulpädagogik/Unterrichtsforschung) und Prof. Dr. Katzenbach (Erziehungswissenschaften/Sonderpädagogik) gehalten. Ergebnis der Tagung waren konkrete, wissenschaftlich begründete Vorschläge zur Überarbeitung der Standards Bildungswissenschaften mit Blick auf die Erfordernisse der inklusiven Beschulung. Nach der redaktionellen Einbeziehung dieser Tagungsergebnisse beschreiben die überarbeiteten Standards nunmehr die wissenschaftlichen und berufsfachlichen

Kompetenzen, über die eine Lehrkraft zur Bewältigung der beruflichen Aufgaben im Bereich der inklusiven Bildung verfügen sollte. Mit der ebenfalls am 12.06.2014 erfolgten Verabschiedung durch die KMK sind diese Standards die verbindliche ländergemeinsame Grundlage für die inhaltliche Gestaltung der Studiengänge und zugleich Referenz für ihre Akkreditierung.

5 Keine neue Realität, aber Impulse zur Entwicklung

Allein mit den Veränderungen in den Regelwerken der KMK wird an der Realität der Lehrerinnen- und Lehrerausbildung in den Ländern noch nichts geändert. Es bedarf eines Prozesses, der getragen wird von den Lehrenden aller Phasen und der bis in die konkrete Lehrveranstaltung hinein wirkt. In diesem Sinne förderlich, auch über die normative Dimension hinaus, sind die Veränderungen dennoch geworden. Die systematische Einbeziehung der Wissenschaften und der Fachverbände bei der Überarbeitung der inhaltlichen Vorgaben für die Lehrerinnen- und Lehrerbildung haben zu einer starken Intensivierung der Debatte über die Bedingungen und Erfordernisse der Inklusion in der Lehrerinnen- und Lehrerausbildung geführt. Das ist ein durchaus erwünschter Nebeneffekt, führt er doch dazu, dass dieses Entwicklungsfeld genauer als je zuvor ausgeleuchtet wurde. Beispielhaft seien hier die Arbeiten für die Unterrichtsfächer Physik und Chemie genannt. Die beteiligten Wissenschaftler haben ihre konkreten Veränderungsvorschläge fächerübergreifend (in den Naturwissenschaften) erörtert und ein gemeinsames, kritisch-konstruktives Grundsatzpapier beigelegt, in dem sie u.a. darauf hinweisen, dass „zu vielen fachdidaktischen Fragen im Zusammenhang mit Inklusion eine gesicherte Grundlage für eine wissenschaftliche universitäre Lehrerbildung erst noch entwickelt werden muss“ (Schecker, Richter, Ralle & Eicks 2013). Sie machen deutlich, dass es ohne weitere wissenschaftliche Klärungen nicht gehen wird und mahnen die Förderung entsprechender Forschungsprojekte an. Auch wenn insbesondere die ressourcenbezogenen Aspekte solcher Rückmeldungen nicht allen Akteurinnen und Akteuren in den Bildungsverwaltungen gefallen mögen, sind sie notwendige Beiträge zu diesem Entwicklungsprojekt, in dem es in der Tat noch vieles zu klären gibt.
Die nach den o.a. KMK-Rahmenvereinbarungen beispielsweise geforderten didaktischen Basisqualifikationen in den Themenbereichen „Umgang mit Heterogenität und Inklusion“ harren vielerorts noch der curricularen Konkretisierung für die verschiedenen Lehramtsstudiengänge. Damit ist in erster Linie natürlich eine gemeinsame Aufgabe der pädagogischen Wissenschaften, insbesondere der Didaktik der Sonderpädagogik und der allgemeinen

Pädagogik gekennzeichnet. Die aktuelle Situation dazu ist zumindest uneinheitlich: Zwar gibt es an einigen Universitäten entsprechende Initiativen, aber vielerorts steht die erforderliche Überarbeitung des Studienangebotes noch aus. Auch gibt es bislang wenige verallgemeinerbare Vorschläge. Ein Grund, das sei hier kritisch angemerkt, scheint die an etlichen Universitäten nicht – oder nur in Ansätzen – erkennbare Kooperation zwischen Sonderpädagogik und allgemeiner Bildungswissenschaft zu sein.

Vor diesem Hintergrund war die KMK-Fachtagung zu den Bildungswissenschaften vom 27.09.2013 eine geradezu historische Veranstaltung. Wissenschaftlerinnen und Wissenschaftler der „allgemeinen Bildungswissenschaft" und der „sonderpädagogischen Bildungswissenschaft" traten dabei in einen intensiven und ertragreichen Diskurs und beendeten damit eine lange Phase der Sprachlosigkeit zwischen diesen beiden doch so verwandten Wissenschaftsdomänen. Diese von beiden Seiten zuvor durchaus gepflegte Sprachlosigkeit ist – bzw. war – gleichsam das universitäre Spiegelbild des versäulten Schulsystems, in dem sich die universitäre sonderpädagogische Lehrerinnen- und Lehrerausbildung über die ihr zuzuordnenden besonderen Schulformen bzw. Förderschwerpunkte definierte und auf der anderen Seite die allgemeine Pädagogik sich nicht zuständig für die verschiedenen Ränder des Leistungsspektrums betrachtete (vgl. Schuck 2013). Die Inklusion hat diese Ordnung der Dinge in Bewegung gebracht, und es lässt keine der beteiligten „Disziplinen" unberührt. Hergebrachte Strukturen, berufsfachliche Überzeugungen, landestypische „Kräftelinien", mitunter auch ständische Interessen und Identitäten werden berührt. Die Sicht der Fach- und Berufsverbände und die Sicht der Ministerien, denen letztlich die KMK verpflichtet bleibt, sind nicht immer umstandslos zur Deckung zu bringen, wie nachfolgend am Beispiel Sonderpädagogik deutlich wird.

6 Lehrämter in der Veränderung – auch die Sonderpädagogik …

Zu Beginn der Inklusionsdebatte in der KMK konzentrierten sich die Beiträge zunächst auf die erforderlichen Veränderungen in den allgemeinen Schulen und Lehrämtern. Im Verlaufe der Diskussion und unter Auswertung erster Erfahrungen in den Ländern zeigte sich jedoch, dass die Inklusion auch die Sonderpädagogik vor neue Herausforderungen stellt, die Inhalt, Struktur und Selbstverständnis dieses Lehramtes betreffen. Der bisherige Arbeitsplatz der sonderpädagogischen Lehrkräfte in gesonderten Schulen wird sukzessive durch die Arbeit in den inklusiv arbeitenden multiprofessionellen Teams in allgemein bildenden Schulen ersetzt. Absehbar ist, dass anstelle einer frühzeitigen Spezialisierung die fachrichtungsübergreifenden psychologischen, diagnostischen und methodischen Inhalte künftig stärker als bisher ausgeprägt sein müssen. Damit wird eine Abkehr von der historisch gewachsenen Struktur sonderpädagogischer Arbeit angelegt, die mit den Anforderungen in den inklusiven Klassen korrespondiert. Die Förderschwerpunkte, insbesondere „Lernen“, „Emotionale und soziale Entwicklung“ sowie „Sprache“, haben einerseits große Überschneidungsbereiche und taugen andererseits kaum noch zur fachlichen Strukturierung der sonderpädagogischen Arbeit in inklusiven Gruppen. Mit der in einigen Ländern sich abzeichnenden Zusammenfassung sonderpädagogischer Fachrichtungen wird darauf bereits eingegangen. In der Vereinbarung zur gegenseitigen Anerkennung ist vorgegeben, dass „mehr als eine Fachrichtung“ gewählt werden kann und in einer Fußnote wird ausdrücklich die Offenheit „auch für die Verbindung von Fachrichtungen“ betont (KMK 2013, Fußnote).

Gegen diese möglichen Veränderungen des Zuschnitts der sonderpädagogischen Fachrichtungen wird seitens sonderpädagogischer Berufsverbände massiv Stellung bezogen. So befürchtet der Verband Sonderpädagogik, dass dadurch „die bisherigen Standards der Lehrerbildung in Zukunft unterschritten werden“ (VDS 2012). Die Sektion Sonderpädagogik der DGfE, ein renommierter wissenschaftlicher Fachverband, sieht darin gar die Gefahr von „drastischen Kürzungen der fachrichtungsbezogenen Studienanteile“ und „Deprofessionalisierungen“ (Sektion Sonderpädagogik der DGFE, Dez. 2013). Die nach der Vereinbarung für die Sonderpädagogik auszuweisenden Leistungspunkte wurden freilich nicht geändert, sondern betragen weiterhin 120 LP, und mehr als eine Fachrichtung werden in allen Bundesländern außer Bayern schon heute studiert.

Beide Interventionen thematisieren aus der Sicht der Verbände ein zentrales Problem der bisherigen sonderpädagogischen Strukturen: ihre Segmentierung in sonderpädagogische Förderbereiche oder Fachrichtungen, die – jedenfalls bei den o.a. drei Fachrichtungen – in den konkreten Beeinträchtigungen der Kinder nur selten idealtypisch und isoliert vorkommen. Gleichwohl waren diese Förderschwerpunkte bzw. die ihr zuzuordnenden gesonderten Schulen bisher identitätsstiftend für die Sonderpädagogik und ihre Verbände sowie für die Sektionen der sonderpädagogischen Institute. Zwar kann die geschichtliche Leistung dieser sonderpädagogischen Strukturen einschließlich sogar der „Sonderschulen“ nicht bezweifelt werden, führten sie doch zu einer Professionalisierung im Lichte der jeweils verfügbaren wissenschaftlichen Erkenntnisse und im Rahmen der gesellschaftlichen Vorgaben, z.B. zum Schulsystem. Wenn aber heute diese historisch gewachsenen Strukturen als Garant für fachliche Solidität und damit als Argument gegen ihre Fortentwicklung in Stellung gebracht werden, so korreliert das nicht mit dem inzwischen verfügbaren Wissen um den geringen Erklärungswert der Bezeichnungen der Förderschwerpunkte bzw. um die Wirkung der damit einher gehenden sonderpädagogischen Kategorisierungen in pädagogischen und sozialen Kontexten. Auch wenn für Schulministerien naturgemäß der o.a., sich ändernde schulische Bedarf im Vordergrund steht, sind es jedoch nicht nur pragmatische Interessen an einer „quantitativ ausreichenden Qualifizierung für den Ausbau der Inklusion …" , wie die DGfE in ihrem Schreiben mutmaßt, die in den Ländern zu einem Nachdenken über den Zuschnitt der Förderbereiche geführt haben. Vielmehr sind es auch qualitative Erwägungen, die mit der schwindenden schulischen Bedeutung der traditionellen Förderbereiche – bei gleichzeitigem hohen Bedarf an sonderpädagogischer Expertise – zu tun haben. Die einzelnen Kinder folgen mit ihren Beeinträchtigungen nicht der hergebrachten Struktur und Scholastik der Sonderpädagogik und die inklusive Klasse insgesamt ist bezüglich der sonderpädagogischen Bedarfe ausgesprochen „bunt". Eine Entwicklung übrigens, die bereits in der „Integration" zu beobachten war und die in der Inklusion an Dringlichkeit gewinnt. Das gilt vor allem für die Bereiche „Lernen", „Emotionale und soziale Entwicklung" und „Sprache". In den (sonder-)pädagogischen Wissenschaften findet diese Debatte ihren Niederschlag u.a. in den Debatten um Strategien der Dekategorisierung. In diesem Zusammenhang werden neue Qualitätsindikatoren für sonderpädagogische Förderung gefordert, die system- und situationsspezifisch sind, jedenfalls aber nicht ausgerichtet sind am Kategoriensystem der Förderschwerpunkte (Moser 2012). Abgeschlossen ist die Entwicklung der Strukturen, in denen sonderpädagogische Expertise bestmöglich zur Wirkung kommt, also sicher noch nicht. Dafür spricht auch, dass schon vor der Überarbeitung der Rahmenvorgaben einzelne Hochschulen aus eigener Initiative damit begonnen haben, Förderschwerpunkte „crosskategorial" zusammenzufassen. Hintergrund waren z.B. in Hamburg u.a. die Erfahrungen mit der sonderpädagogischen Arbeit in integrativen Schulen.[1]

---

[1] Bereits seit 2008 wird in Hamburg das sonderpädagogische Studium im Bachelor als erziehungswissenschaftliches Hauptfachstudium mit behindertenpädagogischem Profil studiert: Die Förderschwerpunkte „Lernen", „Sprache", und „Emotionale und soziale Entwicklung" werden „crosskategorial" als erstes behindertenpädagogisches Fach studiert, hinzu kommt ein Orientierungsmodul zu den übrigen behindertenpädagogischen Fachrichtungen bzw. Förderschwerpunkten. Im Masterstudium tritt ein zweites behindertenpädagogisches Fach hinzu: Vertiefung in „Lernen, Sprache, Emotionale und soziale Entwicklung" oder „Geistige Entwicklung", „Körperliche und motorische Entwicklung" bzw. „Sehen" oder „Hören". Diese Studiengangsarchitektur wurde vom FB Erziehungswissenschaft, Sektion Behindertenpädagogik entwickelt. Sie erfüllt quantitativ und qualitativ die Vorgaben der KMK.

Es hat sich gezeigt, dass auch eine äußerst behutsame Anpassung der Rahmenvorgaben die KMK nicht davor schützt, zur Projektionsfläche für Probleme zu werden, die in der Wissenschaftsdomäne (einschließlich der o.a. Verbände!) nicht angegangen, geschweige denn ausgetragen wurden. Die KMK allein wird diesen Spannungsbogen nicht auflösen können, sondern muss auf Klärungen innerhalb der Wissenschaften selbst und auf weitere Entwicklungen in den Ländern setzen. Impulse für diese notwendigen Diskurse können sehr wohl von der KMK ausgehen, das hat nicht zuletzt die kurze Geschichte der Inklusion gezeigt, denn nicht zuletzt durch das Wirken der KMK ist die Inklusion inzwischen in Deutschland angekommen.

Literatur

DGfE, Sektion Sonderpädagogik (2013): Rahmenvereinbarung über die Ausbildung und Prüfung für ein sonderpädagogisches Lehramt. Schreiben an den Präsidenten der Kultusministerkonferenz vom 10.12.2013. (unveröffentlicht).

Katzenbach, D. (2013): Inklusion und Lehrerbildung, (Sonder-)Pädagogische Perspektiven, Einleitungsreferat auf dem KMK-Fachgespräch am 27.09.2013 in Berlin. (unveröffentlicht).

Klemm, K. & Preuss-Lausitz, U. (2011): Auf dem Weg zur schulischen Inklusion in Nordrhein-Westfalen. Empfehlungen zur Umsetzung der UN-Behindertenrechtskonvention im Bereich der allgemeinen Schulen. Gutachten im Auftrag des Ministeriums für Schule und Weiterbildung des Landes Nordrhein-Westfalen. Essen und Berlin, Juni 2011.

KMK (2004): Standards für die Lehrerbildung: Bildungswissenschaften. Beschluss der Kultusministerkonferenz vom 16.12.2004. Online unter: http://www.kmk.org/fileadmin/veroeffent lichungen_beschluesse/2004/2004_12_16-Standards-Lehrerbildung-Bildungswissenschaf ten.pdf. Zugriff: 12.06.2014.

KMK (2008): Ländergemeinsame inhaltlichen Anforderungen für die Fachwissenschaften und ihre Didaktiken. Beschluss der Kultusministerkonferenz, vom 16.10.2008. Online unter: http://www.kmk.org/fileadmin/veroeffentlichungen_beschluesse/2008/2008_10_16_Fachpro file-Lehrerbildung.pdf. Zugriff: 12.06.2014.

KMK (2009): Pädagogische und rechtliche Aspekte der Umsetzung des Übereinkommens der Vereinten Nationen vom 13. Dezember 2006 über die Rechte von Menschen mit Behinderungen (Behindertenrechtskonvention – VN-BRK) in der schulischen Bildung. Online unter: http://www.kmk.org/fileadmin/veroeffentlichungen_beschluesse/2010/2010_11_18-Behinder tenrechtkonvention.pdf. Zugriff: 10.10.2013.

KMK (2011): Inklusive Bildung von Kindern und Jugendlichen mit Behinderungen in Schulen. Beschluss der Kultusministerkonferenz vom 20.10.2011. Online unter: http://www.kmk.org/ fileadmin/veroeffentlichungen_beschluesse/2011/2011_10_20-Inklusive-Bildung.pdf. Zugriff: 10.10.2013.

KMK (2013): Rahmenvereinbarung über die Ausbildung und Prüfung für ein sonderpädagogisches Lehramt (Hier Lehramtstyp 6). Beschluss der Kultusministerkonferenz vom 06.05.1994. Online unter: http://www.kmk.org/fileadmin/veroeffentlichungen_beschluesse/ 1994/1994_05_06-RV_Lehramtstyp_6.pdf. Zugriff: 10.10.2013.

Moser, V. (2012): Braucht die Inklusionspädagogik einen Behinderungsbegriff? In: Zeitschrift für Inklusion-online.net, 03.2012 Online unter: http://www.inklusion-online.net/index.php/inklusion-online/article/view/40/40. Zugriff: 10.10.2013.

Schecker, H., Richter, P., Ralle, B. & Eilks, I. (2013): Grundlagen der Erarbeitung von Vorschlägen für die Weiterentwicklung der Ländergemeinsamen inhaltlichen Anforderungen für die Fachwissenschaften und Fachdidaktiken in der Lehrerbildung für die Fachprofile Physik und Chemie. Sept. 2013 (noch nicht Online).

Schuck, K.-D. (2013): Sonderpädagogik und Didaktik: Das Thema Inklusion in den Lehrämtern für verschiedene Schularten, Vortragspräsentation auf dem 6. Bundestreffen der Zentren für Lehrerbildung, Leipzig, 26./27 April 2013.

Universität Hamburg (2014): Eine Beschreibung des Studiengangs online unter: http://www.zlh-hamburg.de/nomenu/lehrer-werden-in-hamburg-las/. Zugriff: 10.10.2013.

VDS (2013): Sicherung der notwendigen Qualität der Lehrerbildung in Deutschland. Anfrage an die Wissenschaftsministerien aller 16 Bundesländer, Würzburg 9.12.2013 (unveröffentlicht).

Katja Koch

Ausgewählte Empfehlungen der Expertenkommission „Inklusive Bildung in Mecklenburg-Vorpommern bis zum Jahr 2020“ und Konsequenzen für die universitäre Lehramtsausbildung

Abstract

Der Beitrag beschreibt ausgewählte Empfehlungen aus dem Bericht der Expertenkommission „Inklusive Bildung in Mecklenburg-Vorpommern bis zum Jahr 2020“ zu den zwei zentralen Handlungsfeldern frühkindliche und schulische Bildung. Ausgehend davon werden Konsequenzen dargelegt, die sich unter Beachtung des derzeitigen Stands der empirischen Forschung für die universitäre Ausbildung von Lehrerinnen und Lehrern für inklusive Schulen ergeben. Aufgrund der relativ ähnlichen Ausgangssituation in vielen Bundesländern verstehen sich diese Ausführungen als ein Beitrag zur bundesweiten Diskussion.

1 Einleitung

Die Umgestaltung des deutschen Bildungssystems zu einem inklusiven ist die derzeit größte Herausforderung. Trotz Föderalismus ist die Ausgangslage dabei in ihren wesentlichen Aspekten für alle Bundesländer ähnlich: a) Die schulische Förderung für Kinder/Jugendliche mit Behinderungen ist in Deutschland außerordentlich stark ausdifferenziert. Allen in der KMK formulierten Förderschwerpunkten entsprechen je eigene Schulformen (siehe KMK 2011). b) Der sonderpädagogische Förderbedarf wird gegenwärtig entweder über die Beschulung in einer Förderschule oder über einen schülerinnen- und schülerbezogenen zusätzlichen Unterrichtsbedarf bei Gemeinsamem Unterricht (GU) gewährleistet. Dabei unterscheiden sich sowohl die Quoten der Schülerinnen und Schüler mit sonderpädagogischem Förderbedarf als auch die Inklusionsquoten in den Bundesländern stark voneinander. c) Die universitäre Lehramtsausbildung bereitet auf ein inklusives Bildungssystem nur unzureichend vor.

2 Zur Arbeit der Expertenkommission

In Mecklenburg-Vorpommern war bereits in den vergangenen Jahrzehnten intensiv an der Gestaltung von Möglichkeiten zur gemeinsamen Unterrichtung von Kindern mit und ohne Förderbedarf gearbeitet worden. Nach einer Analyse von Klemm (2013) wurden hier im Schuljahr 2011/12 bereits 30,4% aller Kinder mit sonderpädagogischem Förderbedarf im Gemeinsamen Unterricht beschult. Dem gegenüber stand jedoch (Schuljahr 2011/12) der mit 10,9% bundesweit höchste Anteil von Schülerinnen und Schülern mit sonderpädagogischem Förderbedarf. Der Beginn eines systematischen Umgestaltungsprozesses in Mecklenburg-Vorpommern kann mit der Wahlperiode 2011–16 datiert werden, in der sich die Koalition darauf verständigte, dass „perspektivisch [...] so viele Kinder wie möglich an allgemein bildenden Schulen unterrichtet werden [sollen]" (Koalitionsvereinbarung 2011–16, Ziffer 187). Mit dem Ziel, für dieses Vorhaben fachliche Empfehlungen zu erarbeiten, wurde durch den Minister für Bildung, Wissenschaft und Kultur des Landes Mecklenburg-Vorpommern im Januar 2012 eine Expertenkommission berufen. Formulierter Auftrag dieser Kommission war es, bis zum 31. Oktober 2012 eine *Gesamtkonzeption für die zukünftige Gestaltung und schrittweise Umsetzung eines inklusiven Bildungssystems in Mecklenburg-Vorpommern bis zum Jahr 2020* zu entwickeln.

Diese Kommission (EPK M-V) bestand aus Fachexpertinnen und -experten aus Wissenschaft, pädagogischer Praxis und Verwaltung. Flankiert wurde die Arbeit der Expertenkommission durch ein Gremium aus Vereinen und Interessenvertretungen (sog. Begleitgruppe), welches den Prozess der Erstellung der Empfehlungen fortlaufend kritisch begleitete und kommentierte.

Die Kommission orientierte sich bei ihrer Arbeit an folgenden Prämissen:

- Inklusion wird verstanden als eine besondere Qualität von Unterricht und Erziehung mit dem Ziel einer möglichst weitreichenden Beschulung von Schülerinnen und Schülern mit Behinderungen und Benachteiligungen in der Regelschule. Demzufolge haben sich alle Schulformen der Inklusion aller Kinder und Jugendlichen zu öffnen.
- Die Empfehlungen der EPK M-V sollen anschlussfähig sein an a) die bisherigen Praxiserfahrungen aus dem Gemeinsamen Unterricht (GU) im Land, bundesweit und international, b) die wissenschaftlichen Diskurse und Forschungserkenntnisse sowohl der sonderpädagogischen als auch der schulpädagogischen Fachdisziplinen, c) die landesspezifischen Gegebenheiten (indem regionalspezifische demografische Perspektiven, personelle, bauliche und finanzielle Gegebenheiten sowie mittelfristige Qualifizierungsnotwendigkeiten etc. berücksichtigt werden).

- Die EPK definiert den Zeitraum bis 2020 als einen realistisch planbaren Zwischenschritt auf dem Weg zu einem vollständig inklusiven Bildungssystem (EPK M-V 2012, 14f.).

3 Ausgewählte Empfehlungen der Expertenkommission: *Frühkindliche Bildung*

Kinder, die bereits im Vorschulalter auffällig werden, tragen ein erhöhtes Risiko für eine ungünstige Schulkarriere. Trotz einer nahezu flächendeckenden Kindertagesbetreuung (95,8% der über Dreijährigen) weisen in Mecklenburg-Vorpommern etwa 12% bis 15% aller Kinder bereits bei Schulbeginn deutliche Probleme bei der kognitiven, sprachlichen, motorischen und sozial-emotionalen Entwicklung auf (Koch et al. 2009) und bedürfen besonderer entwicklungsfördernder Hilfen, um negativen Folgen für ihre weitere Bildungsperspektive präventiv entgegenzutreten. Von großer Bedeutung hierbei ist, so der gegenwärtige wissenschaftliche Kenntnisstand, die Vermittlung bestimmter Basiskompetenzen; hierzu zählen insbesondere die Vorläuferfähigkeiten für den Erwerb der Kulturtechniken. Über eine verstärkte individuelle Förderung aller Kinder hinaus müssen insbesondere auch die Kinder in den Fokus rücken, bei denen besondere Entwicklungsrisiken vorliegen. Notwendige Voraussetzung ihrer frühen Förderung sind das Erfassen ihres Entwicklungsstandes sowie die Identifikation ihrer Entwicklungsprobleme. Unumgänglich ist hierfür die Stärkung der Kindertageseinrichtungen als Bildungseinrichtungen sowie die Anerkennung ihrer schulvorbereitenden Funktion. Damit einhergehen muss das frühe Erkennen von Risiken mittels qualifizierter diagnostischer Instrumente. Die Expertenkommission empfiehlt hierzu ein dreistufiges Vorgehen:

1. Die kontinuierliche prozessbegleitende Beobachtung und Dokumentation durch die Fachkraft sowie regelmäßige Elterngespräche über den Stand der kindlichen Entwicklung sowie deren optimale Förderung. Für jedes Kind ist ein Portfolio zu führen, in dem die Förderpläne und -maßnahmen sowie die Ergebnisse der Förderung zu hinterlegen sind.

Die alltagsintegrierte Beobachtung und Dokumentation der kindlichen Entwicklungsprozesse wird als selbstverständliches Merkmal guter pädagogischer Praxis angesehen. Sie ist zu ergänzen durch den

2. mindestens jährlichen Einsatz eines Screeningverfahrens mit dem Ziel, Kinder mit Förderbedarf in verschiedenen Entwicklungsbereichen zu identifizieren. Basierend auf den Ergebnissen des Screenings werden Ziele der individuellen Förderung festgelegt und Fördermaßnahmen eingeleitet. Wenn bei Kindern hierbei eine Abweichung vom wünschenswerten Ent-

wicklungsstand und damit ein sonderpädagogischer Förderbedarf festgestellt wird, sind die Fachkräfte in den Kindertageseinrichtungen und die Tagespflegepersonen verpflichtet, für jedes Kind einen individuellen Förderplan mit geeigneten Förderinstrumenten, Zielen und Förderzeiträumen zu entwickeln. Dieser Förderplan dient gleichzeitig der Dokumentation und wird im Portfolio abgelegt. Nach Durchführung und Beendigung der gewählten Fördermaßnahmen – spätestens zum Zeitpunkt der jährlichen Diagnostik der Entwicklungsstände – sollte nachweisbar sein und erneut dokumentiert werden, inwieweit sich das zuvor beschriebene Entwicklungsdefizit verändert hat und wie die weitere individuelle Förderung anhand eines angepassten Förderplanes erfolgt.
Die Erhebung sollte in normale Alltagssituationen eingebunden sein, spätestens drei Monate nach Eintritt des Kindes in die Kindertageseinrichtung durchgeführt werden, und die Ergebnisse sind im Portfolio (siehe 1) festzuhalten.

3. Ergeben sich aus den Screenings Hinweise auf gravierende Entwicklungsverzögerungen, erfolgt eine Diagnostik mit standardisierten Testverfahren. Diese diagnostische Absicherung erfolgt nur bei Kindern mit Bedarf an besonderer Förderung.[1] Sollte sich dabei, aufgrund gravierender Entwicklungsverzögerungen, die Notwendigkeit einer besonderen Förderung bestätigen, sind geeignete Institutionen (z.B. Frühförderung) einzubeziehen.

Weitere Empfehlungen der Kommission beziehen sich auf a) die verbindlichere und effektivere Gestaltung der Schnittstelle zwischen Kita und Grundschule sowie b) auf die Qualifikation der pädagogischen Fachkräfte (siehe EPK M-V 2012, 50ff.).

4 Ausgewählte Empfehlungen der Expertenkommission: *Schulische Bildung*

- Die EPK M-V empfiehlt die inklusive Beschulung der Schülerinnen und Schüler mit sonderpädagogischem Förderbedarf in den Bereichen Lernen, Sprache und Verhalten (LES).

Damit einher gehen Reformen in der Zuweisung von finanziellen Mitteln sowie bei der Feststellung von sonderpädagogischem Förderbedarf. Die bisherige Zuweisungspraxis ist derzeit (beinahe deutschlandweit) an die Zahl der Kinder mit sonderpädagogischem Förderbedarf gekoppelt. Die Diagnose

[1] Diese Diagnostik kann nur von dazu berechtigten Personen (z.B. Sonderpädagoginnen und -pädagogen, Psychologinnen und Psychologen) durchgeführt werden, solange sie nicht fest in der Ausbildungsstruktur der Erzieherinnen verankert ist.

wird damit zur zentralen Einflussgröße zur Vergabe von Mitteln für Förderung. In der Folge dieses Verfahrens stiegen in den letzten 20 Jahren die Anzahl der Kinder mit sonderpädagogischem Förderbedarf sowie der Bedarf an zusätzlichen Unterrichtsstunden zur individuellen Förderung (selbst bei rückläufigen Schülerinnen- und Schülerzahlen wie in M-V) konstant an. Die EPK empfiehlt aus diesem Grund eine budgetierte Zuweisung an Schulen. Mit der sonderpädagogischen Grundausstattung für die Förderschwerpunkte LES entfällt die bislang für diese sonderpädagogische Ressourcenzuweisung nötige Einzelfeststellung zugunsten einer flexiblen und zeitlich offenen, prozessorientierten Diagnostik und Förderung in der allgemeinen Schule.

- Für Kinder mit den Förderschwerpunkten Hören, Sehen, geistige Entwicklung, körperliche und motorische Entwicklung empfiehlt die EPK M-V die Bildung von „Schulen mit spezifischer Kompetenz".

Für diese spezifischen Förderschwerpunkte werden im Zielzeitraum bis 2020 nicht sämtliche Schulen personell, baulich und sächlich ausgestattet werden (können). Um dennoch konkrete wohnortnahe realistische Inklusionsoptionen zu schaffen, sollen in jeder Schulstufe und Schulform *Schulen mit spezifischer Kompetenz* geschaffen werden. Sie werden mit zusätzlichen personellen, sächlichen und ggf. baulichen Voraussetzungen so ausgestattet, dass die inklusive Beschulung der Schülerinnen und Schüler mit o.g. Förderschwerpunkten möglich wird. Solcherart Angebote sollen jedem Alt-Kreis bzw. in jeder kreisfreien Stadt vorgehalten werden. Daneben sollten weitere Schulen, die sich für die inklusive Beschulung von Kindern mit genannten Förderschwerpunkten qualifizieren bzw. spezialisieren wollen, in ihrem Engagement aktiv unterstützt werden.

Die Feststellung dieser Förderschwerpunkte bleibt weiterhin individuell, dafür werden durch den Zentralen Diagnostischen Dienst landeseinheitliche Standards erarbeitet. Die Entscheidung, ob ihr Kind an einer Förderschule oder im Gemeinsamen Unterricht unterrichtet wird, liegt bei den Sorgeberechtigten. Bei inklusiver Beschulung wird der Anteil von zusätzlichen Stunden nach dem ‚Rucksackprinzip' für die sonderpädagogische Förderung eines Kindes in den genannten Förderschwerpunkten in der allgemeinen Schule realisiert. Bei Einverständnis der Beteiligten kann anstelle der Beschulung an einer „Schule mit spezifischer Kompetenz" ebenso eine Beschulung an anderen Regelschulen erfolgen.

Der Vorschlag zur Entwicklung eines Netzes von allgemeinen Schulen mit spezifischer Kompetenz bedeutet einerseits, dass nicht jede Schule bis 2020 (für alle Förderschwerpunkte) barrierefrei sein muss, andererseits enthält er die Verpflichtung des Landes, den wohnortnahen Zugang zu inklusiven allgemeinen Schulen zu realisieren.

Die inklusive Grundschule sowie die inklusiven Schulen der Sekundarstufe orientieren sich am Ziel einer optimalen Förderung aller Schülerinnen und Schüler. Zentrales konzeptionelles Element der inklusiven Schule ist eine inklusionsförderliche Gesamtatmosphäre, die sich in den methodisch-didaktischen, diagnostischen, beratenden und organisatorischen Kompetenzen des Personals konkretisiert (EPK M-V 2012, 66ff.). Als tragfähige Elemente einer inklusiven Schule sind der Gedanke der schulischen Prävention, damit verbundene Methoden (siehe den Beitrag Blumenthal & Hartke in diesem Band) sowie die Didaktik und Methodik eines inklusionsförderlichen Unterrichts anzusehen.

5 Konsequenzen für die universitäre Ausbildung von Lehrerinnen und Lehrern für inklusive Schulen

Die Transformation zu einem inklusiven Bildungssystem muss, will sie erfolgreich sein, mit der Weiterentwicklung der Lehramtsausbildung verbunden sein. Aus der Ratifizierung der UN-Konvention über die Rechte von Menschen mit Behinderungen resultieren für die universitäre Ausbildung Handlungsbedarfe auf (mindestens) drei Ebenen:

1. Inklusionsorientierte Ausbildung der Lehramtsstudierenden aller Schularten und Schulstufen;
2. Inklusionsorientierte Professionalisierung des an der Lehramtsausbildung beteiligten Hochschulpersonals;
3. Weiterentwicklung der inklusionsorientierten Ausgestaltung der Hochschulen selbst (dies umfasst alle Maßnahmen, die behinderten/chronisch kranken Studierenden ein barrierefreies Studium ermöglichen).

Inklusionsorientierte Ausbildung der Lehramtsstudierenden

Den Hintergrund für alle folgenden Ausführungen zur inklusionsorientierten Ausbildung von Lehramtsstudierenden bilden zwei grundlegende Herausforderungen: 1. Es muss eine Vorstellung von gelingender Lehrerinnen- und Lehrerbildung für eine inklusive Praxis entworfen werden, die es noch gar nicht gibt. Sie soll erst durch die Professionellen hergestellt werden, die diese Lehrerinnen- und Lehrerbildung durchlaufen haben (Heinrich et al. 2013, 100). Empirische Forschungsergebnisse existieren aus diesem Grund derzeit nur sehr begrenzt. Aus der bisherigen Lehramtsausbildung sowie aus der gegenwärtigen Praxis lassen sich nur sehr bedingt Handlungsempfehlungen ableiten, immerhin beziehen sich beide hauptsächlich auf separierende Systeme. Daher kommt man nicht umhin, für die Weiterentwicklung der gegen-

wärtigen Lehramtsausbildung auch eine normative Position von inklusionsorientierter Ausbildung zu entwickeln.
2. Das zu vermittelnde professionelle Profil ist an den Prozess der Ausdifferenzierung inklusiver Prozesse und Strukturen im Schulsystem selbst gekoppelt! Für die Bestimmung von Ausbildungszielen ist es relevant, in welchen konkreten Formen sich die inklusive Schule (z.B. im Bundesland) realisiert (Heinrich et al. 2013, 100). Gerade weil die Transformation des Bildungswesens kein kurzfristiger Prozess sein wird und weil bis dato unklar ist, in welchen Teilschritten die einzelnen Bundesländer diesen Transformationsprozess vollziehen, müssen die Lehramtsstudierenden aller Schularten und Schulstufen auf unterschiedliche und (temporär oder dauerhaft) nebeneinander existierende (organisatorische) Formen von Inklusion ausgebildet werden.[2]
Die Weiterentwicklung der Lehramtsausbildung muss sich sowohl auf die fachlich-inhaltliche, als auch auf die strukturell-organisatorische Ebene beziehen. Die Beschreibung von Anforderungen an Lehrkräfte erfolgt gemeinhin in Professionalisierungsmodellen, die sich nach Terhart (2010, 91ff.) in strukturtheoretische, kompetenztheoretische und bildungsbiographische Ansätze klassifizieren lassen. Die folgenden Ausführungen sehen sich einem kompetenztheoretischen Ansatz verpflichtet: Auf Grundlage einer Analyse des nationalen und internationalen (empirischen) Forschungsstandes (siehe auch Heinrich et al. 2013) werden grundsätzliche Überlegungen sowohl für die zu erwerbenden Kompetenzen als auch hinsichtlich der Ausbildungsstrukturen dargestellt und konkrete Ableitungen für die universitäre Ausbildungspraxis beschrieben.

Notwendige Kompetenzen für Lehrkräfte an inklusiven Schulen
Die zentrale Anforderung an professionelles pädagogisches Handeln ist – das gilt in jeglicher Schulform und in jeglicher Schulstufe – ein adaptiver Umgang mit den individuellen Lernvoraussetzungen der Schülerinnen und Schüler. Ziel ist dabei die optimale Passung zwischen individuellen Voraussetzungen der Schülerinnen und Schüler und dem Sachinhalt des Unterrichts. Inklusion vergrößert die Heterogenität von Lerngruppen und erhöht damit die Anforderung an die Adaptivität von Lehr-Lern-Prozessen (Heinrich et al. 2013, 82). Um hier erfolgreich handeln zu können, benötigen Lehrkräfte Kompetenzen in folgenden zentralen pädagogischen Handlungsfeldern:
Didaktik, Methodik: Der Unterricht für inklusive Gruppen unterscheidet sich nicht grundsätzlich von dem in Regelschulklassen. Sowohl die Praxiserfahrungen im Gemeinsamen Unterricht als auch die Erkenntnisse der integrati-

[2] Dies korrespondiert mit dem im Abschnitt 2 genannten, dem Bericht der EPK M-V zugrundeliegenden Postulat, sich an landesspezifischen Gegebenheiten zu orientieren.

ven Begleitforschung sind kompatibel mit den Merkmalen *guten Unterrichts* (Klemm & Preuss-Lausitz 2011, 33 auf Basis der internationalen und nationalen empirischen Unterrichtsforschung; EPK M-V 2012, 78ff.). Aufgrund der besonderen Lernbedürfnisse, die aus Lernproblemen und Behinderungen resultieren, ist es in allererster Linie dringend notwendig, die Qualität des Unterrichts zu fokussieren! Sonderpädagogisches Wissen muss hierbei als zentrales Moment von Didaktik betrachtet werden (Davis & Florian 2004)! Aspekte, die dabei (als Merkmale guten Unterrichts) besondere Beachtung erfahren müssen, sind: Classroom-Management zur Effektivierung der Lernzeit sowie zur Prävention von Störungen, methodische Struktur und methodisches Repertoire zur Realisierung von Individualisierung und Differenzierung, Lernfortschrittsdokumentation und -überprüfung (vgl. auch Hattie 2013). Ein international inzwischen breit akzeptiertes Rahmenkonzept zur inklusiven Bildung (Hillenbrand 2013, 42) sowie zur Prävention von sonderpädagogischem Förderbedarf insbesondere in den Bereichen Lernen, Sprache und sozial-emotionale Entwicklung ist der Response-to-Intervention (RTI)-Ansatz. Zentrale Aspekte bei der Gestaltung präventiver Hilfen hierbei sind Mehrebenenprävention, Evidenzbasierte Förderung, objektive, reliable, valide und förderrelevante Diagnostik sowie Lernfortschrittsüberprüfung (siehe detailliert EPK M-V 2012, 72ff. sowie Blumenthal & Hartke in diesem Band).

Fachliches und fachdidaktisches Wissen und Können: Zur Sachkompetenz von Lehrkräften gehört fachdidaktische, fachwissenschaftliche, pädagogisch-psychologische und entwicklungspsychologische Expertise (Helmke 2009). Als besonders bedeutend wird von Hattie die *Verknüpfung* von fachlichem und fachdidaktischem Wissen und Können herausgestellt (2013, 25). Für die Arbeit von Lehrkräften an Regelschulen ist es zudem wichtig, über elementare Kenntnisse bzgl. Symptomatik, Epidemiologie und Ätiologie verschiedener Formen von Behinderungen zu verfügen.

Diagnostik: Diagnostische Kompetenzen sind *Basiskompetenzen* (Helmke 2009). Dabei hat jegliche Diagnostik im Dienst der pädagogischen Förderung zu stehen! Es herrscht weitestgehend Konsens, dass im Hinblick auf die zu erreichenden Kompetenzen insbesondere die Beobachtung sowie Dokumentation und Überprüfung von Lernprozessen (unterrichtsfachbezogen!) eine wesentliche Rolle spielen. Lehrkräfte benötigen diagnostische Kompetenzen für besondere Lernausgangslagen aufgrund spezifischer Behinderungen, gleichermaßen müssen sie zur Festlegung von Zielen des Unterrichts/der Förderung in der Lage sein, die nächsten Lern- bzw. Entwicklungsschritte („Zone der nächsten Entwicklung“) zu bestimmen.

Kooperation: Befunde von Terhart & Klieme (2006) zeigen, dass an guten Schulen die Kooperation zwischen Lehrkräften anspruchsvoller ist als an weniger erfolgreichen Schulen. Kooperation hat dabei sowohl positive Auswirkungen auf die Unterrichtsqualität als auch auf die Lernleistungen der Schülerinnen und Schüler. Die herausragende Bedeutung der Kooperation zwischen den Lehrkräften ist auch im Kontext der Integrationspädagogik intensiv diskutiert worden: Inklusive Schulen sind ohne anspruchsvolle Formen der Kooperation der Lehrkräfte mit unterschiedlichen Kompetenzprofilen nicht zu realisieren. Heinrich et al. (2013, 90) leiten aus diesen Befunden ab, dass Lehrkräfte für mannigfache Formen der Teamarbeit ausgebildet werden müssen. Dazu gehören theoretische Grundlagen ebenso wie konkrete (Praxis-)Erfahrungen während des Studiums.

Beratung: Indem Sonderpädagoginnen und -pädagogen explizit als Expertinnen und Experten an Schulen kommen, um beratend zu wirken, verschiebt sich ihre Berufsrolle in inklusiven Beschulungsformen deutlich hin zu beratenden Anteilen (EPK M-V 2012). Notwendig sind insbesondere Beratungsangebote für Eltern und Lehrkräfte an Regelschulen. Für die Lehramtsausbildung ergeben sich hieraus Notwendigkeiten auf zwei Ebenen: a) die Implementierung spezialisierter Beratungskompetenzen im Lehramt Sonderpädagogik b), für alle Lehrämter: die Befähigung zu einer produktiven Nutzung von und Partizipation an Beratungsprozessen.

Schulentwicklung: Da die Einführung des inklusiven Schulsystems auch als ein Entwicklungsprozess einzelner Schulen zu sehen ist, muss die professionelle Kompetenz zur Partizipation an Schulentwicklungsprozessen als wichtiges Ziel der Lehrerinnen- und Lehrerbildung angesehen werden (Heinrich et al. 2013, 92)!

Zu den Handlungsvoraussetzungen von Lehrerinnen und Lehrern gehören neben ihren Kompetenzen auch Einstellungen und Überzeugungen. Gerade für den Umgang mit Heterogenität sind Lehrerinnen- und Lehrereinstellungen und -überzeugungen (Attitudes, Beliefs) von zentraler Bedeutung (Baumert & Kunter 2008). Aus diesem Grund existiert über Einstellungen sowie ihre Veränderungen eine Vielzahl von Forschungsbefunden. Als zentral kann die Aussage von Rix et al. (2006) gelten, nach denen Lehrkräfte, welche die Unterrichtung von Schülerinnen und Schülern mit sonderpädagogischem Förderbedarf als Teil ihrer professionellen Rolle ansehen, qualitativ hochwertigeren Unterricht in inklusiven Lerngruppen realisieren. Die einschlägigen Befunde legen nahe, dass positive Einstellungsveränderungen notwendig sind und durch spezifische Lehrmodule zum Themenbereich Inklusion erreicht werden können (Lancaster & Bain 2007). Gleichzeitig wird deutlich, dass theoretische Einführungen allein nicht reichen, negative Einstellungen nachhaltig abzubauen (z.B. Molina 2006). Sharma et al. (2008) berichten, dass sozialer Kontakt mit Schülerinnen und Schülern mit sonderpädagogischem Förderbedarf während der Lehramtsausbildung die Einstellungen sowie die Bereitschaft der Studierenden, sich auf Inklusion einzulassen, verbessert. Als erfolgreich erweisen sich zusammengenommen Projekte, die „neben umfassenden Informationen über individuelle Unterschiede im Lernen und zum Thema Behinderung (Seminarform) auch Tutorien und angeleitete praktische Erprobungen umfassen" (Hillenbrand 2013, 51 nach Analyse des internationalen Forschungsstandes).

Zusammenfassend lassen sich aus o.g. Punkten folgende Konsequenzen für die universitäre Lehramtsausbildung formulieren:

- Implementierung sonderpädagogischer Module zur Vermittlung grundlegenden Wissens und o.g. grundlegender Kompetenzen (siehe oben) an Studierende aller Schularten und Schulstufen;
- inklusionsorientierte Ausgestaltung der Bildungswissenschaften sowie der Fachdidaktiken im Hinblick auf die o.g. Kompetenzen;
- Vermittlung diagnostischer Kompetenzen für besondere Lernausgangslagen aufgrund spezifischer Behinderungen in allen Lehramtsausbildungsgängen;
- Studierenden aller Regelschul-Lehrämter ist sozialer Kontakt mit Schülerinnen und Schülern mit sonderpädagogischem Förderbedarf zu ermöglichen;
- für Studierende der Regelschul-Lehrämter müssen explizit Möglichkeiten zur aktiven und intensiven Reflexion grundlegender Wertüberzeugungen (Beliefs) und Einstellungen (Attitudes) geschaffen werden (vgl. auch Lindmeier 2014);
- Studierenden aller Lehrämter sind Praxiserfahrungen anspruchsvoller Teamarbeit und Kooperation in inklusiven Settings zu ermöglichen;
- Studierende der Regelschul-Lehrämter müssen zu einer produktiven Nutzung von und zur Partizipation an Beratungsprozessen befähigt werden;
- Studierende aller Lehrämter müssen Kompetenzen zur Gestaltung und Partizipation an Schulentwicklungsprozessen erwerben.

Als grundlegende Erkenntnis muss konstatiert werden, dass die Entwicklung zu einem inklusiven Schulsystem Auswirkungen auf die *Struktur der Lehramtsausbildung* haben muss. Eine *Verschränkung der Ausbildung der Lehrämter* ist derzeit in drei Modellen zu denken:

a) einzelne Kurse über spezielle sonderpädagogische Inhalte werden ins Studium aller Lehrämter implementiert, die Studiengänge bleiben formal und inhaltlich getrennt; b) die Studiengänge bleiben getrennt, aber es wird explizit kooperiert, z.B. werden einzelne Studienteile (z.B. Praxisphasen, Praktika) gemeinsam absolviert; c) alle Lehrämter studieren das gleiche Curriculum, eine Ausbildung im Lehramt Sonderpädagogik entfällt. Bezüglich der Effektivität dieser Modelle sind keine expliziten Befunde bekannt. Es ist jedoch davon auszugehen, dass angesichts der (empirisch belegten) anspruchsvollen und komplexen Anforderungen eine eigenständige Profession Sonderpädagogin ebenso unverzichtbar bleibt (vgl. auch Hillenbrand 2013, 52), wie eine stärkere und verbindliche Kooperation zwischen den Studiengängen. Für eine inklusionsbezogene Gestaltung bzw. evtl. Neuausrichtung *sonderpädagogischer Spezialisierungsmöglichkeiten* liegen bisher keine Forschungsergebnisse vor, im Kontext der Entwicklung eines inklusiven Schulsystems ist jedoch davon auszugehen, dass eine Kombination verschiedener Förderschwerpunkte als Strukturprinzip richtungsweisend sein wird (Heinrich et al. 2013, 96). Für die *Bedeutung der Praxisphasen* in Lehramtsstudiengängen gibt es nur sehr wenige aussagekräftige Studien, die Befundlage ist zudem relativ different: Konsens dürfte sein, dass die unmittelbare praktische Erprobung zu einem erweiterten Verständnis kooperativer Prozesse führt. Gudjónsdottir et al. (2008) sehen in authentischen Forschungs- und Lernsettings Potenziale, die inklusive Pädagogik zu unterstützen. Van Laarhoven et al. (2007) können in einer Studie positive Auswirkungen der Integration schulpraktischer Anteile sowohl im Hinblick auf Einstellungsveränderungen als auch in Richtung größerer Akzeptanz von Inklusion sowie Kompetenzzuwachs bei Schülerinnen und Schülern feststellen. Für die Potenziale einer *Kooperation mit Ausbildungsphasen 2 & 3* liegen keine Forschungsergebnisse vor. Die Langfristigkeit des Transformationsprozesses des Bildungssystems legt allerdings eine kooperative inhaltliche Zusammenarbeit zwischen den verschiedenen Phasen der Lehramtsausbildung dringend nahe.

Zusammenfassend lassen sich für die universitäre Lehramtsausbildung folgende Konsequenzen formulieren:

- die Kooperation zwischen den getrennten Studiengängen muss explizit weiterentwickelt werden (gemeinsames Absolvieren einzelner Studienteile wie z.B. Praxisphasen);
- Praxiserfahrungen sollen (für alle Lehrämter) positive Beispiele für gelungene Inklusion ermöglichen;
- Praxiserfahrungen sind inklusiv auszurichten, damit (positiver) sozialer Kontakt zu Schülerinnen und Schülern mit sonderpädagogischem Förderbedarf ermöglicht wird;
- Praxisphasen sind für die praktische Erprobung von anspruchsvoller Teamarbeit und Kooperation anzulegen (z.B. in gemeinsamen Praxisphasen von Regelschul-Lehramtsstudierenden und Studierenden des Lehramts Sonderpädagogik);

- Praxiserfahrungen und studienbegleitende Reflexionen (der inklusiv ausgerichteten) Praxisphasen sind in allen Lehramtsausbildungsgängen verbindlich curricular zu verankern;
- verbindliche Kooperationen zwischen Schulen und Universitäten sind zu etablieren (gedacht werden müssen v.a. Konzepte „mit gegenseitigem Nutzen“, d.h. die Potenziale der Lehramtsanwärter auf verschiedensten Ebenen sind in die Schulpraxis einzubringen!);
- die Einweisung/Ausbildung von Mentorinnen und Mentoren (für Praktika) aus der Schulpraxis ist unter deutlicher Beteiligung der Universitäten zu gestalten;
- Modellversuche sowie flankierende Begleitforschung zu verschiedenen Praktikumsformen sind zu entwickeln;
- phasenübergreifende Zusammenarbeit unter Nutzung der Potenziale der jeweiligen Phasen (z.B. Coaching von Junglehrerinnen und -lehrern);
- Entwicklung postgradualer Aufbaustudiengänge, um den aktuellen Bedarf an inklusionspädagogisch qualifiziertem Personal zu decken;
- Zusammenarbeit mit dem Institut für Qualitätsentwicklung M-V zwecks einer wissenschaftlich fundierten und qualitativ hochwertigen Fortbildung von Lehrkräften im Bereich Inklusion.

Inklusionsorientierte Professionalisierung des an der Lehramtsausbildung beteiligten Hochschulpersonals

Notwendige Voraussetzung einer inklusionsorientierten Ausbildung ist eine inklusionsorientierte Ausgestaltung der Bildungswissenschaften sowie der Fachdidaktiken. Dies stellt die Lehrpersonen vor enorme Herausforderungen, denn aufgrund der sehr differenzierten Ausbildungsstruktur auf allen Ebenen verfügen sie selbst kaum über elementare Kenntnisse und Kompetenzen (im o.g. Kompetenzbereich).

Daraus lassen sich folgende Konsequenzen für die universitäre Lehramtsausbildung generieren:

- systematische und zielgerichtete Qualifikation des Hochschulpersonals (u.a. elementare Kenntnisse bzgl. Symptomatik, Epidemiologie und Ätiologie verschiedener Formen von Behinderungen sowie (Förder-)Diagnostik [Lernfortschrittsdokumentation/-messung], Evidenzbasierte Fördermethoden sowie Transfer v.a. in die Fachdidaktiken;
- Entwicklung eines lehramts- und phasenübergreifenden Grundverständnisses von Inklusion als Basis für kooperativ ausgerichtete Curricula.

Weiterentwicklung der inklusionsorientierten Ausgestaltung der Hochschulen

Laut Angaben des Studentenwerks sind 8% aller Studierenden selbst von Behinderungen bzw. chronischen Erkrankungen betroffen (Deutsches Studentenwerk 2012). Im Alltag der Hochschulen wird die Situation dieser Studierenden bisher noch wenig zur Kenntnis genommen. Wenn das hochschulische Umfeld nicht adäquat auf die spezifischen Bedürfnisse reagiert, können daraus erhebliche Erschwernisse für diese Studierenden resultieren. Fachkräfte müssen in die Lage versetzt werden, die besonderen Bedürfnisse von Studierenden mit Beeinträchtigungen zu erkennen und in der Lehre (sowie in Verwaltungsverfahren, z.B. Prüfungen) entsprechend zu berücksichtigen (Lelgemann et al. 2013). Das Lehrpersonal an den Universitäten ist für diese Aufgabe gegenwärtig noch denkbar schlecht gerüstet. Neben dem Bewusstsein über die Problematik fehlen elementare Kenntnisse über Symptomatik, Epidemiologie und Ätiologie verschiedener Formen von Behinderungen sowie über die didaktisch-methodische Gestaltung von Lehrveranstaltungen.

Daraus ergeben sich die folgenden Konsequenzen für die universitäre Lehramtsausbildung:

- systematische und zielgerichtete Qualifikation des Hochschulpersonals durch Fortbildungen zur Sensibilisierung, zur Vermittlung elementarer Kenntnisse bzgl. Symptomatik, Epidemiologie und Ätiologie verschiedener Formen von Behinderungen, zu Methoden und Techniken einer barrierefreien Hochschuldidaktik;
- perspektivisch verbindliche Verankerung von inklusionsbezogenen Kompetenzen als Lehrziele in hochschuldidaktischen Curricula (Tippelt & Schmidt-Hertha 2013).

Für die Realisierung einer inklusiven Hochschulbildung müssen neben den beteiligten Fachkräften ebenso die Rahmenbedingungen des professionellen Handelns in den Blick genommen werden.

6 Ausblick

Das Vorhaben, ein inklusives Bildungssystem zu entwickeln, stellt das Land Mecklenburg-Vorpommern auf vielen Ebenen vor große Herausforderungen: Zum einen gilt es, das Schulsystem selbst weiterzuentwickeln. Zum anderen muss die Ausbildung derer, die in diesen inklusiven Schulen tätig sind, qualitativ weiterentwickelt werden, mithin also die Lehramtsausbildung an Hochschulen und Universitäten. Und nicht zuletzt hat auch diese Ausbildung selbst deutliche Potenziale hinsichtlich einer inklusiven Ausgestaltung. Dass

dies noch ein längerer Weg und zudem eher kein Spaziergang wird, mag nur allzu deutlich sein.
Nicht vergessen werden sollte jedoch, dass bereits eine nicht unerhebliche Zahl von Schulen diesen Weg begonnen hat und durchaus erfolgreich inklusiv arbeitet.
Ebenso sollen die zahlreichen Initiativen an Hochschulen und Universitäten des Landes nicht unerwähnt bleiben, die sich auf die Einrichtung inklusionsorientierter Studiengänge oder auch auf die Fort- und Weiterbildung von Lehrerinnen und Lehrern beziehen. Ein deutlicher Schritt in Richtung Inklusion ist ebenso darin zu sehen, dass Studierenden aller Lehrämter in Mecklenburg-Vorpommern nunmehr grundlegende Kenntnisse über den Umgang mit verschiedenen Förderbedarfen vermittelt werden.
Diese und viele weitere, hier ungenannte Beispiele geben Hoffnung für den weiteren Weg und seine Herausforderungen. Der Startschuss ist, auch das zeigen diese Beispiele, lange gefallen. Und die Herausforderung ist, getragen von der Überzeugung, dass der Weg zur inklusiven Schule auch einer zu einer besseren Schule für *alle* Kinder und ein Weg zu einer chancengerechteren Gesellschaft insgesamt sein kann, längst angenommen. Es bleibt nun zu hoffen, dass möglichst viele der Empfehlungen Eingang in die bildungspolitischen Entscheidungen des Landtages und der Landesregierung finden werden.

Literatur

Baumert, J. & Kunter, M. (2006): Stichwort: Professionelle Kompetenz von Lehrkräften. In: Zeitschrift für Erziehungswissenschaften, 9. Jg, H. 4, 469–520.

Blumenthal, Y., Hartke, B. & Koch, K. (2010): Mecklenburger Längsschnittstudie: Wie effektiv sind Diagnoseförderklassen? In: Zeitschrift für Heilpädagogik, 61. Jg., 331–341.

Davis, P. & Florian, L. (2004): Teaching Strategies and Approaches for Pupils with Special Educational Needs: A Scoping Study. London: DfES.

Deutsches Studentenwerk (Hrsg.) (2012): Beeinträchtigt studieren. Datenerhebung zur Situation Studierender mit Behinderung und chronischer Krankheit 2011. Berlin.

Expertenkommission (EPK) M-V (2012): Zur Entwicklung eines inklusiven Bildungssystems in Mecklenburg-Vorpommern bis zum Jahr 2020. Bericht mit Empfehlungen der Expertenkommission „Inklusive Bildung in M-V bis zum Jahr 2020“. Schwerin. Online unter: http://www.regierung-mv.de/cms2/Regierungsportal_prod/Regierungsportal/de/bm/_Service/Publikationen/index.jsp?&publikid=5862. Zugriff: 28.03.2014.

Gudjónsdottir, H., Cacciattolo, M., Dakich, E., Davies, A., Kelly, C. & Dalmau, M.C. (2008): Transformative Pathways – Inclusive Pedagogies in Teacher Education. In: Journal of Research on Technology in Education, 29. Jg, H. 1, 44–55.

Hattie, J.A. (2013): Lernen sichtbar machen. Überarbeitete deutschsprachige Ausgabe von Visible Learning. (1. Nachdruck). Baltmannsweiler: Schneider Verlag Hohengehren.

Heinrich, M., Urban, M. & Werning, W. (2013): Grundlagen, Handlungsstrategien und Forschungsperspektiven für die Ausbildung und Professionalisierung von Fachkräften für inklusive Schulen. In: Döbert, H. & Weishaupt, H. (Hrsg.): *Inklusive Bildung professionell gestalten – Situationsanalyse und Handlungsempfehlungen*. Münster: Waxmann, 69–133.

Helmke, A. (2009): Unterrichtsqualität und Professionalität. Diagnose, Evaluation und Verbesserung des Unterrichts (2. Aufl.). Seelze-Velber: Klett-Kallmeyer.

Hillenbrand, C., Melzer, C. & Hagen, T. (2013): Bildung schulischer Fachkräfte für inklusive Bildungssysteme. In Döbert, H. & Weishaupt H. (Hrsg.): *Inklusive Bildung professionell gestalten – Situationsanalyse und Handlungsempfehlungen*. Münster: Waxmann, 33–68.

Klemm, K. (2013): Inklusion in Deutschland – eine bildungsstatistische Analyse. Gütersloh: Bertelsmann.

Klemm, K. & Preuss-Lausitz, U. (2011): Auf dem Weg zur schulischen Inklusion in Nordrhein-Westfalen. Empfehlungen zur Umsetzung der UN-Behindertenrechtskonvention im Bereich der allgemeinen Schulen. Online unter: http://www.gew-nds.de/sos/Archiv/NRW_Inklusionskonzept_2011__-_neue_Version_08_07_11.pdf. Zugriff: 17.03.2014.

KMK (2011): Empfehlungen zur sonderpädagogischen Förderung an Schulen Deutschlands (Beschluss der Kultusministerkonferenz vom 06.05.1994). Berlin. Online unter: http://www.kmk.org/fileadmin/veroeffentlichungen_beschluesse/1994/1994_05_06-Empfehl-Sonderpaedagogische-Foerderung.pdf. Zugriff: 28.03.2014.

Koch, K., Hartke, B. & Blumenthal, Y. (2009): Merkmale von Kindern mit besonderem Förderbedarf im ersten Schuljahr. Erste Ergebnisse der Mecklenburger Längsschnittstudie. Hamburg: Verlag Dr. Kovac.

Lancaster, J. & Bain, A. (2007): The Design of Inclusive Education Courses and the Self-Efficacy of Preservice Teacher Education Students. In: International Journal of Disability, Development and Education, 21. Jg., H. 2, 245–256.

Lelgemann, R., Rothenberg, B. & Schindler, Ch. (2013): Inklusive Bildung in Hochschulen und die Professionalisierung der Fachkräfte. In: Döbert, H. & Weishaupt, H. (Hrsg.): *Inklusive*

Bildung professionell gestalten – Situationsanalyse und Handlungsempfehlungen. Münster: Waxmann, 231–240.

Lindmeier, C. (2014): Aktuelle bildungspolitische Bemühungen um eine inklusionsorientierte Erneuerung der deutschen Lehrerbildung. In: Zeitschrift für Heilpädagogik, 65. Jg., 84–97.

Molina, S. (2006): Teacher education students ‚and first year in-service teachers‘ perceptions about their initial education in relation to the special educational needs of Spanish pupils. In: Gash, H. (Hrsg.): *Beginning teachers and diversity in school: A European Study.* Instituto Politécnico de Braganca Report of research undertaken within Comenius Project 94158-CP-12001 FR.

Rix , J., Hall, K., Nind, M., Sheehy, K. & Wearmouth, J. (2006): A systematic review of interactions in pedagogical approaches with reported outcomes for the academic and social inclusion of pupils with special educational needs. Technical report. In: Research Evidence in Education Library. London: EPPI-Centre, Social Science Research Unit, Institute of Education, University of London. Online unter: http://eppi.ioe.ac.uk/cms/LinkClick.aspx?fileticket=nrTTKGPPkDY%3d&tabid=1671&mid=3405. Zugriff: 17.03.2014.

Senatsverwaltung für Bildung, Jugend und Wissenschaft Berlin (Hrsg.) (2012): Ausbildung von Lehrkräften in Berlin – Empfehlungen der Expertenkommission Lehrerbildung. Online unter: http://www.berlin.de/imperia/md/content/sen-bildung/lehrer_werden/expertenkommission_lehrerbildung.pdf. Zugriff: 17.03.2014.

Sharma, U., Forlin, C. & Loreman, T. (2008): ‚Impact of training on pre-service teachers‘ attitudes and concerns about inclusive education and sentiments about persons with disabilities. In: Disability & Society, 23. Jg., H. 7, 773–758.

Terhart, E. & Klieme, E. (2006): Kooperation im Lehrerberuf: Forschungsproblem und Gestaltungsaufgabe. In: Zeitschrift für Pädagogik, 52. Jg., H. 2, 163–166.

Terhart, E. (2010): Heterogenität der Schüler – Professionalität der Lehrer: Ansprüche und Wirklichkeiten. In: Ellger-Rüttgardt, S.L. & Wachtel, G. (Hrsg.): *Pädagogische Professionalität und Behinderung*. Stuttgart: Kohlhammer, 89–104.

Tippelt, R. & Schmidt-Hertha, B. (2013): Inklusion im Hochschulbereich. In: Döbert, H. & Weishaupt, H. (Hrsg.): *Inklusive Bildung professionell gestalten – Situationsanalyse und Handlungsempfehlungen*. Münster: Waxmann, 203–230.

Van Laarhoven, T. et al. (2007): A model for preparing special and general education pre-service teachers for inclusive education. In: Journal of Teacher Education, 58. Jg., H. 5, 440–455.

Tina Hascher & Lea de Zordo

Praktika und Inklusion

Abstract
Die UN-Konvention über die Rechte von Menschen mit Behinderungen hat einen entscheidenden Einfluss auf die Schulrealität, weil Inklusion nun in der Schule konsequent umgesetzt und gelebt werden soll. Damit ist auch die Lehrerinnen- und Lehrerbildung gefordert, die künftige Lehrpersonen auf diese Aufgabe vorbereiten muss.
Der vorliegende Beitrag geht der Frage nach, was dies für einen wichtigen Teilbereich der Lehrerinnen- und Lehrerbildung, nämlich die Gestaltung der schulpraktischen Ausbildung, bedeutet. Ausgangspunkt ist die These, dass Praxiserfahrungen wertvolle Lerngelegenheiten darstellen, die es jedoch gezielt vor dem Hintergrund einer Pädagogik der Vielfalt zu gestalten gilt. Dies wird anhand von drei Bereichen illustriert: Im ersten Schritt werden der Rahmen der schulpraktischen Ausbildung aufgespannt und Qualitätskriterien für Praktika erläutert. Zweitens wird die Vielfalt an Herausforderungen einer inklusiven Schule vorgestellt. Im dritten Teil werden Überlegungen zu Praktika formuliert, die Studierende auf einen professionellen Umgang mit Inklusion vorbereiten können.

1 Einleitung

Die Institution Schule befindet sich in einem kontinuierlichen Wandel, da ihr gesellschaftliche Aufgaben stets mitübertragen werden. Diese Veränderungen schlagen sich ebenfalls in der Ausbildung von Lehrpersonen nieder, die auf den Unterricht in „Schulen der Zukunft" für die nachfolgenden Generationen vorbereitet werden müssen. Eine zentrale Herausforderung stellt dabei die Inklusion dar (European Agency for Development in Special Needs Education 2011). Vor dem Hintergrund der UN-Konvention über die Rechte von Menschen mit Behinderungen (United Nations 2006) soll der vorliegende

Beitrag der Frage nachgehen, welche Möglichkeiten in der schulpraktischen Ausbildung bestehen, bei angehenden Lehrerinnen und Lehrern Kompetenzen in Bezug auf eine „Pädagogik der Vielfalt“ (Prengel 2006), „Lernen in Vielfalt“ (Beutel, Bos & Posch 2013) bzw. in Bezug auf „Diversity Management“ (ein Begriff der Wirtschaftswissenschaft und Sozialarbeit, der auch in der Sonderpädagogik Einzug hält; Niehoff 2010) anzubahnen. Unsere Überlegungen erfolgen damit einerseits unter der Perspektive eines breiten Inklusionsverständnisses, das Inklusion nicht auf die pädagogische Antwort im Umgang mit Behinderungen in der Schule reduziert, sondern die Heterogenität der Kinder und Jugendlichen (z.B. in Bezug auf ihre Eingangsvoraussetzungen, Lern- und Leistungspotenziale, biographischen Schulerfahrungen, Persönlichkeitsaspekte) in den Mittelpunkt stellt. Andererseits sollen die besonderen Herausforderungen im Umgang mit Behinderungen nicht bagatellisiert werden. Damit folgen wir der Prämisse, dass sich zwar Themen und pädagogische Maßnahmen zur Heterogenität in der Schule inzwischen etabliert haben (z.B. Bräu & Schwerdt 2005), Inklusion jedoch einen neuen, möglicherweise noch anspruchsvolleren Aufgabenbereich darstellt, der die Lehrerinnen- und Lehrerbildung besonders herausfordert (z.B. Florian 2011; Moser 2011; Walton & Rusznyak 2013). Dies formulierten Banks, Cochran-Smith, Moll, Richert, Zeichner, LePage, Darling-Hammond, Duffy und McDonald (2005, 266) mit den treffenden Worten:

> „Activities or experiences that place students face to face with their entering beliefs and assumptions both about learning, schooling, and intelligence, are essential as novice teachers prepare to teach students who are often different from themselves, in schools that are also different from the ones they attended, in a society that is changing with rapid intensity every day.“

Unser Beitrag gliedert sich in drei Teile: Zunächst wird die Rolle der schulpraktischen Ausbildung beleuchtet und in Hinblick auf ihre Wirksamkeit für die Lehrerinnen- und Lehrerbildung kritisch diskutiert. Es soll damit zunächst thematisiert werden, welche Qualitätskriterien in Praktika erfüllt werden sollten. In einem nächsten Schritt werden die mit Inklusion verbundenen vielfältigen Herausforderungen an Lehrerinnen und Lehrer analysiert. Abschließend werden die Qualitätskriterien beider Bereiche mit dem Fokus auf „inklusive Praktika“ zusammengeführt.

> „Im Deutsch haben wir ein Spiel gemacht mit den Kindern, Tabu, da mussten sie Wörter beschreiben und die anderen mussten sie erraten. Ein Schüler hat da immer mega reingeschrien und da habe ich ihn rausgeschickt und ein Gespräch geführt mit ihm und dann nach der Lektion mit der Praxislehrperson besprochen. Sie hat uns da dann konkret die Rückmeldung gegeben, dass sie ihn nicht rausgeschickt hätte, da

er ADHS hat und er könne gar nichts dafür. Das war mir gar nicht bewusst, dass der eine Krankheit hat, die ihm das vielleicht verunmöglicht, sich etwas zurückzuhalten. Das war sicher eine wichtige Rückmeldung, denn das hat sicher den ganzen Lektionenverlauf für später beeinflusst" (Zitat aus einer Interviewstudie zum Praktikum).

2 Rolle von Praktika und das Wissen um ihre Wirksamkeit

Praktika in der Lehrerinnen- und Lehrerbildung verstehen sich als Lernangebote mit explizitem Berufsfeldbezug. Die angehenden Lehrerinnen und Lehrer sollen möglichst früh und umfassend Einblick in den Schulalltag erhalten. Neben der Abklärung der Studien- und Berufswahlentscheidung dienen Praktika in erster Linie dem Erwerb von Handlungskompetenzen. Gemäß der Deutschen Kultusministerkonferenz (KMK) dienen Praktika dazu, den Kompetenzerwerb in den Bereichen Unterrichten, Erziehen, Beurteilen und Innovieren in direktem Kontakt mit der Praxis zu fördern. Die Entwicklung der Kompetenzen wird laut des Sekretariats der Ständigen Konferenz der Kultusminister der Länder (2004, 6) unterstützt durch

- „die Analyse … tatsächlich beobachteter komplexer Schul- und Unterrichtssituationen und deren methodisch geleitete Reflexion",
- „die persönliche Erprobung und anschließende Reflexion eines theoretischen Konzepts … in natürlichen Unterrichtssituationen",
- „die Erprobung und den Einsatz unterschiedlicher Arbeits- und Lernmethoden und Medien in Universität, Vorbereitungsdienst und Schule",
- „Hospitationen und gemeinsame Reflexion".

In den letzten Jahren hat das Bewusstsein um die Relevanz dieser Lerngelegenheiten deutlich zugenommen. Entsprechend wird ein wesentliches Qualitätskriterium hinsichtlich der Reform von Studiengängen auch in der Erhöhung und Erweiterung schulpraktischer Anteile gesehen, und es werden neue Praxisformen etabliert wie beispielsweise das Praxissemester (Schüssler, Schwier, Klewin, Schicht, Schöning & Weyland 2014). Wie bei anderen Lerngelegenheiten ist jedoch nicht allein die Quantität die entscheidende Variable, sondern die Qualität. Natürlich ist unbestritten, dass eine gewisse Zeit in der Schule für Lehramtsstudierende essentiell ist. Beispielsweise fanden Walling und Lewis (2000) heraus, dass intensive Schulkontakte bei Studierenden dazu führen, dass sie für gesellschaftliche Herausforderungen und Anforderungen an das System Schule besser sensibilisiert werden und ein reiferes Professionsverständnis, das weniger auf persönlichen (relativ stabilen) Eigenschaften als auf (erwerbbaren) Kompetenzen basiert, entwickeln. Letztlich jedoch kommt es darauf an, wie Praxiselemente gestaltet sind. Ohne an dieser Stelle eine umfassende Reflexion ihrer Wirksamkeit vorzunehmen (ausführlicher dazu siehe Hascher 2012a, 2012b), sollen vier Herausforderungen an die Qualität von Praktika hervorgehoben werden:

- Da sich professionelle Lernprozesse nicht automatisch durch Praxiserfahrungen einstellen, müssen die Lernanlässe mit Bezug auf die individuellen Lernbedürfnisse der Studierenden bewusst gestaltet, gezielt begleitet und unterstützt werden (z.B. Arnold, Hascher, Messner, Niggli, Patry & Rahm 2012).
- Die Begleitung von Studierenden muss auf mehreren Ebenen erfolgen, die von fachlichen Impulsen, fachdidaktischen Diskussionen, pädagogischen Reflexionen bis hin zu emotionaler Unterstützung reicht (z.B. Beck & Kosnik 2002).
- Unerwünschten Lernergebnissen wie einer Abkehr von der Perspektive der Schülerinnen und Schüler, einer Fokussierung auf einfache Unterrichtsrezepte oder einer subkomplexen Betrachtungsweise des Zusammenhangs von Lehr- und Lernprozessen ist entgegenzuwirken (z.B. Hascher & Kittinger 2014).
- Bezüge zu den anderen Ausbildungselementen an der Hochschule müssen kontinuierlich und explizit hergestellt werden. Dazu bedarf es einer Rahmung von Praktika, ihrer systemischen Einbindung in den Gesamtverlauf der Lehrerinnen- und Lehrerbildung und der professionellen Zusammenarbeit von Institutionen (z.B. Zeichner 2010).

Diese vier Aspekte erweisen sich aus unserer Sicht als grundlegend für jede Form und Ausrichtung von Schulpraktika, so auch in der Verbindung der schulpraktischen Ausbildung mit dem Thema Inklusion. In Bezug auf die Inhalte und die zu erzielenden Lernergebnisse bei den Praktikantinnen und Praktikanten sind jedoch Spezifizierungen und Fokussierungen erforderlich.

3 Inklusion in der Lehrerinnen- und Lehrerbildung

Inklusion, verstanden als ein pädagogisches Konzept zum Umgang mit einem breiten Spektrum der Heterogenität der Schülerinnen und Schüler bzw. mit vielfältigen Differenzkonstruktionen, ist mit einschneidenden Umgestaltungen des Schul- und Unterrichtsalltags verbunden. Es stellt sich daher die Frage, welche Anforderungen hinsichtlich Inklusion an Lehrpersonen formuliert werden. Bisher finden sich dazu nur wenige Antworten. Pädagogisch wünschenswert ist es, Ansätze zu vermeiden, die zu einer Kategorisierung von Kindern mit versus ohne Förderbedarf führen würden (Hinz 2002; Prengel 2011). Für die vorliegende Fragestellung haben wir drei Zugänge ausgewählt, die vorgestellt und deren Potenziale für die Praktikumsgestaltung diskutiert werden. Wir orientieren uns dabei auch an den Ergebnissen des Projekts „Teacher Education for Inclusion" (TE4I) der European Agency for Development in Special Needs Education (2011, 2012), in dem der Frage nachgegangen wurde, wie Inklusion in der Lehrerinnen- und Lehrerbildung in 25 an einer Befragung teilnehmenden europäischen Ländern berücksichtigt wird und welche Empfehlungen sich daraus ableiten lassen (siehe auch Moser 2011).

(a) Inklusion als Standardelement

In ihrem 2001 erschienenen Buch zu „Standards in der Lehrerbildung" setzten Oser und Oelkers in der Schweiz ein deutliches Zeichen hinsichtlich der Professionalisierung von Lehrpersonen. In den 88 Standards finden sich auch acht Aussagen in sieben Standardgruppen, die unseres Erachtens für eine inklusive Pädagogik wichtig sind, da sie entweder den Umgang mit Heterogenität bzw. die besondere Rolle individueller Förderung im Schulalltag oder die Zusammenarbeit in professionellen Teams thematisieren. In der Standardgruppe *Lehrer-Schüler-Beziehungen* das Item 2: „Den Schülerinnen und Schülern fördernde Rückmeldung zu geben"; in der Standardgruppe *Schülerunterstützende Beobachtung und Schülerunterstützendes Handeln* das Item 6: „Wie man spezifische Lernschwierigkeiten diagnostizieren und beheben kann"; in der Standardgruppe *Bewältigung von Disziplinproblemen und Schülerrisiken* das Item 5: „Wann und wie ich außenstehende Expertinnen und Experten (Erziehungsberatung, Schulpsychologischer Dienst, Rechtsdienst usw.) heranziehe"; in der Standardgruppe *Aufbau und Förderung von sozialem Verhalten* das Item 3: „Wie lern- und/oder körperbehinderte Kinder in eine Klasse integriert werden können", sowie das Item 4: „Besonderheiten von Ausländerkindern für die Entwicklung der Schulkultur zu nutzen"; in der Standardgruppe *Lernstrategien vermitteln und Lernprozesse begleiten* das Item 10: „Wie vermieden werden kann, dass die stärkeren Schülerinnen und Schüler immer mehr und die schwächeren immer weniger gefördert werden (Differenzierung)"; in der Standardgruppe *Leistungsmessung* das Item 2: „Den Fortschritt der Leistung nach unterschiedlichen Kriterien und mit unterschiedlichen Instrumenten zu messen"; sowie in der Standardgruppe *Zusammenarbeit innerhalb der Schule* das Item 5*: „Auf welchen Gebieten und wie ich mit Kollegen kommunizieren und kooperieren kann und muss". In der Ergebnisdarstellung wählt Oser (2001) 34 Items aus, deren Befunde er detailliert berichtet, darunter auch das Item „Lernschwierigkeiten diagnostizieren". Oser kommt zu dem Schluss, dass Studierende aller Zielstufen diesen Ausbildungsstandard als wichtig und notwendig erachten, die Beschäftigung damit während des Studiums jedoch eher marginal ausfällt, bzw. von der

Ausbildung abhängt. So geben Studierende der Zielstufe Kindergarten, Primar- und Sekundarschule mit erweiterten Ansprüchen eher an, sich sowohl theoretisch als auch praktisch mit der Diagnostik von Lernschwierigkeiten beschäftigt zu haben.
Insgesamt lässt sich feststellen, dass die Studie weniger Inklusion als den Umgang mit Heterogenität allgemein thematisiert und die in den Standards angesprochenen Ebenen sehr unterschiedlich sind (z.B. Leistungsmessung versus Integration versus Nutzung von kulturellem Kapital). Für die Gestaltung von Praktika liefert sie jedoch Impulse, indem sie die Frage aufwirft, unter welchen Bedingungen solche Ausbildungsziele erreicht werden können. Dabei wird deutlich, dass Studierende nur dann lernen, „wie lern- und/oder körperbehinderte Kinder in eine Klasse integriert werden können", wenn Praxiserfahrungen in entsprechenden Klassen- bzw. Schulkontexten durchgeführt werden – wie dies auch im Eingangsbeispiel zum Ausdruck kommt.

(b) Inklusion als integraler Teil neuer Konzepte

Florian (2008) stellt dar, welche Elemente für eine Professionalisierung von Lehrpersonen im Sinne der Inklusion wichtig sind. Sie unterteilt diese in drei Bereiche, die der aktuellen Diskussion um Lehrerinnen- und Lehrerkompetenzen entsprechen: knowing, doing und believing. Diese drei Bereiche stehen in einer reziproken Dreiecksbeziehung, deren Zusammenspiel Florian (2008, 205) wie folgt illustriert:

> „a teacher believes in the rights-based philosophy of inclusion and is willing to try it out by including learners who might otherwise have been excluded, then the teacher's knowledge about inclusive practice will develop. Likewise, another teacher who believes in the principle of inclusion may lack confidence in ‚doing', but by taking a course about inclusive practice develops the knowledge that gives him or her the confidence to engage in inclusive practice. Other teachers may know about inclusive practice but still be unsure about whether they believe in it, but by working in a school that has an inclusive ethos (‚doing'), they come to see that the practice can be effective."

Es gilt also, an den individuellen Stärken der Lehrpersonen anzusetzen und ihre professionelle Entwicklung mit Bezug auf die jeweils weniger ausgeprägten Kompetenzbereiche zu unterstützen.
Aufbauend auf diesem Ansatz entwickelte Florian (2008) für die Universität Aberdeen in Schottland drei Schlüsselkonzepte für Lehrerinnen- und Lehrerbildung, um bei den Studierenden das Bewusstsein und Verständnis für soziale und schulische Probleme, welche das Lernen der Schülerinnen und Schüler beeinflussen können, zu fördern. Zudem sollten die Studierenden Strategien für den Umgang mit solchen Schwierigkeiten entwickeln.

- Im ersten Schlüsselkonzept geht es darum, die diskursiven Praktiken künftiger Lehrpersonen zu professionalisieren. In ihren Diskussionen sollen Unterschiede thematisiert und berücksichtigt werden, ohne dass deterministische Fähigkeitszuschreibungen zur Anwendung kommen. Das Prädikat ‚abnorm' gilt es grundsätzlich zu vermeiden. Es wird also die Verwendung einer Fachsprache vermittelt, in der sich Vorurteile und Stigmatisierungen nicht entwickeln können bzw. unterbunden werden.
- Das zweite Konzept setzt an der Förderung eines positiven Fähigkeitsselbstbilds der Lehramtsstudierenden an und zielt darauf ab, ihr Vertrauen in die eigenen Kompetenzen aufzubauen. Grundlage dieses Ziels ist die Beobachtung, dass sich viele Lehrpersonen den Umgang mit behinderten Schülerinnen und Schülern nicht zutrauen, obschon sie über entsprechendes Wissen und Fähigkeiten verfügen. Damit bleibt ein wichtiger Kompetenzaufbau in der Lehrerinnen- und Lehrerbildung ungenutzt und es stellt sich die Aufgabe, die angehenden Lehrpersonen nicht nur fachlich, sondern auch persönlich zu stärken.
- Das dritte Konzept adressiert das Erlernen neuer Strategien, um mit den unterschiedlichen Lernschwierigkeiten der Schülerinnen und Schüler umgehen zu können. Dazu müssen das Wissen und die Handlungsmöglichkeiten angehender Lehrpersonen gezielt erweitert werden. Dieser Kompetenzerwerb sollte vorwiegend in kollaborativen Settings erfolgen, was auch Praktika einschließt.

Weitere Maßnahmen zur Neugestaltung der Lehrerinnen- und Lehrerbildung beziehen sich auf eine Vereinheitlichung der Ausbildung für Primar- und Sekundarlehrerinnen und -lehrer und die Einbindung inklusiver Themen in den Regelstudienplan anstelle von Spezialisierungsangeboten für wenige Studierende. Zudem werden Praxiserfahrungen in inklusiven Schulen eingeführt. Florian und Rouse (2009) sowie Walton und Rusznyak (2013) weisen dabei explizit darauf hin, dass diese Praxiserfahrungen in Lehrveranstaltungen reflektiert werden müssen, da sie sich sehr unterschiedlich gestalten und kaum strukturiert sind. Mit diesen Vorschlägen geht Florian deutlich weiter als die inklusive Ausbildung, die seit kurzem an der Universität Jyväskylä in Finnland für die Primarlehrerinnen und -lehrer umgesetzt wird (Naukkarinen 2010). Der dort neugestaltete Studiengang zeichnet sich durch eine verstärkte Zusammenarbeit mit dem Institut für Sonderpädagogik aus, die sich primär in drei Bereichen manifestiert: Wahlmöglichkeiten von sonderpädagogischen Modulen, Zusammenarbeit der Institute bei Qualifizierungsarbeiten und mögliche Praktika in Praxisschulen des Instituts für Sonderpädagogik. Angestrebt wird folglich eine Transformation des bestehenden Ausbildungsmodells hin zu einer kollaborativen Ausbildung, welche eine bessere Integration der in-

klusiven Ausbildungsinhalte zulässt, das Personal ausreichend hinsichtlich inklusiver Themen schult und die Studierenden gezielter auf ihrem jeweiligen Kompetenzniveau abholt.
Einzelne Innovationen finden sich auch in anderen Ländern (European Agency 2011): So werden in Lettland die eher beschränkten Lernmöglichkeiten durch Praxiskontakte mit Rollenspielen und Fallstudien ergänzt. In Spanien werden Studierende während ihrer Praktika sowohl von Mentorinnen und Mentoren an der Schule als auch von Tutorinnen und Tutoren des Ausbildungsinstituts begleitet, um eine möglichst vertiefte Auseinandersetzung mit Qualitätskriterien inklusiver Pädagogik zu erzielen.

(c) Inklusion und Aufgabenbereiche von Lehrerinnen und Lehrern
Hillenbrand, Melzer und Hagen (2013) tragen aus verschiedenen Studien Aufgabenbereiche zusammen, in denen sie über das meist übliche Blickfeld, nämlich Sonderpädagoginnen und -pädagogen, hinausgehen und die Aufgaben von Lehrpersonen insgesamt adressieren. Sie beziehen sich dabei auch auf die Ausführungen zur TE4I, die vier Kompetenzen besonders hervorhebt (European Agency 2012): (1) valuing learner diversity; (2) supporting all learners; (3) working with others; und (4) continuing personal professional development. Die acht Aufgabenbereiche können auch als Lern- bzw. Ausbildungsziele in Praktika verstanden werden:

1. Kooperation und Kollaboration unter Lehrpersonen und von Lehrpersonen mit anderen Fachkräften innerhalb und außerhalb der Schule, z.B. mit Tagesschulen, Eltern (z.B. Friend & Bursuck 2006; Thousand, Nevin & Villa 2007; Werning & Arndt 2013)
2. pädagogische Unterstützung bis hin zur Intervention bei Schülerinnen und Schülern mit Beeinträchtigung, ohne die Bedürfnisse aller Lernenden aus den Augen zu verlieren, z.B. durch den Aufbau einer fehlertoleranten Lernkultur und die Förderung der Sozialkompetenzen (z.B. Lindner-Müller 2008)
3. positive Einstellungen gegenüber Diversität im Sinne einer Wertschätzung, z.B. Identifikation der Heterogenität als Ressource und Förderung eines positiven Sozialklimas (z.B. Trautmann & Wischer 2012)
4. Diagnostik des Lernens durch den gezielten Aufbau des Wissens, was und wie gelernt wird, z.B. durch vertiefte Kenntnisse über verschiedene Formen des Lernens, relevante Einflussbedingungen und die Wirkungen von Lernstrategien (z.B. Wellenreuter 2005)
5. Classroom Management unter expliziter Berücksichtigung besonderer Betreuungsbedürfnisse (z.B. Emmer & Stough 2001)

6. Bereitschaft, das professionelle Wissen im gesamten Verlauf der Berufstätigkeit zu erweitern, z.B. durch Zusatzausbildungen (z.B. Florian 2008)
7. aktiver Beitrag zur Schulentwicklung, z.B. durch die Partizipation an der Gestaltung adaptiver Lernumgebungen als Schulentwicklungsinstrument (Boban & Hinz 2011)
8. die Erweiterung der Kenntnisse hinsichtlich juristischer Zuständigkeiten, z.B. das Wissen über Unterstützungsansprüche.

Diese acht Aufgaben bieten zahlreiche Anregungen für die Gestaltung von Lernumgebungen im Praktikum. Grundlegend geht es darum, Studierende mit den Anforderungen vertraut zu machen und verschiedene Wege zu zeigen, wie diese im Alltag erfüllt werden können. Die Auflistung verdeutlicht, dass die Ausbildungsziele unter inklusionspädagogischen Gesichtspunkten zwar nicht grundlegend andere sind, ihre Komplexität jedoch zunimmt, da Inklusion zusätzlichen Kompetenzerwerb erfordert. Wie im Eingangszitat einer Praktikantin verdeutlicht, kann die Maßnahme „vor die Tür schicken" prinzipiell sinnvoll, für ein Kind mit besonderen Lernbedürfnissen aber unangemessen und inakzeptabel sein. Das Beispiel verdeutlicht ebenfalls, dass der Begriff „Kompetenzerwerb bei Studierenden" im Sinne eines breiten Verständnisses von Kompetenz als eine Kombination aus Professionswissen und nicht-kognitiven Variablen wie Einstellungen und motivationalen Orientierungen (Blömeke, Suhl & Döhrmann 2012) zu verstehen ist. Entsprechend weisen manche Bereiche wie die Klassenführung eine hohe Nähe zu den genuinen Aufgaben jedes Praktikums auf, für andere wie juristische Fragen bedarf es jedoch der expliziten Berücksichtigung.

Allen drei hier diskutierten Ansätzen ist gemein, dass sie generelle, fachübergreifende Ausbildungsziele adressieren. Dabei gilt es zu unterscheiden welche Strategien künftig in der Lehrerinnen- und Lehrerbildung gewählt werden (vgl. auch Werning & Baumert 2013): Bedarf es weiterhin einer Sonderpädagogik, deren Handlungsfeld sich zunehmend auf die Regelschule ausweitet, oder werden Lehrpersonen in Zukunft so ausgebildet, dass sie sonderpädagogische Aufgaben integrativ übernehmen können (vgl. Feyerer 2011)? Die erste Strategie impliziert die Umsetzung von Inklusion durch die Zusammenarbeit multiprofessioneller Teams. In Praktika müssen folglich die Kompetenzen vor dem Hintergrund der Kollaboration in Schule und Unterricht gezielt angebahnt und Fragen zu Verantwortlichkeit, Zuständigkeit und Rollenverteilung geklärt werden. Dies gilt es bereits bei der Unterrichtsplanung so gut wie möglich umzusetzen. Im Praktikum stellt dies insofern eine Herausforderung dar, als die Studierenden in der Regel mangelnde Inklusionserfahrungen aufweisen (Walton & Rusznyak 2013). In Bezug auf eine um sonderpädagogische Expertise erweiterte Ausbildung von Lehrpersonen

(2. Strategie) ist darauf zu achten, die Aufgaben nicht als eine Zusatzbelastung zu deklarieren, sondern den Studierenden Möglichkeiten eines verschränkten und vernetzten Kompetenzerwerbs aufzuzeigen. So unterstützt eine Erweiterung der Kenntnisse über individuelle Lernvoraussetzungen vor dem Hintergrund inklusiver Bildung und Erziehung die Entwicklung einer adaptiven Unterrichtskompetenz. Sie setzt sie in gewissem Sinne voraus, da eine Orientierung an „der Durchschnittsschülerin/dem Durchschnittsschüler" zwangsläufig zum Scheitern verurteilt ist.

Die mit beiden Perspektiven verbundenen Anforderungen an Praxislehrpersonen sehen wir in einer professionellen und umsichtigen Begleitung von studentischen Lernprozessen, die sich nicht scheut, sowohl inhaltliche als auch methodische und pädagogische Diskurse zu führen. Dazu gehören auch die Erkennung von Fehlkonzepten und Vorurteilen, von unbewussten Elementen der Stigmatisierung und Benachteiligung sowie das Anbieten alternativer Interpretationsformen und Handlungsmöglichkeiten. Ebenfalls sollte die Praxislehrperson in der Lage sein, Unsicherheiten und aversive Emotionen bei Studierenden zu erkennen und Entwicklungsschritte aufzuzeigen. Dies ist vermutlich erst möglich, wenn eine Vertrauensbasis zwischen Lehrperson und Studentin bzw. Student vorhanden ist.

4 Inklusion in Praktika

Analog zur Schul- und Unterrichtsforschung lassen sich Praktika anhand eines Angebot-Nutzungsmodells beschreiben (Hascher & Kittinger 2014). Die Angebote kommen dabei von mehreren Seiten: von den betreuenden Lehrpersonen und den Schulen, von den Schülerinnen und Schülern, von den Vorgaben der Ausbildungsstelle, den rahmenden bzw. begleitenden Lehrveranstaltungen, von den betreuenden Dozentinnen und Dozenten, von anderen Praktikantinnen und Praktikanten, von Qualitätskriterien für guten Unterricht, von den curricularen Vorgaben. Wie den bisherigen Ausführungen zu entnehmen ist, wurde bisher kaum thematisiert, welche Angebote den Studierenden hinsichtlich der Inklusion von Lernenden mit besonderen Bedürfnissen zu eröffnen sind (vgl. auch Walton & Rusznyak 2013). Im Folgenden sollen nun Möglichkeiten für den Kompetenzerwerb, also Lerngelegenheiten in der schulpraktischen Ausbildung, abgeleitet werden. Dabei gilt es zu beachten, dass derzeit nicht generell von Praktika in inklusiven Schulen ausgegangen werden kann, da Inklusion erst allmählich und nicht an allen Standorten umgesetzt wird. In unseren Überlegungen stellen wir deshalb die Frage nach der Gestaltung von Einzelpraktika in den Mittelpunkt.

(a) Wie könnte ein Praktikumskonzept gestaltet werden?

Aus unserer Sicht können Kompetenzen zur Umsetzung von Inklusion im gegenwärtigen Schulalltag (noch) nicht als integraler Part bereits bestehender Praktika erworben werden. Dies liegt nicht nur an dem Sachverhalt, dass es bisher nur wenige inklusive Klassen und noch weniger inklusive Schulen gibt. Vielmehr ist es auch dem Umstand geschuldet, dass gute Praxen des inklusiven Unterrichts noch ungenügend implementiert sind (Heinrich, Urban & Werning 2013). Wir gehen deshalb davon aus, dass es spezifischer Praktika bedarf, in denen die Studierenden schrittweise an die Thematik herangeführt werden. Dabei sind Praktika in Schulen, aber auch in außerschulischen Kontexten möglich:

- Lerngelegenheiten finden idealerweise in enger Kooperation mit den Schulen statt, weil sie dann mit dem professionellen Handeln von Lehrpersonen verbunden werden können. Zudem muss berücksichtigt werden, dass Schulen ideale Lernräume für die Studierenden darstellen. Ein zentrales Lernziel sollte sein, dass Studierende ihre Einstellungen gegenüber Inklusion und Lernenden mit besonderen Bedürfnissen reflektieren und ggf. korrigieren. Dies muss im Wissen erfolgen, dass Einstellungen tendenziell eher schwierig zu verändern sind (White 2000). In einer Studie von Stanovich und Jordan (1998) hatte sich gezeigt, dass der Haltung der Schulleitung gegenüber Inklusion und der gelebten inklusiven Praxis in den Schulen ein großer Einfluss auf Einstellungsveränderungen bei Studierenden zukommt. Relevant sind auch die Praxislehrerinnen und -lehrer. Je nach Möglichkeiten der Schule können Praktika in Klassen mit multiprofessionellen Teams oder in Klassen mit polyprofessionellen Lehrpersonen absolviert werden, die ihrerseits in enger Zusammenarbeit die Studierenden bei der Auseinandersetzung mit der Thematik unterstützen können. Kessels, Erbring und Heiermann (2014) stellten in ihrer Studie fest, dass die Einstellungen von Lehramtsstudierenden gegenüber dem Konzept der Inklusion umso positiver sind, je häufiger die Studierenden Kontakt zu behinderten Menschen hatten und mit dem Thema Inklusion konfrontiert wurden. Dies ist insofern ein erwünschter Befund, als darin deutlich wird, dass sich die Einstellungen von Studierenden verändern lassen. Es muss jedoch explizit bedacht werden, dass positive Einstellungen allein nicht ausreichend sind, da gelingende inklusive Praxis professionelles Handeln erfordert, das über einen längeren Zeitraum erworben werden muss. Gemäß den Ergebnissen von Walton und Rusznyak (2013) ist es zudem wichtig, die Vorurteile von Studierenden in Bezug auf eine Dichotomie zwischen dem Unterricht in Regelschulen versus Sonderschulen aufzulösen.

- Für außerunterrichtliche Praktika (z.B. in Familien, in Institutionen, in Ganztagsangeboten einer Schule) spricht, dass sie ermöglichen, z.B. die Lebenswelten von Kindern mit besonderen Lernbedürfnissen kennen zu lernen. Zudem erweisen sich die Lernanforderungen für die Studierenden als weniger komplex, weil sie nicht gefordert sind, Inklusion und Unterricht zu verbinden. Bei außerunterrichtlichen Praktika ist jedoch auch Vorsicht geboten, denn lediglich über den Kontakt mit Kindern mit Förderberdarf werden keine Kompetenzen für den Lehrberuf erworben. Einstellungsänderungen sind von solchen Praxiskontakten nicht zwingend zu erwarten, da Adaptionen längerer Zeiträume und Erfahrungstiefe bedürfen (Bartolo 2010).

Banks et al. (2005, 264ff.) differenzieren weitere Formen des Praxiskontakts, die zukünftigen Lehrerinnen und Lehrern helfen, die Schule, die Schülerinnen und Schüler sowie deren Lebenskontext besser zu verstehen und Kompetenzen für ihre zukünftige Tätigkeit zu erwerben:

- strukturierte Schul- und Gemeinschaftsbesuche („guided school and community visits"), um die Schülerinnen und Schüler und ihre Umgebung besser kennenlernen zu können
- „Service learning" in Schulen und sozialen Organisationen (service learning opportunities in both schools and other community organizations), um Kontakte mit Behinderten herzustellen und Erfahrungen zu sammeln (vgl. auch Forlin & Chambers 2011)
- Beobachtungen von Schülerinnen und Schülern, Klassen, in Schulen und Gemeinschaften („studies of students, classrooms, schools, and communities"), um Perspektivenübernahme und Sensitivität für die Heterogenität zu fördern
- Unterrichten und Reflektieren mit professionellen Praxislehrpersonen im Kontext der Gleichstellung („practica in diverse contexts with teachers who are engaged in an equity pedagogy").

Unser Vorschlag wäre, den Ort des Praktikums nach Möglichkeit unter Bezugnahme auf den Kompetenzstand der Praktikantin bzw. des Praktikanten auszuwählen. Studierende ohne Vorerfahrungen und Vorkenntnisse sollten sich zunächst mit der Lebenssituation von Kindern mit besonderen Bedürfnissen vertraut machen, bevor sie vor die Aufgaben gestellt werden, sie zu unterrichten. Weisen Studierende dagegen bereits einschlägige Erfahrungen auf, können sie diese im schulischen Kontext weiterentwickeln. Bei beiden Formen des Praktikums ist zu beachten, dass es nicht ausreicht, wenn Studierende einige „inklusive Erfahrungen sammeln". Solche Praxiserfahrungen können sehr vielfältig sein, die Studierenden irritieren und verunsichern sowie Vorurteile verstärken. Deshalb müssen diese Erfahrungen vorbereitet und mit genügend Möglichkeiten zur Reflexion, kritischen Auseinandersetzung und Diskussion über professionelles Handeln verbunden sein (siehe auch Florian, 2008). Walton und Rusznyak (2013) schlagen vor, insbesondere an drei Kompetenzbereichen anzusetzen: dem (fach-)didaktischen Wissen, der individuellen Lernbegleitung und der Gestaltung wertschätzender sozialer Lernumgebungen.

(b) Welche Qualitätskriterien gilt es zu beachten?

Vor dem Hintergrund des oben erläuterten Angebot-Nutzungsmodells und der vier bereits angesprochenen Qualitätsaspekte möchten wir die folgenden Kernbereiche akzentuieren.

Die Qualifikation der Akteure in der Lehrerinnen- und Lehrerbildung

Aufgrund der persönlichen Betreuung im Praktikum und der engen Zusammenarbeit von Praxislehrpersonen und Studierenden steht und fällt die Qualität der Praktika mit der Qualifikation der Lehrpersonen. Durch die unverzichtbare Einbettung der Praktika in Lehrveranstaltungen kommt den Dozentinnen und Dozenten an den Hochschulen ebenfalls ein gewichtiger Einfluss zu. Entsprechend streichen die Empfehlungen der European Agency for Development in Special Needs Education aus dem Projekt TE4I die Bedeutung der professionellen Entwicklung von Lehrerbildnerinnen und -bildnern heraus (vgl. auch Blömeke, Hascher & Mayr 2005; European Commission. Education and Training 2013):

> „The profile of teacher educators in HEIs and school staff with this responsibility should be raised by the appointment of candidates with appropriate expertise and qualifications" (European Agency 2012, 13).

Qualität in Praktika kann durch eine gezielte Auswahl der Praxislehrpersonen, durch den Einbezug der Lehrerbildnerinnen und -bildner in die Forschung und durch die Weiterbildung beider Personengruppen erhöht werden (siehe auch Banks et al. 2005). Wie Darling-Hammond, Hammerness, Grossman, Rust und Shulman (2005, 402) betonen:

> „… it is important to recognize that practice alone does not make perfect, or even good, performance. Opportunities to connect practice to expert knowledge must be built into learning experiences for teachers."

Die Gestaltung der Lernumgebungen für die Studierenden

Praktika bieten sehr unterschiedliche Lerngelegenheiten. Grundlegend wäre es wichtig, Lernprozesse im Praktikum weniger dem Zufall (im Sinne von: Studierende können lernen, was sich im Alltag so ergibt) zu überlassen, sondern gut durchdachte Lernsituationen zu gestalten (Arnold et al. 2012). Dazu gehört, dass die Praxislehrpersonen mit ihren Praktikantinnen und Praktikanten explizite Lernziele festlegen und den Lernfortschritt anhand von Feedbackschlaufen sichtbar machen. Dabei sollten individuelle Stärken gestärkt werden, ohne die Lernbedarfe zu ignorieren, um die Selbstwirksamkeit zu erhöhen (vgl. Florian 2008), die u.a. einen Prädiktor für die Änderung von Einstellungen darstellt (Forlin & Chambers 2011). Tandempraktika eignen sich als Lernorte für Kooperation und Teamarbeit (Seitz 2011), wenn diese entsprechend gestaltet werden (und Tandems nicht lediglich aus organisatorischen Gründen gebildet werden). Erforderlich ist auch die konsequente Verknüpfung mit den hochschulischen Ausbildungsinhalten, die durch den Einbezug von authentischem Material aus Praxiserfahrungen bereichert werden können (Darling-Hammond et al. 2005).

Die sorgsame Berücksichtigung der Bedürfnisse der Kinder und Jugendlichen

Inklusiver Unterricht stellt besonders hohe Anforderungen an Lehrpersonen und entsprechend auch an Praktikantinnen und Praktikanten. Vor dem Hintergrund möglicher Überforderungssituationen im Kontext der schulpraktischen Ausbildung gilt es ebenfalls zu thematisieren, welche Konsequenzen diese für Lernende mit besonderen Bedürfnissen inne haben. Lernen im Praktikum besteht zu einem wesentlichen Anteil darin, dass Studierende Fehler machen und mitunter erfahren müssen, dass es ihnen nicht gelingt, die Perspektive der Schülerinnen und Schüler angemessen zu berücksichtigen (z.B. Hascher & Kaiser angenommen). Probleme durch eine nicht adäquate Instruktion und mangelnde Unterrichtsqualität sind folglich zu erwarten und können sich negativ auf die Lernenden auswirken. So stellten Giangreco und Doyle (2007) in ihrer Studie fest, dass der Einsatz von semi-professionellen Assistentinnen und Assistenten im Unterricht für die Lernprozesse der Schülerinnen und Schüler hinderlich sein kann, wenn es diesen beispielsweise nicht gelingt, eine professionelle Beziehung zu den Kindern aufzubauen, in der Nähe möglich ist, aber auch Distanz gewahrt wird, da es sonst u.a. zu Stigmatisierungen kommen kann.

Einbindung der (inklusiven) Praktika in den Gesamtkontext der Ausbildung

Praktika müssen durch ein Gesamtkonzept der schulpraktischen Ausbildung gerahmt werden. Bisher jedoch wurde bei der Auswahl und Vergabe von Praktikumsplätzen kaum Rücksicht auf die Inklusion genommen. Dies führte dazu, dass Studierende ihr Praktikum möglicherweise an einer inklusiven Schule absolvierten, ohne durch entsprechende Seminare oder Veranstaltungen der Ausbildungsinstitution darauf vorbereitet zu sein bzw. dabei begleitet zu werden. Ebenfalls fehlte die systematische Nachbereitung, in der sich die Studierenden theoriegeleitet mit den Besonderheiten eines inklusiven Praxisfeldes auseinandersetzen konnten. Da Inklusion im Praktikum jedoch ein eigenes Erfahrungs- und Lernfeld darstellt, sollten nur dann verbindliche Inklusionspraktika in den Studienplan aufgenommen werden, wenn sie mit entsprechender Vor- und Nachbereitung (idealerweise Begleitung) in den Studienplan integriert werden. In diesen Praxiserfahrungen sollte deutlich werden, dass Inklusion nicht einen Sonderstatus im künftigen Berufsfeld einnehmen, sondern zum Berufsalltag gehören wird. Deshalb sollten nicht Minderheiten im Fokus stehen, sondern die Gesamtheit der Lernenden mit ihren Unterschieden und Gemeinsamkeiten. Entsprechend empfiehlt die European Agency (2012, 17) die Kollaboration zwischen Schulen und Ausbildungsinstitutionen, um die Qualität bei der Vergabe von Praktikumsplätzen sicher zu stellen:

> „Schools and teacher education institutions must work together to ensure good models in practice schools and appropriate placements for teaching practice … teaching practice needs to be supported by a clear understanding of underpinning theoretical issues to close the theory-practice gap."

Diesbezüglich sind der Aufbau von Netzwerken mit Partnerschulen, der Einbezug von Praxislehrpersonen in die theoretische Ausbildung und Angebote zur Supervision unabdingbar.

5 Fazit

Wir gehen davon aus, dass es im Rahmen von Praktika in der Lehrerinnen- und Lehrerbildung möglich ist, Kompetenzen anzubahnen, die für einen inklusiven Unterricht bzw. eine inklusive Schule notwendig sind. Grundsätzlich sollte dies in einem Rahmen erfolgen, der einen professionellen Umgang mit Heterogenität in ihrer ganzen Vielfalt ermöglicht und die individuellen Voraussetzungen und Bedürfnisse der Lernenden in den Mittelpunkt stellt. Dies kann – je nach situationsspezifischen Anforderungen durch die Inklusion – auch bedeuten, dass nicht nur graduelle Anpassungen, sondern auch prinzipiell neue Gestaltungselemente für den Unterricht notwendig sind. Dabei dürfen – wie bei allen Lernzielen in Praktika – die Erwartungen nicht zu hoch angesetzt und das Bildungsziel „kompetente Berufs*anfängerin*/kompetenter Berufs*anfänger*" nicht aus den Augen verloren werden. Wir möchten zudem die Frage aufwerfen, inwiefern Praktika geeignete Lernorte für das Thema Inklusion darstellen. Befürworten kann man diesen Ansatz, wenn man von einem breiten Auftrag der Grundausbildung von Lehrpersonen ausgeht, in dem möglichst alle Themen, die theoretisch behandelt werden, auch ihre Entsprechung in der schulpraktischen Ausbildung finden. Argumente können wie folgt lauten: Es ist wichtig, dass Studierende früh mit dem Schulalltag in Berührung kommen und dazu gehört das Thema Inklusion; insbesondere der Umgang mit Inklusion erfordert einen langjährigen Lernprozess und deswegen sollte dieser bereits im Studium beginnen; Praktika stellen Weichen für den späteren Berufseinstieg und die professionelle Weiterentwicklung und das Thema Inklusion muss deshalb bereits dort Berücksichtigung finden. Es gibt indes auch Gegenstimmen, die Beachtung verdienen: Die schulpraktische Ausbildung soll Studierende auf den Berufseinstieg vorbereiten, der durch die hohe Heterogenität schon genügend anspruchsvoll ist; Studierende sollten zunächst Grundkompetenzen für guten Unterricht erwerben, bevor sie sich dem Thema Inklusion widmen; in Praktika können sich Studierende nicht ausreichend tief und lange mit Inklusion auseinandersetzen, weshalb die Gefahr einer oberflächlichen Auseinandersetzung besonders hoch ist.

Letztlich gibt es wohl kein klares Ja oder Nein auf die oben aufgeworfene Frage. Vielmehr kommt es – wie in vielen anderen Bereichen auch – auf die Qualität der Praktika an. Die Forderung von Darling-Hammond et al. (2005, 406), dass „extended clinical experiences (at least thirty weeks) that reflect the program's vision of good teaching, are interwoven with coursework, and are carefully mentored" als Voraussetzungen für den Kompetenzerwerb im Praktikum sichergestellt werden müssen, trifft im gleichen Ausmaß für inklusive Praktika zu.

Abschließend sei hervorgehoben, dass eine solide Ausbildung angehender Lehrerinnen und Lehrer im Grunde nur dann gelingen kann, wenn einerseits am gesamten Kompetenzspektrum der Studierenden angesetzt wird, also an ihrem Wissenserwerb („Knowing", z.B. Fachwissen), ihrem praktischen Können („Doing", z.B. Unterrichtsgestaltung) und an ihren Überzeugungen, Werten und Erwartungen („Believing", z.B. Heterogenität als Ausgangsbedingung). Andererseits ist es erforderlich, dass Praktika künftig in inklusiven Schulen absolviert werden können. Dies ist gegenwärtig für viele Schulen jedoch noch ein weiter Weg. Der Index for Inclusion (Booth & Ainscow 2002) gibt wertvolle Anregungen, wie ein entsprechender Entwicklungsprozess gestaltet werden kann, indem die Ziele einer inklusiven Schule anhand von drei Dimensionen beschrieben werden: (a) Die Schaffung inklusiver Kulturen durch die Stärkung der Gemeinschaft und die Verankerung inklusiver Werte. (b) Die Etablierung inklusiver Strukturen, die eine Schule für alle ermöglichen und in denen der Umgang mit Vielfalt unterstützt wird. (c) Die

Entwicklung inklusiver Praktiken durch die Organisation von Lernarrangements und die Mobilisierung von Ressourcen. Die Qualität der Praktika und der damit verbundenen Lernangebote hängt folglich in hohem Maße von der Qualität der Schule ab.

Literatur

Arnold, K.-H., Hascher, T., Messner, R., Niggli, A., Patry, J.-L. & Rahm, S. (2012): Empowerment durch Schulpraktika. Perspektiven wechseln in der Lehrerbildung. Bad Heilbrunn: Klinkhardt.

Banks, J., Chochran-Smith, M., Moll, L., Richert, A., Zeichner, K., LePage, P., Darling-Hammond, L., Duffy, H. & McDonald, M. (2005): Teaching diverse learners. In: Darling-Hammond, L. & Bransford, J. (Hrsg.): *Preparing teachers for a changing world. What teachers should learn and be able to do*. San Francisco: Jossey-Bass, 232–274.

Bartolo, P.A. (2010): The process of teacher education for inclusion: The Maltese experience. In: Journal of Research in Special Educational Needs, 10. Jg., H. 1, 139–148.

Beck, C. & Kosnik, C. (2002): Components of a good practicum placement: Student teacher perceptions. In: Teacher Education Quarterly, 29. Jg., H. 2, 81–98.

Beutel, S.-I., Bos, W. & Posch, R. (Hrsg.) (2013): Lernen in Vielfalt. Münster: Waxmann.

Blömeke, S., Hascher, T. & Mayr, J. (2005): Beruf: LehrerbildnerIn – Selbstverständnis, Aufgaben und Qualifizierung. In: Journal für Lehrerinnen- und Lehrerbildung, 4. Jg., 7–20.

Blömeke, S., Suhl, U. & Döhrmann, M. (2012): Zusammenfügen was zusammengehört. Kompetenzprofile am Ende der Lehrerausbildung im internationalen Vergleich. In: Zeitschrift für Pädagogik, 58. Jg., H. 4, 422–440.

Boban, I. & Hinz A. (2011): „Index für Inklusion“ – ein breites Feld von Möglichkeiten zur Umsetzung der UN-Konvention. In: Flieger, P. & Schönwiese, V. (Hrsg.): *Menschenrechte, Integration, Inklusion*. Bad Heilbrunn: Klinkhardt, 169–175.

Booth, T. & Ainscow, M. (Hrsg.) (2002): Index for Inclusion. Developing Learning and Participation in Schools. Bristol: Centre for Studies on Inclusive Education.

Bräu, K. & Schwerdt, U. (Hrsg.) (2005): Heterogenität als Chance. Vom produktiven Umgang mit Gleichheit und Differenz in der Schule. Münster: LIT.

Darling-Hammond, L., Hammerness, K., Grossman, P., Rust, F. & Shulman, L. (2005): The design of teacher education programs. In: Darling-Hammond, L. & Bransford, J. (Hrsg.): *Preparing teachers for a changing world. What teachers should learn and be able to do*. San Francisco: Jossey-Bass, 232–274.

Emmer, E.T. & Stough, L.M. (2010): Classroom management: A critival part of educational psychology, with implications for teacher education. In: Educational Psychologist, 36. Jg., H. 2, 103–112.

European Agency for Development in Special Needs Education (2011): Inklusionsorientierte Lehrerbildung in Europa. Chancen und Herausforderungen. Odense: European Agency. Online unter: http://www.european-agency.org/sites/default/files/te4i-challenges-and-opportuni ties_TE4I-Synthesis-Report-DE.pdf. Zugriff: 11.04.2014.

European Agency for Development in Special Needs Education (2012): Profile of inclusive teachers. Odense: European Agency. Online unter: http://www.european-agency.org/agency-projects/Teacher-Education-for-Inclusion/profile. Zugriff: 11.04.2014.

European Commission. Education and Training (2013): Supporting teacher educators for better learning outcomes. Online unter: http://ec.europa.eu/education/policy/school/doc/support-teacher-educators_en.pdf. Zugriff: 27.05.2014.

Feyerer, E. (2011): Inklusion meint mehr als Integration. In: Journal für LehrerInnenbildung, 4. Jg., 9–18.

Florian, L. (2008): Special or inclusive education: Future trends. In: British Journal of Special Education, 35. Jg., H. 4, 202–208.

Florian, L. (2011): Introduction – Mapping international developments in teacher education for inclusion. In: Prospects, 41. Jg., H. 3, 319–321.

Florian, L. & Rouse, M. (2009): The inclusive practice project in Scotland: Teacher education for inclusive education. In: Teaching and Teacher Education, 25. Jg., 594–601.

Forlin, C. & Chambers, D. (2011): Teacher preparation for inclusive education: Increasing knowledge but raising concerns. In: Asia-Pacific Journal of Teacher Education, 39. Jg., H. 1, 17–32.

Friend, M., & Bursuck, W.D. (2002): Including students with special needs: A practical guide for classroom teachers. Boston: Allyn & Bacon.

Giangreco, M.F & Doyle, M.B. (2007): Teacher Assistants in Inclusive Schools. In: Florian. L. (Hrsg.): *The Sage Handbook of Special Education*. London: Sage Publications, 430–441.

Hascher, T. (2012): Lernfeld Praktikum – Evidenzbasierte Entwicklungen in der Lehrer/innenbildung. In: Zeitschrift für Bildungsforschung, 2. Jg., H. 1, 109–129.

Hascher, T. (2012): Forschung zur Bedeutung von Schul- und Unterrichtspraktika in der Lehrerinnen- und Lehrerbildung. In: Beiträge zur Lehrerbildung, 30. Jg., H. 1, 87–98.

Hascher, T. & Kaiser, C. (angenommen): The acquisition of negative knowledge during field experience in teacher education. In: Gartmeier, M., Gruber, H., Hascher, T. & Heid, H. (Hrsg.): *Funktionen von Fehlern im Kontext individueller und gesellschaftlicher Entwicklung/Functions of errors in the context of individual and societal development.* Münster: Waxmann.

Hascher, T. & Kittinger, C. (2014): Learning processes in internships – Analyses from a study using learning diaries. In: Arnold, K.-H., Gröschner, A. & Hascher, T. (Hrsg.): *Schulpraktika in der Lehrerbildung/Pedagogical field experiences in teacher education*. Münster: Waxmann, 221–235.

Heinrich, M., Urban, M. & Werning, R. (2013): Grundlagen, Handlungsstrategien und Forschungsperspektiven für die Ausbildung und Professionalisierung von Fachkräften für inklusive Schulen. In: Döbert, H. & Weishaupt, H. (Hrsg.): *Inklusive Bildung professionell gestalten. Situationsanalyse und Handlungsempfehlungen*. Münster: Waxmann, 69–133.

Hillenbrand, C., Melzer, C. & Hagen, T. (2013): Bildung schulischer Fachkräfte für inklusive Bildungssysteme. In: Döbert, H. & Weishaupt, H. (Hrsg.): *Inklusive Bildung professionell gestalten. Situationsanalyse und Handlungsempfehlungen*. Münster: Waxmann, 33–68.

Hinz, A. (2002): Von der Integration zur Inklusion – terminologisches Spiel oder konzeptionelle Weiterentwicklung? In: Zeitschrift für Heilpädagogik, 9. Jg., 354–361.

Kessels, U., Erbring, S. & Heiermann, L. (2014): Implizite Einstellungen von Lehramtsstudierenden zur Inklusion. In: Psychologie in Erziehung und Unterricht, 61. Jg., 189–202.

Lindner-Müller, C. (2008): Förderung der sozialen Kompetenz. In: Arnold, K.-H., Graumann, O. & Rakhkochkine, A. (Hrsg.): *Handbuch Förderung*. Weinheim [u.a.]: Beltz Juventa, 233–242.

Moser, I. (2011): Teacher Education for Inclusion! In: Journal für LehrerInnenbildung, 4. Jg., 61–65.

Naukkarinen, A. (2010): From discrete to transformed? Developing inclusive primary school teacher education in a Finnish teacher education department. In: Journal of Research in Special Educational Needs, 10. Jg., H. 1, 185–196.

Niehoff, U. (2011): Diversity-Management – eine hilfreiche Anregung auf dem Weg zu einer inklusiven Schule. In: Hinz, A., Körner, I. & Niehoff, U. (Hrsg.): *Auf dem Zur Schule für alle. Barrieren überwinden – inklusive Pädagogik entwickeln.* Marburg: Lebenshilfe-Verlag, 26–44.

Oser, F. (2001): Standards: Kompetenzen von Lehrpersonen. In: Oser, F. & Oelkers, J. (Hrsg.): *Die Wirksamkeit der Lehrerbildungssysteme. Von der Allrounderbildung zur Ausbildung professioneller Standards.* Zürich: Rüegger Verlag.

Oser, F. & Oelkers, J. (Hrsg.) (2001): Die Wirksamkeit der Lehrerbildungssysteme. Von der Allrounderbildung zur Ausbildung professioneller Standards. Zürich: Rüegger Verlag.

Prengel, A. (2006): Pädagogik der Vielfalt. Verschiedenheit und Gleichberechtigung in Interkultureller, Feministischer und Integrativer Pädagogik. Wiesbaden: VS Verlag.

Prengel, A. (2011): Selektion versus Inklusion – Gleichheit und Differenz im schulischen Kontext. In Faulstich-Wieland, H. (Hrsg.): *Umgang mit Heterogenität und Differenz.* Hohengehren: Schneider, 23–48.

Schüssler, R., Schwier, V., Klewin, G., Schicht, S., Schöning, A. & Weyland, U. (Hrsg.) (2014): Das Praxissemester im Lehramtsstudium: Forschen, Unterrichten, Reflektieren. Bad Heilbrunn: Klinkhardt.

Seitz, S. (2011): Eigentlich nichts Besonderes – Lehrkräfte für die inklusive Schule ausbilden. In: Zeitschrift für Inklusion, 3. Jg. Online unter: http://www.inklusion-online.net/index.php/inklusion-online/article/view/83/83. Zugriff: 26.05.2014.

Seitz, S. (2011): Was Inklusion für die Qualifizierung von Lehrkräften bedeutet. In: Journal für LehrerInnenbildung, 4. Jg., 50–54.

Sekretariat der Ständigen Konferenz der Kultusminister der Länder (2004): Standards für die Lehrerbildung. Online unter: http://www.kmk.org/fileadmin/veroeffentlichungen_beschluesse/2004/2004_12_16-Standards-Lehrerbildung.pdf. Zugriff: 25.05.2014.

Sekretariat der Ständigen Konferenz der Kultusminister der Länder (2009): Rahmenvereinbarung über die Ausbildung und Prüfung für ein sonderpädagogisches Lehramt. Lehramtstyp 6. Online unter: http://www.kmk.org/fileadmin/veroeffentlichungen_beschluesse/1994/1994_05_06-RV_Lehramtstyp_6.pdf. Zugriff: 11.04.2014.

Stanovic, P.J. & Jordan, A. (1998): Canadian teachers' and principals' beliefs about inclusive education as predictors of effective teaching in hteregeneous classrooms. In: The Elementary School Journal, 98. Jg., H. 3, 221–238.

Thousand, J.S., Nevin, A.I. & Villa, R.A. (2007): Collaborative Teaching: Ciritque of the scientific evidence. In: Florian, L. (Hrsg.): *The SAGE Handbook of Special Education.* London: SAGE Publications, 418–430.

Trautmann, M. & Wischer, B. (2012): Heterogenität in der Schule. Eine kritische Einführung. Wiesbaden: VS Verlag.

United Nations (2006): Convention on the Rights of Persons with Disabilities. Online unter: http://www.un.org/disabilities/convention/conventionfull.shtml. Zugriff: 11.04.2014.

Walling, B. & Lewis, M. (2000): Development of professional identity among professional development school preservice teachers: Longitudinal and comparative analysis. In: Action in Teacher Education, 22. Jg., 65–72.

Walton, E. & Rusznyak, L. (2013): Pre-service teachers' pedagogical learning during practicum placements in special schools. In: Teaching and Teacher Education, 36. Jg., 112–120.

Wellenreuther, M. (2005): Lehren und Lernen – aber wie? Empirisch-experimentelle Forschung zu Lehren und Lernen im Unterricht. Hohengehren: Schneider.

Werning, R. & Arndt, A.-K. (2013): Vorwort. In: Werning, R. & Arndt, A.-K. (Hrsg.): *Inklusion: Kooperation und Unterricht entwickeln*. Bad Heilbrunn: Klinkhardt, 7–9.

Werning, R. & Baumert, J. (2013): Inklusion entwickeln: Leitideen für Schulentwicklung und Lehrerbildung. In: Baumert, J., Masuhr, V., Möller, J., Riecke-Baulecke, T., Tenorth, H.-E. & Wening, R. (Hrsg.): *Schulmanagement-Handbuch, Band 146: Inklusion*. München: Oldenbourg, 38–55.

White, B.C. (2010): Pre-service teachers' epistemology viewed through perspectives on problematic classroom situations. In: Journal of Education for Teaching: International research and pedagogy, 26. Jg., H. 3, 279–305.

Zeichner, K. M. (2010): Rethinking the connections between campus courses and field experiences in college- and university-based teacher education. In: Journal of Teacher Education, 61. Jg., H. 1–2, 89–99.

Vera Moser & Andreas Kropp

Kompetenzen in Inklusiven Settings (KIS) – Vorarbeiten zu einem Kompetenzstrukturmodell sonderpädagogischer Lehrkräfte

Abstract

Das Forschungsprojekt ‚Kompetenzen in Inklusiven Settings' (KIS) geht der Frage nach, inwiefern sich Förderschul- und andere Lehrkräfte in inklusiven settings hinsichtlich der Aufgabenwahrnehmung quantitativ unterscheiden. Auf der Grundlage einer Fragebogenerhebung (N=327) konnte gezeigt werden, dass die zentralen Aufgabenbereiche Diagnostik, Beratung, Kooperation und individuelle Förderung von allen Lehrkräften etwa gleich umfänglich wahrgenommen werden (dabei erlaubt das Untersuchungsdesign aber keine Rückschlüsse auf mögliche konzeptionelle Unterschiede). Allerdings unterrichten Förderschullehrkräfte nahezu nur halb so häufig wie andere Lehrkräfte die gesamte Klasse. Im Bereich der Diagnostik verfügen Förderschullehrkräfte über ein breiteres Inventar als andere Lehrkräfte und beziehen diese häufiger auf die Unterrichtsfächer Deutsch und Mathematik als auf allgemeine Förderbereiche (z.B. Wahrnehmung, Motorik, Konzentration). Diagnostische Erhebungen haben aber nur geringe Auswirkungen auf die Unterrichtsgestaltung. Zudem finden 2/3 der sonderpädagogischen Fördermaßnahmen außerhalb des gemeinsamen Unterrichts statt. Schließlich konnte gezeigt werden, dass große Unterschiede zwischen den studierten Förderbereichen und ihrem tatsächlichen Einsatz bei Förderschullehrkräften in der Inklusion bestehen.

1 Sonderpädagogische Kompetenzen für inklusive settings – ein Forschungsdesiderat

Die Frage nach sonderpädagogischen Kompetenzen in inklusiven settings ist bislang erstaunlich wenig behandelt worden, obgleich die Integrationsforschung, insbesondere im Kontext der wissenschaftlichen Begleitforschungen der 1980er und 1990er Jahre, hierzu hätte relevante Informationen vorlegen können. Doch war es bislang eher unklar, inwieweit sonderpädagogische[1] Kompetenzen als ‚gesonderte' im täglichen Handeln ausgewiesen werden sollten oder eher als ‚Transferwissen' allen Beteiligten zur Verfügung stehen sollte. Dies war begleitet von einer eher normativ aufgeladenen Debatte um das Verhältnis sogenannter ‚Generalisten' und ‚Spezialisten' (vgl. u.a. Bernhard & Conradi 2005).

Aufgrund dieses Dilemmas sind vornehmlich allgemeine Qualifikationsmerkmale der Pädagoginnen und Pädagogen für das Gelingen integrativen Unterrichts beschrieben worden. So hat zum Beispiel die Hamburger Untersuchung der Integrativen Regelklassen mit der *Analyse von Strukturmerkmalen integrativer settings* begonnen und hier auch Hinweise auf Professionsmerkmale vorgelegt: In Anlehnung an Dumke (1991) wurde eine detailliertere Deskription des integrativen Unterrichts anhand von Beobachtungsprotokollen vorgenommen. Hier wurden Teameffekte und Veränderungen des Unterrichts zwischen den Altersstufen beschrieben (zunehmende Lehrerinnen- und Lehrersteuerung bei Abnahme der Differenzierungsmaßnahmen, zunehmende Bewertungs- gegenüber abnehmenden Beratungstätigkeiten) (vgl. Schuck 1999; Hinz et al. 1998, 70ff.) sowie Typisierungen von Lehrerinnen- und Lehrertätigkeiten herausgearbeitet: Co-Lehrerinnen und -lehrer, Ergänzungslehrerinnen und - lehrer, Assistentinnen und Assistenten, Unterrichtende, Individuallehrerinnen und -lehrer (Hinz et al. 1998, 49ff.). Des Weiteren wurden Einzelstudien zu Kooperationsmerkmalen und Beratungen vorgelegt (z.B. Feuser & Meyer 1987; Klose-Willenbring 1999; Werning, Urban & Sassenhausen 2001; Katzenbach & Olde 2007, Werning & Arndt 2013; vgl. zusammenfassend auch Heinrich, Urban & Werning 2013), die jedoch in der Regel nicht systematisch zwischen sonderpädagogischen und anderen Lehrkräften unterschieden. Lediglich die Untersuchung von Lütje-Klose et al. (2005) brachte Aufschluss über den Einsatz von Sonderpädagoginnen und -pädagogen im Rahmen der sonderpädagogischen Grundversorgung Niedersachsens. Hier wurden geringe Aktivitäten bezüglich der Schul- und Unterrichtsentwicklung und hohe Aktivitäten im Bereich individueller Förderung – auch in separaten settings – herausgearbeitet.

Darüber hinaus werden sonderpädagogisch einschlägige Kompetenzbereiche i.d.R. auf der Grundlage von Expertenmeinungen beschrieben (Beratung, Diagnostik, Förderung, Kooperation und Unterricht, zusammenfassend Moser, Schäfer & Jakob 2010, 240), diese sind aber inzwischen zunehmend auch Teil *aller* lehrerinnen- und lehrerbildenden Studiengänge: So hat die Kultus-

[1] In diesem Forschungsbericht werden Sonder(schul)pädagogik und Förder(schul)pädagogik synonym verwendet.

ministerkonferenz beispielsweise 2004 in den ‚Standards für die Lehrerbildung: Bildungswissenschaften' festgelegt, dass zu den inhaltlichen Ausbildungsschwerpunkten aller Lehrämter die Bereiche „Differenzierung, Integration und Förderung – Heterogenität und Vielfalt als Bedingungen von Schule und Unterricht" und „Diagnostik, Beurteilung und Beratung – Diagnose und Förderung individueller Lernprozesse; Leistungsmessungen und Leistungsbeurteilungen" zählen (vgl. Sekretariat der Ständigen Konferenz der Kultusminister 2004, 5). Damit werden neben dem Unterricht auch Beurteilung, Betreuung, Schulentwicklung und die Erledigung administrativer Aufgaben als Kompetenzbereiche von Lehrkräften gezählt (Dubs 2008, 17), so dass insbesondere die Bereiche der Kooperation, der Beratung und der Diagnostik nicht (mehr) als Alleinstellungsmerkmal sonderpädagogischer Lehrkräfte gelten können.

Zur Unterstützung der Ausformung von Berufsprofilen im Bereich des Lehrerinnen- und Lehrerhandelns hatte Fritz Oser 1997 88 Standards in der Schweiz vorgelegt, die auch die hiesige Diskussion inspiriert haben. Sie sollen sich auf „handlungsorientierende Fähigkeiten" der Lehrkräfte beziehen, die auch eine Leitfunktion für die Ausbildung haben. Standards gelten nicht nur für die einzelnen Personen, sondern auch für das gesamte Ausbildungssystem im Bereich der Lehrerinnen- und Lehrerbildung und dienen der Orientierung der Bestimmung von erforderlichen Kompetenzen und Zielsetzungen (Terhart 2003). Analog dazu hat auch der Verband für Sonderpädagogik Standards für die sonderpädagogische Lehrerinnen- und Lehrerbildung vorgelegt, welche die KMK-Standards für die Lehrerinnen- und Lehrerbildung von 2004 ergänzen. Hier werden neben der Bezugnahme auf individuelle Förderung vor allem an Förderschwerpunkten (Emotionale und soziale Entwicklung, Geistige Entwicklung, Hören, Sehen, körperliche und motorische Entwicklung, Lernen) orientierte Standards genannt. Aber auch diese Grundlegungen erläutern nur unzureichend sonderpädagogisch relevante Kompetenzbereiche für inklusive settings.

Im internationalen Raum wird überraschender Weise keine sonderpädagogische Kompetenzdiskussion geführt; zwar gibt es unterschiedliche Ausbildungswege und Fördersysteme, allerdings scheint bislang eine ausdrückliche Qualitätssicherung dieses Personals noch auszustehen (vgl. z.B. Burns 2004). Insgesamt sind im internationalen Vergleich nicht nur die Quoten der Förderschülerinnen und -schüler extrem unterschiedlich, sondern auch die beruflichen Bildungsgänge – in den allermeisten Ländern sind sonderpädagogische Qualifikationen lediglich Zusatzqualifikationen.

Damit kann festgehalten werden, dass die Frage nach unterschiedlichen professionellen Qualifizierungen und Berufsprofilen bislang eher unbeantwortet ist (vgl. auch Melzer & Hillenbrand 2013; Weiß, Kollmansberger & Kiel 2013) – dies hat folgenschwere Konsequenzen, denn ob und welche Aufgaben nun sonderpädagogisch qualifizierte Lehrkräfte in inklusiven settings übernehmen sollten, wird nunmehr der Einzelschule und/oder den Bildungsverwaltungen anheimgestellt.

Insofern ist eine sorgfältige empirische Aufklärung tatsächlicher Berufsmodelle dringend erforderlich. Hier sind die folgenden zwei Fragen zu klären: Für welche *Aufgaben* sind Professionelle in inklusiven settings zuständig? Sind hier Unterschiede zwischen Lehrkräften für Allgemeinbildende Schulen und speziellen für (sonder-)pädagogische Förderung beschreibbar? Und: Über welche speziellen *Kompetenzen* müssten diese Lehrkräfte verfügen? (Vgl. auch Moser 2013.)

Das Forschungsprojekt *‚Kompetenzen in Inklusiven Settings' (KIS)* – gefördert von der Max-Traeger-Stiftung – hat sich zur Aufgabe gemacht, ein entsprechendes Kompetenzstrukturmodell für Sonderpädagoginnen und -pädagogen in inklusiven settings zu entwickeln. Dabei sieht es von fachrichtungsspezifischen (bezogen auf sonderpädagogische Förderbedarfe) Kompetenzen ab und sucht nach einem fachrichtungs- und domänenübergreifenden (nicht auf Unterrichtsfächer bezogenen) Strukturmodell, das allerdings allgemeine lehrerinnen- und lehrerspezifische Merkmale wie z.B. Reflexionskompetenz oder classroom-Management nicht zusätzlich mit erfasst. Werthaltungen wurden in einem gesonderten Projekt ermittelt und empirisch geprüft mittels eines eigenen Fragebogeninstruments (vgl. Kuhl et al. 2013 und Moser et al., eingereicht).

Kompetenzstrukturmodelle zu entwickeln basiert auf der Annahme, dass sich Kompetenzbereiche berufsspezifisch beschreiben lassen. Dabei wird in der Lehrerinnen- und Lehrerforschung in der Regel auf das Weinertsche Kompetenzmodell rekurriert, welches Kompetenzen definiert als „die bei Individuen verfügbaren oder durch sie erlernbaren kognitiven Fähigkeiten und Fertigkeiten, um bestimmte Probleme zu lösen, sowie die damit verbundenen motivationalen, volitionalen und sozialen Bereitschaften und Fähigkeiten, um die Problemlösungen in variablen Situationen erfolgreich und verantwortungsvoll nutzen zu können". (zitiert nach Klieme et al. 2003, 15). Als Teilgebiete von Kompetenz werden die folgenden genannt: ‚Fähigkeit', ‚Wissen', ‚Verstehen', ‚Können', ‚Handeln', ‚Erfahrung', ‚Motivation' (vgl. ebd. 59). Präzisiert wird dieses Modell in der Forschung mit domänenspezifischem (Unterrichtsfach bezogenem) Wissen sowie psychologisch-pädagogischen Anforderungen des Unterrichts und Persönlichkeitsmerkmalen des Professionellen (Werthaltungen, Selbstwirksamkeitsüberzeugungen und Selbstregulationsfähigkeiten) (vgl. Baumert & Kunter 2011, 39ff.).

Gewählt wurde für das eigene Projekt ein rekonstruktiv-berufserfahrungsbezogenes Vorgehen in Anlehnung an Oser (vgl. auch Arnold 2007, 73ff.) – dies beinhaltet die Identifizierung von Handlungs-/Anforderungssituationen und die Beschreibung diesbezüglicher Kompetenzcluster (der dritte Schritt, die Qualitätsbeschreibung, wurde im vorliegenden Projekt nicht durchgeführt) (vgl. Oser 2013, 32f.). Dem liegt die folgende Definition zugrunde:

> „Ein Kompetenzprofil ist ein in komplexen Situationen des Unterrichts abgrenzbares, zieladäquates, effektives und ethisch gerechtfertigtes Einflusshandeln, welches das Lernen von Schülern und Schülerinnen differenziell fördert. Es wird reflexiv von Lehr-Lernsituationen mitbestimmt. Sofern das Postulat der Messbarkeit konkretisiert ist, sprechen wir von Standards“ (ebd. 39).

Methodisch erarbeitet wurde das Modell – ebenfalls in Anlehnung an Oser – mittels eines bottom-up-Verfahrens, allerdings nicht auf der Basis von Beobachtungsdaten von Expertinnen und Experten, sondern durch ein induktives Vorgehen auf der Grundlage einer Dokumentenanalyse der deutschsprachigen sonderpädagogischen Fachliteratur (1990–2007) zu Merkmalen sonderpädagogischer Professionalität. Diese wurde inhaltsanalytisch ausgewertet und in die folgenden Kompetenzcluster systematisiert:

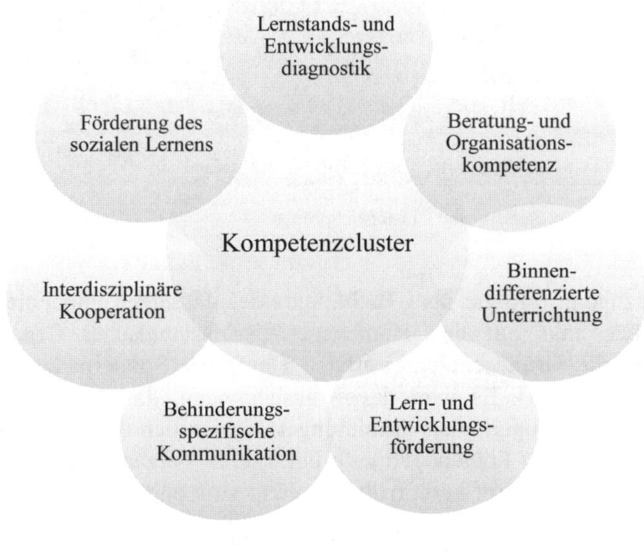

Abb. 1: Kompetenzcluster Anforderungssituation in inklusiven settings (vgl. Moser, Schäfer & Jakob 2010)

Auf diesem Modell aufruhend wurde eine Fragebogenerhebung konstruiert, um „die Kompetenzprofile möglichst nahe am ‚Praxisbedarf‘ zu entwickeln“ (Heinzer & Baumgartner 2013, 69).

2 Methode

Stichprobe

Die Querschnittsstudie basiert auf einer Stichprobe, die insgesamt 327 Fälle umfasst, wobei ‚Andere Lehrkräfte‘ 134 Fälle zählen und ‚Förderlehrkräfte‘ 193 Fälle. Die Grundgesamtheit der Lehrkräfte Förderschullehramt beträgt im Jahr 2011 63 722 Lehrkräfte.[2]

Die Stichprobe besteht aus verschiedenen Stichprobenarten. Diese sind im Folgenden aufgelistet:

Zufallsstichprobe:	
48	**‚Online-Fragebogen‘**
108	**‚unbestimmte Herkunft‘**
Clusterstichproben: (Kongresse/Tagungen/Fortbildungen)	
20	**Fragebögen ‚Zittau/Görlitz‘**
91	**Fragebögen ‚Weimar‘**
37	**Fragebögen ‚Berlin‘**
7	**Fragebögen ‚Bielefeld‘**
16	**Fragebögen ‚Saarbrücken‘**

Tab. 1: Stichproben: Zufalls- und Clusterstichproben

Der Feldzugang erfolgte über Fachkongresse, -tagungen und Fortbildungen sowie über links auf den Homepages berufsständischer Organisationen (GEW, Starke Grundschulen, Verband Deutscher Sonderpädagogik, Deutscher Lehrverband). Es wird davon ausgegangen, dass die Teilnahme an Kongressen, Tagungen oder Fortbildungen hinsichtlich der Beschreibung der Tätigkeiten, wie im Fragebogen gefordert, keine Verzerrungen in Bezug auf Lehrerinnen und Lehrer hervorruft, die nicht an Kongressen, Tagungen oder

2 Sekretariat der Ständigen Konferenz der Kultusminister der Länder der Bundesrepublik Deutschland 2012a.

Fortbildungen teilnehmen. Dementsprechend wird die Güte der Stichprobe gleich einer Zufallsstichprobe gewertet.
Folgende Lehrerinnen- und Lehrerzusammensetzung der Stichprobe ergab sich damit:

Ausbildung	Relative Häufigkeit	Häufigkeit
Grund-, Haupt-Realschullehrkräfte	29,7%	97
Gymnasiallehrkräfte	13,1%	43
Berufslehrkräfte	1,7%	7
Förderschullehrkräfte	59%	193

Tab. 2: Zusammensetzung der Stichprobe nach Lehrkräften

Stichprobenbeschaffenheit

Das Durchschnittsalter der hier befragten Förderlehrkräfte beträgt gerundet 44 Jahre. Der durchschnittliche Altersunterschied beträgt damit 1 Jahr zu den ‚Anderen Lehrkräften‘[3] (45 Jahre). Das Geschlechterverhältnis beträgt in der Gruppe der Förderlehrkräfte 21% (männlich) zu 79% (weiblich). In der Gruppe der ‚Anderen Lehrkräfte‘ ist das Verhältnis 27% (männlich) zu 73% (weiblich). Im Gesamten beträgt das Geschlechterverhältnis 23,4% (männlich) zu 76,6% (weiblich), wobei 2 Personen dazu keine Angaben machten.
Die Untersuchungsform richtet sich auf die Kollektivebene, denn von Interesse sind, wie oben beschrieben, die Aufgaben- und Kompetenzprofile von Förderlehrkräften und anderen Lehrkräften in inklusiven settings als Gruppe. Der Erhebungszeitraum erstreckt sich von Dezember 2012 bis November 2013. Es handelt sich hierbei um ein Querschnittsdesign, welches über alle 16 Bundesländer zur Anwendung kam.

Pretest

Nachdem die Fragestellung, wie oben beschrieben, feststand und in einem Fragebogen operationalisiert wurde, konnte mit Hilfe eines Pretests die Tauglichkeit des Fragebogens geprüft werden. Es wurden hierzu 66 Pretest-Fragebögen an einschlägige Probandinnen und Probanden (Lehrkräfte, die in inklusiven settings tätig sind, in gleichmäßiger Verteilung über die Bundes-

3 ‚Andere Lehrkräfte‘ meint hier und im Folgenden Lehrkräfte an Grund-, Haupt-, Realschulen, Gymnasien und beruflichen Schulen.

länder) versandt, mit der Bitte, diesen Fragebogen nicht nur auszufüllen, sondern auch kritisch zu bewerten und Änderungsvorschläge zu machen. Daraufhin erfolgte eine Anpassung des Erhebungsinstrumentes.

Gewichtung

Da es keine erhobenen Daten dazu gibt, wie viele Lehrkräfte im inklusiven Unterricht in den einzelnen Bundesländern tätig sind (erfasst werden nur Förderschullehrkräfte allgemein, differenziert nach Bundesländern), [4] wurde die Gewichtung im Folgenden ohne die ‚Anderen Lehrkräfte' durchgeführt. Kontrollberechnungen zeigten, dass die eingeschränkte Gewichtung die Ergebnisse nicht relevant beeinflusst.
Die Gewichtung der einzelnen Bundesländer stellt sich wie folgt dar:

Bundesland	Förder-schullehr-kräfte	%_Anteil FöL BRD	Ist (Stichprobe)
Baden-Württemberg	11.832	18,57	9,2%
Bayern	8.137	12,83	3,1%
Berlin	1.931	3,03	23,9%
Brandenburg	1.799	2,82	1,8%
Bremen	318	0,5%	1,2%
Hamburg	1.060	1,66	4,9%
Hessen	5.045	7,92	4,3%
Mecklenburg-Vorpommern	1.202	1,89	0,3%
Niedersachsen	6.180	9,7	4,9%
Nordrhein-Westfalen	16.583	26,02	9,8%
Rheinland-Pfalz	2.454	3,85	0,3%
Saarland	642	1	5,8%
Sachsen	3.122	4,9	7,0%
Sachsen-Anhalt	2.048	3,21	4,0%
BRD	63722	100%	0,51%

Tab. 3: Gewichtung der Stichprobe nach Bundesländern, Daten entnommen KMK 2012a

4 Sekretariat der Ständigen Konferenz der Kultusminister 2012a.

3 Ergebnisse

Anzahl der Schulen, an denen Förderschullehrkräfte arbeiten

Zunächst wurde untersucht, inwiefern Förderschullehrkräfte an mehr als einer Schule tätig sind. Diese Frage steht im Zusammenhang mit dem Konzept der Förder- und Beratungszentren, Förderschullehrkräfte an mehreren Schulen einzusetzen. Hier ergibt sich gegenüber anderen Lehrkräften ein signifikanter Unterschied, wie der Mann-Whitney U Test bei der Variable ‚Anzahl der Schulen' zeigte (U=5868,5, p<0,001).[5]

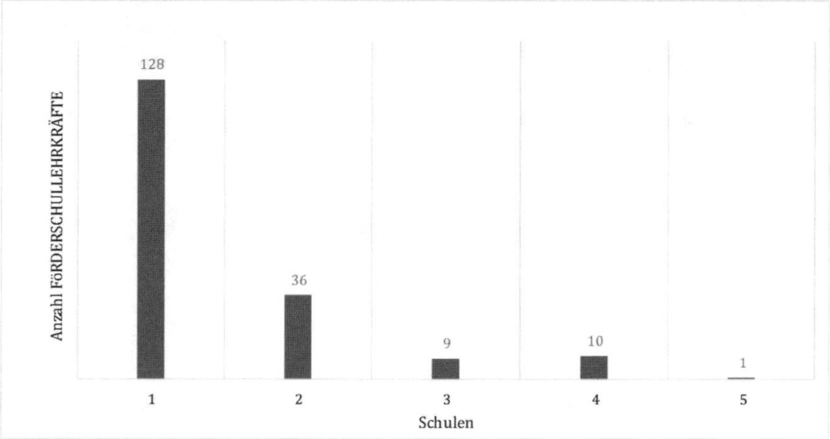

Abb. 2: Förderschullehrkräfte bezüglich des Einsatzes in Anzahl von Schulen

In der vorliegenden Stichprobe arbeiteten 128 Förderschullehrkräfte an einer Schule, 36 an zwei Schulen, neun an drei Schulen, zehn an vier Schulen und eine Personen arbeitete an fünf Schulen; 9 Personen machten dazu keine Angaben. Dies bedeutet, dass zwar etwa 30% der befragten Förderschullehrkräfte an mehr als einer Schule, allerdings nur etwa 5% der Förderschullehrkräfte an vier Schulen tätig sind.

Förderschullehrkräfte im Vergleich zu anderen Lehrkräften hinsichtlich der Dienstfahrtzeiten

Damit lag auch die Annahme nahe, dass Förderschullehrkräfte eine längere Dienstfahrt haben als andere Lehrkräfte. Dementsprechend ergab bei ‚För-

---

[5] Die jeweiligen Ergebnisse sind im Anhang dokumentiert

derschullehrkraft‘ der Mann-Whitney U Test bei der Variable ‚Dienstfahrtzeiten‘ ebenfalls einen signifikanten Unterschied (U=5050,5, $p<0,001$). Während also Förderschullehrkräfte hier wöchentlich im Durchschnitt ca. 1 Stunde einplanen müssen, haben andere Lehrkräfte hier praktisch keine Fahrtzeiten.

	Andere Lehrkräfte	Förderlehrkräfte
Mittelwert	0,11 Stunden (ca. 6 Minuten)	0,95 Stunden (57 Minuten)
Standard-abweichung	0,492 Stunden (ca. 29 Minuten)	1,62 Stunden (ca. 97 Minuten)

Tab. 4: Dienstfahrten, wöchentlicher Zeitaufwand ohne Hin- und Rückfahrt vom Wohnort, differenziert nach Förder- und anderen Lehrkräften

Förderschullehrkräfte: In welchem Förderschwerpunkt sind Sie aktuell tätig?

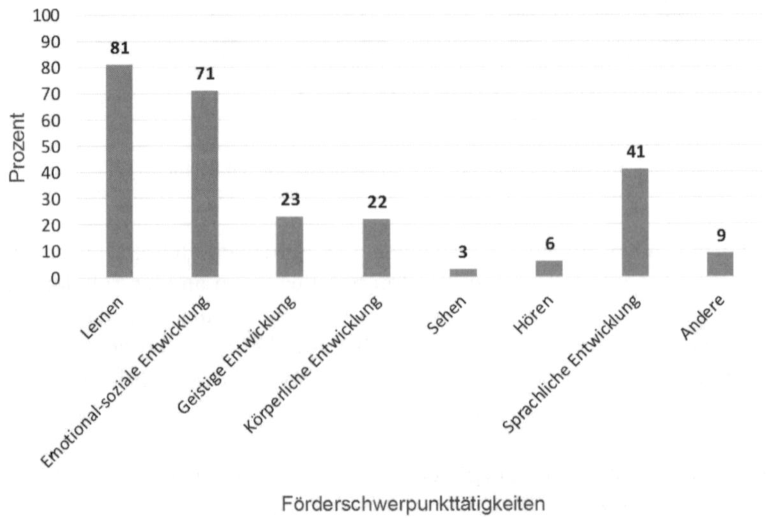

Abb. 3: Einsatz von Förderschulkräften in Förderschwerpunkten

Hier zeigt sich das Profil der befragten Förderschullehrkräfte in Bezug auf deren Tätigkeiten in den jeweiligen Förderschwerpunkten. Das vorgefundene Häufigkeitsprofil entspricht in etwa dem bundesweiten statistischen Aufkommen der Förderschwerpunkte (Sekretariat der Ständigen Konferenz der Kultusminister 2012b).
(Bei ‚Andere Tätigkeiten' wurde 16 mal ‚Autismus' und jeweils einmal ‚Hochbegabung' und ‚langfristige chronische Erkrankung' genannt.)

Prozentuale Darstellung der Übereinstimmung des Studienschwerpunktes mit den Tätigkeiten

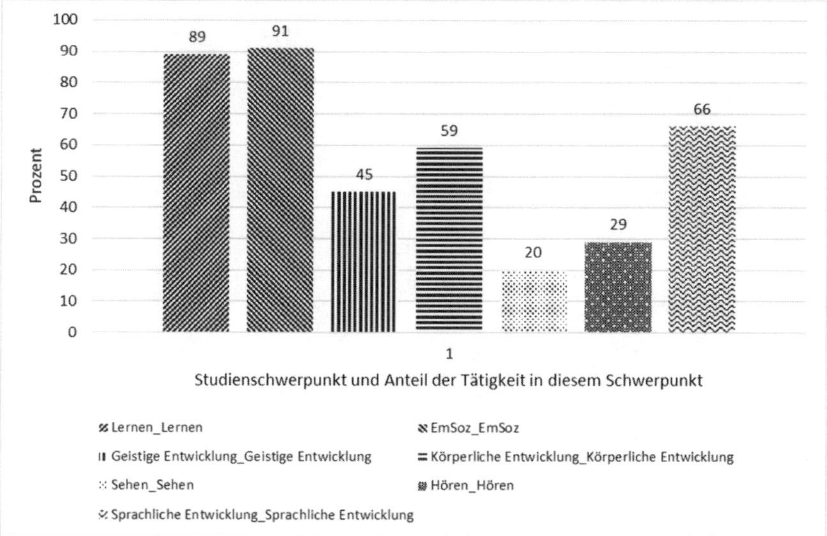

Abb. 4: Vergleich der Studienschwerpunkte (Förderbereiche) in Korrelation zum tatsächlichen Einsatz

Diese Grafik gibt Auskunft darüber, mit welcher Wahrscheinlichkeit die Förderschullehrkräfte in ihren studierten Förderschwerpunkten tatsächlich arbeiten: So haben Förderlehrerinnen und -lehrer mit dem Studienschwerpunkt ‚Lernen' eine Wahrscheinlichkeit von 89%, dass sie in diesem Förderbereich eingesetzt sind, jene mit Förderbedarf ‚Emotional-soziale Entwicklung' eine 91%ige Wahrscheinlichkeit. Demgegenüber gilt für Förderschullehrkräfte, die ‚Sehen' oder ‚Hören' als Förderschwerpunkt studierten, nur eine 20%- bzw. 29%ige Wahrscheinlichkeit, darin tätig zu sein. (Signifikante

Unterschiede ergaben sich nach dem Testverfahren ‚Exakter Test nach Fisher' zwischen Studium und Tätigkeit bei allen bis auf ‚Sehen' und ‚Hören'.)

Fachunterricht der Förderschullehrkräfte in inklusiven settings

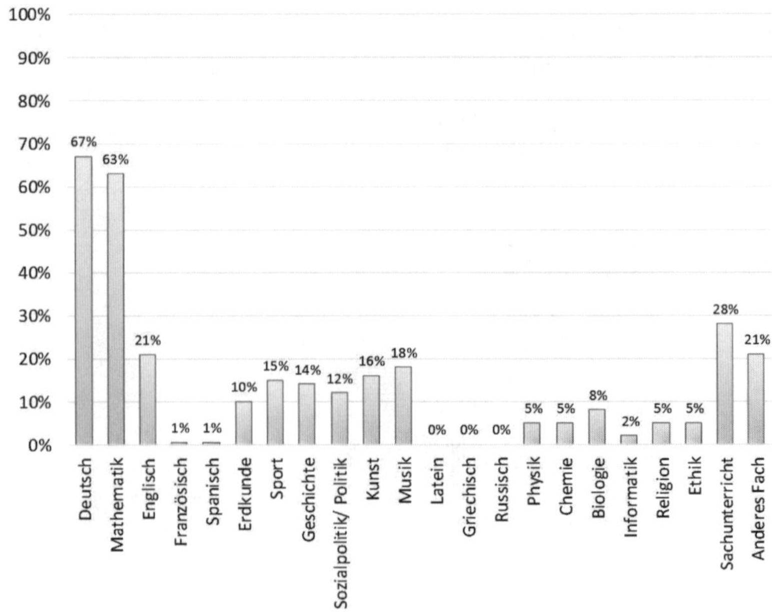

Abb. 5: Einsatz der Förderschullehrkräfte nach Fachunterricht

Die Abbildung 5 zeigt, dass Förderschullehrkräfte in inklusiven settings überwiegend in den Fächern Deutsch und Mathematik, gefolgt von Sachunterricht tätig sind.

Fachunterrichtstätigkeit-Studium(Fach)-Verhältnis der Förderschullehrkräfte

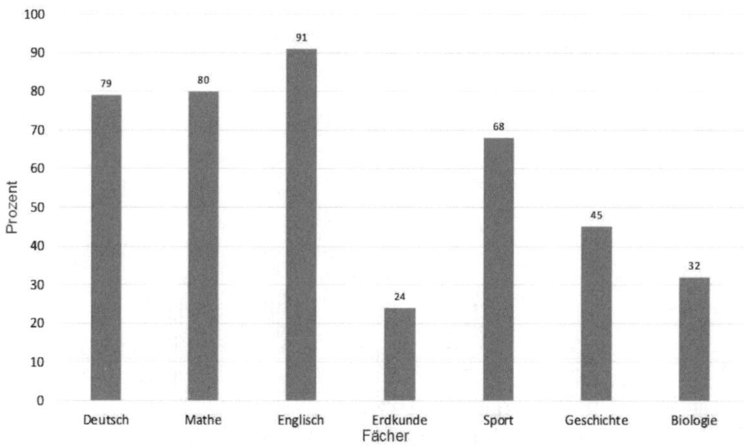

Abb. 6: Fachunterricht von Förderschulkräften in Bezug auf das studierte Unterrichtsfach

In dieser Abbildung wird deutlich, dass die studierten Unterrichtsfächer Deutsch, Mathematik, Englisch und Sport hohe Wahrscheinlichkeit für die Lehrkräfte aufweisen, hierin auch später tätig zu sein. Für Erdkunde (24%) und Biologie (32%) gilt dies nur eingeschränkt. Hohe Signifikanz ‚Chi-Quadrat nach Pearson' erzielten bis auf Erdkunde alle hier dargestellten Fächer mit einem p-Wert von kleiner 0,001. Bei dem Fach ‚Erdkunde' zeigt sich Signifikanz ‚Chi-Quadrat nach Pearson' lediglich mit einem p-Wert von kleiner 0,05 (Chi-Quadrat (2)=8,017. Für alle weiteren Fächer lagen zu wenige Fälle vor, als dass sich damit sinnvolle Aussagen hätten treffen lassen können.

Vergleich der Aufgabenverteilung von Förderlehrkräften und anderen Lehrkräften in inklusiven settings

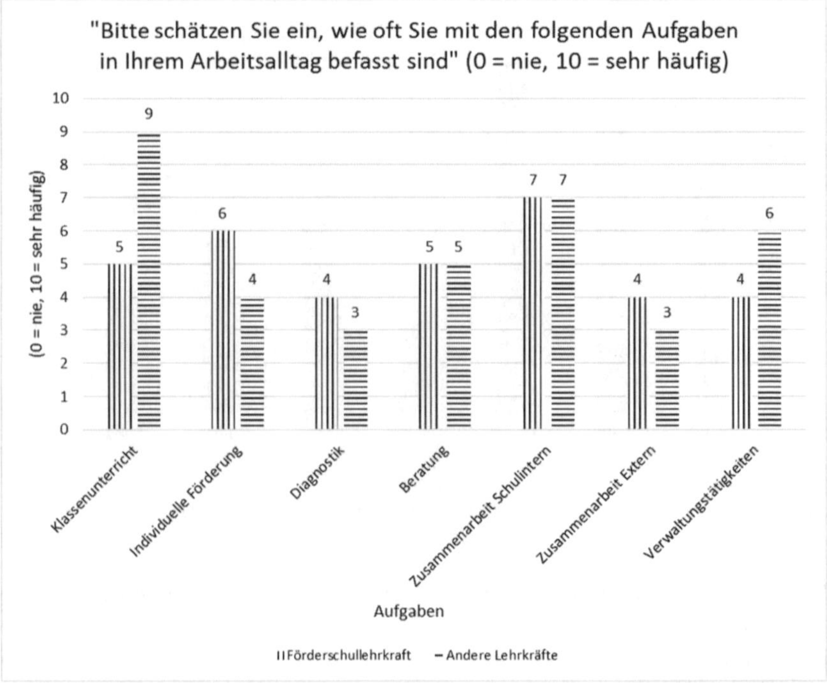

Abb. 7: Vergleich der Wahrnehmung von Tätigkeiten zwischen Förderschul- und anderen Lehrkräften (eigene Einschätzung)

Hier werden die unterschiedlichen beruflichen Profile der befragten Lehrkräfte deutlich. Auffällig ist, dass in den Bereichen ‚Beratung' und ‚Zusammenarbeit schulintern' keine signifikanten Differenzen hinsichtlich der zeitlichen Intensität dieser Tätigkeiten zwischen den Berufsgruppen bestehen.
Der signifikante Unterschied bezüglich des Klassenunterrichts ist aber u.a. auch in behördlichen Vorgaben begründet.
Qualitative Differenzen wurden nicht mit untersucht, dies sollte in einer Folgeuntersuchung nachgeholt werden.
Unter ‚Zusammenarbeit Extern' wurden genannt:

- Arbeitsamt/Berufscoach/Berufshinführungsbegleitung (6 Nennungen)
- Förderschule (5 Nennungen)

- Schulpsychologische Beratungsstelle/Schulpsychologin und -psychologe (5 Nennungen)
- Pro Familia (2 Nennungen)
- Erlebnispädagogische Angebote (2 Nennungen)
- Kinder- und Jugendpsychiatrischer Dienst (2 Nennungen)
- Autismusambulanz (1 Nennung)

Lernstandserhebungen in inklusiven settings – differenziert nach Förderschul- und anderen Lehrkräften

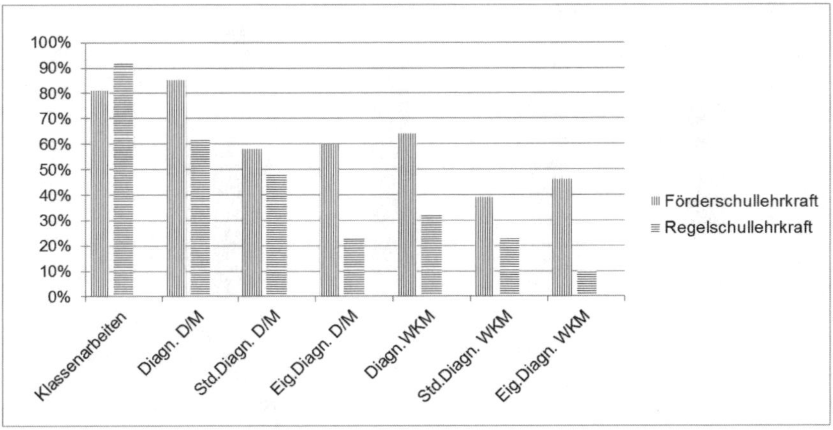

Diagn.D/M:	Diagnostik in Deutsch und Mathematik
Std. Diagn. D/M:	Standardisierte Diagnostik in Deutsch und Mathematik
Eig. Diagn. D/M:	Eigene entwickelte diagnostische Verfahren in den Bereichen Deutsch und Mathematik
Diagn. WKM:	Diagnostik in den Bereichen Wahrnehmung, Motorik, Konzentration

Abb. 8: Formen von Lernstandserhebungen nach Förderschul- und anderen Lehrkräften differenziert

Außer bei dem Item ‚Klassenarbeiten' bestehen nach dem ‚Exakter Test nach Fisher (2-seitig)' signifikante Unterschiede zwischen Förderschullehrkräften und anderen Lehrkräften in der Durchführung diagnostischer Verfahren. Förderschullehrkräfte setzen vergleichsweise in sehr viel höherem Umfang zusätzlich zu Klassenarbeiten weitere diagnostische Verfahren als andere Lehrkräfte ein, wobei sie in den Bereichen Deutsch und Mathematik sowie Förderung der Wahrnehmung, Motorik und Konzentration etwa hälftig standardisierte und informelle Verfahren nutzen. Am häufigsten finden diagnostische Überprüfungen in den Fächern Deutsch und Mathematik statt.

Geschätzter Einfluss der diagnostischen Erhebungen

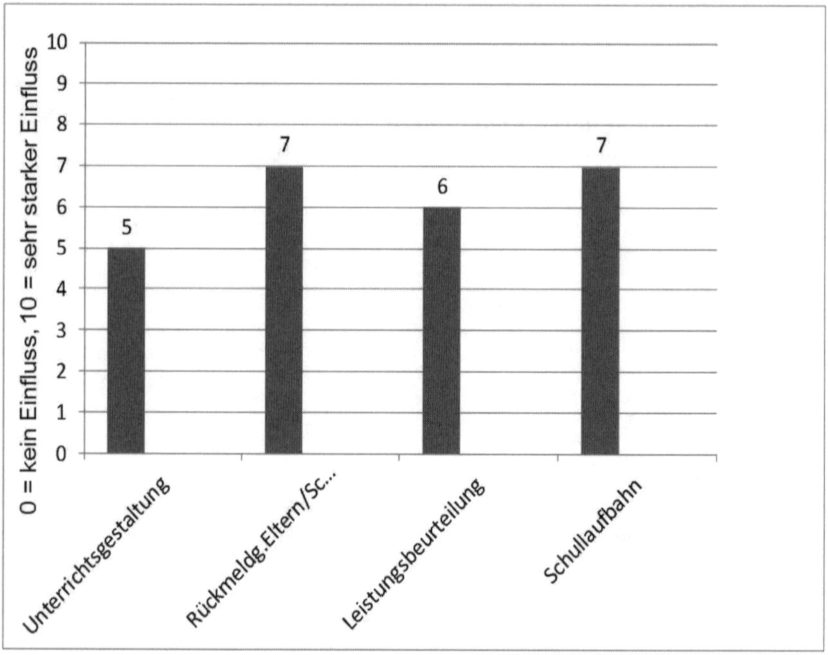

Abb. 9: Einfluss diagnostischer Erhebungen auf Unterricht, Rückmeldung an Eltern und Schülerinnen und Schüler, Leistungsbeurteilung und Schullaufbahnberatung nach Einschätzung der Förderschullehrkräfte

Eine in der Fachliteratur beschriebene zentrale Aufgabe der Förderschullehrkräfte ist der Bereich der Diagnostik. Dies konnte mit dem obigen Befund (Abb. 8) bestätigt werden. Gefragt nach dem Nutzen hingegen stellte sich heraus, dass die diagnostischen Erhebungen nur zu einem geringeren Teil Einfluss auf die Unterrichtsgestaltung haben, häufiger hingegen gleichermaßen für Rückmeldungen an Eltern/Schülerinnen bzw. Schüler, Leistungsbeurteilung und Schullaufbahnberatungen genutzt werden.

Fördermaßnahmen der Förderschullehrkräfte nach Bereichen

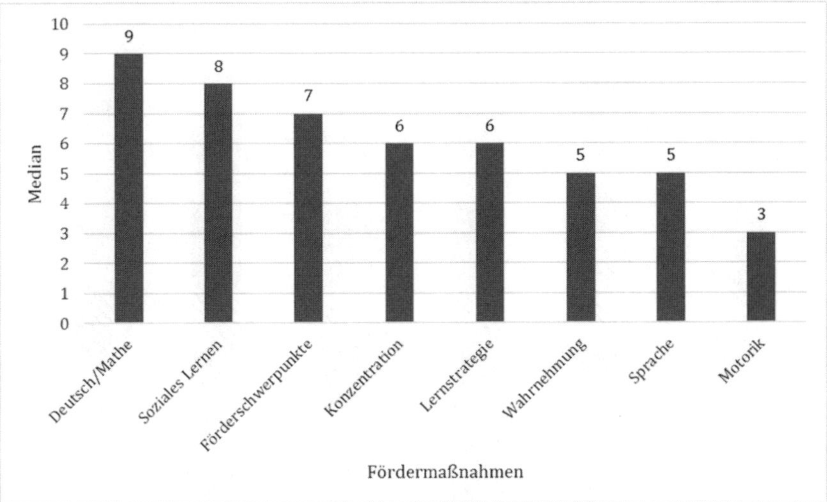

Abb. 10: Fördermaßnahmen der Förderschullehrkräfte – bezogen auf Fachunterricht, domänenübergreifende Bereiche und sonderpädagogische Förderschwerpunkte

In dieser Abbildung zeigt sich, dass Förderung im Fachunterricht Deutsch und Mathematik sowie Förderung im Bereich des sozialen Lernens diejenige, die sich spezifisch auf die sonderpädagogischen Förderbereiche bezieht, überwiegt.

Befragt zu standardisierten Fördermaßnahmen wurden am häufigsten Verhaltenstrainingsprogramme (29 Nennungen), die Hamburger Schreibprobe (24 Nennungen), spezielle Leselernprogramme (15 Nennungen), Konzentrationstrainings (12 Nennungen) und Intelligenztests (11 Nennungen) benannt.

Das Stundendeputat und die von den Förderschullehrkräften geschätzte Häufigkeit der Aufgaben im Durchschnitt

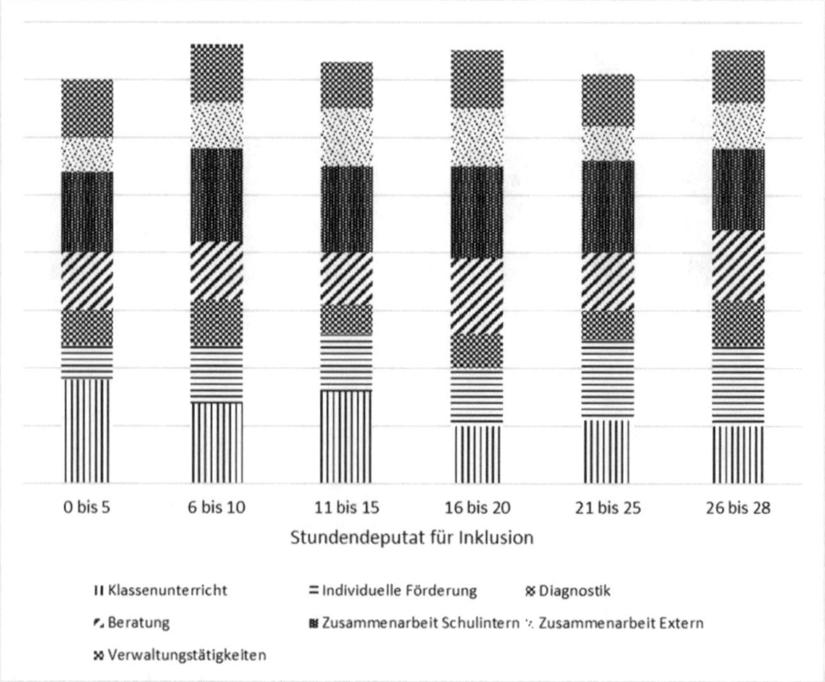

Abb. 11: Stundendeputat von Förderschullehrkräften im Verhältnis zu den wahrgenommenen Tätigkeiten

Hier wurde im Vorfeld vermutet, dass ein Zusammenhang zwischen dem Stundendeputat der Förderschullehrkräfte und der Wahrnehmung der Aufgaben besteht.

Hier ergab die Spearman-Rang-Korrelation vier signifikante Zusammenhänge: Zwei schwach-positive Zusammenhänge konnten zwischen ‚Stundendeputat' und ‚Individuelle Förderung' (r=0,165, p=0,007, N=270) sowie zwischen ‚Stundendeputat' und ‚Zusammenarbeit Schulintern' (r=0,123, p=0,42, N=274) gefunden werden. Zwischen ‚Stundendeputat' und ‚Verwaltungstätigkeiten' besteht ein geringer negativer Zusammenhang (r=-0,145, p=0,017, N=270) wie auch zwischen ‚Klassenunterricht' und ‚Stundendeputat' (r=-0,251, p<0,001, N=253). Bei größerem Stundendeputat findet demnach eher weniger Klassenunterricht statt.

Ort der Fördermaßnahmen

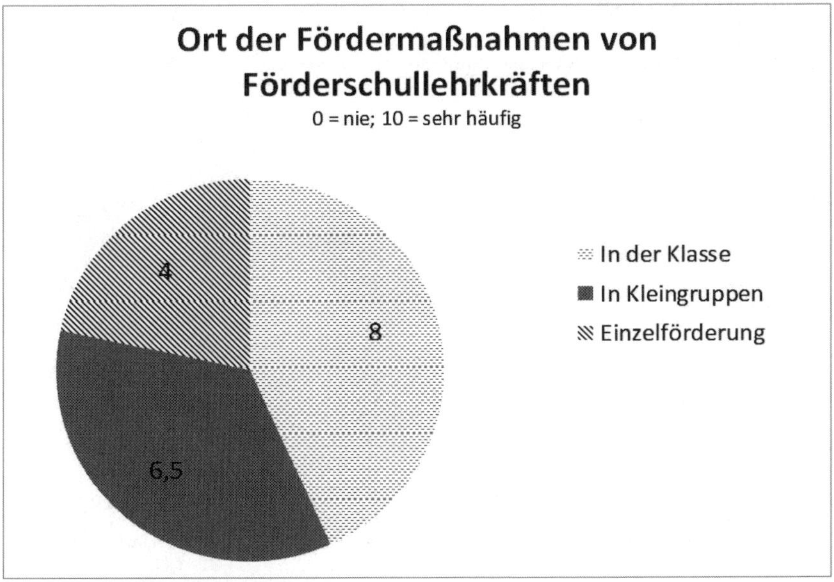

Abb. 12: Häufigkeitsverteilung der Orte von Fördermaßnahem in inklusiven settings – nach Auskunft der Förderschullehrkräfte

In dieser Grafik wird deutlich, dass zwar von den drei genannten Förderformen der Klassenunterricht überwiegt, allerdings insgesamt mehr als die Hälfte der Förderung durch Förderschullehrkräfte in inklusiven settings außerhalb des Klassenraums stattfindet.

Studium des Lehramtes und die durchschnittliche Häufigkeit der Kooperationsformen

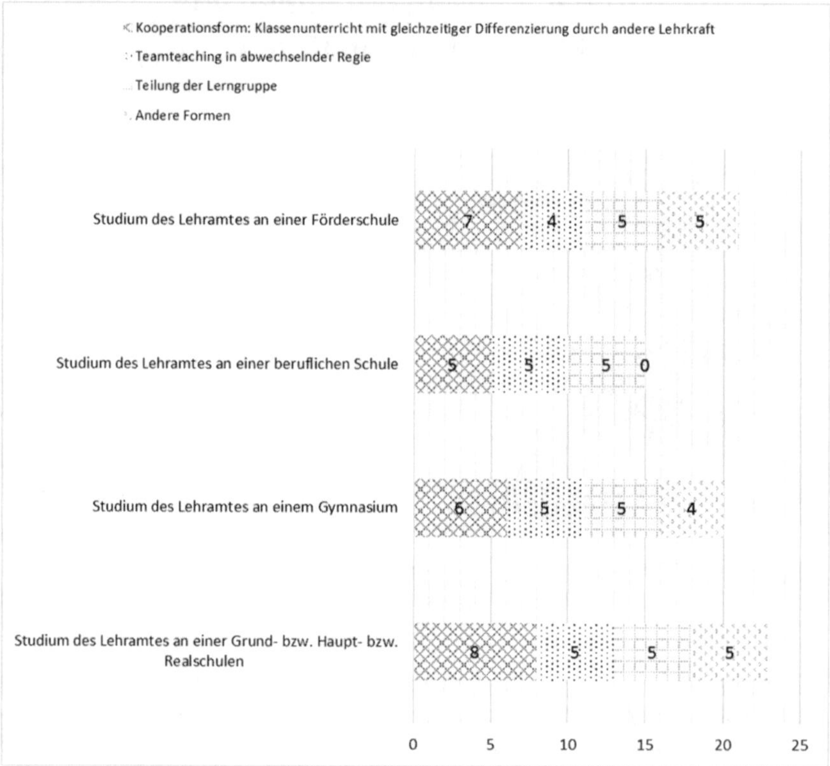

Abb. 13: Kooperationsformen im Unterricht in Abhängigkeit vom studierten Lehramt

Hier wurde untersucht, inwiefern bestimmte Lehramtstypen unterschiedliche Formen der Kooperation präferieren. Während Förderschullehrkräfte, Grund-/Haupt-/Realschullehrkräfte und Lehrerinnen und Lehrer an Gymnasien etwa gleichmäßig alle vier Typen der Kooperation nutzen (mit allerdings geringerer Ausprägung des ‚Team-teachings in abwechselnder Regie'), ist bei den Berufsschullehrkräften der Kooperationstypus ‚Team-teaching mit abwechselnder Regie' am meisten ausgeprägt. (Beim ‚Studium des Lehramtes am Gymnasium' ergab der Mann-Whitney U Test bei der Variable ‚Klassenunterricht mit gleichzeitiger Differenzierung durch andere Lehrkraft' einen signifikanten Unterschied (U=1362, p=0,047). Ebenso ergab der Mann-

Whitney U Test einen signifikanten Unterschied bei ‚Grund- bzw. Haupt- bzw. Realschulen' bei der Variable ‚Team-teaching in abwechselnder Regie' (U=5448,5, p=0,046).)

Befragt nach weiteren (anderen) Formen der Kooperation wurde, in absteigender Reihenfolge dargestellt, geantwortet:

- Kleingruppen (3 Nennungen)
- Stationsarbeit (3 Nennungen)
- Einzelförderung (2 Nennungen)

Das Stundendeputat von Förderschullehrkräften in inklusiven settings und die durchschnittliche Häufigkeit der Kooperationsformen

Des Weiteren wurde untersucht, inwieweit Korrelationen zwischen dem Stundendeputat und verschiedenen Modi der Kooperationsformen bestehen. Der vermutete Zusammenhang bei dieser Fragestellung ist, dass je höher das Stundendeputat ausfällt, desto häufiger Kooperationsformen wie a) Klassenunterricht mit gleichzeitiger Differenzierung durch andere Lehrkräfte, b) Teamteaching in abwechselnder Regie, c) Teilung der Lerngruppe, d) andere Formen genutzt werden. Die Spearman-Rang-Korrelation ergab hier lediglich einen geringen positiven Zusammenhang zwischen ‚Teilung der Lerngruppe' und Stundendeputat (r=0,196, p=0,003, N=235). Bei größerem Stundendeputat wird die Lerngruppe also signifikant häufiger geteilt.

Welche Art von Beratung führen Förderschullehrkräfte in inklusiven settings durch?

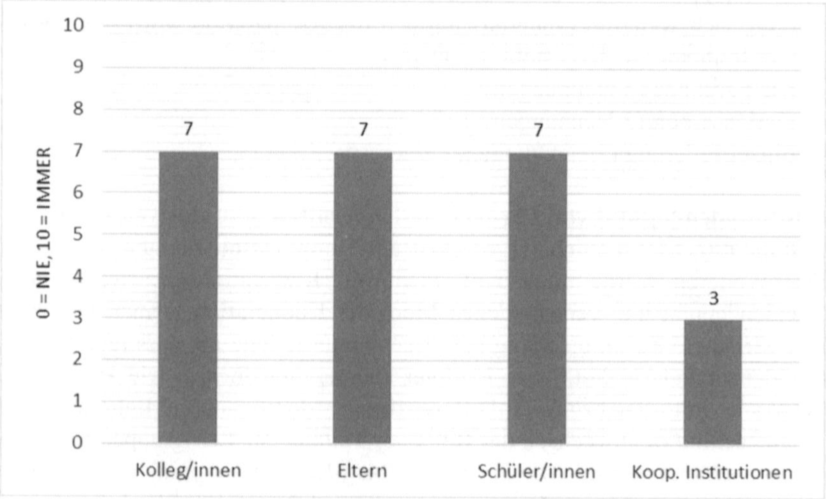

Abb. 14: Beratung durch Förderschulkräfte von Kolleginnen und Kollegen, Eltern, Schülerinnen und Schülern, kooperierenden Institutionen nach Einschätzung der Förderschullehrkräfte

Diese Abbildung zeigt ein Profil der Beratungstätigkeiten der Förderschullehrkräfte: Beratungstätigkeit von ‚Institutionen' (Median=3) tritt im Vergleich zu den anderen Beratungsformen deutlich zurück, während sich die Quantität der Beratung über die Personengruppen Kolleginnen und Kollegen, Eltern und Schülerinnen und Schüler gleichermaßen erstreckt.

Welche Art von Fortbildung haben Sie besucht?
40% der befragten Förderschullehrkräfte gab an, über zusätzliche Fortbildungen im Bereich der Beratung zu verfügen. Diese Personen gaben dabei folgende Beratungsqualifikationen an:
Kollegiale/Kooperative Fallberatung, systemische Beratung, Beratungslehrerinnen und -lehrer, Inklusionsberatung, Mediatorin und Mediator, Kommunikations-/Beratungstraining, Konfliktmanagement, Supervision, Gesprächsführung, Gewaltfreie Kommunikation, Psychotherapie für Kinder und Jugendhilfe, NLP.

Inhalte universitärer Ausbildung für Inklusion

Auf die Frage: „Welche Inhalte sollten aus Ihrer Sicht in der universitären Ausbildung bzw. Weiterbildung unbedingt vorkommen, die für den Gemeinsamen/Integrativen/Inklusiven Unterricht von Bedeutung sind?“, wurden folgende Antworten gegeben:

- *Differenzierungsmöglichkeiten* (32 Nennungen) (für alle Fächer, Erstellung von Arbeitsmaterial, von Aufgaben im Unterricht und Tests, Lernformen)
- *Beratung* (28 Nennungen) (Kollegiale Beratung, Beratung von Eltern, Beratungskompetenz, Beratung (Theorie und Praxis!), Strategische Beratung, Systemische Beratung)
- *Diagnostik* (25 Nennungen) (Förderdiagnostik, Lernstand, Leselernprozess, in allen Bereichen)
- *‚Sonderpädagogik‘* (19 Nennungen)
- *‚Gemeinsamer Unterricht‘* (11 Nennungen)
- *Methodenkompetenz* (11 Nennungen)
- *Förderplanung* (10 Nennungen)

4 Zusammenfassung und Diskussion

(1) Die vorliegende Studie konnte an vorhandene Erkenntnisse zur sonderpädagogischen *Aufgabenwahrnehmung* in inklusiven settings im Wesentlichen anknüpfen: So konnten die zentralen Arbeitsbereiche Diagnostik, Beratung, Kooperation und individuelle Förderung bestätigt werden, nicht jedoch ließ sich nachweisen, dass diese Bereiche ausschließlich in die Aufgabenwahrnehmung von Förderschullehrkräften fallen (vgl. Abb. 7) (dies entspricht teilweise auch den Vorgaben der ‚Standards für die Lehrerinnen- und Lehrerbildung der Kultusministerkonferenz 2004 und wird in der Literatur der Integrations-/Inklusionsforschung weitgehend befürwortet). Dies trifft in Bezug auf den erhöhten zeitlichen Aufwand lediglich für die Bereiche der Diagnostik, der individuellen Förderung und der Kooperation mit externen Institutionen zu. Korrespondierend dazu unterrichten Förderschullehrkräfte nahezu nur halb so häufig wie andere Lehrkräfte die gesamte Klasse. Hingegen ergab die Befragung, dass sowohl schulinterne Kooperationen als auch Beratungstätigkeiten von allen befragten Berufsgruppen in quantitativer Hinsicht gleichermaßen wahrgenommen werden. Ob hier inhaltliche oder konzeptionelle Un-

terschiede bestehen, kann erst eine qualitativ angelegte Folgeuntersuchung zeigen. Interessanterweise äußerten die Förderschullehrkräfte, dass sie in zeitlicher Hinsicht Kolleginnen und Kollegen, Schülerinnen und Schüler sowie Eltern in etwa gleichem Maße beraten – etwas weniger hingegen kooperierende Institutionen (Abb. 15). Dass Beratung als wichtiges Tätigkeitsfeld von Förderschullehrkräften angesehen wird, zeigt sich auch in dem Befund, dass etwa 1/3 über zusätzliche Qualifikationen in diesem Bereich verfügen.

(2) In Bezug auf die Frage, inwiefern sich *Diagnostik* durch Förderschullehrkräfte in qualitativer Hinsicht von diagnostischen Prüfungen durch andere Lehrkräfte unterscheidet, konnte gezeigt werden, dass Förderschullehrkräfte neben Klassenarbeiten eine Reihe anderer Überprüfungsverfahren einsetzen, wobei hier etwa hälftig standardisierte und informelle Verfahren zum Einsatz kommen. Interessanterweise dominieren hier Lernstandserhebungen in den Unterrichtsfächern Deutsch und Mathematik gegenüber allgemeinen Förderbereichen wie Wahrnehmung, Motorik und/oder Konzentration (vgl. Abb. 8). Allerdings beunruhigt der Befund, dass diagnostische Erhebungen in erster Linie der Beratung und Leistungsbeurteilung dienen und nur in geringerem Umfang auch Auswirkungen auf die Unterrichtsgestaltung haben (vgl. Abb. 9). Hier wäre aus Sicht der Integrations-/Inklusionsforschung sicherlich Entwicklungsbedarf anzumelden.

(3) Entsprechend den Befunden im Bereich der Diagnostik rangiert auch in Bezug auf die *Förderung* von Förderschullehrkräften in inklusiven settings der Fachunterricht an erster Stelle (vgl. Abb. 10). Erst an dritter Stelle finden sich Förderungen, die sich direkt an den sonderpädagogischen Förderbereichen orientieren.

(4) Bezüglich des *Ortes der Durchführung der Fördermaßnahmen* konnte festgestellt werden, dass die meisten dieser Maßnahmen außerhalb des Klassenraums stattfinden (etwa nur ein Drittel wird im Klassenraum durchgeführt) (vgl. Abb. 12) – auch für das ‚Integrationsland' Italien verwies jüngst eine Studie auf einen vergleichbaren Befund (Ianes, Demo & Zambotti 2013). Aber auch hier sind qualitative Nachuntersuchungen erforderlich, um zu prüfen, welche Schülerinnen und Schüler wie oft und in welcher Zusammensetzung von Kleingruppenunterricht und/oder individueller Förderung außerhalb des Klassenraumes betroffen sind und welche Effekte hierdurch erzielt werden.

(5) Mit Blick auf die praktizierten Kooperationsformen gab es bezüglich der Ausbildung der Lehrkräfte zwar leichte Unterschiede, allerdings keine sehr großen Abweichungen, die zu grundsätzlichen Irritationen in der Zusammenarbeit führen könnten (Abb. 13).

(6) Weiterhin konnte gezeigt werden, dass dem Studium spezieller Förderbedarfe, das das Lehramt Sonderpädagogik auszeichnet, nicht in allen Bereichen gleichermaßen ein Einsatz im studierten Förderbereich folgt: Dies trifft nur für die Förderbereiche ‚Emotional-soziale Entwicklung' und ‚Lernen' mit einer Wahrscheinlichkeit von etwa 90% zu – hingegen rangieren die Förderbedarfe Sprache, Körperliche und geistige Entwicklung mit einer Wahrscheinlichkeit zwischen 45 und 66% – bei Hören und Sehen liegt sie sogar unter 30% (vgl. Abb. 4). Hier ließe sich fragen, ob dieser Effekt durch Steuerungen beeinflusst werden sollte.
(7) Schließlich zeigte die Untersuchung, dass die unterrichtsfachliche Ausbildung in Deutsch und Mathematik in Zukunft gestärkt werden sollte (dies entspricht auch u.a. den Empfehlungen zur Lehrerinnen- und Lehrerbildung für das Land Berlin der Expertenkommission Lehrerbildung). Denn es zeigt sich nicht nur eine deutliche Orientierung der diagnostischen und Fördermaßnahmen in diesem Bereich, sondern auch der Einsatz von Förderschullehrkräften in diesen Fächern ist überproportional: So unterrichten mehr als 60% der befragten Förderschullehrkräfte in diesen beiden Fächern Deutsch (67%) und Mathematik (62%) (was allerdings auch der derzeitigen überproportionalen Ausgestaltung von Inklusion in den Grundschulen entspricht – etwa 2/3 der Inklusion in Schulen findet im Primarbereich und nur noch 1/3 im Sekundarbereich statt – und hier dominiert bekanntermaßen der Deutsch- und Mathematikunterricht den Lehrplan (vgl. Sekretariat der Ständigen Konferenz der Kultusminister 2012a).
(8) Bezüglich der Frage, ob Förderschullehrkräfte häufig in mehr als einer Schule in inklusiven settings tätig sind, kann die vorliegende Studie nur eingeschränkt Auskunft geben: Nach den erhobenen Daten trifft für etwa 1/3 der Förderschullehrkräfte zu, dass sie an mehr als einer Schule tätig sind und damit etwa 1 Stunde wöchentlich für Dienstfahrten veranschlagen müssen, aber nur etwa 5% sind an mehr als 3 Schulen tätig. Diese Zahlen variieren allerdings stark sozialräumlich, daher müssten diese Daten noch einmal mit einer vergleichenden Stichprobe (ländliche und städtische Schulbezirke) geprüft werden.

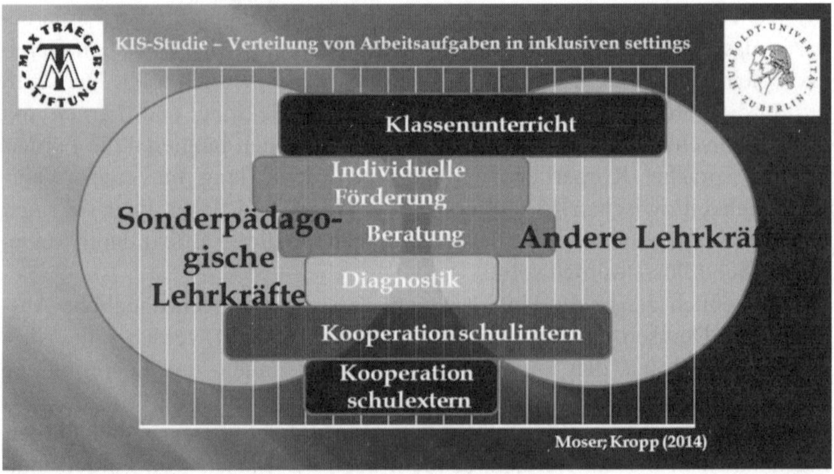

Abb. 15: Skizze Kompetenzstrukturmodell inklusive settings

Insgesamt betrachtet ergibt sich mit dem vorstehenden Schema (Abb. 15) eine Skizze eines Kompetenzstrukturmodells, das allerdings nur mittels eines quantitativen Erhebungsverfahrens entwickelt wurde. Ob diese Aufgabenverteilung sinnvoll, wünschenswert und effektiv ist, kann nur in qualitativ angelegten Folgeuntersuchungen und unter Einbezug von Expertinnen und Experten geprüft werden.

Literatur

Arnold, K.H. (2007): Standards für das Lehren und Lernen des Lehrens: Begründung, Operationalisierung und Evaluation von Standards für die Lehrerbildung. In: Möller, K. et al. (Hrsg.): *Qualität von Grundschulunterricht entwickeln, erfassen und bewerten.* Wiesbaden: VS, 67–82.

Baumert, J. & Kunter, M. (2011): Das Kompetenzmodell von COACTIV. In: Kunter, M. et al. (Hrsg.): *Professionelle Kompetenz von Lehrkräften. Ergebnisse des Forschungsprogramms COACTIV.* Münster: Waxmann, 29–53.

Bernhard, S. & Conradi, U. (2005): Das Berufsbild für die Schulische Heilpädagogin und den Schulischen Heilpädagogen. In: Schweizerische Zeitschrift für Heilpädagogik, 11. Jg., 21–26.

Burns, E. (2004): The Special Educational Consultant Teacher. Springfield: Charles C. Thomas.

Dubs, R. (2008): Lehrerbildung zwischen Theorie und Praxis. In: Lankes, E.-M. (Hrsg.): *Pädagogische Professionalität als Gegenstand empirischer Forschung.* Münster: Waxmann, 11–28.

Dumke, D. (Hrsg.) (1991): Integrativer Unterricht. Weinheim [u.a.]: Beltz Juventa.

Expertenkommission Lehrerbildung (2012): Ausbildung von Lehrkräften in Berlin. Berlin: Senatsverwaltung.

Feuser, G. & Meyer, H. (1987): Integrativer Unterricht in der Grundschule. Ein Zwischenbericht. Solms-Oberbiel: Jarick.

Heinrich, M., Urban, M. & Werning, R. (2013): Grundlagen, Handlungsstrategien und Forschungsperspektiven für die Ausbildung und Professionalisierung von Fachkräften für inklusive Schulen. In: Döbert, H. & Weishaupt, H. (Hrsg.): *Inklusive Bildung professionell gestalten. Situationsanalyse und Handlungsempfehlungen*. Münster: Waxmann, 69–134.

Heinzer, S. & Baumgartner, M. (2013): Bottom-up zur Qualität: Eine Quasi-Delphi-Studie zur Generierung von Kompetenzprofilen. In: Oser, F. et al. (Hrsg.): *Ohne Kompetenz keine Qualität. Entwickeln und Einschätzen von Kompetenzprofilen bei Lehrpersonen und Bildungsverantwortlichen*. Bad Heilbrunn: Klinkhardt, 66–95.

Hinz, A., Katzenbach, D. & Rauer, W. et al. (1998): Die Integrative Grundschule im sozialen Brennpunkt. Ergebnisse eines Hamburger Schulversuchs. Hamburg: Curio.

Ianes, D., Demo, H. & Zambotti, F. (2013): Integration in Italien schools: teachers' perceptions regarding day-to-day-practice and its effectiveness. In: International Journal of Inclusive Education, 17. Jg., 1–28.

Katzenbach, D. & Olde, V. (2007): Beratungskompetenz im Spannungsfeld von Kooperation und Delegation. In: Diouani-Streek, M. & Ellinger, S. (Hrsg.): *Beratungsansätze in sonderpädagogischen Handlungsfeldern*. Oberhausen: Athena, 191–207.

Klieme, E. et al. (2003): Zur Entwicklung nationaler Bildungsstandards. Berlin: Bundesministerium für Bildung, Wissenschaft und Forschung.

Kuhl, J., Moser, V., Schäfer, L. & Redlich, H. (2013): Zur empirischen Erfassung von Beliefs von Förderschullehrer/innen. In: Empirische Sonderpädagogik, 5. Jg., 3–24.

Lütje-Klose, B. & Willenbring, M. (1999): „Kooperation fällt nicht vom Himmel" – Möglichkeiten der Unterstützung kooperativer Prozesse in Teams von Regelschulehrerin und Sonderpädagogin aus systematischer Sicht. In: Behindertenpädagogik, 38. Jg., 2–31.

Lütje-Klose, B., Urban, M., Werning, R. & Willenbring, M. (2005): Sonderpädagogische Grundversorgung in Niedersachsen. In: Zeitschrift für Heilpädagogik, 56. Jg., 82–94.

Melzer, C. & Hillenbrand, C. (2013): Aufgaben sonderpädagogischer Lehrkräfte für die inklusive Bildung: empirische Befunde internationaler Studien. In: Zeitschrift für Heilpädagogik, 64. Jg., 194–202.

Moser, V. (2013): Professionsforschung als Unterrichtsforschung. In: Döbert, H. & Weishaupt, H. (Hrsg.): *Inklusive Bildung professionell gestalten. Situationsanalyse und Handlungsempfehlungen*. Münster: Waxmann, 135–146.

Moser, V., Kuhl, J., Schäfer, L. & Redlich, H. (eingereicht): Beliefs von sonder- und grundschulpädagogischen Lehramtsstudierenden. In: Zeitschrift für Erziehungswissenschaft.

Moser, V., Schäfer, L. & Jakob, S. (2010): Sonderpädagogische Kompetenzen, ‚beliefs' und Anforderungssituationen in integrativen settings. In: Stein, A.-D., Niediek, I. & Krach, S. (Hrsg.): *Integration und Inklusion auf dem Weg in das Gemeinwesen*. Bad Heilbrunn: Klinkhardt, 235–244.

Oser, F. (1997): Standards in der Lehrerbildung. Teil 1 und 2. Beiträge zur Lehrerbildung. In: Beiträge zur Lehrerbildung, 15. Jg., 26–37 und 210–228.

Oser, F. (2013). Kompetenzen der Lehrenden und Ausbildenden: Ein Ressourcenmodell. In: Oser, F. et al. (Hrsg.): *Ohne Kompetenz keine Qualität. Entwickeln und Einschätzen von Kompetenzprofilen bei Lehrpersonen und Bildungsverantwortlichen*. Bad Heilbrunn: Klinkhardt, 29–65.

Schuck, K.D. (1999): Unterricht. In: Katzenbach, D. & Hinz, A. (Hrsg.): *Wegmarken und Stolpersteine in der Weiterentwicklung der Integrativen Grundschule*. Hamburg: Curio, 53–108.

Sekretariat der Ständigen Konferenz der Kultusminister (2004): Standards für die Lehrerbildung: Bildungswissenschaften, Berlin.

Sekretariat der Ständigen Konferenz der Kultusminister der Länder in der Bundesrepublik Deutschland (KMK) (2012a): Schüler, Klassen, Lehrer und Absolventen von Schulen 2002 bis 2011 (Dok. 198), Berlin.

Sekretariat der Ständigen Konferenz der Kultusminister der Länder in der Bundesrepublik Deutschland (2012b): Sonderpädagogische Förderung in allgemeinen Schulen (ohne Förderschulen) 2011/12, Berlin.

Terhart, E. (2003): Standards für die Lehrerbildung. In: Berntzen, D. & Gehl, M. (Hrsg.): *Forum Lehrerbild. Standards und Evaluation.* Münster: Waxmann, 17–30.

Verband Sonderpädagogik (vds) (2007): Standards der sonderpädagogischen Förderung. Online unter: http://www.vds-sachsen.de/documents/positionen/StandardsSopaedFoerderung_gesamt.pdf. Zugriff: 13.6.2013.

Weiß, S., Kollmannsberger, M. & Kiel, E. (2013): Sind Förderschullehrkräfte anders? Eine vergleichende Einschätzung von Expertinnnen und Experten aus Regel- und Förderschulen. In: Empirische Sonderpädagogik, 5. Jg., 167–186.

Werning, R. & Arndt, A.-K. (Hrsg.) (2013): Inklusion: Kooperation und Unterricht entwickeln, Bad Heilbrunn: Klinkhardt.

Werning, R., Urban, M. & Sassenhausen, B. (2001): Kooperation zwischen Grundschullehrern und Sonderpädagogen im Gemeinsamen Unterricht. In: Zeitschrift für Heilpädagogik, 52. Jg., 178–186.

Ursula Bylinski

Eine inklusive Berufsbildung fordert die Professionalität der pädagogischen Fachkräfte

Abstract
Auf dem Weg zur inklusiven Bildung kommt der Ausbildung und Professionalisierung der Fachkräfte eine Schlüsselfunktion zu. Im folgenden Beitrag wird zunächst die Bedeutung von Inklusion in der beruflichen Bildung skizziert, um anschließend den Handlungs- und Anforderungskontext der pädagogischen Fachkräfte anhand von Befunden einer Forschungsarbeit des Bundesinstituts für Berufsbildung (BIBB) zu verdeutlichen.[1]

1 Berufliche Bildung und Inklusion

Inklusion in der beruflichen Bildung wird einerseits als ein relativ neues Thema betrachtet; andererseits besteht seit Ende der 1960er Jahre eine differenzierte Förderlandschaft, um von Ausgrenzung betroffene Jugendliche in berufliche Bildungsprozesse zu integrieren. Entwickelt wurden – vor allem im Kontext von *beruflicher Rehabilitation und Benachteiligtenförderung* zielgruppenadäquate Ausbildungskonzepte und Instrumente, die einen *Kompetenz- statt Defizitansatz* (Bylinski 1996) verfolgten. Auch die Professionalisierung des Personals wurde in diese Ausbildungskonzepte eingebunden und als Professionen übergreifende Fortbildungen konzipiert (Bylinski 1999). Grundlegend für die duale Berufsausbildung sind *Berufsbildungsgesetz* (BBiG) und *Handwerksordnung* (HwO). Festgeschrieben ist in §1 BBiG die Vermittlung beruflicher Handlungsfähigkeit als Ziel von Berufsbildung. Die Umsetzung erfolgt in den Segmenten: *Berufsausbildungsvorbereitung, duale Berufsausbildung* sowie *berufliche Fortbildung* und *Umschulung*. Berufsaus-

[1] Grundlage des Beitrags ist die von Buchmann und Bylinski (2013) erstellte Expertise zur „Ausbildung und Professionalisierung von Fachkräften für eine inklusive Bildung“ und die Ergebnisse des BIBB-Forschungsprojektes „Anforderungen an die Professionalität des Bildungspersonals am Übergang von der Schule in die Arbeitswelt“ (Bylinski 2014).

bildungsvorbereitung und Berufsausbildung werden in schulischer Form an der Berufsschule angeboten oder finden außerbetrieblich in Ausbildungswerkstätten statt, meist bei Bildungsträgern oder in Berufsbildungswerken, bzw. werden im betrieblichen Kontext durchgeführt.

Rechte behinderter Menschen auf (Aus-)Bildung

Inklusion zielt auf gesellschaftliche Teilhabe für alle Menschen, unabhängig von ihren individuellen Dispositionen und betont den im *Grundgesetz* (insbesondere Art. 3 GG) postulierten *Gleichbehandlungsgrundsatz*. Mit der *UN-Konvention* über die „Rechte von Menschen mit Behinderungen" – die für Deutschland 2009 in Kraft trat – ist das Thema Inklusion sowohl bildungspolitisch als auch fachwissenschaftlich in den Fokus gerückt. In Artikel 24 ist das *Recht auf Bildung* und die Sicherstellung eines *gleichberechtigten Zugangs zur Berufsausbildung* enthalten.

Die *Berufsausbildung behinderter Menschen* ist in den §§64–67 des Berufsbildungsgesetzes (BBiG) fest verankert und darüber hinaus im Sozialgesetzbuch III (Teilhabe am Arbeitsleben, §112 SGB III) festgehalten. Vorgesehen ist eine Berufsausbildung in einem anerkannten Ausbildungsberuf (§64 BBiG/42k HwO) und die Möglichkeit eines so genannten Nachteilsausgleichs (§65 BBiG/421 HwO). Dieser bezieht sich bspw. auf die zeitliche und sachliche Gliederung der Ausbildung oder auf die Inanspruchnahme von Hilfsmitteln und Hilfeleistungen. Darüber hinaus besteht die Möglichkeit zur beruflichen Qualifizierung behinderter Menschen nach speziellen Ausbildungsregelungen (§66 BBiG/§42m HwO) durch die zuständigen Stellen (Kammern). In diesen theoriegeminderten Ausbildungsberufen für „Fachpraktikerinnen und -praktiker" werden überwiegend *lernbehinderte Jugendliche* ausgebildet, die selten als schwerbehindert erfasst sind (vgl. BIBB 2013, 210). Regelungen zur *Berufsausbildung „förderungsbedürftiger junger Menschen"* (§78 SGB III) – hierunter werden *lernbeeinträchtigte und sozial benachteiligte junge Menschen* gefasst – finden sich nicht im BBiG, sondern ausschließlich in den Sozialgesetzbüchern, insbesondere in SGB III (Förderung der Berufsausbildung) und im SGB VIII (Jugendsozialarbeit).

Berufliche Bildung für behinderte und benachteiligte junge Menschen

Die seit Ende der 1960er Jahre entstandene differenzierte – allerdings auch separierende – Förderlandschaft im Bereich der Berufsausbildungsvorbereitung und (außerbetrieblichen) Berufsausbildung hat von Beginn an sowohl behinderte als auch benachteiligte junge Menschen aufgenommen. Die heterogene Zusammensetzung der Lerngruppen zeigt sich bspw. an den Zahlen zur Ersteingliederung von *Schülerinnen und Schülern mit sonderpädagogi-*

schem Förderbedarf. Da nur ein relativ kleiner Teil von ihnen nach der Förderschule eine reguläre Berufsausbildung aufnimmt (Niehaus & Kaul 2012, 52), münden viele Jugendliche in eine Maßnahme des Übergangsbereichs ein, sowohl in rehaspezifische Förderungen als auch in Bildungsangebote für benachteiligte Jugendliche (ebd. 53). 2011 lag der Anteil der Neuabschlüsse nach Ausbildungsregelungen für behinderte Menschen an allen Neuabschlüssen bei 2,1% (Gericke & Flemming 2013, 7). Markant ist, dass in Ostdeutschland der Anteil mit 4,4% höher liegt als in Westdeutschland (1,7%) (vgl. ebd.) und Höchstwerte im Jahre 2005 erreicht wurden, als in Ostdeutschland eine ausgesprochen angespannte Ausbildungsmarktsituation bestand. Dies lässt vermuten, dass möglicherweise nicht alle Auszubildenden, die in Berufen für behinderte Menschen ausgebildet werden, tatsächlich eine Behinderung aufweisen (vgl. ebd. 8).

Lernbehinderung, Lernbeeinträchtigung und Risikofaktoren

Eine Zuordnung zu den Merkmalen *Behinderung* und *Benachteiligung* stellt eine notwendige Eingangsvoraussetzung dar, um in eine entsprechende, öffentlich geförderte Maßnahme aufgenommen zu werden. Die berufliche Rehabilitation verwendet *fünf Behindertenkategorien* zur Einteilung der Teilnehmenden (Seyd & Schulz 2012, Anlage, 5): Lernbehinderung, Körperbehinderung, Sinnesbehinderung, psychische Behinderung und Mehrfachbehinderung. Nach Kanter (1977, 106) werden Personen als lernbehindert bezeichnet, „die schwerwiegend, umfänglich und langdauernd in ihrem Lernen beeinträchtigt sind und dadurch deutlich normabweichende Leistungs- und Verhaltensformen aufweisen." Benachteiligte junge Menschen werden mit „Berufsstartschwierigkeiten" oder mit „besonderem Förderbedarf" gekennzeichnet und ihnen individuelle, soziale und auch strukturelle Benachteiligungen zugeschrieben. *Risikofaktoren* sind empirisch belegt (Beicht & Ulrich 2008) und Personengruppen können identifiziert werden,

> „(...), die nach Maßgabe der bestehenden Zugangsregelungen eine geringe Chance haben, sich erfolgreich um eine duale Berufsausbildung zu bewerben, weil sie nicht über jene *personalen*, *sozialen* und *organisatorischen Ressourcen* verfügen, um sich einen Zugang in eine Berufsausbildungsstelle zu erschließen" (Ulrich 2011, 6).

D.h., *Lernbehinderung* und *Lernbeeinträchtigung* sind relationale Begriffe, die auf eine normative Setzung verweisen und immer auch in Abhängigkeit zu strukturellen Faktoren stehen.

(Aus-)Bildung für alle!

Das UNESCO-Programm (Dt. UNESCO-Kommission 2009) formuliert „Bildung für alle" als universellen Anspruch: allen Jugendlichen und Erwachsenen sollen Lerngelegenheiten gegeben werden, unabhängig von Geschlecht, sozialen und ökonomischen Voraussetzungen. Angestrebt sind inklusive Bildungssysteme, in denen Vielfalt als Chance aufgefasst und als Ressource genutzt wird. Alle Menschen sollen die gleichen Zugänge zu qualitativ hochwertiger Bildung erhalten (ebd.). Dies beinhaltet, nicht den Lernenden in ein bestehendes System zu integrieren, sondern das Bildungssystem an die Lernbedürfnisse des Lernenden anzupassen (vgl. Rützel 2013, 4). Von besonderer Bedeutung ist dabei der Blick auf die jeweils individuellen Lernvoraussetzungen (*Subjektorientierung*), die Kompetenzen des jungen Menschen (*Potenzialorientierung*), ihre vorhandenen Unterstützungsstrukturen (*Ressourcenorientierung*), ihre sozialen Lebenslagen und Milieus (*Systemorientierung*) sowie darauf, die Jugendliche/den Jugendlichen aktiv in den Lernprozess einzubeziehen (*Partizipation*) (vgl. Bylinski & Rützel 2011, 16). Wird inklusive Bildung als Teil einer allgemeinen pädagogischen und bildungspolitischen Strategie verfolgt (Dt. UNESCO-Kommission 2009), weist dies auf notwendige Veränderungen innerhalb des bestehenden Bildungs- und Ausbildungssystems hin.

Beseitigung von Exklusionsrisiken und Entwicklung von Inklusionsstrategien

Die Diskussion um Inklusion in der Berufsbildung mit dem Fokus auf die UN-Konvention und der rechtlichen Verankerung im Berufsbildungsgesetz bezieht sich weitgehend auf behinderte Menschen. Dies hat den Blick auf diese Personengruppe zwar positiv verändert, gleichwohl finden damit andere marginalisierte Gruppen keine Berücksichtigung (vgl. Rützel 2013, 3).

Die Erkenntnisse sowohl der Nationalen Bildungsberichterstattungen (Autorengruppe Bildungsberichterstattung, ab 2006) als auch die Berufsbildungsberichte (BIBB-Datenreporte) der letzten Jahre zeigen erhebliche *Exklusionsrisiken* auf, die sich bspw. an folgenden Punkten zeigen:

- Am Übergang von der Schule in eine Berufsausbildung sind in Deutschland *soziale Selektionsprozesse* besonders ausgeprägt: nach schulischer Vorbildung, nach Geschlecht, nach Migrationshintergrund bzw. Staatsangehörigkeit und Region (Autorengruppe Bildungsberichterstattung 2012, 103).
- Im Jahre 2012 beginnen immer noch ca. 270.000 Jugendliche nach der allgemein bildenden Schule eine *Maßnahme im Übergangsbereich* (BIBB

2013, 10), obwohl sie damit keinen berufsqualifizierenden Abschluss erreichen können.
- Die Anzahl der *Ausbildungsvertragslösungen* lag 2011 bundesweit bei 24,4%, das ist ein leichter Anstieg zum Vorjahr (23%) (ebd. 9).
- Obwohl ein leichter Rückgang *junger Erwachsener* (20 bis 34-jährige) ohne Berufsausbildung zu verzeichnen ist, liegt ihr Anteil 2010 immer noch bei 14,7% (ebd. 291).

Vor diesem Hintergrund wird im berufsbildungswissenschaftlichen Diskurs auf notwendige System- und Strukturveränderungen hingewiesen und gleichzeitig eine Anerkennung der Verschiedenartigkeit sowie die Wertschätzung von Differenz herausgestellt (bspw: berufsbildung 2012, H. 137; bwp 2011, H. 2; Biermann 2012). *Inklusionsstrategien* werden vorgeschlagen, die darauf gerichtet sind, allen (jungen) Menschen optionsreiche Wege in eine anerkannte Berufsausbildung und in die Arbeitswelt zu eröffnen. Erst damit scheint es möglich, gesellschaftliche Teilhabe zu erreichen sowie Bildungsgerechtigkeit und Chancengleichheit herzustellen – und alle vorhandenen Bildungsreserven auszuschöpfen. Eine große Herausforderung besteht darin, nicht mehr das spezifische Merkmal (bspw. die Behinderung, die Benachteiligung oder der Migrationshintergrund) zum Ausgangspunkt pädagogischer Intervention zu machen, sondern das Individuum selbst. Neben einer konsequenten *Orientierung am Individuum* bedeutet dies auch eine Weiterentwicklung von *grundlegenden Strukturelementen* beruflicher Bildung: die Bereitstellung von *flexiblen und anschlussfähigen Bildungs-, Unterstützungs- und Förderangeboten* sowie ein *durchlässiges Berufsbildungssystem,* in dem jederzeit Ein- und Ausstiege möglich sind. Zur Gestaltung des Übergangs von der Schule in den Beruf und in die Arbeitswelt gewinnen *Konzepte der Berufswegebegleitung* an Bedeutung, ein an der Biografie orientiertes Bildungsmanagement mit unterschiedlichen Unterstützungsformen im regionalen Kontext, um individuelle Wege junger Menschen in den Beruf zu begleiten.

2 Pädagogische Fachkräfte in der beruflichen Bildung

In der beruflichen Bildung sind Fachkräfte mit unterschiedlichen Qualifikationen und berufsbiografischen Vorerfahrungen tätig, die aus verschiedenen Disziplinen kommen und sich nach ihrem *Qualifikationsniveau* unterscheiden (Abb. 1).

Sonderbereiche für Rehabilitanden

- Lehrer/-innen an beruflichen Schulen
- Werkstattpädagogen/-innen
- Sozialpädagogen/-innen
- Sonderpädagogen/-innen
- Psychologen/-innen

so genanntes Übergangssystem

- Lehrer/-innen an beruflichen Schulen
- Werkstattpädagogen/-innen bzw. Ausbilder/-innen
- Sozialpädagogen/-innen
- Sonderpädagogen/-innen

betriebliche und außerbetriebliche Berufsausbildung

- Lehrer/-innen an beruflichen Schulen
- Ausbilder/-innen
- Sozialpädagogen/-innen

IST-Stand	Lehrer/-innen an beruflichen Schulen	Ausbilder/-innen (ausbildendes Personal)	Sozialpädagogen/ -innen	Sonderpädagogen/ -innen	Psychologen/ -innen
Ausbildung	akademischer Abschluss einer Universität	Meisterausbildung, Ausbildereignungs-verordnung (AEVO)	akademischer Abschluss einer (Fach-)Hochschule	akademischer Abschluss einer Universität	akademischer Abschluss einer Universität
Disziplin	Erziehungswissenschaft/ Berufs- u. Wirtschafts-pädagogik	-	Erziehungswissenschaft/ Sozialpädagogik	Erziehungswissenschaft/ Sonderpädagogik	Psychologie
Inklusion in der Aus-, Fort- und Weiterbildung	weitgehend (noch) kein Thema, vereinzelt ziel-gruppenspezifisch verankert	neue Rolle als Lern-prozessbegleiter/-in	Querschnittsthema, nicht spezifiziert auf die Berufsbildung	„Kern"-Thema, allgemein, nicht spezifiziert auf die Berufsbildung	partiell Entwicklungs-, Sozialpsychologie

Abb. 1: Fachkräfte in der Berufsbildung (aus: Buchmann & Bylinski 2013, 162)

Das Studium von *Lehrkräften für berufliche Schulen* differiert erheblich hinsichtlich der erziehungswissenschaftlichen Anteile und der speziellen Fächerkombinationen. Ihre schulischen Tätigkeitsfelder decken das gesamte Spektrum der berufsschulischen Bildungsgänge ab: von der Berufsvorbereitung bis zur gymnasialen Oberstufe. Für die *Ausbilderinnen und Ausbilder* gilt die Ausbilder-Eignungsverordnung (AEVO) als Mindestqualifikation; tatsächlich tragen in der Praxis ausbildende Fachkräfte die Hauptlast der Berufsausbildung.[2] Die *Sozialpädagogik* stellt für die Benachteiligtenförderung eine wichtige Bezugsdisziplin dar, da sie im Rahmen von Jugendsozialarbeit berufliche Bildungsmaßnahmen unterstützt. Für die *Sonderpädagogik* kann Inklusion als ein Kernthema betrachtet werden, allerdings nimmt Berufsbildung in der universitären Ausbildung nur einen geringen Raum ein, obwohl der Disziplin in der beruflichen Rehabilitation eine besondere Rolle zukommt. Nur wenige Studiengänge integrieren Sonderpädagogik als Studienfach für zukünftige Berufsschullehrerinnen und -lehrer. In der *Psychologie* sind Inklusionsparadigma und Themen der Berufsbildung wenig aufgenommen.

2 Siehe ergänzend zur Ausbilder-Eignungsverordnung: Bahl & Brünner (2013).

3 Individuelle Wege in den Beruf und die Professionalität der pädagogischen Fachkräfte

Im Zentrum des BIBB-Forschungsprojektes stand die Frage nach dem Wandel der *Professionalität* der pädagogischen Fachkräfte, die am Übergang von der Schule in den Beruf und in die Arbeitswelt tätig sind. Ziel der *qualitativen Studie* war, ausgehend vom *Handlungs- und Anforderungskontext* jene Kompetenzen zu ermitteln, die für die anspruchsvollen Aufgaben im Rahmen einer *regionalen Übergangsgestaltung und Berufswegebegleitung junger Menschen* erforderlich sind. Exemplarisch wurden an acht Standorten *Gruppendiskussionen* und *Einzelinterviews* mit vier Gruppen von Fachkräften (n = 57) geführt: mit Lehrerinnen und Lehrern der allgemein bildenden Schule (*Förderschule, Sekundarstufe I*) und der beruflichen Schule (*schulische Berufsvorbereitung*), sozialpädagogischen Fachkräften (*Schulsozialarbeit, Bildungsbegleitung*) sowie Ausbilderinnen und Ausbildern (*Berufsorientierung, -vorbereitung, -ausbildung*).

Ausgehend vom *Konzept der reflexiven pädagogischen Professionalisierung* (Arnold & Gómez Tutor 2007) war für die Studie grundlegend, dass berufliche Handlungskompetenz von drei Dimensionen geleitet ist: von WISSEN, KÖNNEN und REFLEKTIEREN – erst durch ihr Zusammenspiel entsteht professionelle Expertise. Erweitert wurde dieses Konzept durch seine Einbindung in das *regionale Bedingungsgefüge*, d.h. in einen gemeinsamen Handlungsrahmen, der für alle vier Gruppen von Fachkräften Bedeutung hat (Abb. 1). Die zentrale forschungsleitende Annahme war, dass die Fähigkeit zur (Selbst-)Reflexion eine bedeutende Dimension von Professionalität darstellt, wenn pädagogisches Handeln davon geleitet ist, subjektorientierte Bildungsprozesse zu gestalten sowie eine „benachteiligungssensible Betrachtungsweise“ (Kruse 2010, 66ff.) einzunehmen, um für alle jungen Menschen und besondere Zielgruppen optionsreiche berufliche Perspektiven zu eröffnen.

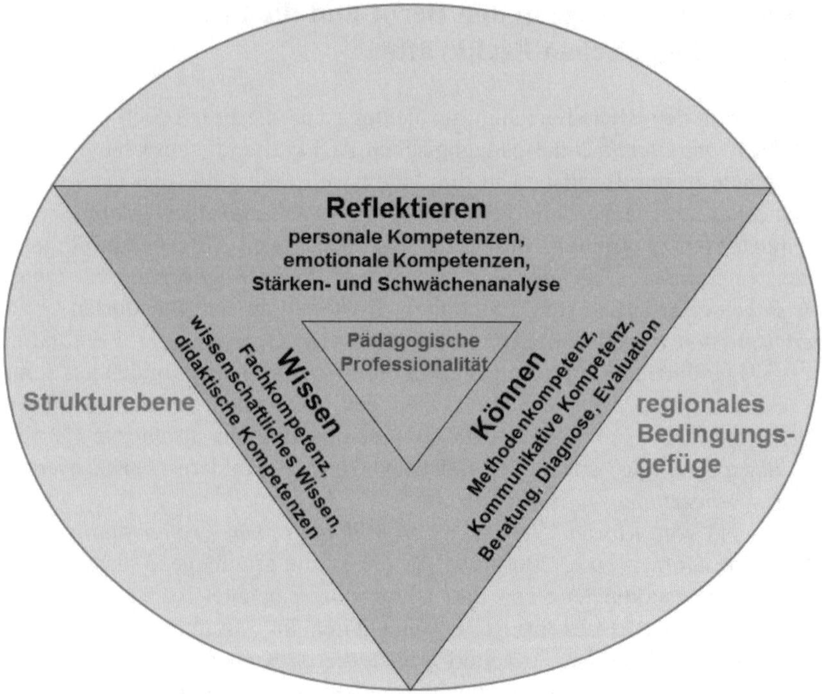

Abb. 2: Dimensionen pädagogischer Professionalität im regionalen Bedingungsgefüge (nach: Arnold & Gómez Tutor 2007, 165)

Neue Qualität von Professionalität

Die Befunde bestätigen, dass mit den Anforderungen zur Gestaltung des Übergangs und der Begleitung junger Menschen in den Beruf eine neue Qualität von Professionalität entstanden ist. Auf Basis der inhaltsanalytischen Auswertung (Mayring 2008) konnten folgende erforderliche Kompetenzen herausgearbeitet werden:

- Die *individuelle Begleitung und Beratung* der jungen Menschen erfordert Kompetenzen zur Biografie orientierten Berufswegebegleitung, was beinhaltet, pädagogische Interventionen vom Jugendlichen ausgehend zu konzipieren (*Fokus: Individuum*). Darüber hinaus sind Kompetenzen zur subjektorientierten Gestaltung von Lernprozessen bzw. -situationen gefordert sowie für pädagogisches Handeln in heterogenen Lerngruppen, um Vielfalt als Wert aufzugreifen (*Fokus: Gruppe*).

- Die *multiprofessionelle Zusammenarbeit* der am Übergangsgeschehen beteiligten pädagogischen Fachkräfte benötigt Intermediäre Kompetenzen (Brödel 2005), um mit und zwischen den beteiligten Bildungsinstitutionen agieren zu können (*Fokus: Netzwerk*), sowie Intra- und Intersystemische Verständigungskompetenzen (*Fokus: Teamarbeit*) zur interdisziplinären Zusammenarbeit innerhalb und außerhalb der Institution.

Pädagogisches Handeln im regionalen Bedingungsgefüge

Das regionale Bedingungsgefüge und die institutionellen Rahmenbedingungen (z.B. Schulprogramme) stellen wichtige Unterstützungsstrukturen für pädagogisches Handeln dar. Alle Befragten betrachten die regionale Vernetzung und Kooperation der Akteure als wichtige Voraussetzung für eine gelingende Übergangsgestaltung: Netzwerkarbeit soll zu mehr Transparenz im Übergangsgeschehen und zur besseren Abstimmung der Akteure führen und dazu dienen, insbesondere *Jugendliche mit besonderem Förderbedarf* in eine betriebliche Ausbildung zu integrieren. Die Zusammenarbeit der pädagogischen Fachkräfte verschiedener Institutionen und Lernorte (Schule, Bildungsträger, Betrieb) findet fast ausschließlich im unmittelbaren Arbeitszusammenhang statt, bei konkreten Problemstellungen. D.h. präventive und proaktive Strategien sind für die Fachkräfte weniger Anlass und Motivation zur Kooperation:

> „Ich sehe das so, dass die Gewerbeschule eher ihren Weg geht und der Betrieb hat genauso seinen Weg […]. Ja, ich will nicht gegeneinander sagen, aber jeder geht halt nebeneinander und nicht zusammen oder wenig zusammen" (GD-HL-AB-m-355–357).[3]

Berufliches Handlungskonzept und Selbstverständnis der pädagogischen Fachkräfte

Da jede Berufsgruppe aus der jeweils eigenen Perspektive (Profession, Institution, Arbeitsauftrag) heraus ihre Rolle bestimmt, scheint es bedeutsam, das jeweilige berufliche Handlungskonzept und Selbstverständnis zu betrachten. Die **sozialpädagogischen Fachkräfte** geben sich eine Mittlerfunktion, weil sie die für eine Begleitung der/des Jugendlichen notwendigen Kooperations-

[3] Die Quellenangabe der **Zitate** umfasst folgende Informationen: 1. den Rahmen (EI = Einzelinterview; GD = Gruppendiskussion), 2. den Befragungsstandort (F = Freiburg; FW = Fürstenwalde/Spree; HH = Hamburg; HL = Lübeck; LKL = Landkreis Lippe; LKO = Landkreis Offenbach; N = Nürnberg; S = Suhl/Thüringen), 3. die Berufsgruppe (AL = allgemein bildende Lehrkraft; BL = berufliche Lehrkraft; AB = Ausbilderin/Ausbilder; SP = Sozialpädagogin/-pädagoge), 4. das Geschlecht (w = weiblich; m = männlich) 5. die Absatznummer des transkribierten Textes im WORD-Dokument bzw. in MAXQDA.

beziehungen zwischen den Institutionen und Fachkräften herstellen. In ihrem Handlungsansatz greifen sie auf klassische Methoden und Verfahren der Sozialen Arbeit zurück sowie auf Instrumente, die für die Übergangsbegleitung modifiziert wurden, z.B. die individuelle Förderplanung, die Potenzialanalyse und den Berufswahlpass. Da ihre Aufgabe i.d.R. eng an die Schulen gebunden ist, arbeiten sie mit den Lehrkräften in unterschiedlicher Form zusammen. Dies kann als Übergangs-Coaching angelegt sein und damit zu einem integrierten schulischen Angebot werden, das auf eine gleichberechtigte Zusammenarbeit mit den Lehrkräften ausgerichtet ist. Dabei wirkt sich die Einbindung in einen konzeptionellen Rahmen konstruktiv auf die Kooperationsbeziehung aus. Die Jugendlichen beschreiben sie mit den unterschiedlichsten Benachteiligungen und sehen Ursachen u.a. in den Elternhäusern, die ihnen zu wenig Unterstützung und (berufliche) Orientierung geben. Ein Spannungsfeld wird sichtbar: ein Ausbalancieren zwischen dem Individuum und den gestellten Anforderungen. Ihre Tätigkeit ist an konkrete Erwartungen geknüpft:

> „Es ist schwierig, wir haben natürlich einen offiziellen Auftrag, der heißt Vermittlung in Ausbildung. [...] an den Zahlen wird unser Erfolg gemessen" (EI-F-SP-w-84).

Daher müssen sie zwischen Gegebenheiten und Möglichkeiten ausloten, um gemeinsam mit den Jugendlichen eine realistische Perspektive entwickeln zu können.

Die **Lehrkräfte der allgemein bildenden Schule** stellen die Vermittlung in eine betriebliche Ausbildung ins Zentrum. Sie halten eine individuelle Begleitung der Schülerinnen und Schüler im Berufswahlprozess für erforderlich und wünschen sich dafür eine Zusammenarbeit mit Übergangs-Coaches oder Berufseinstiegsbegleitern. Die Sicht auf die Schülerinnen und Schüler erfolgt weitgehend aus einem defizitären Blickwinkel heraus. Sie beschreiben „Schüler mit einem erhöhten Förderbedarf" (EI-HL-AL-m-209), „[…] die leistungsmäßig das nicht packen" (EI-S-AL-w-41) und benennen Merkmale, die einer Integration in die Arbeitswelt entgegenstehen. Ihren eigenen (berufs-)biografischen Hintergrund schätzen sie selbst als wertvoll ein und erwähnen ihr Engagement in unterschiedlichen sozialen Kontexten. Interessant ist die Äußerung, dass Praktika nicht nur für die Schülerinnen und Schüler wichtig sind:

> „[…] der Klassenlehrer, kann in die Betriebe gehen, […], schaut in die Betriebswirklichkeit rein, sieht einfach, was da heute in den Betrieben passiert und kann von daher ganz anders auch die Schüler beraten. Also, das ist für mich immer noch die beste Weiterbildung" (EI-LKO-AL-m-66).

Die **Lehrkräfte der beruflichen Schule** möchten junge Menschen, die bisher noch keine Ausbildung aufnehmen konnten, auf einen Beruf vorbereiten. Im Unterricht nehmen sie ein niedriges Leistungsniveau wahr und sind mit einer Ablehnung der Schule gegenüber konfrontiert. Sie sehen sich „gegen Windmühlen“ (EI-S-BL-w-17) anlaufen. Die Schülerinnen und Schüler beschreiben sie mit individuellen und sozialen Benachteiligungen, die wenig Entwicklungsmöglichkeiten zulassen:

> „Die zwischen Kulturen hin- und hergeworfen sind, [...] in Brennpunkten leben, in problematischen Stadtvierteln. Dort haben wir Jugendliche, die sind sehr sensibel und müssen draußen auf der Straße einfach ihren Mann stehen“ (EI-HL-BL-w-66).

Im Unterricht bauen sie auf eine methodisch-didaktische Vielfalt, um Schülerinnen und Schüler als Subjekte einzubeziehen und ihnen neue, positive Lernerfahrungen zu eröffnen. Eine potenzialorientierte und empathische Haltung der Lehrkraft sehen sie als Basis dafür an – Authentizität wird zu einem Schlüsselbegriff. Gleichzeitig erleben sie ein Spannungsfeld von Fachvermittlung und Persönlichkeitsförderung: ihre Lehrtätigkeit werde immer mehr zur erzieherischen Aufgabe. Den Erwerb sozial- und sonderpädagogischer Kompetenzen bewerten sie deshalb als eine notwendige Erweiterung ihrer Qualifikation.

Für die **Ausbilderinnen und Ausbilder** stellen Betrieb und Berufsidentität den Bezugsrahmen dar. Als Erfolg bewerten sie, „[...] dass aus diesen Auszubildenden nachher ein Fachmann wird“ (EI-HL-AB-m-97). Eindeutiges Motiv für ihre Ausbildungsbeteiligung ist der Fachkräftebedarf, insbesondere in Berufssparten, die für die Jugendlichen weniger attraktiv sind. Im betrieblichen Ausbildungskonzept sehen sie einen Gegenpart zum schulischen Lernen, weil im Betrieb „klare Anforderungen“ gelten:

> „Und sicherlich ist unsere Richtung dann härter wie Schule. Auch wenn wir die ein bisschen mit Samthandschuhen anfassen - die ersten zwei, drei Tage. Aber dann versuchen wir doch, denen schon mal klar zu machen, wie das Arbeitsleben tickt – was ich sehr wichtig finde“ (EI-HH-AB-m-18).

Die Sozialisierung der Auszubildenden in den Betrieb wird als Erziehungsaufgabe verstanden – die Ausbilderinnen und Ausbilder möchten Werte vermitteln. In ihrem pädagogischen Handeln beziehen sie sich auf ihre (berufs-) biografischen Erfahrungen, die sie in die pädagogische Situation transferieren und auf die Jugendliche/den Jugendlichen übertragen. Gleichwohl suchen sie nach Erklärungsansätzen; daher lauten ihre wichtigsten Fragen: „Wie ticken die Jugendlichen und wie sieht ihre Lebenswelt aus?“

Barrieren in der multiprofessionellen Zusammenarbeit
Die berufsgruppenspezifische Betrachtung verdeutlicht, dass *unterschiedliche Berufskulturen*[4] bestehen und die pädagogischen Fachkräfte ihre Rolle in Abgrenzung zu den anderen Berufsgruppen definieren. Eine multiprofessionelle Zusammenarbeit wird als notwendig betrachtet, jedoch erst dann relevant, wenn sie konkret als gewinnbringend eingeschätzt wird. In den beruflichen Handlungskonzepten werden Gemeinsamkeiten deutlich, jedoch als solche nicht erkannt und aufgegriffen. Kennzeichnend ist, dass die anderen Institutionen vielfach als „eigene Milieus" und „abgeschlossene Systeme", mit einer ihnen fremden Kultur (institutionelle Kommunikationsregeln und spezifische Kooperationsformen), wahrgenommen werden. *Wertschätzung und Offenheit* halten die Befragten für eine multiprofessionelle Zusammenarbeit für grundlegend und merken an, dass sie sich damit auf „ungewohntes Terrain" begeben, Sicherheit aufgeben und „über den eigenen Tellerrand" blicken müssten. Erschwert wird der Prozess des Aufbaus von Zusammenarbeit auch über *ungleiche Arbeitsbedingungen* und einen *ungleichen Status der Kooperationspartnerinnen und -partner* (Betriebe haben die „Definitionsmacht").

Spannungsfelder und Paradoxien in der pädagogischen Arbeit
Markant scheinen *Spannungsfelder und Ambivalenzen* in der pädagogischen Praxis zu sein, die sich als unauflösbare Paradoxien kennzeichnen (Helsper 1996, 527ff.). Als Widersprüchlichkeiten prägen diese die Sichtweisen der pädagogischen Fachkräfte und ihr professionelles Handeln. Als Einflussfaktoren manifestieren sie sich bspw. in der Bewertung der eigenen Arbeit sowie in der Interpretation von Verhaltensweisen der Jugendlichen. So äußern alle Befragten den Wunsch, den Jugendlichen eine Chance eröffnen zu wollen, und eine entsprechende *Haltung* (Optimismus, Authentizität, Empathie) wird von ihnen als wesentlicher Gelingensfaktor betrachtet. Allerdings stehen diesem potenzialorientierten Arbeitsansatz eine häufig vorzufindende Problemdarstellung und eine defizitorientierte Sicht auf die Jugendlichen entgegen. Hier könnte ein Zusammenhang zu den Paradoxien pädagogischen Handelns hergestellt werden, in deren Folge ein „Misserfolg" pädagogischen Handelns in Zuschreibungen münden kann und möglicherweise von den Fachkräften als individuelle Unzulänglichkeiten interpretiert wird. Hinzu kommt, dass alle vier Berufsgruppen in ihrem pädagogischen Handeln auf

---

4 Terhart (1996, 452) sieht mit dem Begriff „Wahrnehmungsweisen, Kommunikationsformen und langfristige Persönlichkeitsprägungen derjenigen Personen [erfasst, U. B.], die in diesem Beruf arbeiten" und folgert, dass sich dies auf professionelles Handeln auswirke.

subjektive Theorien (vgl. Müller & Sulimma 2008, 1) zurückgreifen, die ihnen als „individuelle Überzeugungen“ (ebd.) Erklärungen bieten und dazu verhelfen, Ereignisse nachvollziehbar zu machen.

(Selbst-)Reflexion als grundlegende Dimension pädagogischen Handelns
Die pädagogischen Fachkräfte stellen alle *drei Dimensionen pädagogischer Professionalität* (Arnold & Gómez Tutor 2007) als bedeutsam heraus. Allerdings wird der Erwerb von Kompetenzen ganz überwiegend mit der Aneignung von WISSEN verbunden. Mit KÖNNEN ist weitgehend „Handwerkszeug“ für die pädagogische Praxis gemeint und REFLEKTIEREN wird meist als persönliche Fähigkeit eingeschätzt, eher als Disposition, die über Erfahrung „anzureichern“ ist. Die Befunde der BIBB-Studie bestätigen, dass Haltung und Einstellung einen großen Einfluss auf professionelles Handeln ausüben (Moser u.a. 2012) und sich auch auf die multiprofessionelle Zusammenarbeit auswirken. Arnold und Gómez Tutor (2007, 162) heben zur Entwicklung von Einstellung und Haltung die Bedeutung von Selbstreflexion hervor. Auch die herausgearbeiteten zentralen Spannungslinien, Paradoxien und Ambivalenzen unterstreichen die Notwendigkeit einer reflexiven Bearbeitung professionellen Handelns, um „paradoxen Verknotungen“ (Helsper 1996, 528) zu begegnen. Daher scheint es notwendig, im Professionalisierungsprozess WISSEN zu erwerben, KÖNNEN herauszubilden und REFLEKTIEREN als Querschnittsdimension zu behandeln sowie eine *Haltung und Einstellung der pädagogischen Fachkräfte* als grundlegende Dimension für pädagogisches Handeln herauszubilden.

4 Inklusion braucht die Professionalität der Fachkräfte!

Der Professionalität des Personals in Betrieben, in Berufsschulen und bei Bildungsträgern kommt in Veränderungsprozessen und bei der Ausgestaltung inklusiver Berufsbildung eine Schlüsselrolle zu. Aufgrund der Komplexität des Handlungskontextes sind veränderte Anforderungen gestellt, die sich sowohl auf originäre Tätigkeiten beziehen als auch auf ein vielfach erweitertes Aufgabenspektrum. *Zwei relevante Kompetenzbereiche* konnten in der qualitativen Studie herausgearbeitet werden: die konsequente *Individualisierung von Bildungsprozessen* (*Fokus: Subjektorientierung*) sowie die *Vernetzung und Kooperation* (*Fokus: multiprofessionelle Zusammenarbeit*). Deutlich wurden Barrieren und Hürden, aber auch Chancen, Gemeinsamkeiten, förderliche Rahmenbedingungen und notwendige Unterstützungsstrukturen für professionelles Handeln. Genauso sind Spannungsfelder und Paradoxien

der pädagogischen Praxis sichtbar geworden, deren Bearbeitung in systematischen Reflexionsprozessen erfolgen muss.
Der explizierte *Anforderungs- und Handlungskontext* verdeutlicht, dass nicht die Addition von Wissen und die Handhabung von Instrumenten für professionelles Handeln ausreichen, sondern personale, soziale und emotionale Kompetenzen sowie die Haltung und Einstellung der pädagogischen Fachkräfte grundlegend für die Umsetzung inklusiver Bildung sind. D.h., die reflexive Bearbeitung und eine Auseinandersetzung mit der eigenen Person sollte integraler Bestandteil von Professionalisierung sein. Da die Weiterentwicklung pädagogischer Praxis eine *Theorie-Praxis-Reflexion* erfordert, wären Fort- und Weiterbildungsangebote als Begleitung des pädagogischen Prozesses über einen kontinuierlichen Zeitraum anzulegen.
Die Befunde zeigen, dass *neue Formen multiprofessioneller Zusammenarbeit* entwickelt werden müssen, damit Kooperation gelingen kann. Im aktuellen pädagogischen Fachdiskurs wird darauf verwiesen (Berkemeyer u.a. 2011, 225ff.), dass Professionalisierungsprozesse in kooperative Lernzusammenhänge eingebunden sein sollten, um den kollektiven Aufbau von Erfahrungswissen (vgl. ebd. 227) zu ermöglichen, d.h. *Kooperation als Strategie zur Professionalisierung* eingesetzt werden könnte. So wären professionen- und institutionenübergreifende Fortbildungssettings zu konzipieren, die Gelegenheitsräume bieten und eine Annäherung unterschiedlicher Perspektiven (Berufskulturen, Handlungslogiken der Institutionen etc.) eröffnen. Dies wäre sowohl für die Herausbildung eines gemeinsamen Handlungskonzeptes produktiv als auch für ein verändertes Professionsverständnis grundlegend und könnte den Aufbau einer multiprofessionellen Zusammenarbeit unterstützen.

Literatur

Arnold, R. & Gómez Tutor, C. (2007): Grundlinien einer Ermöglichungsdidaktik. Bildung ermöglichen – Vielfalt gestalten. Grundlagen der Weiterbildung. Augsburg: ZIEL-Verlag.

Autorengruppe Bildungsberichterstattung (2012): Bildung in Deutschland 2012. Ein indikatorengestützter Bericht mit einer Analyse zur kulturellen Bildung im Lebenslauf. Bielefeld: W. Bertelsmann-Verlag.

Bahl, A. & Brünner, K. (2013): 40 Jahre Ausbilder-Eignungsverordnung – Eine Bestandsaufnahme zu ihrer pädagogischen Relevanz für betriebliches Ausbilderhandeln. In: Zeitschrift für Berufs- und wirtschaftspädagogik (ZBW), 109. Jg., H. 4, 513–537.

Beicht, U. & Ulrich, J.G. (2008): Welche Jugendlichen bleiben ohne Berufsausbildung? Analyse wichtiger Einflussfaktoren unter besonderer Berücksichtigung der Bildungsbiografie. In: BIBB Report Nr. 6.

Berkemeyer, N. u.a. (2011): Kooperation und Reflexion als Strategien der Professionalisierung in schulischen Netzwerken. In: Zeitschrift für Pädagogik, 57. Jg., 225–247.

berufsbildung. Zeitschrift für Praxis und Theorie in Betrieb und Schule (2012): Inklusion in der Berufsbildung, 66. Jg., 137.

Biermann, H. & Bonz, B. (2011): Inklusive Berufsbildung. Didaktik beruflicher Teilhabe trotz Behinderung und Benachteiligung. Baltmannsweiler: Schneider-Verl. Hohengehren.

Brödel, R. (2005): Neue Lernkulturen intermediär gestalten: Grundorientierungen zum beruflichen Handeln von Intermediären. In: Quem-Bulletin. Qualifikations-Entwicklungs-Management, 2. Jg., 1–7.

Buchmann, U. & Bylinski, U. (2013): Ausbildung und Professionalisierung von Fachkräften für eine inklusive Berufsbildung. In: Döbert, H. & Weishaupt, H. (Hrsg.): *Inklusion professionell gestalten. Situationsanalyse und Handlungsempfehlungen*. Münster [u.a.]: Waxmann, 147–202.

Bundesinstitut für Berufsbildung 2013: Datenreport zum Berufsbildungsbericht 2013. Informationen und Analysen zur Entwicklung der beruflichen Bildung. Bonn.

Bylinski, U. (1996): Defizite beschreiben – Potentiale erkennen – an den Kompetenzen ansetzen. Zum Kompetenzansatz in der Benachteiligtenförderung. In: Jugend, Beruf, Gesellschaft. Zeitschrift für Jugendsozialarbeit, 47. Jg., H. 1–2, 32–41.

Bylinski, U. (1999): Fortbildung des Ausbildungspersonals in der Benachteiligtenförderung. Lernen aus der Praxis für die Praxis. In: Biermann, H., Bonz, B. & Rützel, J. (Hrsg.): *Beiträge zur Didaktik der Berufsbildung Benachteiligter*. Stuttgart: Holland + Josenhans, 320–331.

Bylinski, U. (2014): Gestaltung indvidueller Wege in den Beruf. Eine Herausforderung an die pädagogische Professionalität. Bielefeld: W. Bertelsmann Verlag.

Bylinski, U. & Rützel, J. (2011): „Ausbildung für alle" braucht eine Pädagogik der Vielfalt. In: Berufsbildung in Wissenschaft und Praxis (BWP), 40. Jg., H. 2, 14–17.

Deutsche UNESCO-Kommission e.V. (2009): Inklusion: Leitlinien für die Bildungspolitik. Paris.

Gericke, N. & Flemming, S. (2013): Menschen mit Behinderungen im Spiegel der Berufsbildungsstatistik – Grenzen und Möglichkeiten. Bonn.

Helsper, W. (1996): Antinomien des Lehrerhandelns in modernisierten pädagogischen Kulturen. Paradoxe Verwendungsweisen von Autonomie und Selbstverantwortlichkeit. In: Combe, A. & Helsper, W. (Hrsg.): *Pädagogische Professionalität: Untersuchungen zum Typus pädagogischen Handelns*. Frankfurt a.M.: Suhrkamp, 521–569.

Kanter, G.O. (1977): Lerngestörten- und Lernbehindertenpädagogik. In: Bach, H. (Hrsg.): *Sonderpädagogik im Grundriß*. Berlin: Wiss.-Verl. Spiess, 105–112.

Kruse, W. (2010): Chancengleichheit und Benachteiligtenfokus im Übergangsmanagement. In: Kruse, W. u.a. (Hrsg.): *Jugend: Von der Schule in die Arbeitswelt. Bildungsmanagement als kommunale Aufgabe*. Stuttgart: Kohlhammer, 66–81.

Mayring, Ph. (2008): Qualitative Inhaltsanalyse. Grundlagen und Techniken. Weinheim [u.a.]: Beltz Juventa.

Moser, V. u.a. (2012): Lehrer/innenbeliefs im Kontext sonder-/inklusionspädagogischer Förderung – Vorläufige Ergebnisse einer empirischen Studie. In: Seitz, S. u.a. (Hrsg.): *Inklusiv gleich gerecht? Inklusion und Bildungsgerechtigkeit*. Kempten: Kohlhammer, 228–234.

Müller, S. & Sulimma, M. (2008): Überzeugungen zu Wissen und Lernen als Merkmal beruflicher Lehr-Lernprozesse. In: Berufs- und Wirtschaftspädagogik – online. bwp@ Nr. 14. Online unter: http://www.bwpat.de/ausgabe14/mueller_sulimma_bwpat14.shtml. Zugriff: 22.9.2014.

Niehaus, M. & Kaul, Th. (2012): Zugangswege junger Menschen mit Behinderungen in Ausbildung und Beruf. In: Berufsbildungsforschung, Band 14. Bonn/Berlin. Online unter: http://www.bmbf.de/ pub/band_vierzehn_berufsbildungsforschung.pdf.Zugriff: 22.9.2014.

Rützel, J. (2013): Inklusion als Perspektive einer zukunftsorientierten Berufsbildung und die Bewältigung des demographischen Wandels. In: bwp@Spezial 6 – Hochschultage Berufliche Bildung 2013, Workshop 22, hrsg. v. Münk, D. Online unter: http://www.bwpat.de/ht2013/ws22/ruetzel_ws22-ht2013.pdf. Zugriff: 22.9.2014.

Seyd, W. & Schulz, K. (2012): Teilnehmer-Eingangsvoraussetzungen bei BvB-Maßnahmen mit Beginntermin Herbst 2011, Ausbildungen mit Beginntermin 2011 in Berufsbildungswerken. Berlin/Hamburg.

Terhart, E. (1996): Berufskultur und professionelles Handeln bei Lehrern. In: Combe, A. & Helsper, W. (Hrsg.): *Pädagogische Professionalität: Untersuchungen zum Typus pädagogischen Handelns*. Frankfurt a.M.: Suhrkamp, 448–471.

Ulrich, J.G. (2011): Übergangsverläufe von Jugendlichen aus Risikogruppen. Aktuelle Ergebnisse aus der BA/BIBB-Bewerberbefragung 2010. In: bwp@Spezial 5 – Hochschultage Berufliche Bildung 2011, Workshop 15, hrsg. v. Münk, D. & Schmidt, C. Online unter: http://www.bwpat.de/ht2011/ws15/ulrich_ws15-ht2011.pdf. Zugriff: 22.9.2014.

Bettina Amrhein

Retrospektive Betrachtungen von Lehramtsstudierenden auf erlebte Unterrichtsqualität in der eigenen Schulzeit – Wege aus der „normativen Vernebelung“ des Inklusionsbegriffs in der Lehrerinnen- und Lehrer(aus)bildung

Abstract

Dieser Beitrag geht der Frage nach, wie eine Professionalisierung für Inklusion vor dem Hintergrund der komplexen Situation bezüglich des Umgangs mit Heterogenität im deutschen Schulsystem schon im Studium angebahnt werden kann. Anlass hierfür sind die Ergebnisse einer retrospektiven Befragung von über 500 Lehramtsstudierenden zu selbst erlebter Unterrichtswirklichkeit in der eigenen Schulzeit am Universitätsstandort Köln. Die Ergebnisse der Studie geben Grund zu der Annahme, dass sich habituelle Einstellungen zu Chancen und Grenzen im Umgang mit Vielfalt im Unterricht nur dann in Bewegung bringen lassen, wenn gleichzeitig am Aufbau eines Professionsverständnisses von angehenden oder bereits erfahrenen Lehrkräften gearbeitet wird, welches ein deutlich erweitertes Verständnis von Lehrprofessionalität integriert. Der Text sucht nach Ansätzen einer inklusionssensiblen Lehrerinnen- und Lehrerbildung, welche die komplexen Zusammenhänge des Umgangs mit individueller Förderung im Schulsystem nicht verschweigt, sondern offensiv angeht.

1 Vom paradoxen Umgang mit der Vielfalt im deutschen Schulsystem

Vielfalt als Chance sehen! Dieses und andere Beispiele der aktuellen Diskussion um den Umgang mit Unterschiedlichkeit in der Schule erfreuen sich seit der Umsetzung der UN-BRK in Deutschland erneut großer Beliebtheit und sind gleichzeitig Auslöser für eine zum Teil emotional hoch aufgeladene Diskussion um die Implementierung inklusiver Bildung in das deutsche Schulsystem. Beispiele für diese Debatte um den Wandel des Schulsystems in Richtung Inklusion gibt es in der medialen Darstellung in einer bislang nie dagewesenen Quantität. Manchmal scheint es, als sei die Debatte um schulische Inklusion zu einer reinen „Glaubensfrage" und/oder zu einer Ressourcendiskussion geraten. Die Intensität, mit der das Thema zurzeit auf allen Ebenen des Bildungssystems bearbeitet wird, legt die Vermutung nahe, dass mit der Umsetzung der UN-BRK in das deutsche Schulsystem möglicherweise Problemlagen im Umgang mit Vielfalt in der Schule noch verschärft werden, die seit geraumer Zeit als überkomplex gelten.

So wissen wir seit langer Zeit, dass die Schulgesetze vieler Länder das Recht einer jeden Schülerin/eines jeden Schülers auf individuelle Förderung zwar festschreiben, sich die Gestaltung eines differenzierenden Umgangs mit Unterschiedlichkeit seit Jahrzehnten jedoch in einer erheblichen Theorie-Praxis-Differenz befindet. Die Lücke, welche zwischen dem Anspruch auf individuelle Förderung und der tatsächlichen Umsetzung auf der Ebene des Unterrichts klafft, ist erheblich. In einer Expertise für die Friedrich-Ebert-Stiftung zum Thema „Individuelle Förderung als schulische Herausforderung" arbeitet Christian Fischer heraus, dass der sogenannte offene Unterricht etwa als eine Umsetzungsform individueller Förderung nicht weit verbreitet ist. „Besonders an weiterführenden Schulen werden kaum offene Unterrichtsformen realisiert" (Fischer, Rott, Veber, Fischer-Ontrup & Gralla 2014, 43). Auch Bohl et al. weisen darauf hin, dass Differenzierungsangebote oder der adaptive Unterricht nach wie vor eher wenig verbreitet sind (Bohl & Kucharz 2011).

Matthias Trautmann und Beate Wischer stellen in ihrer kritischen Auseinandersetzung zum Umgang mit Heterogenität im Unterricht fest, dass es bei der Ausgestaltung von Unterricht zu permanenten sogenannten „Zielkonflikten" kommt (Trautmann & Wischer 2011). Diese „Zielkonflikte" entstehen zwangsläufig durch die gleichzeitige Orientierung an Bildungsstandards und den durch die Umsetzung der UN-BRK erneut formulierten Anspruch eines jeden Kindes auf die individuelle Bezugsnormorientierung einer jeden Lehrkraft im Unterricht. Folgt man dieser Betrachtung, so lassen sich diese Zielkonflikte nicht einfach auflösen oder ignorieren, sie müssen ausbalanciert werden (Wischer 2008). Neuere Betrachtungen der Autorin und des Autors setzen sich erneut kritisch mit dem Förderbegriff auseinander, der als ein Aspekt des Umgangs mit Unterschiedlichkeit im Unterricht betrachtet werden kann (Trautmann & Wischer 2014). Dies erscheint für den hier untersuchten Kontext besonders hilfreich, da sie so die Konturen, Facetten und Probleme des Förderbegriffs in Bezug auf die systemischen Bedingungen in der Schule zu fassen versuchen.

Allgemein angenommen wird, dass die individuelle Förderung der Schlüssel zum Umgang mit Vielfalt in der Schule sei. Trotzdem haben wir es hier nicht

mit einer verbindlichen Begriffsdefinition zu tun, da sich mit dem Förderbegriff im deutschen Schulsystem zahlreiche Herausforderungen und Problembereiche ergeben. Trotz – oder gerade wegen – seiner weiten Verbreitung ist der Förderbegriff alles andere als einfach zu definieren (Wischer 2014, 6).
Dabei stellt sich die zentrale Frage, ob Fördern ein **exklusiver oder allgemeiner** Anspruch ist. Folgt man Beate Wischer, so ist der Begriff als allgemeiner Anspruch eine Art Förderrhetorik im Sinne einer individuellen Förderung für alle Schülerinnen und Schüler zu verstehen. Ausgeblendet scheinen bei diesem Förderbegriff die Grenzen des im Gruppenunterricht tatsächlich Machbaren.[1]
Der enger gefasste Förderbegriff ist jedoch nicht weniger problematisch, da zu entscheiden ist, wem die zusätzliche Förderung zu Gute kommen soll. Es stellt sich die Frage, ob die knappen Ressourcen nicht eher denjenigen zu Gute kommen sollten, die einen besonderen Bedarf haben. In aller Regel wird dieser Bedarf dann festgestellt, wenn besondere Lernschwierigkeiten oder Wissens- und Könnensdefizite festgestellt werden.
Matthias Trautmann und Beate Wischer beobachten aktuell eine „normative Vernebelung" des Förderbegriffs, der die Akteure nicht selten in einem Paradox zurücklässt. Dabei wirft die Problematik der Förderziele auch die Frage auf, ob es um Normierung oder individuelle Entfaltung geht, um individuelle oder kollektive Zielkriterien im Unterricht (Trautmann & Wischer 2014, 10).

> „Schulische Förderziele sind nicht nur vielfältig und komplex; es gibt auch widersprüchliche Anforderungen, die zu Zielkonflikten führen, was eine Auseinandersetzung mit einigen – auch normativen – Grundsatzfragen zu den Funktionen und Aufgaben der Schule erforderlich macht" (ebd.).

Damit wird deutlich, dass wir es in der Schule grundsätzlich mit einer multiplen Zielstruktur zu tun haben, denn als gesellschaftliche Organisation hat Schule eben nicht nur pädagogische Aufgaben, sondern ist auch an gesellschaftlichen Allokationsprozessen beteiligt.

> „Da aber die Startchancen dafür bekanntermaßen ungleich sind, konkurriert das Ziel einer optimalen Leistungsentwicklung mit dem – auch bildungspolitisch relevanten – Anspruch auf Chancengerechtigkeit und Disparitätenausgleich" (Trautmann & Wischer 2014, 11).

---

[1] „Individuelle Förderung als Leitidee für Unterricht – so könnte man zugespitzt formulieren – wäre so gesehen entweder eine Leerformel, weil damit nur etwas bezeichnet wird, das von Unterricht seit jeher erwartet wird: eine bestmögliche Berücksichtigung von heterogenen Lernausgangslagen" (Wischer 2014, 7).

Damit ist der Zielkonflikt beim Umgang mit Vielfalt in der Schule komplett und zwingt die Akteure in der Regel dazu, diese Paradoxie auf der Handlungsebene permanent auszugleichen.
Martin Heinrich geht einen Schritt weiter und beschreibt, warum pädagogische Förderung nicht ohne Selektion und Diskriminierung gedacht werden kann, denn „wen man als hilfebedürftig erklärt, den macht man zum Schwachen – und sich selbst als Helferin zum Starken" (Heinrich 2014, 13). Er arbeitet dabei auch die deutlich schulformspezifischen Unterschiede in der Förderkultur heraus, welche sehr prägend sind und herkunftsbedingte Benachteiligung häufig noch verstärken und verfestigen. Damit betont er erneut, dass der Umgang mit Vielfalt unter den Bedingungen des deutschen Schulsystems eine äußerst heikle Angelegenheit ist (ebd.).

2 Heterogenität und Habitus

Reflexionsgruppen in der Praktikumsbegleitung an der Universität zu Köln fördern immer wieder zu Tage, dass bei zahlreichen Studierenden nach wie vor das Bild vom Umgang mit Heterogenität oder auch von individueller Förderung vorherrscht, welches sich recht eindrücklich in nachfolgender Metapher abzeichnet. Eine in beiden Ländern sehr häufig vorzufindende Vorstellung zeigt nachfolgendes Metaphernbeispiel:[2]

> „Metaphorisch ausgedrückt bedeutet für mich Umgang mit Vielfalt, die Schüler da abzuholen, wo sie stehen und sie trotzdem zu ungefähr dem gleichen Ziel zu bringen".

Abb. 1: Ergebnis einer Befragung von Teilnehmerinnen und Teilnehmern eines Seminars zur Begleitung des Orientierungspraktikums an der Universität zu Köln.

---

2 Diese entstammt aus einer international vergleichenden Studie in Kooperation mit der University of Cambridge (Black-Hawkins & Amrhein 2014). In dieser Studie wird versucht zu ergründen, welche Vorstellungen vom Umgang mit Heterogenität im Unterricht bei Studierenden vorherrschen.

Hier zeigt sich sehr deutlich, dass bei der Teilnehmerin/dem Teilnehmer zwar bereits ein Verständnis von *interindividueller Variabilität* vorhanden ist (Largo 2010), jedoch nach wie vor davon ausgegangen wird, dass Schülerinnen und Schüler gleiche Lernziele zu erreichen haben.

Zur Interpretation dieser Vorstellung zum Umgang mit Unterschiedlichkeit dieses Teilnehmers bzw. dieser Teilnehmerin eignen sich erneut die eingangs referierten Betrachtungen von Beate Wischer und Matthias Trautmann. Demnach lässt sich interpretativ festhalten, dass für die hier befragte angehende Lehrkraft erfolgreicher Umgang mit Unterschiedlichkeit im Unterricht dann besteht, wenn die Lehrerin oder der Lehrer Unterschiedlichkeit in den Lernausgangslagen durch differenzierende methodische Zugänge ausgleicht, um so allen Schülerinnen und Schülern das Erreichen festgelegter Bildungsstandards für den jeweiligen Bildungsgang zu ermöglichen. Eine erste Quantifizierung dieser Betrachtung vom Umgang mit Heterogenität in der Schule konnte zeigen, dass Studierende beider Länder zu großer Anzahl diesem Förderverständnis folgen.

Zur Erläuterung dieses Phänomens eignen sich auch die Betrachtungen zu Heterogenitätskonstruktionen von Lehrkräften (Sturm 2010). Hier zeigte sich, dass sich der Habitus der untersuchten Lehrerinnen und Lehrer sehr deutlich durch einen starken Wunsch nach Homogenität auszeichnete. „Eine Vorstellung, die ihnen nicht zuletzt durch die Strukturen des schulischen Feldes nahegelegt wird“ (ebd. 101). Hier bedient sich Tanja Sturm bei der Interpretation der Daten der theoretischen Ausführungen Bourdieus zum Habitus und Feld (Bourdieu 1993; Bourdieu 1987). Folgt man dieser Betrachtung der Habitusentwicklung, so besteht ein enger dialektischer Zusammenhang zwischen den Strukturen eines Feldes (hier der Schule) und dem Habitus seiner Akteurinnen und Akteure (hier der Lehrkräfte). Es kommt zu einer Passung zwischen Habitus und Feld. Legt man diese theoretische Folie zugrunde, kann davon ausgegangen werden, dass das Verständnis der Lehrenden ihre unterrichtlichen Handlungen und Entscheidungsprozesse leitet. Dabei spricht Tanja Sturm auch von der Trägheit des Habitus der Lehrenden, die nur durch die intensive reflexive Beschäftigung mit diesem in Bewegung gebracht werden kann. Dabei scheint es von besonderer Bedeutung zu sein, den eigenen – durch die strukturellen Bedingungen des Schulsystems geprägten – Habitus zu erkennen und in seiner Historizität zu verstehen, um ihn dann erst auch als veränderbar wahrzunehmen (ebd. 102). Die hier dargestellte Abbildung 1 kann demnach dahingehend interpretiert werden, dass sich bereits bei Studierenden habituelle Einstellungen finden lassen, die stark durch die schulische Struktur geprägt sind, welche nach wie vor von der Homogenisierung von Lerngruppen ausgeht bzw. einen engen Förderbegriff zugrunde legt.

3 Professionalisierung des Umgangs mit Heterogenität als Aufgabe der Lehrerinnen- und Lehrerbildung?

Es ist festzuhalten, dass wir es mit einem Widerspruch gesellschaftlichen Ausmaßes zu tun haben, der eher nicht allein von nur einer Ebene des Bildungssystems behandelt werden kann. Aktuell drängt sich jedoch häufig der Eindruck auf, Lehrerinnen und Lehrer sollen die sich durch den Anspruch inklusiver Bildung erheblich potenzierten Widersprüchlichkeiten auf der Unterrichtsebene alleine „ausbaden". Schultheoretisch lässt sich das leicht mit Helmut Fends neuer Theorie erklären (Fend 2006).

Da in allen Bundesländern, wenn auch sehr unterschiedlich, die Umsetzung der UN-BRK voranschreitet, steht aktuell besonders die Lehrerinnen- und Lehrerbildung vor der zentralen Aufgabe, angehende und besonders bereits erfahrene Lehrkräfte für die neuen Anspruchskonstruktionen zu professionalisieren. Zahlreiche Standorte sind dabei, Konzepte hierfür zu entwickeln.

In nie dagewesener Quantität wird daher zurzeit über die Professionalisierung von Lehrkräften für Inklusion geschrieben (Lütje-Klose 2011; Amrhein & Badstieber 2013; Amrhein & Kricke 2013; Fischer et al. 2013; Feuser 2013; Heinrich, Urban & Werning 2013; Amrhein 2014). Dabei steht die Frage im Raum, wie in allen Phasen der Lehrerinnen- und Lehrerbildung Aus- und Fortbildungsformate gestaltet werden müssen, damit sie Lehrkräfte bei der Ausgestaltung inklusiver Schul- und Unterrichtsprozesse angemessen unterstützen.

Als besonders problematisch stellt sich bei der Suche nach tragfähigen Konzepten für eine inklusive Lehrerinnen- und Lehrerbildung heraus, dass kaum auf empirische Erkenntnisse zurückgegriffen werden kann. Es gibt noch kein Kompetenzmodell für inklusiven Unterricht, es ist noch nicht einmal allgemein klar, was ein inklusiver Unterricht eigentlich sein sollte. Kompetenzen für einen inklusiven Unterricht können so auch nicht empirisch erfasst werden.

Damit stellt sich aktuell die Frage: Wenn nicht einmal deutlich zu fassen ist, wie mit Vielfalt in der Schule angemessen umzugehen ist, wie kann dann eine Lehrerinnen- und Lehrerbildung zukünftig darauf vorbereiten? Die Komplexität des Entwicklungsauftrages zur Professionalisierung für den Umgang mit Heterogenität in der Schule legt daher auch nahe, Lösungsansätze zunächst eher in professionstheoretischen als in kompetenztheoretischen Ansätzen zu suchen. Dies bedeutet jedoch nicht, dass auch kompetenztheoretische Erkenntnisse etwa zum Umgang mit Heterogenität im Unterricht herangezogen werden können. Ich komme später auf diese professionstheore-

tischen Überlegungen zur Bewältigung der aktuellen Krise in der Lehrerinnen- und Lehrerbildung zurück.
Tatsächlich kann man in der aktuellen Situation von einer erheblichen Krise in der Lehrerinnen- und Lehrerbildung sprechen. Die Lehrerinnen- und Lehrerausbildung läuft an den meisten Standorten den aktuellen Entwicklungen zur Umgestaltung des Bildungssystems hinterher und die Lehrerinnen- und Lehrerfortbildung kann weder quantitativ noch qualitativ den aktuell hohen Bedarf an qualifizierenden Programmen decken (Amrhein & Badstieber 2013). Dabei haben wir es neben zahlreichen weiteren besonders mit diesen Problemlagen zu tun:

3.1 Begriffliche Unklarheiten – Der „weite" und der „enge" Inklusionsbegriff?

Eine erhebliche Unklarheit in den Begrifflichkeiten rund um schulische Inklusion macht die Konzeption einer inklusionssensiblen Lehrerinnen- und Lehrerbildung sehr schwierig. Sie lässt sich aktuell an den unterschiedlichen Universitätsstandorten in NRW, aber auch darüber hinaus erkennen.
Im Zuge der Umsetzung der UN-BRK und der Ausgestaltung der Studiengänge mit inklusionskompatiblen Inhalten gibt es zum einen Standorte, die eine stark sonderpädagogisch geprägte Sicht auf eine inklusive Lehrerinnen- und Lehrerbildung favorisieren. Dies zeigt sich dann sehr deutlich anhand der Besetzung der zum Ausbau inklusiver Studieninhalte neu eingerichteten Professuren mit einer starken Betonung etwa der Förderschwerpunkte Lernen und sozial-emotionale Entwicklung. Andere Standorte betonen die Relevanz inklusiver Bildung für alle Kinder und Jugendlichen und versuchen dies auch in der Besetzung der Stellen durch eine breitere Verankerung im Bereich der allgemeinen Schulpädagogik zu erreichen. Damit stehen sich zwei unterschiedliche Inklusionsbegriffe mit sehr unterschiedlichen Extensionen gegenüber, die vor dem Hintergrund dieser begrifflichen Unklarheiten die Entwicklung einer an Inklusion orientierten Lehrerinnen- und Lehrerbildung für die Sekundarstufe zusätzlich verkomplizieren (Heinrich et al. 2013).

3.2 Getrennte Lehramtsausbildung

Trotz dieser begrifflichen Unschärfen scheint allgemein akzeptiert, dass durch eine getrennte Lehrerinnen- und Lehrerbildung, so wie sie in allen Bundesländern nach wie vor praktiziert wird, kein gemeinsames Zuständigkeitserleben bei angehenden Lehrerinnen und Lehrern entwickelt werden kann. Georg Feuser betont, dass zwar in den meisten Curricula der Lehrerinnen- und Lehrerbildung zusätzliche Lehrveranstaltungen zum Thema Integration additiv aufgenommen wurden, „grundsätzlich haben sich die deutschsprachigen Lehrerinnen- und Lehrerbildungssysteme aber nicht in Richtung Inklusion geändert“ (Feuser 2013, 181). In jeweils etwa einem Fünftel der befragten Hochschulen existieren die Themen „Inklusion“ und „Heterogenität“ als verpflichtende Studienschwerpunkte und werden als solche explizit im Zeugnis als spezielle Qualifikation ausgewiesen. Diese Hochschulen leisten Pionierarbeit, die Einbeziehung dieser Inhalte ist aber noch deutlich ausbaufähig (Monitor Lehrerbildung 2013).

3.3 Fehlende Nachhaltigkeit im Bereich der Lehrerinnen- und Lehrerfortbildung

Eine eigene Trendanalyse im Auftrag der Bertelsmann Stiftung konnte aufzeigen, dass es zwar eine Vielzahl solcher Fortbildungsangebote im Bereich Inklusion gibt, dass aber die analysierten Maßnahmen noch nicht hinreichend wirksam und nachhaltig sind.

So handelt es sich bei 80% der Maßnahmen, zu denen entsprechende Angaben vorlagen, nur um Veranstaltungen von maximal einem Tag. Nur 9% der Angebote richten sich an ganze Kollegien. Inhaltlich dominiert die Vermittlung von sonderpädagogischem Fachwissen (45%) und von inklusiver Unterrichtsentwicklung (24%), während Teamarbeit nur in 10% und inklusive Schulentwicklung nur in 9% der Fälle im Vordergrund stehen (Amrhein & Badstieber 2013).

3.4 Trennung von Fachwissenschaft und Fachdidaktik

Trotz guter Ansätze kommt eine Kooperation zwischen Fachdidaktik und Fachwissenschaft unter einer inklusionskompatiblen Perspektive an den meisten Universitätsstandorten nur sehr langsam in Gang (Amrhein & Dziak-Mahler 2014). Wenn es zutreffend ist, dass, wie weiter oben am Beispiel des schwierigen Umgangs mit Vielfalt auf der Unterrichtsebene gezeigt wurde, der Erfolg inklusiver Konzepte letztlich jedoch genau auf dieser Ebene entschieden wird, dann ist es einigermaßen besorgniserregend, dass interdisziplinäre Konzepte einer Lehrerinnen- und Lehrerbildung für Inklusion noch sehr selten sind.

3.5 Forschungslücken

Eine hochwertige (Aus-)Bildung von Lehrkräften – so die Vermutung – wirkt sich positiv auf ihre Qualifikation und Professionalisierung aus. Man vermutet auch, dass das professionelle Handeln der Lehrkräfte „guten“ Unterricht ermöglicht, „von dem die Schüler profitieren – und zwar nicht nur in Bezug auf ihre Fachleistungen, sondern auch hinsichtlich ihrer Persönlichkeitsentwicklung“ (König 2014, 19). Folgt man Johannes König, so liegen nach wie vor keine empirischen Belege für die Wirkkette *Lehrerausbildung – Lehrerhandeln – Schülerleistung* vor (ebd.). Auch für die einzelnen Glieder dieser Kette sei die empirische Forschungslage defizitär oder zumindest ergänzungsbedürftig. Noch weniger wissen wir über die Wirksamkeit von Lehrerinnen- und Lehrerhandeln in Bezug auf die stark veränderten Anforderungen in einem „inklusiven" oder durch eine starke Heterogenität in den Lernausgangslagen der Schülerinnen und Schüler geprägten Lernumfeld. Wir wissen nicht, wie erfolgreiches Lehrerinnen- und Lehrerhandeln in diesem Kontext funktioniert. Da wir die nötigen Kompetenzen dieses Lehrerinnen- und Lehrerhandelns nicht kennen, sind diese aktuell auch noch nicht messbar. Dies wiederum führt zu einem erheblichen Defizit in der Theoriebildung inklusiver Bildung.

3.6 Mangel an positiven Beispielen gelingender Inklusion

Eigene Erfahrungen im Rahmen der Praxisphasenbegleitung an der Universität zu Köln der letzten Jahre geben immer wieder Grund zu der Annahme, dass Studierende nicht selten eher skeptische Grundhaltungen einnehmen, wenn es um die Realisierung des gemeinsamen Lernens aller Kinder und Jugendlichen geht (Amrhein & Bongartz 2014). Die in der Regel eher geringen Erfahrungen mit adaptiven Unterrichtssituationen können eine Erklärung für die Zurückhaltung in der Bewertung von Umsetzungsmöglichkeiten inklusiver Bildung sein. Damit liegt die Vermutung nahe, dass Studierende während ihrer eigenen Schulzeit eher selten erleben konnten, wie die weiter oben beschriebenen Zielkonflikte von Unterricht erfolgreich ausbalanciert wurden. Hinzu kommen häufig problematische Erfahrungen in den Schulpraktika. Nicht selten treffen die Studierenden hier auf Lehrkräfte, die Zielkonflikte im Unterricht als problematisch erleben und häufig auch daran scheitern (Amrhein & Kricke 2013).

Diese letzte Problemlage lieferte die Idee zu einer Studie, die aufklären helfen sollte, inwiefern Lehramtsstudierende selbst über positive Erfahrungen mit differenzierendem Umgang mit Vielfalt in der eigenen Schulzeit verfügen. Abfragen über zahlreiche Semester hatten immer wieder zu der Vermutung Anlass gegeben, dass ein großer Anteil der zumeist gymnasial sozialisierten Studierenden eher wenig Erfahrung mit binnendifferenzierendem Unterricht mitbringt. Dieser Vermutung sollte empirisch nachgegangen werden. Grund dafür gaben auch immer wieder Äußerungen von Teilnehmerinnen und Teilnehmern der Praxisphasenbegleitung, die vermuten ließen, dass es den Studierenden an positiven Beispielen zum Umgang mit Heterogenität im Unterricht mangelt.

4 Ein Rückblick auf eigene Erfahrungen mit Differenzierung im Unterricht – Ergebnisse einer Studierendenbefragung

Es ist somit die Frage aufgeworfen, mit welchen Unterrichtserfahrungen die Studierenden selbst den eigenen Prozess der Professionalisierung für den Lehrerinnen- und Lehrerberuf beginnen und wie prägend diese möglicherweise sind.

Die nachfolgend dargestellten Ergebnisse der Befragung von Kölner Lehramtsstudierenden zu Erfahrungen mit differenzierendem Unterricht in der eignen Schulzeit können möglicherweise klären helfen, warum sich bestimmte habituelle Einstellungen zum Umgang mit Unterschiedlichkeit im Unterricht bereits bei einer Mehrheit der Studierenden finden lassen. Im Folgenden werden einige Ergebnisse dieser schriftlichen Studierendenbefragung präsentiert und anschließend in ihrer Bedeutung für eine inklusionskompetente Lehrerinnen- und Lehrerbildung diskutiert.

Im Frühjahr 2013 wurde eine Befragung unter Lehramtsstudierenden des ersten bis dritten Semesters der Universität zu Köln in 33 Begleitseminaren zum Orientierungspraktikum durchgeführt (N = 917). 565 Studierende beteiligten sich an dieser Befragung. Die Befragung richtete sich an Lehramtsstudierende aller Fächer und Schulformen und enthielt Fragen zu Unterrichtserfahrungen der Studierenden in den letzten 5 Jahren ihrer eigenen Schulzeit. Trotz der relativ großen Gesamtstichprobe erfüllt diese nicht die Kriterien einer repräsentativen Befragung. Nachfolgend erscheinen einige Beispiele aus dieser umfangreichen Studierenden-Befragung.

4.1 Erhebungsinstrument

Die Schwierigkeit der Befragung lag darin, dass die Studierenden im Rahmen der quantitativen Befragung keine differenzierten Antworten, etwa getrennt nach einzelnen Lehrkräften, vornehmen konnten, sondern durch die Art der Befragung lediglich zu einer sehr globalen Bewertung ihrer Unterrichtserfahrung herausgefordert werden sollten.

Die Grundlage zur Bewertung der eigenen Unterrichtserfahrungen bildete der Bewertungsbogen für Unterrichtsprozesse, welcher im Land Nordrhein-Westfalen für die Qualitätsanalyse verwendet wird. Dieser wurde auf die eigene Fragestellung hin adaptiert.

4.2 Stichprobe

Das durchschnittliche Alter der Befragten lag zwischen 21 und 25 Jahren, wobei knapp 1% älter als 35 Jahre alt und ca. 40% zwischen 17 und 20 Jahren alt waren. Der Anteil der weiblichen befragten Studierenden liegt mit 74,9% weit über dem Anteil der männlichen Befragten (21,9%). Ebenso auffällig wie erwartungskonform war, dass 77,8% der Gesamtstichprobe zuvor ein Gymnasium oder Fachgymnasium besucht hatten. Relativ gleichauf lagen die Schulformen Gesamtschule (9,3%) und Berufsschule/Berufskolleg (9,6%).

4.3 Ergebnisse

Berichtet wird im Rahmen des vorliegenden Textes zunächst über die Ergebnisse der Bereiche:

1. Unterricht – fachliche und didaktische Gestaltung
2. Unterricht – aktiviertes und selbstgesteuertes Lernen

Fachliche und didaktische Gestaltung des Unterrichts – Schülerinnen- und Schülerorientierung

Für den Bereich der Schülerinnen- und Schülerorientierung enthielt der Fragebogen unter anderem folgende Items:

- B3: Ein sinnstiftender Kontext wurde deutlich gemacht. (Warum soll ich das lernen/mich damit beschäftigen?)
- B4: Der Unterricht ermöglichte den Schülerinnen und Schülern, die Inhalte mitzugestalten.

Das Ergebnis für diese beiden Aussagen zeigt deutlich, dass der Punkt der Schülerinnen- und Schülerorientierung im Rückblick von den Befragten eher kritisch bewertet wird.

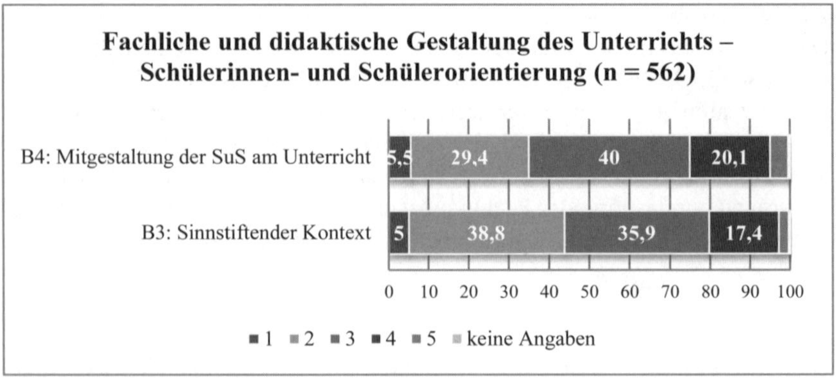

Abb. 2: Fachliche und didaktische Gestaltung des Unterrichts – Schülerinnen- und Schülerorientierung (n = 562)

Relativ große Ablehnung (43,8%) erfährt die Aussage „ein sinnstiftender Kontext im Unterricht wurde gefördert“. Hier scheint die Frage nach dem „Warum soll ich mich überhaupt damit beschäftigen?“ in vielen Fällen nicht ausreichend vermittelt worden zu sein. Nur 19,9% der Befragten geben im Rückblick an, häufig oder sehr häufig den sinnstiftenden Kontext des unterrichtlichen Geschehens vor Augen gehabt zu haben.
Für den Punkt der Mitgestaltung zeigt sich ein ähnlich kritischer Befund. Über 30% der Befragten sind der Ansicht, eher keine Mitgestaltungsmöglichkeiten erhalten zu haben, und 40% antworten hier indifferent. Nur etwas über 20% bewerten die Möglichkeit der Mitbestimmung des eigenen unterrichtlichen Geschehens im Rückblick positiv.
Damit zeigt sich in beiden Ergebnissen, dass die eigene Erfahrung mit schülerinnen- und schülerorientierter Unterrichtsgestaltung im Rückblick von diesen 565 befragten Lehramtsstudierenden tatsächlich eher gering eingeschätzt wird.
Ein ähnlich kritischer Befund zeigt sich nachfolgend für den Aspekt der Gestaltung individueller Lernwege.

Fachliche und didaktische Gestaltung des Unterrichts – Individuelle Lernwege

Das Erhebungsinstrument enthielt für diesen Teil der Befragung folgende Einzelitems:
- C7: Es gab eine Differenzierung nach Umfang bzw. Zeit.
- C8: Es gab eine Differenzierung nach Niveau.
- C9: Die Lehrkräfte gingen auf individuelle Wünsche der Schülerrinnen und Schüler zur Unterrichtsgestaltung ein.

Nachfolgende Darstellung zeigt auch für den Bereich der Bewertung der Berücksichtigung individueller Lernwege der Schülerinnen und Schüler durch die Lehrkraft ein eher ernüchterndes Bild. Individuelle Förderung im Sinne eines binnendifferenzierenden Unterrichts scheint nur in geringem Maße erlebt worden zu sein.

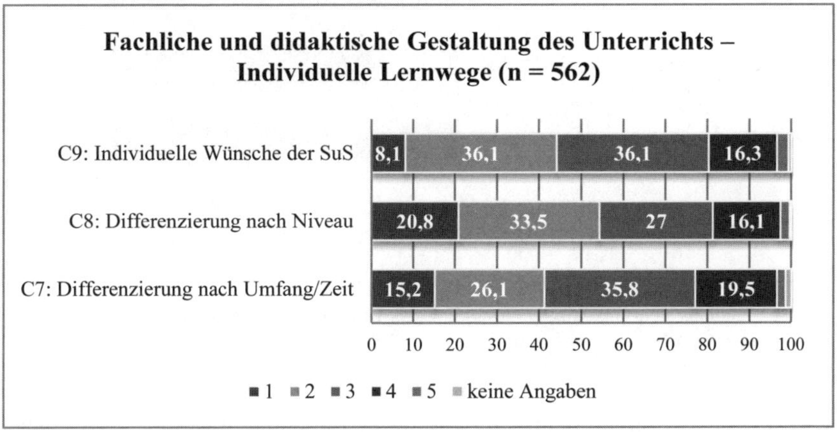

Abb. 3: Fachliche und didaktische Gestaltung des Unterrichts – Individuelle Lernwege (n = 562)

So zeigen mehr als 50% der Gesamtstichprobe eine negative Tendenz (traf selten bis nie zu) in Bezug auf ein differenziertes (Lern-)Niveau. Auch eine Differenzierung nach Umfang/Zeit wurde tendenziell negativ bis indifferent bewertet. Nur etwa 20% der Befragten verfügen hier über Erfahrungen mit niveaudifferenziertem Unterricht oder Binnendifferenzierung nach Umfang und Zeit.

Fachliche und didaktische Gestaltung des Unterrichts – Methodenvielfalt und Medien

Interessant ist die Gegenüberstellung folgender Ergebnisse der schriftlichen Studierendenbefragung, da sich für den Bereich der fachlich didaktischen Gestaltung des Unterrichts im Sinne einer Methodenvielfalt und dem Einsatz unterschiedlicher Medien ein deutlich anderes Bild zeigt.

- B6: Vielfalt und Variabilität in der Unterrichtsmethodik waren gegeben. (Frontalunterricht, Gruppenarbeit, Partnerarbeit, Partner-Gespräch, Referate, Exkursionen ...)
- E13: Unterschiedliche Medien bzw. Arbeitsmittel unterstützten das Lernen im Unterricht.
- H34: Es war Partner- bzw. Gruppenarbeit intendiert oder zugelassen.

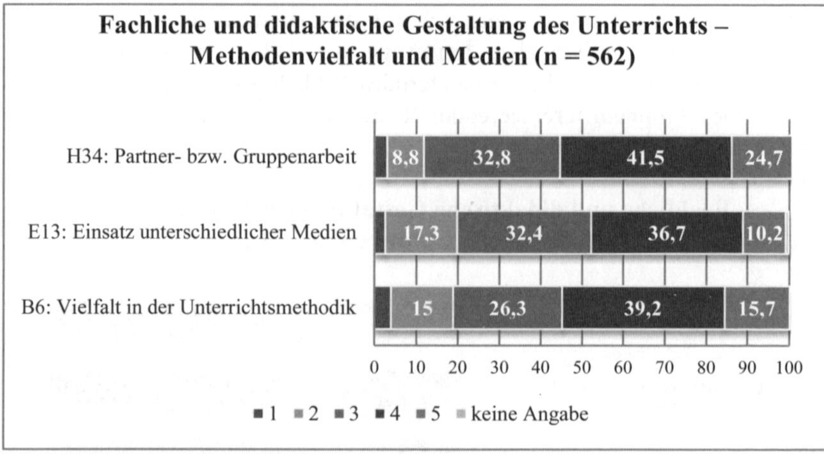

Abb. 4: Fachliche und didaktische Gestaltung des Unterrichts – Methodenvielfalt und Medien (n = 562)

Die Ergebnisse zeigen deutlich, dass die Studierenden zwar zu einer großen Mehrheit bereits mit einer Methodenvielfalt in Kontakt kamen, dass sie Individualisierung im Sinne einer Binnendifferenzierung bzw. eines adaptiven Unterrichts jedoch deutlich seltener erfahren haben. Damit kann im Rahmen dieser Studie Beate Wischers Befund untermauert werden. Sie weist darauf hin, dass Lehrpersonen vermehrt entsprechende Formen der individuellen Förderung umsetzen. Diese ermöglichen „einen methodisch abwechslungsreichen und schüleraktivierenden Unterricht", aber „die Umsetzung von organisatorisch komplexeren Elementen, die eine differenziertere Passung erlauben", wird eher selten realisiert (Wischer 2008, 714).

Damit stellt sich für die Lehrerinnen- und Lehrerausbildung nun folgende zentrale Frage: Wie können Studierende auf den Umgang mit Vielfalt im Unterricht angemessen vorbereitet werden, wenn sie selbst kaum binnendifferenzierende Maßnahmen erlebt haben? Wenn wir davon ausgehen, dass bei Lehramtsstudierenden biografisch nur wenig positive Erfahrungen mit einem binnendifferenzierenden Unterricht vorliegen und sie dann gleichzeitig im Rahmen ihrer Schulpraktika auf Lehrkräfte treffen, die nicht selten an den durch didaktische Maßnahmen nur wenig ausbalancierten Zielkonflikten im Unterricht scheitern, stellt sich die Frage, wie Lehrerinnen- und Lehrerausbildung trotz dieser ungünstigen Ausgangssituation angemessen auf den Umgang mit Vielfalt vorbereiten kann?

5 Pädagogische Professionalisierung im Umgang mit Vielfalt in der Schule gestalten

Wie bereits zuvor erwähnt, wird in Anbetracht der Komplexität des Entwicklungsauftrages, der massiven Forschungslücken im Bereich der Lehrerinnen- und Lehrerkompetenzen in Bezug auf Inklusion sowie der mit den Ergebnissen der Studierendenbefragung deutlich gemachten erheblich defizitären Ausgangslage nahegelegt, zunächst nach Konzepten im Kontext der professionstheoretischen Ansätze zu suchen. Unter Profession werden generell Berufe mit spezifischen Merkmalen gefasst, insbesondere solche mit „hohen Anforderungen an spezialisiertes technisches Wissen und an die gesellschaftliche Verantwortlichkeit ihrer Träger“ (König 2014, 37). Hansjürgen Daheim verdeutlichte, dass dieses Wissen häufig auf den Einzelfall hin und nicht routinemäßig und schematisiert angewendet wird (Daheim 1977). Da pädagogisches Handeln von Lehrkräften generell nicht standardisierbar ist, reicht der rezeptartige Transfer von Regelwissen als Problemlösung nur in bestimmten Fällen aus. Der eigentliche Kern professionellen Handelns von Lehrpersonen liegt vielmehr in der praktischen Bewältigung sowie der reflexiven Bearbeitung jener Unsicherheit, die der spezifischen Struktur ihrer Profession eigen ist (König 2014, 37).

Die hier dargestellten Ergebnisse der Studierendenbefragung legen auch nahe, bei der Ausgestaltung von Konzepten in der Lehrerinnen- und Lehrerausbildung ein Konzept von Professionalisierung zugrunde zu legen, das eine berufsbiografische Sichtweise integriert.

Die diesem Aufsatz zugrunde gelegte Begriffsbestimmung orientiert sich insbesondere an einer berufsbiografischen Sichtweise von pädagogischer Professionalisierung. Die Einbeziehung einer biografischen Dimension erweitert die kompetenztheoretische und strukturtheoretische Dimension von Professionalisierungsmodellen (Terhart 2001).

Berufsbiografische Bestimmungsansätze von Professionalisierung stellen Themen wie Kompetenzaufbau und Kompetenzentwicklung, die Übernahme eines beruflichen Habitus und die Verknüpfung von privatem Lebenslauf und beruflicher Karriere in den Mittelpunkt. Dieser Bestimmungsansatz zeichnet sich durch eine stärker individualisierte und dynamische Entwicklungsperspektive von Professionalität aus (Helsper & Tippelt 2011). Zudem verdeutlicht die berufsbiografische Sichtweise den aktiven Entwicklungsprozess von Professionalität im Lehrerinnen- und Lehrerberuf und stellt die individuelle Lehrkraft in das Zentrum der begrifflichen Betrachtungsweise (Amrhein 2014). Die Entwicklung bezieht sich hierbei auf die gesamte Berufslaufbahn, wobei Schönknecht verschiedene Phasen mit unterschiedlichen Entwick-

lungsaufgaben unterscheidet (Schönknecht 2013). Professionelle Kompetenz entwickelt sich demnach im Laufe der Berufsjahre durch Ausbildung, Erfahrung und Reflexion. Dabei ist die Verbindung von Wissen, Handeln und Berufshaltung entscheidend. Die berufliche Entwicklung wird von ihr insgesamt als selbstgesteuerter, komplexer und lebenslanger Prozess betrachtet, der von Lehrkräften selbst und in Interaktion mit dem privaten und professionellen Umfeld aktiv gestaltet wird (ebd.).
Wenn man Professionalisierung für den Lehrerinnen- und Lehrerberuf so betrachten möchte und nun gleichzeitig davon ausgeht, dass Lehramtsstudierende selbst eher wenig Erfahrung mit Binnendifferenzierung oder adaptivem Unterricht in der Schule erlebt haben, stellt dies die Lehrerinnen- und Lehrerbildung, besonders vor dem Hintergrund der inklusiven Bildungsreformen, vor sehr große Herausforderungen. Ein möglicher Ansatzpunkt soll nachfolgend in einem Konzept von Professionalität für den Lehrerinnen- und Lehrerberuf gesucht werden, das über rein kompetenztheoretische Betrachtungen des Lehrerinnen- und Lehrerhandelns hinausgeht.

5.1 Vom ‚restricted professionalism' zum ‚extended professionalism'

Dieser Betrachtungsweise von Professionalität im Kontext der inklusiven Bildungsreformen soll eine Unterscheidung von Andrew Pollard zur Seite gestellt werden, die Lehrprofessionalität etwas vereinfacht in zwei grundsätzliche Betrachtungen aufspaltet.
Andrew Pollard et al. (2014, 477) stellen in ihrem Text zu Lehrprofessionalität zwei Konzepte einander gegenüber: den ‚restricted professionalism' und den ‚extended professionalism':

Restricted professionalism	**Extended professionalism**		
The effecitive teacher	The reflective teacher	The enquiring teacher	The transformative teacher

Abb. 5: Models of teacher professionalism and practice (Pollard et al. 2014, 477)

Unter dem ‚restricted professionalism' fassen die Autorinnen und Autoren die Beschreibung von Kompetenzen, welche die Wirksamkeit von Lehrkräften unterstützen.[3]

[3] „Skills and perspectives are derived from immediate classroom experience and workplace learning occurs gradually, but largely passively. Consideration of teaching methods tends to

Unter dem ‚extended professionalism' wird hingegen ein deutlich dynamischeres Verständnis von Professionalität im Lehrerinnen- und Lehrerberuf gefasst.

> „Extended professionalism envisages that skills and understanding are developed from the interaction of practical experience and analysis, including theory; there is awareness of social, economic and political contexts which impinge on education; and workplace events are considered in relation to policies and overall educational purposes" (ebd. 476).

Pollard et al. stellen fest, dass diese beiden kontrastierenden Modelle von Lehrprofessionaliät in der Regel nebeneinander existieren.
Es stellt sich abschließend die Frage, ob die Vorstellung eines solch ausgedehnten Verständnisses von Lehrerinnen- und Lehrerprofessionalität hilfreich sein kann, berufliches Handeln im Kontext der inklusiven Bildungsreformen weiterzuentwickeln.

5.2 Anbahnung eines extended professionalism in einer inklusionssensiblen Lehrerinnen- und Lehrerausbildung

Vor dem Hintergrund der weiter oben dargestellten Situation um die geringen, häufig auch problematischen Vorerfahrungen von Lehramtsstudierenden mit binnendifferenzierendem Unterricht liegt es nahe, Studierende gerade in einer frühen Phase des eigenen Professionalisierungsprozesses ihre eigenen Erfahrungen im System reflektieren zu lassen, damit sie sich nicht zu subjektiven Theorien verfestigen, die Heterogenität als Hemmnis schulischer Bildung konstruieren.
Wenn eine erhebliche Anzahl an Studierenden während der eigenen Schulzeit bzw. im Rahmen von Praxisphasen erleben, dass Lehrkräfte an den weiter oben beschriebenen Zielkonflikten im Unterricht scheitern, dann bedarf dies einer intensiven reflexiven Aufarbeitung. Die Schlüsse, die Studierende aus der selbst erlebten Praxis häufig ziehen, dass die Umsetzung inklusiver Bildungsideen im Sinne einer auf Vielfalt hin ausgerichteten Unterrichtsdidaktik nur in der Theorie schlüssig sind, bedürfen einer erheblichen reflexiven Auseinandersetzung in begleiteten Seminarsitzungen.
Besonders wichtig scheinen hier Ansätze, die zur Erklärung dienen, worin die Schwierigkeit besteht, im etablierten System Vielfalt positiv zu begegnen. Die weiter oben beschriebene komplexe Situation bezüglich des Umgangs mit Vielfalt im deutschen Schulsystem scheint hier von zentraler Bedeutung, um eigene, ebenfalls als negativ erlebte Erfahrungen in den Kontext differen-

---

be private and personal autonomy may be protected. Involvement in professional development is infrequent and each teacher prefers to develop in his or her own way" (ebd. 476).

zierender Bemühungen unter der bestehenden Logik des deutschen Schulsystems stellen zu können und eben nicht losgelöst von strukturellen Bedingungen zu interpretieren. Diese Arbeit im Sinne eines „reflective teacher“ bedarf in jedem Fall einer biographischen Aufarbeitung erlebter Praxis in der eigenen Schulzeit.

5.3 Transformationen des Habitus als Weg aus der normativen Vernebelung des Inklusionsbegriffs in der Lehrerinnen- und Lehrerausbildung?

Um auf das eingangs erwähnte Habituskonzept zum Umgang mit Vielfalt in der Schule zurückzukommen, dient nachfolgendes Zitat:

> „Eine Lehrerfortbildung, die über die Vermittlung von Techniken und ‚Unterrichtsrezepten‘ hinausgeht und die Bildung von Lehrer/-innen ins Zentrum ihrer Bemühungen stellt, wird nicht umhin kommen, ihren Habitus, ihre Perspektivität auf Schule und Unterricht im Kontext der Widersprüchlichkeit der Institution, aufzugreifen“ (Sturm 2010, 102).

Um diese von Tanja Sturm für den Bereich der Lehrerinnen- und Lehrerfortbildung relevante konzeptionelle Idee auch für den Bereich der Lehrerinnen- und Lehrerausbildung für Inklusion wirksam werden zu lassen, sollte nach Konzepten einer Arbeit am Habitus zu einer sehr frühen Phase des Professionalisierungsprozesses gesucht werden. Das Lehramtsstudium bietet sich hier sicherlich an, da eigene Erfahrungen mit Unterricht meist noch nicht sehr lange zurückliegen und damit leichter zugänglich sind.

Ob eine frühe Einführung von Konzepten eines ‚extended professionalism‘ in der Lage sein wird, hier Einfluss auf habituelle Einstellungen zu nehmen, die verhindern, sich einem breiten Verständnis von individueller Förderung für alle Schülerinnen und Schüler zu nähern, werden empirische Studien zeigen müssen. Es ist jedoch zu erwarten, dass, so lange sich schulische Strukturen bzw. Lehrerinnen- und Lehrerausbildungskonzepte im Kontext der inklusiven Bildungsreformen nicht mit verändern, sie vermittels des Habitus von (angehenden) Lehrkräften in deren schulischen und unterrichtlichen Handlungen bzw. deren Reflexion darüber wirken. Der vorliegende Beitrag regt dazu an, diese Arbeit am Habitus bereits im Studium zu beginnen. Eventuell ergibt sich hier sogar eine etwas günstigere Ausgangssituation als in der Lehrerinnen- und Lehrerfortbildung, da Studierende selbst in der ersten Phase des Professionalisierungsprozesses deutlich geringer unter dem Einfluss des Feldes stehen. Nicht zu unterschätzen ist dabei jedoch der Einfluss auf habituelle Einstellungen durch die strukturellen Bedingungen der Erstausbildung an den universitären Standorten, die ebenso einer Anpassung an Konzepte einer inklusiven Bildung bedürfen.

Dabei ist es von entscheidender Wichtigkeit, dass eine inklusionssensible Lehrerinnen- und Lehrerbildung den hier herausgearbeiteten Zusammenhang nicht verschweigt und die beschriebenen paradoxen Verhältnisse um die Ausgestaltung des Umgangs mit Vielfalt im deutschen Schulsystem durch rein normative Inklusionsrhetorik nicht „vernebelt“, sondern die Dilemmata schulischer Förderung offensiv angeht. Häufig schließen sich schulische Akteurinnen und Akteure zwar auf einer unverbindlichen Ebene schnell der inklusiven Idee an, wenn es aber um die praktische Umsetzung geht, wird die Komplexität der Umsetzung inklusiver Bildung im deutschen Schulsystem häufig ausgeblendet.

Im besten Fall entwickelt die Lehrerinnen- und Lehrerausbildung konzeptionelle Vorschläge, wie der Anspruch, allen Schülerinnen und Schülern die bestmögliche Bildung zukommen zu lassen, unter den Bedingungen des Systems gelingen und ein lebenslanges Lernen im Umgang damit entwickelt werden kann.

Es kann jedoch auch vermutet werden, dass sich Transformationen des Habitus oder Lernprozesse von angehenden Lehrenden nur durch die Modifikation struktureller Rahmenbedingungen hinsichtlich ihrer Perspektive auf die Herausbildung eines inklusiven Bildungssystems wirklich nachhaltig beeinflussen lassen. Folgt man hier Helmut Fends schultheoretischen Betrachtungen zu Rekontextualisierungsprozessen im Mehrebenensystem des Bildungswesens, wird es ganz besonders darauf ankommen, dass alle Akteurinnen und Akteure aller Ebenen unseres Bildungssystems gemeinsam am Entwicklungsauftrag und damit auch an den strukturell bedingten paradoxen Anforderungen arbeiten. Tut man dies nicht, ist eher zu erwarten, dass man im Ergebnis weit hinter dem Beabsichtigten zurückbleibt bzw. dies bis zur Unkenntlichkeit rekontextualisiert vorfindet (Amrhein 2011; Hinz 2013).

Literatur

Amrhein, B. (2011): Inklusion in der Sekundarstufe. Eine empirische Analyse. Bad Heilbrunn: Klinkhardt.

Amrhein, B. (2014): Professionalisierung für Inklusion – Akteurinnen und Akteure der Sekundarstufe zwischen Determination und Emergenz. In: Lindmeier, Chr.: *Pädagogische Professionalität im Spannungsfeld von sonderpädagogischer Förderung und inklusiver Bildung.* Weinheim [u.a]: Beltz Juventa, im Druck.

Amrhein, B. & Badstieber, B. (Hrsg.) (2013): Lehrerfortbildung zu Inklusion – Eine Trendanalyse. Eine Expertise von Bettina Amrhein und Benjamin Badstieber im Auftrag der Bertelsmann Stiftung. Gütersloh: Bertelsmann, im Druck.

Amrhein, B. & Dziak-Mahler, M. (2014): Fachdidaktik inklusiv – Auf der Suche nach didaktischen Leitlinien für den Umgang mit Vielfalt in der Schule. Band 3. Münster/New York: Waxmann.

Amrhein, B. & Kricke, M. (2013): Lehrer/-innenbildung für eine Inklusive Schule: Chancen portfoliogestützter Reflexionsarbeit in der Begleitung von Orientierungspraktika. In: Rohr, D., Hummelsheim, A., Kricke, M. & Amrhein, B. (Hrsg.): *Reflexionsmethoden in der Praktikumsbegleitung*. Münster/New York: Waxmann.

Amrhein, B. & Bongartz, C. (2014): Diversity and Inclusion in Second and Foreign Language Learning – Chancen für die Lehrer/-innenbildung. In: Bartosch, R. & Rohde, A. (Hrsg.): *Englischlernen inklusiv.* Trier: Wissenschaftlicher Verlag Trier, in Druck.

Black-Hawkins, K. & Amrhein, B. (2014): Valuing student teachers' perspectives: researching inclusively in inclusive education? In: International Journal of Research and Method in Education, 37. Jg., H. 4, 357–75. Online unter: http://dx.doi.org/10.1080/1743727X.2014.886684. Zugriff: 2.9.2014.

Bohl, T., Bönsch, M., Trautmann, M. & Wischer, B. (Hrsg.) (2012): Binnendifferenzierung: Teil 1: Didaktische Grundlagen und Forschungsergebnisse zur Binnendifferenzierung im Unterricht. Immenhausen bei Kassel: Prolog-Verlag.

Bohl, T. & Kucharz, D. (2011): Öffnung-Differenzierung-Adaptivität: Charakteristika, didaktische Implikationen und Forschungsbefunde verwandter Unterrichtskonzepte zum Umgang mit Heterogenität. In: Schulpädagogik heute, 2. Jg., H. 4.

Bourdieu, P. (1987): Sozialer Sinn. Kritik der theoretischen Vernunft. Weinheim [u.a.]: Beltz Juventa.

Bourdieu, P. (1993): Soziologische Fragen. Frankfurt a.M.: Suhrkamp.

Burkhardt, S. (2013): Forschendes Lernen und Forschen lernen. Was bedeutet „Forschungsorientierung" für die Lehrerbildung? In: BDK-Mitteilungen, 42–43.

Daheim, H. (1977): Berufssoziologie. In: König, R. (Hrsg.): *Beruf, Industrie, Sozialer Wandel in unterentwickelten Ländern. Handbuch der empirischen Sozialforschung*. Stuttgart: Enke, 1–100.

Feindt, A. (2007): Studentische Forschung im Lehramtsstudium. Eine fallrekonstruktive Untersuchung studienbiografischer Verläufe und studentischer Forschungspraxen. Opladen [u.a.]: Budrich.

Fend, H. (2006): Neue Theorie der Schule. Einführung in das Verstehen von Bildungssystemen. Wiesbaden: VS Verlag für Sozialwissenschaften.

Feuser, G. (2013): Grundlegende Dimensionen einer LehrerInnen-Bildung für die Realisierung einer inklusionskompetenten Allgemeinen Pädagogik. In: Feuser, G. & Maschke, Th. (Hrsg.):

Lehrerbildung auf dem Prüfstand. Welche Qualifikationen braucht die inklusive Schule? Gießen: Psychosozial-Verlag.

Fischer, Chr., Veber, M. & Rott, D. (2013): Inklusive Begabungsförderung als Aufgabe und Herausforderung – auch für Lehrkräfte für sonderpädagogische Förderung. In: Sonderpädagogische Förderung in NRW, 22–30.

Heinrich, M. (2014): „Bildungs-Förderalismus“ Förderrhetorik statt Inklusion? In: Friedrich Jahresheft, 12–15.

Heinrich, M., Urban, M. & Werning, R. (2013): Grundlagen, Handlungsstrategien und Forschungsperspektiven für die Ausbildung und Professionalisierung von Fachkräften für inklusive Schulen. In: Döbert, H. & Weishaupt, H. (Hrsg.): *Inklusive Bildung professionell gestalten – Situationsanalyse und Handlungsempfehlungen*, Münster/New York: Waxmann, 69–133.

Helsper, W. & Tippelt, R. (Hrsg.) (2011): Pädagogische Professionalität. Weinheim [u.a.]: Beltz Juventa.

Hinz, A. (2013): Inklusion – von der Unkenntnis zur Unkenntlichkeit!? – Kritische Anmerkungen zu einem Jahrzehnt Diskurs über schulische Inklusion in Deutschland. In: Zeitschrift für Inklusion.

Largo, R. & Beglinger, M. (2010): Schülerjahre. München: Piper Verlag.

Lütje-Klose, B. (2011): Müssen Lehrkräfte ihr didaktisches Handeln verändern? In: Lernende Schule, 55. Jg.

Monitor Lehrerbildung (2013): Indikator im Blickpunkt – Inklusion. Online unter: http://www.monitor-lehrerbildung.de/web/im-blickpunkt/Inklusion/%5D. Zugriff: 2.9.2014.

Müller, F.H., Eichenberger, A., Lüders, M. & Mayr, J. (Hrsg.) (2010): Lehrerinnen und Lehrer lernen – Konzepte und Befunde zur Lehrerfortbildung. Münster/New York: Waxmann.

Pollard, A., Black-Hawkins, K., Hodges, G.C., Dudley, P., James, M., Linklater, H., Swaffield, S., Swann, M., Turner, F., Warwick, P., Winterbottom, M. & Wolpert, M.A. (Hrsg.) (2014): Reflective teaching in schoools. London/New Delhi/New York/Sydney: Bloomsbury (4th edition).

Roters, B., Schneider, R., Koch-Priewe, B., Thiele, J. & Wildt, J. (Hrsg.) (2009): Forschendes Lernen im Lehramtsstudium – Hochschuldidaktik, Professionalisierung, Kompetenzentwicklung. Bad Heilbrunn: Klinkhardt.

Schönknecht, G. (2005): Die Entwicklung der Innovationskompetenz von LehrerInnen aus (Berufs)Biographischer Perspektive. Online unter: http://www.bwpat.de/spezial2/schoen knecht_spe zial2-bwpat.pdf. Zugriff: 1.5.2013.

Sturm, T. (2010): Heterogenitätskonstruktionen durch Lehrende – Zur Bedeutung des Habituskonzeptes für die Lehrerfortbildung. In: Müller, F.H., Eicheberger A., Lüders, M. & Mayr, J. (Hrsg.): *Lehrerinnen und Lehrer lernen – Konzepte und Befunde zur Lehrerfortbildung*. Münster/New York: Waxmann, 89–106.

Terhart, E. (2001): Lehrerberuf und Lehrerbildung: Forschungsbefunde, Problemanalysen, Reformkonzepte. Weinheim [u.a.]: Beltz Juventa.

Trautmann, M. & Wischer, B. (2011): Heterogenität in der Schule. Eine kritische Einführung. 1. Aufl., Wiesbaden: VS Verlag für Sozialwissenschaften.

Trautmann, M. & Wischer, B. (2014): Denkanstoß: Schulische Förderziele. In: Friedrich Jahresheft, 10–11.

Wischer, B. (2008): Binnendifferenzierung ist ein Wort für das schlechte Gewissen des Lehrers. In: Erziehung & Unterricht, 9.–10. Jg., 714–722.

Wischer, B. (2014): Was heißt eigentlich fördern? Zu den Konturen, Facetten und Problemen des Begriffs. In: Friedrich Jahresheft Fördern, 6–9.

3. Teil:
Unterricht – fachdidaktische Perspektiven

Michael Ritter & Johannes Hennies

Inklusive Deutschdidaktik. Konzeptionelle Überlegungen zur Grundlegung

Abstract
Aus Anlass einer fachdidaktischen Kontextualisierung der Inklusionsdiskussion analysiert der folgende Beitrag gegenwärtige Tendenzen der Deutschdidaktik zum Umgang mit dem gemeinsamen Lernen von Kindern mit unterschiedlichen Lernbedürfnissen. Dabei wird an einem Beispiel herausgearbeitet und dann theoretisch modelliert, wie ein Paradigmenwechsel hin zum sprachlich-literarischen Lernen in inklusionsdidaktischer Perspektive zu denken sein kann.[1]

1 Annäherungen: Deutschdidaktik in der Inklusion

Die im Anschluss an die Ratifizierung der UN-Behindertenrechtskonvention (UN-BRK, vgl. Vereinte Nationen 2006) geführte Diskussion um die Reform des deutschen Schulwesens hin zu einem inklusiven Bildungssystem wird in der Regel nach wie vor bildungspolitisch und pädagogisch dominiert. Gerade mit Blick auf die „Baustelle Unterricht" (Wocken 2011, 52) ist festzustellen, dass das gemeinsame Lernen in Vielfalt häufig eher unter dem Gesichtspunkt der Förderung überfachlicher (z.B. sozialer und emotionaler) Kompetenzen betrachtet wird. Fachdidaktische Inhalte werden hingegen durch Formen innerer Differenzierung in offenen Unterrichtssituationen individualisiert, wobei erwerbsbezogene Perspektiven (vgl. Grünecker 2012, 77) als förderdiagnostische Grundlagen eine prozessorientierte individuelle Bezugsnorm etablieren helfen sollen. Die Beurteilung des Lernerfolgs und die Identifizierung möglicher weiterführender Lerngelegenheiten in der „Zone der nächsten Entwicklung" (Wygotski 1987, 83) soll so nicht mehr (nur) an den Normalentwicklungen der sozialen Bezugsgruppe ‚Lerngemeinschaft' ausgerichtet

---

[1] Ein grundlegender Problemaufriss zum Verhältnis von Deutschdidaktik und Inklusionsdidaktik findet sich bei Ritter & Hennies (2013).

werden, sondern an den für das einzelne Kind vor dem Hintergrund seiner Entwicklung ableitbaren Lernaufgaben, die sich innerhalb einer Lerngruppe erheblich unterscheiden können. Individualisierung bedeutet in diesem Kontext oft die Aufhebung eines gemeinsamen Lerntempos und die Flexibilisierung desselben bei gleichzeitiger Orientierung der Kinder auf einen für alle verbindlichen Lernweg. So werden standardisierte Mindest- oder Normalanforderungen (vgl. KMK 2005) als Orientierungspunkte in einem linear-hierarchischen Modell der Kompetenzentwicklung gesehen, die klare Hinweise auf notwendige Kompensationsmaßnahmen für alle die Schülerinnen und Schüler bieten, die diese Lernziele zu einem festgelegten Zeitpunkt nicht erreichen können/werden. In diesem Zusammenhang werden häufig auch Stufenmodelle der kindlichen Entwicklung herangezogen, die in ihrer ursprünglichen Intension dafür gedacht sind, derzeitig dominante Zugriffsweisen und Entwicklungspotentiale individueller Kinder zu beschreiben (vgl. für den Schriftspracherwerb Günther 1986), aber auch wieder einen eigenen normativen Charakter entwickeln können, wenn sie stattdessen als verbindliche Orientierung und als Maßstab der Beurteilung des Lernerfolgs verstanden werden.

Ohne Zweifel zeigen sich diese Entwicklungen als Ausdruck eines stetigen und wichtigen Perspektivenwechsels innerhalb der Fachdidaktik im Umfeld der seit Jahren rege geführten Diskussion um Chancengerechtigkeit in der Bildung und Individualisierung. Der Gedanke einer Differenzierung bei gleichzeitiger Output-Orientierung ist jedoch im Kontext inklusionsdidaktischer Ansprüche nicht unproblematisch. Denn das Ziel eines inklusiven Bildungssystems ist ja nicht die – durchaus wünschenswerte – Förderung aller Kinder mit Blick auf bestimmte Mindestanforderungen und damit auch die Nivellierung bestimmter als Entwicklungsverzögerungen definierter Abweichungen vom ‚Normal-Lernprozess'. Es geht in inklusiven Kontexten vielmehr um die Ausgestaltung von Heterogenität als konstitutives Merkmal von sozialen Gruppen und die bestmögliche Förderung des einzelnen Kindes bezüglich seiner eigenen Leistungsmöglichkeiten, nicht nur bezüglich einer allgemein definierten Mindestnorm. Gerade die Linearisierung des Lernprozesses in gängigen Entwicklungsmodellen kann jedoch zu einer Reihung der Kinder auf der Zeitachse der Entwicklungslogik führen, wobei die Einteilung in ‚starke', ‚normale' und ‚schwache' Schülerinnen und Schüler zwar mittlerweile häufig vermieden, aber durch die Konzeption impliziert wird.

Denn Kinder mit erheblichen Unterstützungsbedarfen bleiben so auf ihre Position als Kinder im unteren Leistungsdrittel festgelegt und ihre Entwicklung wird unweigerlich mit Blick auf andere als Mangelerscheinung erlebt.

Kompensatorische Perspektiven und eine „Zwei-Gruppen-Theorie“ (Hinz & Boban 2013, 3) dominieren die Intervention.

Die entwicklungsorientierte Perspektive in der Fachdidaktik ist ein ohne Zweifel notwendiger Aspekt des fachlichen Orientierungs- und Handlungsspektrums von Lehrerinnen und Lehrern. Als zentrales handlungsleitendes Prinzip, etwa in der Konzeption entsprechender Interventionsprogramme, wird jedoch Individualisierung leicht auf die Flexibilisierung des Lerntempos im Sinne einer linear-hierarchischen Kompetenzentwicklung reduziert. Dadurch wird aber einer Vorstellung von Lernerfolg Vorschub geleistet, durch die Kinder in solche unterteilt werden, die viel oder ausreichend erreichen und solche, die zwar an einem gemeinsamen Unterricht teilnehmen, aber die Mindestanforderungen nicht erreichen.

Was aus inklusionsdidaktischer Blickrichtung problematisch ist, muss auch aus bildungstheoretischer Perspektive hinterfragt werden. Denn ein Bildungsverständnis, das Lernen enggeführt auf die Entwicklung bestimmter Basiskompetenzen reduziert, hat nur noch wenig mit dem z.B. von Ludwig Duncker herausgearbeiteten, bildungstheoretisch konstitutiven produktiven Wechselspiel von „Individuierung und Enkulturation“ (Duncker 1994, 13) in Bildungsprozessen zu tun. Hier droht der Paradigmenwechsel der inklusiven Didaktik eine „Verödung der Lernkultur“ (Rumpf 1987) zu befeuern, wenn Bildung ihrem Selbstverständnis nach von der Komplexität vielschichtiger Erfahrungen befreit zum sukzessive gestaffelten Kompetenztraining wird.

Einfache Lösungsvorschläge für dieses Problem sind nicht zu erwarten. Allerdings steht eine kritische Diskussion dieser Entwicklungen in den jeweiligen fachdidaktischen Disziplinen nach wie vor auch noch weitgehend aus. Der folgende Text möchte einen Impuls zu einer solchen Diskussion leisten. Ausgehend von einem konkreten Beispiel soll versucht werden, die festgelegten fachlichen Kategorien der Schematisierung von Lernprozessen überwindend zu einem deskriptiven Zugang zum individualisierten Lernen zu finden. Mit Blick auf – wenigstens im Kontext von traditionellen Entwicklungsvorstellungen – überraschende Schülerinnen- und Schülerleistungen soll eine mögliche Perspektivenerweiterung für das Feld des literarischen Lernens vorgenommen werden, die den oben beschriebenen Mechanismus der Reduktion von Anforderungen für Kinder mit spezifischen Unterstützungsbedarfen überwindet und zeigt, dass vielfältiges Lernen in Gemeinsamkeit (vgl. Feuser 1989) an anspruchsvollen sprachlich-literarischen Gegenständen für alle Kinder möglich ist.

2 Gemeinsam verschieden: Der Blick auf eine Unterrichtssituation

Das folgende Unterrichtsszenario dokumentiert den Lernprozess einer zweiten Grundschulklasse (1. Halbjahr/November).[2] Ausgangspunkt war ein metaphorisches Gedicht des indigenen amerikanischen Dichters N. Scott Momaday (vgl. Recheis & Bydlinski 1994, 96ff.), das zum Ausgangspunkt für Lese-, Interpretations- und Produktionsprozesse wurde.

Das Freudenlied des Tsoai-Talee
von N. Scott Momaday
Ich bin eine Feder am hellen Himmel
Ich bin das blaue Pferd, das über die Prärie läuft
Ich bin der Fisch, der funkelnd im Wasser schwimmt
Ich bin der Schatten, der einem Kind folgt
Ich bin das Abendlicht auf den Wiesen
Ich bin ein Adler, der mit dem Wind spielt
Ich bin eine Handvoll bunter Perlen
Ich bin der fernste Stern
Ich bin die Morgenkühle
Ich bin das Rauschen des Regens
Ich bin das Glitzern auf harschigem Schnee
Ich bin der Pfad des Mondes auf dem Wasser
Ich bin eine vierfarbige Flamme
Ich bin ein Hirsch, der fern in der Dämmerung steht
Ich bin ein Feld voll Sumach und Prärierüben
Ich bin der Keil ziehender Gänse am Winterhimmel
Ich bin der Hunger des jungen Wolfes
Ich bin der Traum, der all dies umschließt
Sieh, ich lebe, ich lebe
Ich habe Freundschaft mit der Erde geschlossen
Ich habe Freundschaft mit den Göttern geschlossen
Ich habe Freundschaft geschlossen mit allem, was schön ist
Ich habe Freundschaft geschlossen mit der Tochter des Tsen-tainte
Sieh, ich lebe, ich lebe

Charakteristisch für diesen Text sind die stark pointierten Selbstbeschreibungen des lyrischen Ichs, das vermittels poetischer Sprachbilder seine Selbstwahrnehmung in enger Verbindung mit Naturerfahrungen sprachlich-literarisch reinszeniert und dabei auch versartig und analogisierend überformt. Insofern geht hier sinnliche Konkretheit mit poetischer Abstraktion

---

[2] Lehrer der Klasse war Michael Ritter. Die Texte entstanden im regulären Schulunterricht.

einher und schafft ein interessantes Spannungsfeld für literarische Erkundungsprozesse im Wechselspiel von Selbst und Welt, Kultur und Natur. Die stark auf Wiederholung und Variation ausgerichteten sprachlichen Muster unterstreichen dabei die Wirkung der Metaphern und gerade das Nebeneinander ganz unterschiedlicher Sprachbilder betont die vielschichtigen und ggf. auch widersprüchlichen Erfahrungen des Sprechers. Die im Titel vorgenommene pragmatische Spezifizierung der Textsorte als ‚Freudenlied' wird besonders im zweiten Teil des Textes noch einmal deutlich hervorgehoben, wenn – eingeschlossen vom freudigen Ausruf ‚Sieh, ich lebe, ich lebe' – der Blick über das eigene Dasein hinaus auf die Beziehungen gerichtet wird, die als gelungene Integration des Sprechers in seinen Lebensraum auf ganz unterschiedlichen Ebenen gelesen werden können.

In der bereits erwähnten Schulklasse trafen sich die 25 Schülerinnen und Schüler im Sitzkreis. In der Mitte fanden sich auf Papierstreifen strahlenförmig positioniert und verdeckt alle Verszeilen mit dem Anfang ‚Ich bin ...'. Streifen für Streifen wurde nun umgedreht und von einzelnen Kindern vorgelesen. Im Anschluss an diese erste Begegnung, die bei den Schülerinnen und Schülern einige Verwunderung ausgelöst hatte, wurde die Frage gestellt, wer denn dieses ‚Ich' sein könnte, das so vielfältige Beschreibungen von sich artikuliert. Die Kinder stellten hier erste Hypothesen auf: „Die Welt", „Gott", „Die Erde", „Ein Mensch?" – schließlich „Ein Dichter". Nach einigen Hintergrundinformationen zum indianischen Ursprung des Gedichts wurde der Text im Ganzen vorgetragen. Danach durften die Kinder beim nochmaligen Sichten der Papierstreifen in der Kreismitte ihre Favoriten unter den Versen benennen.

Im anknüpfenden literarischen Gespräch (Härle 2012) wurde gemeinsam mit den Kindern erörtert, warum der Indianerjunge Tsoai-Talee so seltsame Dinge über sich sagen mag. Die metaphorische Substanz zeigte sich dabei als enorme Herausforderung für die Verbalisierungsstrategien der Kinder. Dabei gelang durchaus ein Herantasten an den symbolischen Kern. Die Kinder artikulierten, dass er sich vermutlich wie ein Adler, ein Hirsch oder die anderen Sprachbilder fühle. Diesen Bildern nachempfindend wurde hinterfragt, was das für Empfindungen sein könnten. Hier stellten die Kinder eigene Sichtweisen und Lesarten, mithin auch eigene Erfahrungen vor.

Nun war es nur noch ein kleiner Schritt zu ersten eigenen Formulierungen. Auf die Frage, wer denn einen Ich-bin-Satz über sich selbst bilden könne, stiegen sofort einige Kinder ein. Im Sitzkreis wurden nacheinander von einzelnen, schließlich von allen Kindern erste Formulierungen für Ich-bin-Sätze gefunden. Nach dieser „Inkubationszeit des Mündlichen" (Wardetzky 2010, 46) erarbeiteten die Kinder am Platz ein persönliches ‚Freudenlied'.

Dieses sollte durch die Aneinanderreihung von mehreren eigenen Ich-bin-Sätzen und einen optionalen Abschlusssatz gebildet werden.
Auffällig war, dass alle Kinder der Klasse diese Aufgabenstellung bewältigen konnten, auch wenn sich die Lösungsstrategien mitunter deutlich unterschieden. Im Folgenden sollen beispielhaft drei Texte vorgestellt werden.

Beispiel 1: Paul

Ich[3]
Ich bin ein Affenbär.
Ich bin ein Junge.
Ich bin ich bin.
Ich bin Paul, weil ich
so lustige Gedichte schreibe.
Paul

In Pauls Text werden deutlich die ineinander verzahnten Prozesse der Textkonzeption, Kontextualiserung und Vertextung (vgl. Ohlhus 2013, 184) transparent. Das kuriose Kompositum ‚Affenbär' markiert anfangs eine spezifische Ungewissheit im Umgang mit der sprachlichen Substanz des lyrischen Textes. Diese löst sich in einer humoristisch überspitzten Nonsens-Formulierung auf. Dass Paul darin nicht die adäquate Bearbeitung der Anforderungssituation begreift, markiert der zweite Satz, der einen deutlichen Strategiewechsel zeigt. Die nüchterne Feststellung ein Junge zu sein, scheint fast als Antithese dem ersten Satz gegenübergestellt. Dieses nun eröffnete Spannungsverhältnis löst Paul mit dem nächsten Satz auf, in dem er die kategoriale Einordnung in seinen Selbstdefinitionsversuchen völlig von der sachlichen Ebene der konkreten Welterfahrung ablöst und rein auf sprachliche Elemente reduziert. Diese Abstraktion der eigenen Identität auf das unspezifische ‚ich bin' relativiert die Aufgabe der klaren identifizierenden Zuordnung und scheint Pauls – sehr originelle – Lösung auf das Problem der methaphorischen Unbestimmtheit zu sein.[4] Schließlich resümiert Paul seinen Schreibprozess mit dem Rückbezug des Personalpronomens ‚ich' auf seinen Vornamen als identifikatorisches Zentralmerkmal und kommt vor dem Hintergrund der entstandenen Formulierungen zu seinem kongenialen Fazit über die eigene Identität als Konstruktion seiner Selbstwirksamkeit. Das pendelnde Suchen im poetischen Rahmen der Unbestimmtheit zeigt sich hier als

---

[3] Alle Schülerinnen- und Schülertexte dieses Beitrags werden wortgetreu, aber orthografisch korrigiert wiedergegeben. Die Namen der Schülerinnen und Schüler wurden anonymisiert.

[4] Auf tiefergehende existenzphilosophische Deutungen wird hier verzichtet, da sie aus Sicht der Autoren zu weit führen. Erwähnenswert scheint aber noch der intertextuelle Bezug zum biblischen Gottesnamen ‚Ich bin der ich bin' (nach 2. Mose 3,14).

ein produktiver Prozess des Selbstgewahrwerdens, was gerade für Paul bemerkenswert ist. Denn Paul hat stärker als andere Kinder immer wieder das Gefühl, dass die eigenen Handlungen nicht den Ansprüchen in der Lerngemeinschaft entsprechen. Dieses subjektive Empfinden – seine Leistungen sind, auch gemessen an den schulischen Anforderungen, nicht auffällig – scheint durchaus manifest als Selbstbild und hemmt seine Lernaktivitäten immer wieder. Im Rahmen des hier dokumentierten Schreibprozesses scheint für ihn gerade die aktive Überwindung der anfangs empfundenen Unklarheit und das Einlassen auf das Wagnis ‚Formulieren' zu einer wichtigen Einsicht und einer beglückenden Erfahrung zu führen.

Beispiel 2: Lukas

Ich
Ich bin das Blut, das leise durch den Körper fließt.
Ich bin das Meer, das durch den Mondschein glänzt.
Ich bin der Nebel, der durch die Wälder schwebt.
Ich bin der Schatten, der durch die Dunkelheit schwebt.
Lukas

Auch Lukas reiht vier Ich-bin-Sätze aneinander, die in seinem Fall nicht offensichtlich mit einem Fazit enden. Dennoch verbindet die Sätze eine Logik, die den Sprachbildern eine innere Konsistenz verleiht. Ausgehend vom Blut, das in Metaphorik und Mystik als Träger des Lebens eine zentrale Rolle spielt, kommt Lukas zum ebenfalls fluiden Bild des Wassers, das auch im dritten Satz in anderer Konsistenz noch einmal im Mittelpunkt steht. Die wiederkehrende nächtliche Stimmung (Stille – Mondschein – Nebel) verdichtet sich im letzten Satz zum Schatten in der Dunkelheit. Lukas' Selbstbilder prägt, anders als Pauls Pendelbewegung, eine enorme Sinnlichkeit und Anschaulichkeit. Der Wechsel der Bilder ist nicht abrupt, sondern assoziativ und konsistent.

Lukas lernt nach einem Schulwechsel seit Schuljahresbeginn in dieser Klasse. Er wiederholt das zweite Schuljahr und erhält sonderpädagogische Förderung im Bereich Lernen.[5] Der erhebliche Unterstützungsbedarf im Bereich des Schriftspracherwerbs wird in diesem Text nicht deutlich. Vielmehr verblüfft Lukas mit einer erstaunlichen poetischen Leistung, die dem ansonsten von ihm in der Schule gewonnenen Leistungsbild nicht entspricht.

5 Die Förderschullehrkraft ist während der beschriebenen Unterrichtssequenz nicht anwesend. Das Gedicht schreibt er ohne fremde Unterstützung.

Beispiel 3: Suhejla

Ich bin
Ich bin ein Schmetterling, weil ich fliegen kann und ich gehe in die ganze Welt. Ich war ein Kind und eine Hexe hat mich verzaubert. Und jetzt bin ich ein Schmetterling und ich kann so schnell fliegen, weil ich ein Schmetterling bin.
Suhejla

Auch Suhejla nutzt die Strukturierungshilfe des Satzanfangs, jedoch nur für einen ersten Einstieg in den Text, der sich darüber hinaus vom lyrischen Muster deutlich abgrenzt und eher eine Beschreibung mit narrativen Elementen ist. Suhejla beschränkt sich auf ein poetisches Bild – den Schmetterling – das sie über ihren ganzen Text hinweg ausarbeitet. Faszinierend ist hier die thematisierte Verwandlung, die für Suhejla zum Ausgangspunkt für eine Reise in die ganze Welt wird. Suhejla lebt seit einem Jahr in Deutschland und lernt seitdem in der beschriebenen Klasse. Sprachkompetenzen in der Zweitsprache hat sie erst in Deutschland erworben. Vor dem Hintergrund ihrer funktionalen, doch noch erheblich ausbaufähigen mündlichen Sprachkompetenzen erstaunt Suhejlas souveräner Umgang mit den schriftlichen Formulierungen nachdrücklich. Sie wechselt allerdings in den ihr geläufigeren erzählenden Modus und adaptiert damit den Schreibanlass gemäß ihrer Lernausgangslage. Diese Entscheidung fällt sie allein, Hilfe benötigt sie nicht. Dass sie sich als Subjekt tief in den Text einschreibt, markiert die implizite Thematisierung ihrer Migrationsgeschichte.

Weitere Beispiele:
Die folgenden Texte sind Ergebnisse, die in einer Förderschulklasse an einer Schule für Kinder mit dem Förderschwerpunkt Geistige Entwicklung entstanden sind.[6] Das Vorgehen der Erarbeitung des Gedichtes war prinzipiell das gleiche. Bei der Formulierung und Verschriftung erfuhren die Kinder (Alter 12–13 Jahre) jedoch tendenziell mehr Unterstützung. Selbstständig schreiben konnten sie kaum. Neben diktierten Worten und Texten wurden die Formulierungen der Kinder auch an der Tafel gesammelt und dann ggf. noch einmal von ihnen abgeschrieben.

Ich bin ein amerikanischer Rapper.
Ich rappe deutsch und englisch.
Ich rappe immer zuhause.
Ich möchte gerne auf einer Bühne rappen.
Denis

[6] Die Texte entstanden unter Anleitung von Alexandra und Michael Ritter im Rahmen eines wissenschaftlich begleiteten Unterrichtsprojektes.

Ich bin die beste Fillysammlerin der Welt!
Ich bin eine gute Freundin.
Ich bin eine Herr Koch und Herr und Frau Ritter
Liebhab-Nancy
Nancy

Ich bin der Freund von Lisa,
der für immer mit ihr zusammen ist.
Ich mag Sport, weil ich Floorball spiele.
Ich mag den HFC, Dortmund und Bayern.
David

Ich bin eine Tänzerin und eine Sängerin.
Ich reise um die ganze Welt.
Ich möchte mit David zusammen sein.
Lisa-Marie

Auffällig ist, dass diese Texte sehr viel konkreter auf der Beschreibungsebene bleiben und die metaphorische Dimension weniger bedient wird. Auch in dieser Klasse hatten die vielfältigen Beschreibungen von Tsoai-Talee Irritationen und ein Nachdenken über ihren Gehalt ausgelöst. Hier war für die Kinder der Traum als Zukunftsvision eine wichtige Brücke zu einer eigenen Deutung geworden. Daran anschließend sind die Texte als Formulierungen im Spannungsfeld tatsächlicher Selbstwahrnehmungen (Denis rappt, Nancy ist sehr fixiert auf Filly-Pferde, David und Lisa sind ein Paar) und Zukunftsträume zu lesen. Auch in ihnen drückt sich der aktive und produktive Umgang mit der sprachlichen Vorlage als ein Gestaltungsprozess aus, der in kulturellen Strukturen Persönliches darstellbar und vermittelbar macht. Dass die Sprachmuster dabei ausgesprochen wichtig sind, zeigen die relativ vollständigen, konzeptionell schriftlich (Koch & Oesterreicher 1985; vgl. auch Hennies & Ritter 2014a, 182f.) geprägten Formulierungen, welche die Kinder als medial mündliche Aussage ihren Texten zugrunde legten.
Das identische Vorgehen in der Grundschulklasse und der Förderschulklasse legt die – hier mit aller Vorsicht vorgebrachte – Vermutung nahe, dass beide Schülerinnen- und Schülergruppen auch im Rahmen eines gemeinsamen Unterrichts zu diesen Ergebnissen gefunden hätten. Die gemeinsame Lernsituation verlangt im Prinzip keine äußere Differenzierung, auch wenn die Bedarfe an Unterstützung und auch die genutzten medialen Kanäle (selbst schreiben, abschreiben, diktieren, gemeinsam formulieren) deutlich variieren. Der Unterrichtsgegenstand kann jedoch prinzipiell allen hier betrachteten Kindern zugänglich gemacht werden. Das verwundert gerade deshalb, weil das Unterrichtsvorhaben selbst von vielen Regelschullehrkräften als zu anspruchsvoll für die Primarstufe eingeschätzt wird. Wichtig erscheint uns an

dieser Stelle, dass entgegen den oben ausgeführten Tendenzen in der sonderpädagogischen Förderung das Lernen von Kindern mit und ohne besondere Unterstützungsbedarfe nicht schon vorab durch eine Staffelung in der Komplexität der gemeinsamen Lernsituationen unterschieden werden muss. Ein anspruchsvoller sprachlich-literarischer Gegenstand kann auch Kindern mit einem Förderschwerpunkt Geistige Entwicklung interessante Anknüpfungspunkte für das sprachlich-formulierende Erkunden der eigenen Beziehung zur Welt bieten. Das eröffnet einen neuen Blickwinkel auf das Kernproblem einer inklusiven Deutschdidaktik, der abschließend noch einmal theoretisch modelliert und kontextualisiert werden soll.

3 Inklusive Deutschdidaktik: Neue Perspektiven auf die Kompetenzentwicklung

Der Rückbezug der Beispieltexte auf den am Anfang dieses Beitrags eröffneten Blick auf Individualisierung als Flexibilisierung von Lernzeit bei gleichzeitiger Normierung des Lernweges im Sinne gängiger Entwicklungsmodelle veranschaulicht die anfangs bereits formulierte Kritik an dieser Form der Modellierung gemeinsamen Lernens. Die hier gezeigten Texte sind offensichtlich unterschiedlich, wie auch ihre Autorinnen und Autoren unterschiedlich sind bezüglich mannigfaltiger Heterogenitätsdimensionen. Ihre Ordnung im Sinne einer linearen Entwicklungslogik als Beispiele unterschiedlicher Phasen der Schreibentwicklung ist jedoch nicht möglich. Die sieben betrachteten Beispielkinder zeigen einen gänzlich verschiedenen Zugriff auf die Schrift beim Umgang mit der kreativen Schreibanregung, der korreliert mit ihren eigenen biografischen Erfahrungen, ihren (schrift-)sprachlichen Fähigkeiten und ihren kognitiven Potenzen.

Für die Modellierung einer inklusiven Deutschdidaktik bedeutet das, dass ein linear organisiertes Lernverständnis und ein davon abgeleiteter kompensatorischer förderdiagnostischer Blick auf heterogene Lerngruppen keine produktive Perspektive darstellt. Die sonderpädagogisch etablierte Maßnahme, auf Probleme beim Lernen mit einer Reduktion der Anforderungen und einer Verlangsamung des Lernprozesses zu reagieren, mag in einzelnen Bereichen der literalen Kompetenzen, wie der materiellen Seite des Schriftspracherwerbs (vgl. Günther 1986; Dehn et al. 2011, 44), zielführend sein, aber z.B. für den bei Dehn et al. (2011) herausgearbeiteten Bereich der Literarität zeigt sich dieses Vorgehen als irreführend. Hier gilt es, stattdessen Lernarrangements zu finden, die für alle Lernenden adaptiv und flexibel elaborierbar erscheinen (vgl. Hennies & Ritter 2014b, 229; Leßmann 2014, i.V.). Diese zeichnen sich nicht durch ihre Einfachheit aus, sondern können gerade in anspruchsvollen sprachlich-literarischen Kontexten und darüber hinaus in allen Lernbereichen des Deutschunterrichts aufgefunden werden. Neben dem dabei eingelösten Anspruch, Vielfalt in tatsächlicher gegenstandsbezogener Gemeinsamkeit zuzulassen, entkräften sie auch den Vorwurf, das gemeinsame Lernen in heterogenen Lerngruppen produziere Benachteiligungen für die ‚leistungsstarken Schülerinnen und Schüler'. Denn diese profitieren gleichermaßen von den Lerngelegenheiten, die sich für sie, gemessen an ihren Lernvoraussetzungen, ebenso herausfordernd und anspruchsvoll darstellen.

Schließlich sei noch auf die förderlichen Wechselwirkungen zwischen den Ebenen der Literarität und der Literalität hingewiesen. So arbeitet Christensen (2014, i.V.) mit Blick auf eine L2-Entwicklung heraus, dass gerade produktive Erfahrungen im Bereich der Literarität impulsgebende Wirkungen für die literalen Kompetenzen entfalten können. So wird auch für schriftliche Bereiche wie z.B. den Orthografieerwerb ein starres kategoriales Denken mehr und mehr obsolet.

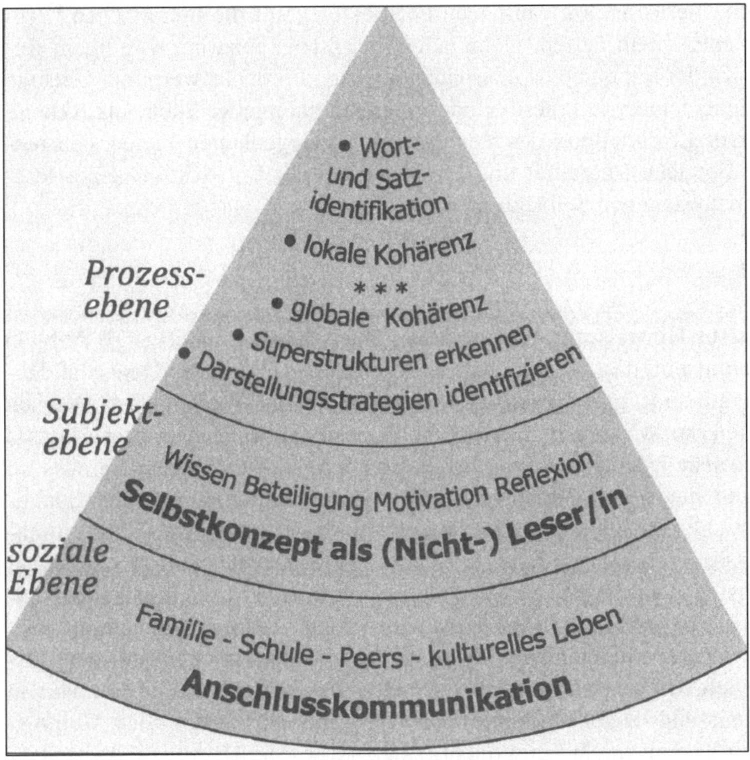

Abb. 1: Das Mehrebenenmodell der Lesekompetenz (Rosebrock 2009)

Erfolgsversprechender als elementarisierende und hierarchisierende Versuche der Kompetenzmodellierung sind didaktisch operationalisierbare Modelle, wie sie zum Beispiel von Cornelia Rosebrock (2009) mit Blick auf die Lesekompetenz entworfen wurden (vgl. Abb. 1). Abgrenzend von rein kognitiven Strukturierungen des Leseprozesses, wie sie z.B. in den großen internationalen Leistungsvergleichsstudien (PISA, IGLU) zum Tragen kommen, wird Lesekompetenz hier im Anschluss an die Lesesozialisationsforschung (vgl. Hurrelmann 2002) als Mehrebenenkonstrukt entworfen. Berücksichtigung bei der Beurteilung von Lesekompetenz finden dabei neben den Strategien der Texterschließung und -verarbeitung auch weiterreichende Subjektkomponenten wie die erfolgreiche Habitualisierung zum Leser und die Ausbildung eines lesebezogenen Selbstkonzeptes, wie auch die Integration von Leseprozessen in sozial-interaktiven Kontexten, die wiederum als Instanzen der Lesesozialisation von enormer Bedeutung sind. Dieses umfassendere Verständnis von sprachlich-literarischen Kompetenzen kann nun bezogen auf die dargestellte Lernsituation ganz neue Perspektiven auf die literarischen Lernprozesse entwickeln helfen. Denn selbst bei relativ niedrigschwelligem Zugriff der Kinder mit einem sonderpädagogischen Förderschwerpunkt Geistige Entwicklung zeigen sich diese Kinder doch auf habitueller Ebene als Akteure in adaptiver Erschließung des Textes. Lerngegelegenheiten bieten sich jenseits der Bereiche Literalität und Literarität bei der Entwicklung eines lese- bzw. schriftbezogenen Selbstkonzeptes.

4 Fazit

Allein dieser Hinweis auf ein etabliertes didaktisches Modell (vgl. Abb. 1) deutet darauf hin, dass der Paradigmenwechsel der inklusiven Deutschdidaktik nicht auf eine grundlegende Neukonzeption der Fachdidaktik Deutsch angewiesen ist. Wichtig ist jedoch, inklusionsdidaktische Ansprüche konsequent zu einer Neuperspektivierung des sprachlich-literarischen Lernens zu nutzen und daran anknüpfend die fachwissenschaftlichen und fachdidaktischen Anschlussstellen ausfindig zu machen, die in vielfältiger Form durchaus bereits existieren (vgl. Ritter & Hennies 2013, Hennies & Ritter 2014a).
Die inklusive Deutschdidaktik zeigt sich damit in erster Linie als fachwissenschaftliche und fachdidaktische Herausforderung, weniger als methodisches Problem. Dieses tritt hingegen vor allen Dingen dort ins Zentrum der Aufmerksamkeit, wo der notwendige Perspektivenwechsel von den normativen Standardisierungstendenzen hin zu einer deskriptiven Didaktik der ‚Gemeinsamkeit in Vielfalt‘ nicht konsequent vollzogen wurde. Damit soll die Bedeutung einer soliden und förderdiagnostisch abgesicherten bestmöglichen För-

derung aller Schülerinnen und Schüler keineswegs in Abrede gestellt werden. Diese ist jedoch in einer pädagogischen Lern- und Leistungskultur zu verankern, die Kindern unterschiedliche Ziele zugesteht und dabei auf simplifizierende Versuche der linear-hierarchischen Deutung von Lernprozessen weitgehend verzichtet. Diese Forderung markiert abschließend ein zentrales Desiderat einer Forschung im Kontext inklusiver Deutschdidaktik: die Auseinandersetzung mit gängigen Modellen des Kompetenzbegriffs, deren Revision, besonders mit Blick auf offensichtlich eher inselartige und spektrale Kompetenzentwicklungen und die daraus ableitbare Neuerung der normativen fachlichen Bezugssysteme der Lernentwicklungsdiagnostik und der Aufgabenkultur. Hier stehen wichtige Konkretisierungen und vor allen Dingen didaktisch-methodische Operationalisierungen noch weitgehend aus. Auf die Produktivität dieser Perspektive und die enormen Chancen einer solchen Entwicklung möchte der vorliegende Beitrag hingewiesen haben.

Literatur

Christensen, T. (2014): Sprache lernen im Wechselspiel von Literarität und Literalität. In: Hennies, J. & Ritter, M. (Hrsg.): *Deutschunterricht in der Inklusion. Auf dem Weg zu einer inklusiven Deutschdidaktik.* Baltmannsweiler: Schneider, i.V.

Dehn, M., Merklinger, D. & Schüler, L. (2011): Texte und Kontexte. Schreiben als kulturelle Tätigkeit in der Grundschule. Seelze-Velber: Kallmeyer.

Duncker, L. (1994): Lernen als Kulturaneignung. Schultheoretische Grundlagen des Elementarunterrichts. Weinheim [u.a.]: Beltz Juventa.

Feuser, G. (1989): Allgemeine integrative Pädagogik und entwicklungslogische Didaktik. In: Behindertenpädagogik, 14. Jg., H. 1, 4–48.

Grünecker, N. (2012): Inklusiver Schriftspracherwerb. In: Metzger, K. & Weigl, E. (Hrsg.): *Inklusion – praxisorientiert.* Berlin: Cornelsen, 76–100.

Günther, K.-B. (1986): Ein Stufenmodell der Entwicklung kindlicher Lese- und Schreibstrategien. In: Brügelmann, H. (Hrsg.): *ABC und Schriftsprache: Rätsel für Kinder, Lehrer und Forscher.* Konstanz: Faude, 32–54.

Härle, G. (2012): Klang – Beziehung – Gespräch. Von den Anfängen des literarischen Lernens. In: Pompe, A. (Hrsg.): *Literarisches Lernen im Anfangsunterricht. Theoretische Reflexionen. Empirische Befunde. Unterrichtspraktische Entwürfe.* Baltmannsweiler: Schneider, 9–25.

Hennies, J. & Ritter, M. (2014a): Texte (schreiben) im inklusiven Deutschunterricht. In: Trumpa, S., Seifried, S., Franz, E. & Klauß, T. (Hrsg.): *Inklusive Bildung: Erkenntnisse und Konzepte aus Fachdidaktik und Sonderpädagogik.* Weinheim [u.a.]: Beltz Juventa, 170–185.

Hennies, J. & Ritter, M. (2014b): Schreibanregungen im inklusiven Deutschunterricht. In: Bernhardt, N., Hauser, M., Poppe, F. & Schuppener, S. (Hrsg.): *Inklusion und Chancengleichheit. Diversity im Spiegel von Bildung und Didaktik.* Bad Heilbrunn: Klinkhardt, 224–230.

Hinz, A. & Boban, I. (2013): Inklusive Pädagogik und Diagnostik – ein ‚spannendes' Passungsverhältnis. In: Kultusministerium Sachsen-Anhalt (Hrsg.): *Pädagogische Diagnostik als Grundbaustein der Arbeit in der Grundschule.* Magdeburg, 3–20.

Hurrelmann, B. (2002): Leseleistung – Lesekompetenz. Folgerungen aus Pisa mit einem Plädoyer für ein didaktisches Konzept des Lesens als kultureller Praxis. In: Praxis Deutsch, 29. Jg., H. 176, 6–18.

KMK (Kultusministerkonferenz der Länder) (2005): Bildungsstandards im Fach Deutsch für den Primarbereich. Beschluss vom 15.10.2004. München [u.a.]: Luchterhand.

Koch, P. & Oesterreicher, W. (1985): Sprache der Nähe – Sprache der Distanz. Mündlichkeit und Schriftlichkeit im Spannungsfeld von Sprachtheorie und Sprachgeschichte. In: Romanistisches Jahrbuch, 36. Jg., H. 36, 15–43.

Leßmann, B. (2014): „Schreibzeit" – Von der Praxis zur Konzeption inklusiven Unterrichts. In: Hennies, J. & Ritter, M. (Hrsg.): *Deutschunterricht in der Inklusion. Auf dem Weg zu einer inklusiven Deutschdidaktik.* Baltmannsweiler: Schneider, i.V.

Ohlhus, S. (2013): Erzählen im Unterricht der Grundschule. In: Abraham, U. & Knopf, J. (Hrsg.): *Deutsch. Didaktik für die Grundschule.* Berlin: Cornelsen, 180–190.

Recheis, K. & Bydlinski, G. (1994): Ich höre deine Stimme im Wind. Weisheit der Indianer. Freiburg [u.a.]: Herder.

Ritter, M. & Hennies, J. (2013): Grundzüge einer inklusiven Deutschdidaktik. Ein Problemaufriss. In: Zeitschrift für Inklusion, 7. Jg., H. 1. Online unter: http://www.inklusion-online.net/index.php/inklusion/article/view/203/184. Zugriff: 21.11.2013.

Rosebrock, C. (2009): Lesekompetenz als Mehrebenenkonstrukt. In: Bertschi-Kaufmann, A. & Rosebrock, C.: *Literalität. Bildungsaufgabe und Forschungsfeld.* Weinheim [u.a.]: Beltz Juventa, 59–72.

Rumpf, H. (1987): Belebungsversuche. Ausgrabungen gegen die Verödung der Lernkultur. Weinheim [u.a.]: Beltz Juventa.

Vereinte Nationen (2006): Übereinkommen über die Rechte von Menschen mit Behinderungen [Übersetzung durch NETZWERK ARTIKEL 3 e.V.]. Online unter: http://www.nw3.de/attachments/article/93/093_schattenuebersetzung-endgs.pdf. Zugriff: 09.04.2014.

Wardetzky, K. (2010): Schwimmen lernen. In: Grundschulzeitschrift, 24. Jg., H. 231, 44–47.

Wocken, H. (2011): Das Haus der inklusiven Schule. Baustellen – Baupläne – Bausteine. Hamburg: Feldhaus.

Wygotski, L. (1987): Ausgewählte Schriften. Band 2: Arbeiten zur psychischen Entwicklung der Persönlichkeit. Köln: Pahl-Rugenstein.

Petra Scherer

Inklusiver Mathematikunterricht der Grundschule. Anforderungen und Möglichkeiten aus fachdidaktischer Perspektive

Abstract

Der Umgang mit Heterogenität stellt eine zunehmende Anforderung für alle Schulformen und Schulstufen dar. Dabei fügen Schülerinnen und Schüler mit sonderpädagogischem Förderbedarf dem bereits existierenden Heterogenitätsspektrum eine besondere Facette hinzu, die eine entsprechende Weiterentwicklung des Unterrichts erfordert. Der vorliegende Beitrag diskutiert mit Bezug zur aktuellen Situation im Grundschulunterricht exemplarische Lernumgebungen und Aufgabentypen hinsichtlich ihres Potenzials für den inklusiven Unterricht.

1 Zur aktuellen Situation

Auffassungen und Einstellungen zur Thematik Heterogenität

Anzutreffen sind durchaus unterschiedliche Einschätzungen von Heterogenität in schulischen Kontexten: Heterogenität als Problem, Heterogenität als Normalfall, aber auch Heterogenität als Chance (vgl. Buholzer & Kummer Wyss 2010). Dabei finden sich die letzten beiden Einstellungen im Ansatz ‚Pädagogik der Vielfalt' (Prengel 1995) oder auch im ‚Index Inklusion' (Boban & Hinz 2003) wieder. Festzuhalten bleibt, dass Lehrpersonen u.U. in unterschiedlichen Situationen unterschiedliche Einschätzungen zeigen.

Unsicherheiten und unklare Aufgaben

Unsicherheiten und z.T. unklare Rahmenbedingungen stellen sich in den einzelnen Bundesländern, Schulformen und jeweiligen Schulen sehr unterschiedlich dar (vgl. Bartnitzky 2013; auch Wember 2013). Dies betrifft personelle Ressourcen, räumliche Ausstattungen oder auch konkrete fallspezifische Anforderungen (vgl. auch Gebhard et al. 2014).

Drei Szenarien, die sich in jüngerer Zeit in Grund- und Hauptschulen ereignet haben, sollen hier kurz skizziert werden:

Beispiel 1: Die Personaldecke in einer Grundschule ist extrem dünn. Bei Krankheitsfällen wird auf die Sonderpädagogin zurückgegriffen, die mehrfach zum Vertretungsunterricht eingesetzt wird.
Beispiel 2: Das Grundverständnis von Lernen und Unterricht zwischen der Lehrperson der Regelschule und der Sonderpädagogin differiert so stark, dass keine gemeinsamen Absprachen und Planungen vorgenommen werden. In der Folge werden die Schülerinnen und Schüler mit Förderbedarf separat gefördert.
Beispiel 3: In einer Klasse beteiligen sich verschiedene Akteure am Unterrichtsgeschehen: die Klassenlehrerin, die Sonderpädagogin, die Integrationshelferin und die Sozialpädagogin. Die jeweiligen Verantwortlichkeiten sind nicht immer klar. Die Integrationshelferin soll sich weitgehend zurückhalten und ist bspw. nicht für inhaltliche Hilfen vorgesehen. Aber ist dies immer zu trennen? Absprachen und geeignetes Unterrichtshandeln sind mehr als schwierig, und Potenzial bleibt vermutlich ungenutzt.

Lehrerinnen- und Lehreraus- und -fortbildung
Lehrerinnen- und Lehrerausbildung hat bislang nur bedingt auf Anforderungen zum inklusiven Mathematikunterricht vorbereitet bzw. vorbereiten können, so dass auch der Lehrerinnen- und Lehrerfortbildung eine zentrale Bedeutung zu kommt (vgl. auch Punkt 4). Die aktuellen bildungspolitischen Bemühungen und Entwicklungen werden sowohl hinsichtlich der bildungswissenschaftlichen als auch der fachwissenschaftlichen und fachdidaktischen Aspekte kritisch diskutiert (vgl. Lindmeier 2014).
Diese Ausführungen zur aktuellen Situation repräsentieren Bereiche, die zu diskutieren und zu klären sind. Im Folgenden soll aber stärker die konkrete Unterrichtsebene für das Fach Mathematik beleuchtet werden.

2 Konzepte zur inneren Differenzierung und individuellen Förderung

Konkretisierung individueller Förderung
Sichtet man die pädagogische und fachdidaktische Literatur zum Begriff der ‚Individuellen Förderung', dann zeigt sich eine Vielfalt an Konkretisierungen. Oftmals wird ‚Individuelle Förderung' und ‚Individualisierung' mit isoliertem Lernen gleichgesetzt und das soziale Lernen gerät aus dem Blick (vgl. Krauthausen & Scherer 2014, 25f.). Die Diagnose unterschiedlicher Leistungen führt vielfach zum vereinzelten Lernen an unterschiedlichen Materialien und bringt die Lernenden um Anregungen und Lernchancen (vgl. Bartnitzky 2009, 213). Dabei geht es bei der Frage um Vereinzelung oder gemeinsames Lernen um weit mehr als um Sozialformen im Rahmen methodischer Postulate. Vielmehr begründet sich der gemeinsame Diskurs auch aus

dem Selbstverständnis des Faches und seiner Fachdidaktik und damit auch von den Inhalten her, die gelernt werden sollen. Gemeinsam erlebte Inhalte sind notwendig, und hier kann und muss die Lehrperson auf der Grundlage ihres mathematischen Fachwissens die Lernprozesse der Kinder strukturierend begleiten (Krauthausen & Scherer 2014, 26f.).
Die Gefahr des Lernens nebeneinander und nicht miteinander ist auch bei dem aktuell vielfach und z.T. kontrovers diskutierten response-to-intervention-Modell (auch Rügener Modell) gegeben (vgl. hierzu Huber & Grosche 2012; Wember 2013).

Konkretisierung klassischer innerer Differenzierung
Formen der *inneren Differenzierung* oder *Binnendifferenzierung* sind für den Mathematikunterricht der Grundschule allgemein bzw. für den inklusiven Mathematikunterricht von zentraler Bedeutung: Als Formen klassischer innerer Differenzierung finden sich etwa *Soziale Differenzierung* (Einzel-, Partner-, Gruppenarbeit), Differenzierung hinsichtlich der *Methode* (Lehrgang, Projektarbeit, …) oder der *Medien* (Schulbuch, Arbeitsblätter, Arbeitsmittel, PC). Daneben wird häufig auf *Quantitative Differenzierung* (gleiche Zeit für unterschiedlichen Inhaltsumfang oder unterschiedliche Zeit für den gleichen Inhaltsumfang) oder *Qualitative Differenzierung* (unterschiedliche Ziele bzw. Schwierigkeitsstufen) zurückgegriffen (vgl. z.B. Winkeler 1978; Krauthausen & Scherer 2014).
Mit den Unklarheiten zur individuellen Förderung sind auch die Formen klassischer innerer Differenzierung kritisch zu prüfen: Die genannten Maßnahmen werden i.d.R. vorab von der Lehrperson vorgenommen, und man stelle sich die Umsetzung in Form von Wochenplänen vor, bei der die Lehrperson individuelle Programme für einzelne Schülerinnen und Schüler bzw. Schülergruppen wählt. Zunächst einmal ist die Gefahr einer falschen Einschätzung gegeben. Hinzu kommt, dass eine Unterrichtsgestaltung, die sich ausschließlich auf die Wochenplanarbeit stützt und kaum bis gar keine gemeinsamen Phasen des Lernens vorsieht, das soziale Lernen vernachlässigt und damit auch dem Inklusionsgedanken nicht nachkommt.
Zudem dominieren bei diesen Differenzierungsmaßnahmen häufig die organisatorisch-methodischen Aspekte (vgl. Wielpütz 1998), und eine begrifflich-konzeptionelle Klärung diverser Formen von Differenzierung wird stärker allgemein- bzw. schulpädagogisch diskutiert (vgl. Krauthausen & Scherer 2014, 29ff.). Dadurch wird mitunter die Bedeutung des Fachs und seiner Spezifika vernachlässigt: Praxisberichte in Lehrerinnen- und Lehrerzeitschriften machen Vorschläge zur Organisation von Lernstationen, Werkstattarbeit, Lerntheken – weniger Aufmerksamkeit wird oftmals der Frage ge-

widmet, welche Inhalte in diesen organisatorischen Rahmungen auf welche Weise bearbeitet werden sollen.

Die genannten Maßnahmen zur klassischen inneren Differenzierung sind nicht generell abzulehnen, jedoch sollten solche Konzepte und Vorschläge immer aus fachdidaktischer Sicht überprüft werden, ob etwa die zugehörigen Bildungsstandards (KMK 2005) erfüllt sind oder aber die vermeintliche Schwierigkeitsstufung von Aufgaben aus fachdidaktischer Sicht überhaupt zutrifft (vgl. hierzu die kritische Diskussion von Beispielen in Krauthausen & Scherer 2014, 32ff.). Zudem können Aufgaben mit unterschiedlichen vorgegebenen Schwierigkeitsgraden den Schülerinnen und Schülern durchaus ein gewisses Maß an Offenheit bieten, wie anhand der strukturgleichen Aufgaben in Abschnitt 3.2 gezeigt wird.

Natürliche Differenzierung

Ein alternatives Konzept stellt das Konzept der *natürlichen Differenzierung* dar (Wittmann & Müller 2004, 15; Krauthausen & Scherer 2014, 46ff.), dessen konstituierende Merkmale die Folgenden sind:

- Es existiert ein gleiches Lernangebot für alle Kinder. Dabei ist die Lehrperson verantwortlich für fachliche Rahmung.
- Dieses Lernangebot ist inhaltlich ganzheitlich, weist ein Mindestmaß an Komplexität auf und beinhaltet naturgemäß unterschiedliche Schwierigkeitsgrade.
- Für die Lernenden bieten sich Wahlmöglichkeiten bspw. der Lösungswege, der Arbeitsmittel, z.T. der Aufgaben sowie der (mündlichen oder schriftlichen) Darstellung.

Angemerkt sei, dass in diesem Konzept auch das soziale Lernen explizit verfolgt wird.

Es stellt sich die Frage, welche Anforderungen an Lernangebote gestellt werden, um ein solches Konzept zu realisieren. Vielfach findet sich das Kriterium der Offenheit (vgl. etwa Böhm 1984; Hengartner 2007; Hirt et al. 2008), verbunden mit der o.g. Komplexität. Offenheit und Komplexität sollten dabei für das Verständnis nicht erschwerend, sondern hilfreich sein, da in ganzheitlicheren Zusammenhängen mehr Bedeutung und damit mehr Anknüpfungspunkte für individuelle Lösungswege enthalten sind als in isolierten Teilaufgaben.

Die Skepsis, dass insbesondere für leistungsschwächere Schülerinnen und Schüler herausfordernde und komplexere Lernangebote ungeeignet sind, muss in Frage gestellt werden (vgl. z.B. Scherer 1999; Moser Opitz 2000). Das isolierte Behandeln von Einzelelementen erschwert nicht nur das Verallgemeinern, es bietet auch unzureichende geistige Anregung, da es lediglich um das ‚Abspeichern' isolierter Elemente geht. Das bedeutet keineswegs, dass derartige Lernangebote erfolgreiches Lernen garantieren, vielmehr sind auch die Lehrperson und die konkrete Gestaltung der Unterrichtsprozesse mitentscheidend, was an konkreten Unterrichtsepisoden in den Abschnitten 3.1 und 3.2 verdeutlicht wird.

Weitere Anforderungen an geeignete Lernangebote sind die Folgenden (vgl. Krauthausen & Scherer 2014, 53):

- Die Lernangebote zeichnen sich aus durch eine niedrige Eingangsschwelle (Böhm 1984; Hengartner 2007; Hirt et al. 2008), die es allen Kindern ermöglicht, einen ersten Zugang zu finden.
- Die Lernangebote bieten ‚Rampen' für leistungsstärkere Schülerinnen und Schüler (Hengartner 2007; Hirt et al. 2008), wodurch sich das Anspruchsniveau variieren lässt. Dieses Merkmal eröffnet eine große Flexibilität im Hinblick auf die Einsetzbarkeit eines Lernangebots über mehrere Jahrgangsstufen hinaus, was häufig im inklusiven Unterricht erforderlich ist.
- Die Lernangebote schaffen Diskussionsbedarf (Hirt et al. 2008; Nührenbörger 2009), sei es über die Bearbeitungswege, über die Lösungen oder über die Beschreibungen und Begründungen von Mustern und Strukturen.
- Die Lernangebote haben ein hohes kognitives Aktivierungspotenzial zum Fördern und Fordern inhaltlicher wie allgemeiner mathematischer Kompetenzen (vgl. KMK 2005).

Neben diesen Merkmalen der Lernangebote sollen noch mögliche Umsetzungen des *Team Teaching* im inklusiven Unterricht vorgestellt werden.

Formen des Team Teaching

Die Kooperation der Lehrpersonen ist ein entscheidender Faktor auf verschiedenen Ebenen (vgl. z.B. Lütje-Klose 2011; Wember 2013), und die existierenden Modelle des Team Teaching stellen dabei unterschiedliche Anforderungen.

So repräsentieren die Beispiele in Abb. 1 arbeitsteilige Varianten mit klaren Zuständigkeiten und sind erfahrungsgemäß leichter umzusetzen: Im *alternativen Unterricht* werden unterschiedliche Gruppen von der Sonderpädagogin und der Klassenlehrerin unterrichtet. Die Variante *Lehrer und Helfer* stellt ein häufig anzutreffendes Modell dar: Die Klassenlehrerin hat die hauptsächliche Verantwortung, die Sonderpädagogin unterstützt einzelne Schülerinnen und Schüler bzw. Schülerinnen- und Schülergruppen. Im Modell *Lehrer und Beobachter* gibt die zweite Lehrperson erst im Anschluss an den Unterricht Rückmeldung. Bei allen drei Varianten ist eine wechselnde Zuständigkeit empfehlenswert.

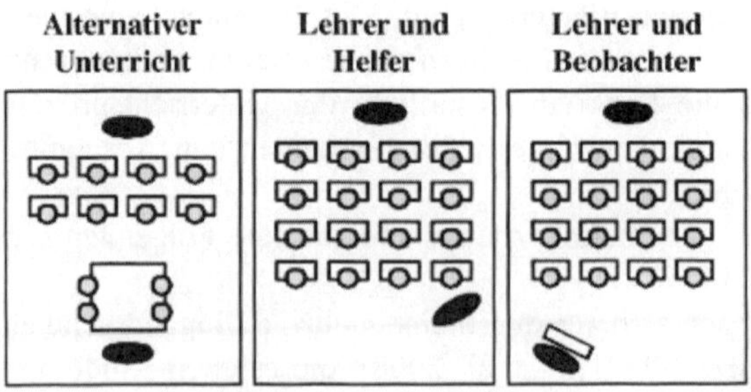

Abb. 1: Arbeitsteilige Varianten des Team Teaching (aus Wember 2013, 384)

Die Varianten in Abb. 2 sind deutlich anspruchsvoller und sicherlich seltener anzutreffen: Beim *Parallelunterricht* wird in beiden Gruppen (von durchaus unterschiedlicher Größe) der gleiche Unterrichtsgegenstand behandelt, ggf. mit gleichen Methoden und Materialien. Im *Stationsunterricht* wechseln die Schülerinnen- und Schülergruppen die Station und damit auch die Lehrperson, sollte die Station mit Lehrerinnen- und Lehrerhilfe geplant sein. Das *Team Teaching* stellt die anspruchsvollste und schwierigste Variante gemeinsamen Unterrichtens dar, denn hier führen beide Lehrpersonen den Klassenunterricht gemeinsam für die gesamte Lerngruppe durch.
Alle Modelle sind in der Realität von fließenden Übergängen geprägt.

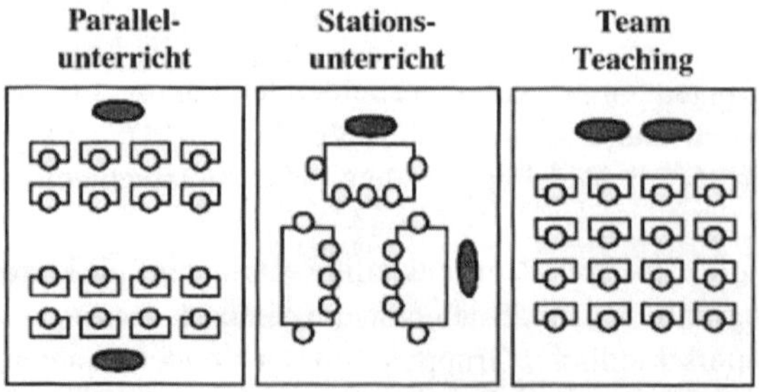

Abb. 2: Anspruchsvollere Varianten des Team Teaching (aus Wember 2013, 385)

Die Lehrerinnen- und Lehreraus- und -fortbildung muss auf solche Modelle vorbereiten, und es ist zu klären, welches dieser Modelle mit welchen oben genannten Differenzierungsmaßnahmen und allgemein mit welchen Unterrichtskonzeptionen kompatibel ist.

Im Folgenden soll nun an Aufgaben- bzw. Unterrichtsbeispielen konkretisiert werden, wie eine geeignete Umsetzung erfolgen kann.

3 Ausgewählte Unterrichtsbeispiele

3.1 Offene Aufgaben

Wie zuvor dargestellt, eignen sich Lernangebote mit einem gewissen Maß an Offenheit in besonderer Weise, um einer heterogenen Schülerinnen- und Schülerschaft gerecht zu werden. Konkrete Aufgabenangebote werden hier am Aufgabenformat *Zahlenketten* (vgl. z.B. Krauthausen & Scherer 2014, 119ff.; Scherer 1996a; Scherer & Selter 1996) vorgestellt.
In einem 2. Schuljahr wurden 4er-Zahlenketten mit zugehöriger Regel eingeführt (Abb. 3):[1] Zu wählen sind zwei beliebige Zahlen (Startzahlen), die nebeneinander notiert werden. Rechts daneben wird deren Summe gebildet. Zum Schluss werden die zweite und die dritte Zahl addiert und als Zielzahl rechts daneben notiert.

2	5	7	12

Abb. 3: 4er-Zahlenkette mit den Startzahlen 2 und 5

Die Regeln sowie zentrale Begriffe wie Startzahl und Zielzahl wurden anhand mehrerer Beispiele an der Tafel geklärt. Die Schülerinnen und Schüler sollten anschließend in individueller Arbeit eigene Zahlenketten erfinden und erhielten dazu ein Arbeitsblatt mit sieben Leerformaten (vgl. auch Abb. 4). Vor der abschließenden Plenumsphase übertrug jedes Kind seine Lieblingskette in ein größeres Leerformat, um diese Lieblingskette der Klasse vorzustellen.
Differenzierungsmöglichkeiten bieten sich in einer individuellen Arbeitsphase zum einen in *quantitativer* Hinsicht durch die Anzahl der gefundenen Ketten. Manche Lernende füllten die sieben Beispiele auf dem Arbeitsblatt aus, während andere in der gleichen Zeit fünf Arbeitsblätter mit insgesamt 35 Beispielen notierten. Das unterschiedliche Lerntempo der Schülerinnen und Schüler kann so in natürlicher Weise berücksichtigt werden. Zum anderen bieten sich in *qualitativer* Hinsicht Differenzierungsmöglichkeiten durch den Schwierigkeitsgrad der gefundenen Aufgaben, wobei prinzipiell für einen

[1] Die hier präsentierten Dokumente stammen aus einem DZLM-Projekt zu Professionellen Lerngemeinschaften (PLG) im inklusiven Mathematikunterricht. Die konkrete PLG wurde von G. Krauthausen (Universität Hamburg) begleitet.

Inhalt kein objektiver Schwierigkeitsgrad festgelegt werden kann, denn hierfür sind verschiedene Faktoren verantwortlich (z.B. Größe der Zahlen oder bzgl. der Rechenanforderungen das Auftreten von Überträgen), die subjektiv jeweils unterschiedlich wahrgenommen werden. Die subjektive Einschätzung der Schülerinnen und Schüler selbst kann dabei erheblich vom Schwierigkeitsgrad abweichen, den die Lehrperson angenommen hat.

Zentral ist, dass diese Differenzierung nicht vorab durch die Lehrperson vorgenommen wird, sondern sich aus der Sache heraus ergibt. D.h. es handelt sich nicht um klassische innere Differenzierung, sondern um eine natürliche Differenzierung: Die Kinder wählen ihr Bearbeitungsniveau *selbst* und die Gefahren einer gut gemeinten, aber möglicherweise falschen Festlegung durch die Lehrperson werden reduziert. Zudem trägt die selbständige Wahl des Bearbeitungsniveaus langfristig zum Ziel der Selbstorganisation eigener Lernprozesse bei.

In der individuellen Arbeitsphase standen den Schülerinnen und Schülern in dieser Klasse Arbeitsmittel und Veranschaulichungen zur Verfügung, wie etwa der Rechenrahmen. Einige berechneten die selbst gewählten Aufgaben mit Hilfe der Finger. Die Schülerinnen und Schüler sollten in solchen Phasen selbst über die Materialnutzung entscheiden können, und die Lehrperson kann vielfältige Informationen über deren mathematische Kompetenzen und Arbeitsweisen sammeln.

Im Folgenden wird Andreas, ein autistischer Schüler, genauer beobachtet, der im Unterricht von seiner Integrationshelferin begleitet wurde. Er versuchte, seine Zahlenketten im Kopf zu berechnen und fand in dieser Phase insgesamt sieben Zahlenketten (Abb. 4), davon eine mit glatten Zehnerzahlen und dem Ergebnis 60. Alle anderen Beispiele befinden sich innerhalb des 20er-Raumes bzw. bis maximal 30. Seine Aufgaben beinhalten mehrfach Überträge. Die Integrationshelferin unterstützte ihn, indem sie bei einigen Ketten die von Andreas gewählten Startzahlen notierte. Das Aufschreiben der Ergebnisse nahm er dann jeweils selbst vor. Als Lieblingskette wählte er das sechste Beispiel aus, seine Kette mit den Startzahlen 10 und 9.

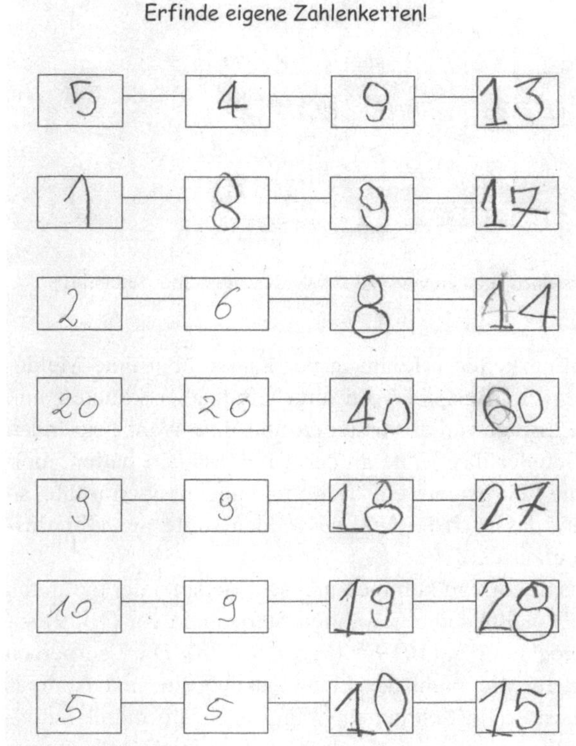

Abb. 4: Andreas Zahlenketten

Im Anschluss an die individuelle Arbeitsphase wurden die Lieblingsketten an die Tafel geheftet. Hier wurde deutlich, dass Andreas Zahlenkette (Abb. 5, ganz rechts außen) bzgl. der Größe der Zahlen vergleichbar mit anderen Beispielen war, d.h. dass das Inklusionskind diesbzgl. einen vergleichbaren Schwierigkeitsgrad wählte. Natürlich gab es auch Schülerinnen und Schüler, die Ketten über 100 oder sogar über 1000 berechneten, aber dies macht das Heterogenitätsspektrum aus, und an dieser Stelle geht es nicht um eine Bewertung des vermeintlichen Schwierigkeitsgrads, sondern um die Wertschätzung der individuellen Lernprodukte.
Mit Blick auf die weiteren Stunden dieser Unterrichtsreihe könnte das Operieren mit kleinen Zahlen sogar von Vorteil sein: In der Folgestunde wurde die problemorientierte Aufgabe gestellt, Zahlenketten mit der Zielzahl 20 zu finden bzw. nahe an diese Zielzahl heran zu kommen.

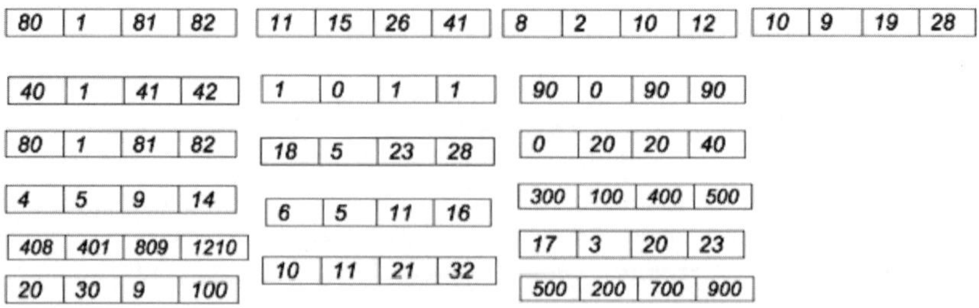

Abb. 5: Lieblingsketten der einzelnen Schülerinnen und Schüler (nachgestelltes Tafelbild)

Das Vorstellen der Lieblingsketten erfolgte in der Klasse über eine Meldekette: Alle Kinder hatten ein Beispiel vorn angeheftet, aber konnten nun entscheiden, ob sie ihr Beispiel verbal vorstellen und ihre Wahl begründen wollten. Nachdem drei Schüler ihre Kette an der Tafel erläutert hatten, meldete sich Andreas, was die Lehrperson registrierte und positiv überraschte, so dass sie dem Schüler, der das nächste Kind auswählen sollte, ins Ohr flüsternd empfahl, Andreas aufzurufen.

Andreas traute sich zu, nach vorn zu kommen und sein Beispiel der gesamten Klasse zu präsentieren: Er stellte seine gewählten Startzahlen vor (10, 9) sowie die entstandenen Berechnungen (10+9 = 19; 9+19 = 28). Die Lehrperson forderte die Begründung für die Wahl der Lieblingskette ein, und Andreas gab an, „weil sie mittel ist“. Die Lehrperson fragte nach, ob mittel mittelschwer bedeutet, und Andreas konkretisierte, dass es „halb leicht/halb schwer ist“.

Festzuhalten bleibt, dass offene Aufgaben für die Schülerinnen und Schüler vielfältige Möglichkeiten beinhalten, die Anforderungen selbst zu gestalten (z.B. Anzahl, leichte/schwierige Aufgaben) und zu entscheiden, welche weiteren Hilfen (z.B. Rückfragen bei der Lehrperson oder Mitschülerinnen und Mitschülern oder Arbeitsmittel) in Anspruch genommen werden.

Bzgl. der unterschiedlichen Repräsentationsebenen bieten einige Aufgabenformate bereits als Format die Auswahl verschiedener Ebenen an, wie etwa Rechendreiecke, die sowohl enaktiv (mit Plättchen), ikonisch (gezeichnete Plättchen) als auch symbolisch bearbeitet werden können (vgl. Scherer 2005, 184).

Auch die Lehrperson ist in diesen Phasen gefordert. Sie muss bewusst die Prozesse beobachten, notwendige Impulse und Hilfen geben (z.B. strategische Impulse wie das Ordnen oder Vergleichen von Beispielen; vgl. Hirt et al. 2008, 18) und auch Lernziele einfordern, wie oben Andreas Begründung.

3.2 Strukturgleiche Aufgaben

Eine weitere Möglichkeit stellen strukturgleiche Aufgaben dar, die auf unterschiedlichen Niveaus formuliert sind (Nührenbörger & Pust 2006), aber gleiche Verstehenselemente beinhalten. D.h. trotz aller Vorabdifferenzierung haben die Schülerinnen und Schüler die Möglichkeit, über vergleichbare Entdeckungen zur Struktur oder zu Lösungsstrategien zu sprechen. Hierin liegt ein großer Unterschied zu gängigen Materialien und Aufgabenvorschlägen der klassischen qualitativen Differenzierung, bei denen oftmals keinerlei gemeinsame Struktur in den differenzierten Vorschlägen zu finden ist und somit für die Schülerinnen und Schüler weder die Notwendigkeiten noch die wirklichen Möglichkeiten des Austausches bestehen, da sie an ganz unterschiedlichen Dingen gearbeitet haben.

Eine konkrete Aufgabe stellt das Erreichen eines bestimmten Ergebnisses durch Addition mit Ziffernkarten dar, hier das Erreichen einer Stufenzahl (vgl. Häsel-Weide & Nührenbörger 2013a, 53ff.; auch Scherer 2001). Als strukturgleiche Aufgaben können Additionen mehrstelliger Zahlen angeboten werden, einmal zum Ergebnis 100 und einmal zum Ergebnis 100 000, und innerhalb der jeweiligen Aufgabe ist eine gewisse Offenheit gegeben. Bei beiden Aufgabenstellungen spielen die Zerlegung der 10 und der 9 eine zentrale Rolle (vgl. auch Abb. 6 und 7): An der Einerstelle ist eine Zerlegung der 10 zu platzieren, an den nächst höheren Stellen durch die jeweils entstehenden Überträge eine Zerlegung der 9 (z.B. 54+46 = 100).

Das Ergebnis 100 im Vergleich zum Ergebnis 100 000 ist weniger anspruchsvoll bzgl. der Größe der Zahlen. Darüber hinaus weist der erweiterte Zahlenraum auch eine höhere Komplexität auf, da mehr Stellen und Zahlenkombinationen zu betrachten sind. Zudem handelt es sich bei der Aufgabe, 100 000 zu erreichen, um eine unlösbare Aufgabe (da jede Ziffer nur einmal vorhanden), was auch von den Schülerinnen und Schülern zu entdecken ist. Unlösbare Aufgaben können in besonderer Weise zum Argumentieren und Begründen herausfordern, also die prozessbezogenen Kompetenzen fördern. Diese integrative Verfolgung sowohl inhalts- als auch prozessbezogener Kompetenzen ist dabei für *alle* Schülerinnen und Schüler anzustreben, nicht nur für die leistungsstärkeren bzw. die Regelschülerinnen und -schüler.

Zum Einsatz im Unterricht:[2] Timo und Michael bearbeiteten im 4. Schuljahr die o.g. Aktivität mit Ziffernkarten. Michaels Aufgabe war es, mit zwei 5-stelligen Zahlen das Ergebnis 100 000 zu erhalten (Abb. 7). Der lernbehin-

---

[2] Die präsentierten Schülerdokumente sind im Rahmen eines DZLM-Projekts entstanden, das von U. Häsel-Weide (Universität Siegen) begleitet wurde.

derte Schüler Timo sollte 2-stellige Zahlen bilden und 100 erreichen (Abb. 6).

Beide Schüler gingen durch Probieren an die Aufgabenstellung heran: Michael begann eigenständig recht zügig mit der Bearbeitung. Timo forderte von der Lehrperson noch einmal die Erläuterung des Arbeitsauftrags ein. Hier wurde deutlich, dass die sprachliche Anforderung, „zwei 2-stellige Zahlen" zu wählen, für ihn nicht klar war. Spontan zeigte er auf die beiden letzten Ziffern 8 und 9 und fragte, ob er damit „100" erreichen soll. Beide Schüler arbeiteten zunächst und auch überwiegend individuell, was durchaus von Vorteil ist, da etwa das Abgucken des leistungsschwächeren Schülers beim vermeintlich besseren Schüler vermieden wird. Im Verlauf der Arbeitsphase schaute Timo dann einige Male auf Michaels Arbeitsblatt, und grundsätzlich sollte die Möglichkeit der Kooperation bereits in dieser Phase bestehen.

Timo unternahm acht Versuche und erreichte zuletzt das Ergebnis 100 (Abb. 6). Seine Versuche erscheinen nach und nach zielgerichteter, und auffällig ist die mehrfache Verwendung der 0, deren Platzierung an der Position des höchsten Stellenwerts (z.B. 03) nicht den mathematischen Konventionen entspricht. Michael notierte insgesamt fünf Rechnungen (Abb. 7), von denen die letzte das optimale Ergebnis 99 999 zeigt.

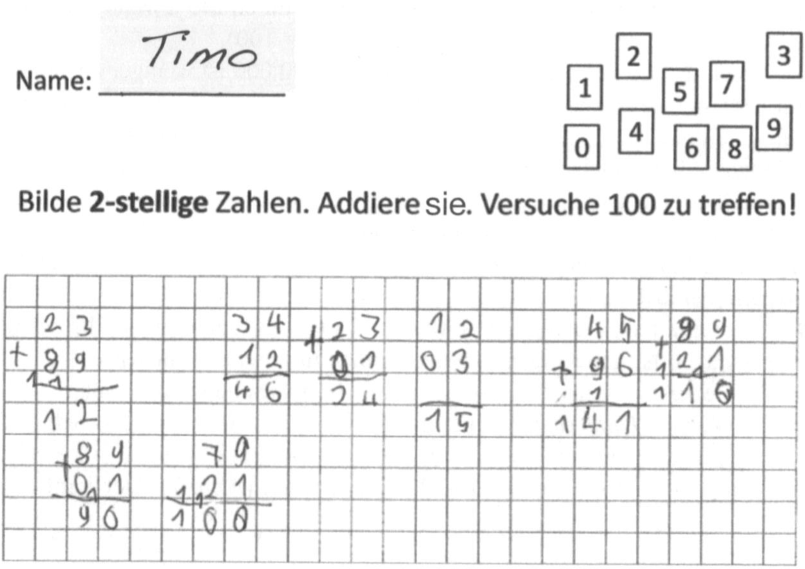

Abb. 6: Timos Lösungen zur Stufenzahl 100

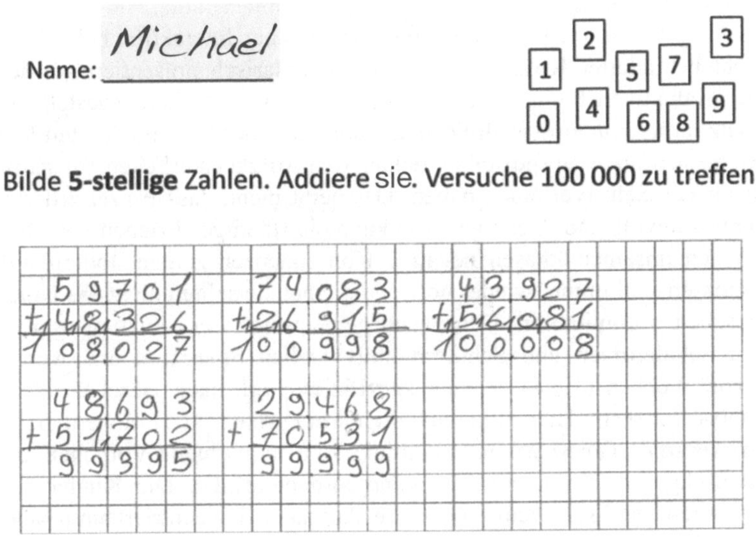

Abb. 7: Michaels Lösungen zur Stufenzahl 100 000

Erst zum Abschluss dieser Arbeitsphase war eine explizite Phase des Austausches vorgesehen: „Vergleicht eure Aufgaben! Was fällt euch auf?“ Es dauerte eine Weile, bis die beiden sich wirklich austauschten, und sie berichteten sich zunächst gegenseitig, welche Aufgabenstellung sie bearbeitet hatten. Es war dann Timo, der an Michaels Beispiel zeigte, dass das Entstehen einer „0“ am Ende etwas Entscheidendes ist und dass dies bei beiden eigentlich das Gleiche ist. Letztlich notierten die beiden Schüler aber nur ihre jeweiligen Aufgabenstellungen und das mehrfache Probieren als gemeinsames Element: „Timo musste bis 100 rechnen und ich bis 100 000. Das man viele Aufgaben rechnen muss um auf die richtige Lösung zu kommen.“

4 Schlussbemerkungen

Die vorgestellten Unterrichtsbeispiele sollten dokumentieren, dass aus fachdidaktischer Perspektive Konzepte und Formate existieren, die sich für einen inklusiven Unterricht eignen. Zentrale Aspekte für die Schülerinnen und Schüler, für die Lehrperson und bzgl. der mathematischen Lernangebote sollen noch einmal beleuchtet werden.

Schülerinnen und Schüler
Phasen des gemeinsamen Arbeitens mit tatsächlicher Interaktion behinderter und nicht behinderter Kinder sind zuvor exemplarisch präsentiert worden, und die produktiven Elemente dieser Situationen wurden herausgestellt. Im Gegensatz dazu kann eine weitreichende Isolierung der beeinträchtigten Kinder – wenn sie immer an speziellen, reduzierten Aufgaben arbeiten – negative Folgen für das Selbstvertrauen haben. Das heißt nicht, dass Einzelförderungen wenig sinnvoll sind. Denn genauso kann ein ständiges Erleben von Defiziten in gemeinsamen Phasen negative Konsequenzen zeigen. Individuelle Arbeitsphasen sind immer wieder notwendig, aber sie sollten nicht das Unterrichtsgeschehen dominieren. Denn auch gemeinsame Lernsituationen eröffnen den Schülerinnen und Schülern individuellen Spielraum und werden bspw. von Wocken (1998) genauer spezifiziert (vgl. auch Häsel-Weide & Nührenbörger 2013b). Hier sollen lediglich drei Formen skizziert werden:

- In *koexistenten Lernsituationen* dominiert das individuelle Vorgehen, und Austauschprozesse spielen eine untergeordnete Rolle. Die Kinder sind überwiegend auf sich selbst und ihre Aufgaben konzentriert und haben nicht unbedingt viel miteinander zu tun. Die Gemeinsamkeit besteht vor allem über das Dabeisein in der Gruppe.
- *Subsidiäre Lernsituationen* sind durch Asymmetrie gekennzeichnet. Ein Kind unterstützt ein anderes, indem es bspw. als Expertenkind bei Fragen zur Verfügung steht oder eine Tätigkeit übernimmt, die das Partnerkind nicht selbst ausführen kann. Je nachdem, wie stark die individuellen Belange des unterstützenden Kindes durch Intensität und Umfang der Unterstützung beeinflusst werden, unterscheidet man ‚unterstützende' oder ‚prosoziale' Lernsituationen.
- Bei *kooperativen Lernsituationen* stehen die Arbeitsinhalte in einem verbindlichen Zusammenhang. Die Aufgaben sind aufeinander bezogen, so dass die Lernsituation von gemeinsamen Tätigkeiten geprägt ist. Hinsichtlich der Ziele lassen sich diese Lernsituationen in komplementäre (unterschiedliche Ziele) oder solidarische (gemeinsame Ziele) unterscheiden.

Das Arbeiten in gemeinsamen Lernsituationen ist dabei kein Selbstläufer, vielmehr müssen die Lernenden auch hier entsprechende Erfahrungen sammeln und von der Lehrperson angeregt und begleitet werden.

Lehrpersonen
Anforderungen, etwa bezogen auf die eigene fachliche Verantwortung, aber auch bezogen auf Modelle des Team Teaching sind oben herausgestellt worden, genauso wie bewusste Interventionen im Unterricht (vgl. auch Lütje-Klose 2011).

Lehrerinnen- und Lehreraus- und -fortbildung sollte viel stärker als bislang auf die Anforderungen eines inklusiven Unterrichts reagieren. Bspw. wären gezielt gemeinsame Fortbildungsangebote für diesen Adressatenkreis anzubieten und nicht – wie vielfach üblich – getrennte Angebote für Lehrpersonen der Regelschule und denen der Förderschule.
Die Kooperation von Lehrpersonen kann daneben auch durch die Etablierung sogenannter Professioneller Lerngemeinschaften (PLG) gefördert werden. Dies ist bspw. eine der Programmlinien des Deutschen Zentrums für Lehrerbildung (DZLM), und in der Abteilung ‚Inklusion und Risikoschüler' finden diesbzgl. Projektaktivitäten in ausgewählten Schulen statt (vgl. Scherer et al. 2013). Die PLGen bestehen aus Lehrpersonen der Grund- und Förderschule, die im inklusiven Unterricht tätig sind und werden von einer Moderatorin bzw. einem Moderator begleitet. In Gruppen von 4 bis 6 Lehrpersonen finden alle 6 bis 8 Wochen Sitzungen zur gemeinsamen Planung, Durchführung und Reflexion des (alltäglichen) Mathematikunterrichts statt, in denen anhand der videographierten Stunden speziell die Beteiligung der Inklusionskinder bzw. die Interaktion aller Schülerinnen und Schüler im Unterricht sowie das Lehrerinnen- und Lehrerhandeln im Fokus stehen.

Lernangebote
Die oben vorgestellten Aufgabenformate und Aufgabentypen erscheinen geeignet, den unterschiedlichen Voraussetzungen von Schülerinnen und Schülern gerecht zu werden. Als weiterer Repräsentant für Unterrichtsbeispiele, die etwa bezogen auf die arithmetischen Kenntnisse weniger voraussetzungsreich sind, erscheinen auch Denkspiele oder geometrische Lernumgebungen geeignet (vgl. z.B. Scherer 1996b; Souvignier 2000; Niesch & Schwarz 2004; Ratz 2009).
Die oben propagierte Offenheit ist nicht nur bei solchen spezifischen Lernumgebungen und Aufgabenformaten, sondern bei nahezu allen mathematischen Themen zu realisieren, und ist etwa auch gegeben bei der Einführung einer neuen Operation (z.B. Deuten von Aufgaben an multiplikativen Feldern). Auch die Variante der strukturgleichen Aufgaben ist in vielfältigen Facetten umzusetzen, etwa bei Kopfrechenaufgaben, operativen Päckchen etc. Hier spielt eines der wesentlichen fachdidaktischen Prinzipien, das ‚Operative Prinzip' (Wittmann 1985), eine zentrale Rolle.
In anderen Unterrichtssituationen, wie etwa bei der Einführung eines Verfahrens wie der schriftlichen Multiplikation, ist das Einbeziehen der Inklusionskinder nicht unbedingt sinnvoll, wenn dieses Verfahren für diese nicht oder noch nicht in Reichweite ist. In solchen Phasen ist eine separate Förderung zu

anderen mathematischen Inhalten, in denen Förderbedarf besteht, angemessener.
Allgemein ist es sinnvoll, Arbeitsaufträge einzusetzen, die den Schülerinnen und Schülern reichhaltige mathematische Aktivitäten eröffnen, und dies ermöglichen solche offenen Formate und Aufgaben. Im Vergleich dazu sind spezielle, von der Lehrerin vorgegebene Lernarrangements für jedes einzelne Kind weniger effektiv, da dies mit Blick auf die Unterrichtsorganisation nicht ökonomisch ist und – wie oben – angesprochen, das soziale Lernen vernachlässigen kann.
Offene Aufgaben sind auch unter diagnostischer Perspektive ein wichtiges Werkzeug, und dies nicht nur, wenn es um die Diagnose von Fehlern und Lernschwierigkeiten geht. Je offener ein Arbeitsauftrag formuliert wird, desto mehr geben Schülerinnen und Schüler möglicherweise von ihren Denkweisen und Ideen preis (siehe auch oben Timos Verwendung der 0 in seiner Aktivität mit Ziffernkarten, Abb. 6). Dies eröffnet der Lehrperson Gelegenheiten zur Diagnose und, regelmäßig eingesetzt, liefern sie gezieltere Informationen über die Entwicklungen einzelner Kinder (zur Bedeutung der Diagnosekompetenz vgl. auch Schrader & Helmke 2001).
Das Thema Inklusion ist und bleibt bildungspolitisch hochaktuell, denn der Umgang mit Heterogenität stellt für Lehrpersonen eine der großen Herausforderungen im Unterricht dar. Auch wenn die aktuellen Rahmenbedingungen an vielen Stellen noch unklar und nicht zufriedenstellend sind und einer Ausschärfung bedürfen, so können aus fachdidaktischer Perspektive Anregungen zur Gestaltung des Mathematikunterrichts gegeben werden. Fundierte konzeptionelle Überlegungen müssen den Umsetzungsprozess begleiten und sind im Erkenntnis- und Entwicklungsstand der Mathematikdidaktik auch bereits angelegt.

Literatur

Bartnitzky, H. (2009): Wie Kinder selbstständiger werden können – und wie ‚modernistischer' Unterricht dies verhindert. In: Bartnitzky, H. & Hecker, U. (Hrsg.): *Allen Kindern gerecht werden. Aufgabe und Wege.* Frankfurt a.M.: Grundschulverband, 206–221.

Bartnitzky, H. (2013): Inklusion – die Lehrkräfte allein können es nicht richten. In: Grundschule aktuell, H. 123, 2.

Boban, I. & Hinz, A. (2003): Index für Inklusion. Lernen und Teilhabe in der Schule der Vielfalt entwickeln. Halle-Wittenberg: Martin-Luther-Universität.

Böhm, O. (1984): Selbstdifferenzierung durch „offene Aufgaben" im Unterricht der Schule für Lernbehinderte (Teil 1 & 2). In: Ehrenwirth Sonderschulmagazin, H. 2 & 3, 5–8 bzw. 5–7.

Buholzer, A. & Kummer Wyss, A. (2010): Heterogenität als Herausforderung für Schule und Unterricht. In: Buholzer, A. & Kummer Wyss, A. (Hrsg.): *Alle gleich – alle unterschiedlich! Zum Umgang mit Heterogenität in Schule und Unterricht.* Leipzig: Klett, 7–13.

Gebhard, S., Wollenweber, K.U. & Castello, A. (2014): Rahmenbedingungen gemeinsamen Unterrichtens in inklusiven Unterrichtssettings. In: Zeitschrift für Heilpädagogik, 65. Jg., H. 2, 60–65.

Häsel-Weide, U. & Nührenbörger, M. (2013a): Heft 2: Fördern im Mathematikunterricht. In: Bartnitzky, H., Hecker, U. & Lassek, M. (Hrsg.): *Individuell fördern – Kompetenzen stärken ab Klasse 3.* Frankfurt a.M.: Grundschulverband.

Häsel-Weide, U. & Nührenbörger, M. (2013b): Mathematiklernen im Spiegel von Heterogenität und Inklusion. In: Mathematik differenziert, H. 3, 6–8.

Hengartner, E. (2007): Lernumgebungen für das ganze Begabungsgsspektrum: Alle Kinder sind gefordert. In: Hengartner, E. et al. (Hrsg.): *Lernumgebungen für Rechenschwache bis Hochbegabte. Natürliche Differenzierung im Mathematikunterricht.* Zug: Klett und Balmer, 9–14.

Hirt, U., Wälti, B. & Wollring, B. (2008). Lernumgebungen für den Mathematikunterricht in der Grundschule: Begriffsklärung und Positionierung. In: Hirt, U. & Wälti, B.: *Lernumgebungen im Mathematikunterricht: Natürliche Differenzierung für Rechenschwache bis Hochbegabte.* Seelze: Kallmeyer, 12–38.

Huber, C. & Grosche, M. (2012): Das response-to-intervention-Modell als Grundlage für einen inklusiven Paradigmenwechsel in der Sonderpädagogik. In: Zeitschrift für Heilpädagogik, 63. Jg., H. 8, 312–322.

KMK (Hrsg.) (2005): Bildungsstandards im Fach Mathematik für den Primarbereich Beschluss vom 15.10.2004. München: Wolters Kluwer.

Krauthausen, G. & Scherer, P. (2014): Natürliche Differenzierung im Mathematikunterricht – Konzepte und Praxisbeispiele aus der Grundschule. Seelze: Kallmeyer.

Lindmeier, C. (2014): Aktuelle bildungspolitische Bemühungen um eine inklusionsorientierte Erneuerung der deutschen Lehrerausbildung. In: Zeitschrift für Heilpädagogik, 65. Jg., H. 3, 84–97.

Lütje-Klose, B. (2011): Inklusion – Welche Rolle kann die Sonderpädagogik übernehmen? In: Mitteilungen des vds, 49. Jg., H. 4, 8–21.

Moser Opitz, E. (2000): Zählen – Zahlbegriff – Rechnen. Theoretische Grundlagen und eine empirische Untersuchung zum mathematischen Erstunterricht in Sonderklassen. Bern: Haupt.

Niesch, H. & Schwarz, H. (2004): Schach im Mathematikunterricht an einer Förderschule für Lernbehinderte – ein Projektbericht. In: Zeitschrift für Heilpädagogik, 55. Jg., H. 7, 325–334.

Nührenbörger, M. (2009): Interaktive Konstruktionen mathematischen Wissens – Epistemologische Analysen zum Diskurs von Kindern im jahrgangsgemischten Anfangsunterricht. In: Journal für Mathematik-Didaktik, 30. Jg., H. 2, 147–172.

Nührenbörger, M. & Pust, S. (2006): Mit Unterschieden rechnen. Lernumgebungen und Materialien für einen differenzierten Anfangsunterricht. Seelze: Kallmeyer.

Prengel, A. (1995): Pädagogik der Vielfalt. Verschiedenheit und Gleichberechtigung in Interkultureller, Feministischer und Integrativer Pädagogik. Opladen: Leske+Budrich.

Ratz, Ch. (2009): Aktiv-entdeckendes Lernen im Mathematikunterricht bei Schülern mit geistiger Behinderung. Eine qualitative Studie am Beispiel von mathematischen Denkspielen. Oberhausen: Athena.

Scherer, P. (1996a): Zahlenketten – Entdeckendes Lernen im 1. Schuljahr. In: Die Grundschulzeitschrift, H. 96, 20–23.

Scherer, P. (1996b): Das NIM-Spiel – Mathematisches Denken auch für Lernbehinderte? In: Baudisch, W. & Schmetz, D. (Hrsg.): *Mathematik und Sachunterricht im Primar- und Sekundarbereich – Beispiele sonderpädagogischer Förderung.* Frankfurt a.M.: Diesterweg, 88–98.

Scherer, P. (1999): Entdeckendes Lernen im Mathematikunterricht der Schule für Lernbehinderte – Theoretische Grundlegung und evaluierte unterrichtspraktische Erprobung. 2. Auflage. Heidelberg: Edition Schindele.

Scherer, P. (2001): Aktivitäten mit Ziffernkarten: Beziehungsreiches Lernen für alle Schüler. In: mathematik lehren, H. 105, 12–15.

Scherer, P. (2005): Produktives Lernen für Kinder mit Lernschwächen: Fördern durch Fordern. Band 1. Horneburg: Persen.

Scherer, P. (2007): Offene Lernumgebungen im Mathematikunterricht – Schwierigkeiten und Möglichkeiten lernschwacher Schülerinnen und Schüler. In: Zeitschrift für Heilpädagogik, 58. Jg., H. 8, 291–296.

Scherer, P. & Selter, C. (1996): Zahlenketten – ein Unterrichtsbeispiel für natürliche Differenzierung. In: Mathematische Unterrichtspraxis, 17. Jg., H. 2, 21–28.

Scherer, P., Krauthausen, G. & Nührenbörger, M. (2013): Entwicklungsprojekte und Aktivitäten der DZLM-Abteilung ‚Inklusion und Risikoschüler'. In: Greefrath, G., Käpnick, F. & Stein, M. (Hrsg.): *Beiträge zum Mathematikunterricht 2013*. Münster: WTM-Verlag, 1173–1176.

Schrader, F.-W. & Helmke, A. (2001): Alltägliche Leistungsbeurteilung durch Lehrer. In: Weinert, F.E. (Hrsg.), *Leistungsmessungen in Schulen*. Weinheim: Beltz, 45–58.

Souvignier, E. (2000): Förderung räumlicher Fähigkeiten. Trainingsstudien mit lernbeeinträchtigten Schülern. Münster: Waxmann.

Wember, F.B. (2013): Herausforderung Inklusion: Ein präventiv orientiertes Modell schulischen Lernens und vier zentrale Bedingungen inklusiver Unterrichtsentwicklung. In: Zeitschrift für Heilpädagogik, 64. Jg., H. 10, 380–388.

Wielpütz, H. (1998): Das besondere Kind im Mathematikunterricht – Anmerkungen aus der Sicht einer reflektierten Praxis, Beobachtung und Beratung. In: Peter-Koop, A. (Hrsg.): *Das besondere Kind im Mathematikunterricht der Grundschule. Peter Sorger zum 60. Geburtstag gewidmet.* Offenbach: Mildenberger, 41–58.

Winkeler, R. (1978): Differenzierung: Funktion, Formen und Probleme. 4. Auflage. Ravensburg: Maier.

Wittmann, E.C. (1985): Objekte – Operationen – Wirkungen: Das operative Prinzip in der Mathematikdidaktik. In: mathematik lehren, H. 11, 7–11.

Wittmann, E.Ch. & Müller, G.N. (2004): Das Zahlenbuch 1/2. Lehrerband. Leipzig: Klett.

Wocken, H. (1998): Gemeinsame Lernsituationen. Eine Skizze zur Theorie des gemeinsamen Unterrichts. In: Hildeschmidt, A. & Schnell, I. (Hrsg.): *Integrationspädagogik: Auf dem Weg zu einer Schule für alle.* Weinheim: Beltz, 37–52.

4. Teil:
Schulen und Regionen inklusiv entwickeln

Thomas Rihm

Umfassende Inklusion?! Anfragen an den aktuellen Schulentwicklungsdiskurs

Abstract
Inklusion avancierte nach der Unterschrift der Bundesregierung (2009) unter die UN-Behindertenrechtskonvention zum gesamtgesellschaftlichen Projekt. „Prinzipiell" akzeptiert, zeigen sich im Rahmen der Transformation vom Status der „Modellversuche" in die „Fläche" unerwartet ausgeprägte Vorbehalte. Um diesen auf die Spur zu kommen, wird zunächst der Frage nachgegangen, wie sich die flächendeckende Umsetzung der Inklusion zu einem Schulentwicklungsmainstream verhält, der in der Optimierung von Berechenbarkeit und Verwertbarkeit von Bildung die alternativlose Antwort auf PISA sieht. Dabei wird deutlich, dass mit der konsequenten Verfolgung der Optimierungsstrategie und dem Offensichtlichwerden der besonderen Ansprüche von Menschen, deren Lebens- und Lernverläufe nicht ohne weiteres vorbestimmbar sind, Komplexität und Grad der erzeugten Widersprüche im Schulsystem erheblich zunehmen. Letztlich bedarf der Optimierungsmodus einer Relativierung und Ergänzung durch einen zweiten Modus, der Fragen der Lebensführung thematisiert, soll eine umfassende Inklusion Realität werden.

1 Inklusion: Anspruch und Vorbehalte

Mit der Unterzeichnung der UN-Behindertenrechtskonvention (2009) wurde „in Deutschland folgerichtig eine fachliche und rechtspolitische Diskussion darüber ausgelöst, welche Elemente ein inklusives Bildungssystem ausmachen und mit welchen Maßnahmen diese Ziel erreicht werden kann" (Monitoring-Stelle 2012, 13). Damit deutet das Institut für Menschenrechte an, dass das gesamtgesellschaftliche Projekt einer Rahmung bedarf, die strukturelle Qualitätsmerkmale festlegt, mit Hilfe derer die Akteure ihr Handeln selbst spiegeln bzw. spiegeln lassen können. Der „Gemeinsame Unterricht" behinderter und nichtbehinderter Kinder stellt dabei *den* Kristallisationspunkt eines inklusiven Bildungssystems dar (ebd. 14ff.). Die Monitoring-Stelle des Instituts nennt dann auch folgende vier Eckpunkte[1], die die Entwicklungsrichtung von schulischen Institutionen skizzieren sollen:

- die *Verfügbarkeit*, also die Sicherung des Gemeinsamen Unterrichts aller Kinder in der Primar- und Sekundarstufe,
- die *Zugänglichkeit*, also der Rechtsanspruch auf eine inklusive, wohnortnahe und hochwertige allgemeine Bildungseinsrichtung,
- die *Akzeptierbarkeit*, also die Verpflichtung der relevanten staatlichen Träger, von der Vielfalt menschlicher Möglichkeiten auszugehen, diesbezüglich die Klassen zieldifferent und binnendifferenziert zu unterrichten, und Heranwachsende und Erziehungsberechtigte an den Entscheidungen zu beteiligen,
- die *Anpassungsfähigkeit*, also die wissenschaftsbasierte, stetige Evaluation der vereinbarten Zwischenschritte hin zur inklusiven Schule, um die fortschreitende Anpassung des Systems Schule an die Standards der Behindertenrechtskonvention zu gewährleisten; dies schließt die Lehrerinnen- und Lehreraus-, -fort- und -weiterbildung ein.[2]

Damit wird aus bürgerrechtlicher Sicht der Anspruch an Bildungssysteme systematisiert, die sich einer inklusiven Entwicklung von Schule verschreiben. Seine Grundlinien sind Anerkennung von Vielfalt, Partizipation aller Beteiligten und Fortschreibung institutioneller Verfasstheit entsprechend der UN-Behindertenrechtskonvention.

Die Absicht, die vier Eckpunkte zur Grundlage schulischen Entwicklungshandelns machen zu wollen, trifft in der konkreten Praxis auf eine komplexe Gemengelage. Ich möchte dies kurz am Beispiel des Projektes „Gemeinschaftsschule" der grün-roten Landesregierung in Baden-Württemberg (2012) verdeutlichen. Ab dem Zeitpunkt, an dem die politisch Verantwortlichen die „Gemeinschaftsschule" als neue Schulform auf den Weg gebracht hatten, verstärkte sich – insbesondere entlang des Leistungsbegriffs und der Qualität sonderpädagogischer Unterstützungssysteme – die bisherige Kontroverse um die künftige Entwicklung des Schulsystems im Südwesten um ein Vielfaches. Die Äußerungen der Akteure ließen Interessensgegensätze erkennen, von denen nicht involvierte Beobachterinnen und Beobachter annahmen, sie seien überwunden und Teil eines gelebten Konsenses. Die Reaktionen auf die Tatsache, Schule so entwickeln zu wollen, dass sie Lernenden quasi unter einem

---

[1] Weitere Informationen unter: www.institut-fuer-menschenrechte.de/monitoring-stelle/monitoring.html. Zugriff: 14.08.2014.

[2] Ausdrücklich wird die Einführung „menschenrechtsgestützter Indikatoren" gefordert, wie etwa der einer „Exklusions-Quote", der auch Schülerinnen und Schüler zuzuordnen sind, die eine Außen- oder Kooperationsklasse besuchen (ebd. 18).

„institutionellen Dach“ die Möglichkeit bietet, gemeinsam lernen und doch verschiedene Abschlüsse erwerben zu können, warf zahlreiche Fragen auf: Fragen des Verhältnisses zu den anderen Schulformen, zur künftigen Lehrerinnen- und Lehrerbildung, zu veränderten Unterrichtsprozessen und nicht zuletzt zur weiteren Entwicklung der je regional auszuprägenden Schullandschaft.

Um der Kontroverse eine sachliche Grundlage zu geben, wurde von gewerkschaftlicher Seite her indes die Wissenschaft als ein weiterer Akteur bemüht. Mit ihrer „Expertise zur Gemeinschaftsschule“ (2013) liefern Thorsten Bohl und Sibylle Meissner entsprechende forschungsbasierte Argumente. Sie heben hervor, dass insbesondere der demographische Faktor, aber auch die Forderung nach Inklusion aller Kinder und Jugendlichen eine Weiterführung des dreigliedrigen Schulsystems grundsätzlich in Frage stellt (ebd. 13f.). In der Expertise wird dann auch ein doppelter *Anspruch* an die Gemeinschaftsschule formuliert: Sie soll sich gegenüber dem Gymnasium behaupten können (was den Nachweis einer entsprechenden Abiturientenquote nach sich zieht), *und* sie soll die umfassende Inklusion aller Kinder ermöglichen (was den Nachweis einer entsprechenden sonderpädagogischen Expertise erfordert, die dem breitgefächerten Sonderschulwesen zumindest ebenbürtig ist). In der Folgediskussion zeigte sich bald, dass die gleichwertige Erfüllung *beider* Ansprüche große didaktische, organisatorische und professionsbezogene Schwierigkeiten bereiten sollte. Aufgrund des politischen Gegenwinds nahmen die Verantwortlichen schrittweise Abstand von der ursprünglichen Absicht, die Gemeinschaftsschule als Regelschule einzuführen.

An diesem Beispiel soll deutlich werden, wie „gut gemeinte“ Schulentwicklungsprojekte über widersprüchliche Anforderungen, an denen sie sich abzuarbeiten haben, schnell selbst zum Thema kontroverser Auseinandersetzungen werden können. Je mehr der bürgerrechtsbewegte Anspruch auf Inklusion aus dem Schutz- bzw. Schonraum der Modellversuche in die Fläche der Regionen überführt wird, werden entsprechend zunehmend *Widerstandsszenarien* öffentlich. Hans Wocken setzt sich mit den Einwänden dieser gesellschaftlichen Gruppen auseinander und resümiert: Auf der Bekenntnisebene würde Inklusion als gesamtgesellschaftliches Projekt einhellig begrüßt; auf Nachfragen allerdings knüpft ein beträchtlicher Teil der Befürworter ihre Zustimmung etwa an den gleichzeitigen Erhalt „seperater, eigenständiger Existenzformen [...]: eigene Lehrerausbildung, eigene Schulhäuser, eigene Standesorganisation und eigene Lehrerbesoldung“ (Wocken 2010, 26). Die berechtigte Frage etwa, wie die Güte aktueller sonderpädagogischer Expertise auch im Rahmen inklusiver Settings sichergestellt sein würde, wird „alternativlos“ an die Existenz sonderpädagogischer Institutionen geknüpft.

Entsprechend nehmen die politisch Verantwortlichen diese Stimmen auf und erhöhen dadurch (unbemerkt?) den Widerspruchsgrad.[3]
Den beispielhaften Widersprüchen und den damit verbundenen Widerständen hinsichtlich eines „im Prinzip" anerkannten gesellschaftlichen Modernisierungsprojekts wird im Folgenden nachgegangen, um zu bestimmen, warum Inklusion zur *Herausforderung* schulischer Entwicklung wurde und künftig wohl sein wird. Wobei die Herausforderungen „grundsätzlicher Art sind, d.h. sie betreffen die gesamte Institution; gehen also über oberflächliche Veränderungen hinaus und laden dazu ein, die Schule in ihren Grundformen zu hinterfragen" (Schwohl & Sturm 2010, 13).

2 Analysefolien: den Herausforderungen auf der Spur

Im Weiteren möchte ich zwei *Analysefolien* kurz erläutern, mit deren Hilfe ich eine erweiterte Sicht auf die Verhältnisse aktueller Konzeptionalisierung von Schulentwicklung ermöglichen möchte. Es sind dies eine *gesellschaftstheoretische*, wie von Jürgen Habermas vorgelegt, und eine *handlungstheoretische*, wie sie von Klaus Holzkamp ausgearbeitet wurde. Beiden Ansätzen ist gemeinsam, dass sie den Standpunkt menschlicher Entwicklung als einen gesellschaftlich vermittelten und historisch grundgelegten begreifen. Die Folien, wie ich sie verwende, zeichnen sich dadurch aus, dass sie kategorial angelegt sind. Die *Kategorien* sind Grundbegriffe, die *inhaltlich-fundierte Strukturaussagen* machen. Ihre Funktion ist die Bereitstellung eines transparenten Begriffssystems, mit dessen Hilfe wiederum Theorien bzw. Konzepte einer Analyse hinsichtlich „des beanspruchten und des tatsächlichen Erkenntniswertes" ihrer Argumentationslinien unterzogen und ggf. einer Reinterpretation zugänglich gemacht werden können (Holzkamp 1985, 518ff). Ziel ist es, „Verkürzungen, Vereinseitigungen, Reduzierungen, Mystifikationen" insbesondere der Ansätze herauszuarbeiten, die den schulpädagogischen Diskurs aktuell formieren (ebd.).

---

3 Im Falle des Reformprojektes der politisch Verantwortlichen in Baden-Württemberg wird genau dieser Forderung nach Erhalt von institutionellen Parallelstrukturen entsprochen, wohlwissend, wie organisationsintensiv und, gebunden an die Ressourcenfrage, damit auch kostenintensiv dies ist. In den gerade veröffentlichten „Eckpunkten zur Inklusion" (2014) wird einerseits deutlich gemacht, dass „Inklusion alle Schularten" betrifft, anderseits aber der Bestand der Sonderschulen garantiert wird, mit der Auflage versehen, dass sich die Sondereinrichtungen weiterzuentwickeln hätten – was die Öffnung hin zu Kindern ohne Behinderung mit einschließe. An eine Überwindung des Sonderschulsystems im Zuge des Ausbaus der Gemeinschaftsschule ist nicht (mehr) gedacht. Eckpunkte unter: http://www.km-bw.de/,Lde/Startseite/Service/Eckpunkte+zur+Inklusion. Zugriff: 08.08.2014.

Jürgen Habermas (2011) legt im Rahmen seiner „Theorie Kommunikativen Handelns“ eine gesellschaftstheoretische Analyse vor, die den historischen Stand gesellschaftlicher Entwicklung als zunehmende „soziale Evolution“ begreift, der die „Entkoppelung“ eines Systems sozialer Institutionen (Wissenschaft, Technik, Ökonomie, Bürokratie etc.) von der Lebenswelt (Kultur, Sozialität, Persönlichkeit) voranbringt, wobei sich *System und Lebenswelt* nicht nur voneinander weg entwickeln, sondern auch jeweils selbst Differenzierungsprozessen unterliegen (ebd. Bd. 2, 229ff.). System und Lebenswelt differenzieren sich, indem einerseits die Komplexität des Systems und andererseits die Rationalität der Lebenswelt wachsen. Insbesondere unterscheiden sich beide Dynamiken strukturell in der Art und Weise, *wie* die stattfindenden bzw. intendierten Handlungen miteinander in Beziehung gesetzt werden: Systembezogene Handlungskoordination hat instrumentellen bzw. zweckrationalen Charakter; Handlungen in der Lebenswelt werden in der kommunikativen Dimension intersubjektiver Verständigung miteinander verschränkt. Aktuell, so Habermas, bestehe nun die Gefahr, dass die funktionale Systemintegration, die auf „Geschäftsfähigkeit“ der Individuen zielt, zunehmend, über die Medien Geld und Macht, die diskursorientierte Sozialintegration, die auf Sinnkonstitution aus ist, „kolonialisiert“. Insbesondere in öffentlichen Institutionen, hier Schule, verläuft die Nahtstelle, an der die sich widersprechenden Handlungskoordinationsmodi aufeinanderstoßen. Dem daraus entstehenden *Zielkonflikt* kann sich Schule nicht ohne weiteres entziehen; Spielräume, ihn angemessen zu bearbeiten, sind gegeben: Schulische Institutionen können Erwartungen aus den Systemen bzw. Lebenswelten bis zu einem gewissen Grad verlängern, zurückweisen oder miteinander vermitteln (vgl. ebd. Bd. 2, 275).

Klaus Holzkamp (1985/1995) thematisiert die Frage nach der *Handlungsfähigkeit* der Beteiligten angesichts je eigener Involviertheit im Rahmen widersprüchlicher institutioneller Erscheinungsformen. Seine funktional-historischen Analysen haben die Entstehung und Differenzierung des Psychischen angesichts der gesellschaftlichen Vermitteltheit individueller Existenz zum Gegenstand. Dabei arbeitet er heraus – und dies ist die Kernaussage meiner zweiten Analysefolie –, dass Menschen sich grundsätzlich ins Verhältnis zu den äußeren Gegebenheiten setzen können, müssen und wollen. Denn äußere Bedingungen sind, aufgrund des gesellschaftlichen Entwicklungstandes, als Handlungs*möglichkeiten* zum Zwecke der Erweiterung individueller Lebensverhältnisse von Interesse. Als verallgemeinerte Bedeutungen „bedingen“ sie nicht per se individuelles Handeln, sondern gehen „lediglich“ als Prämissen in die Generierung von Handlungs*begründungen* mit ein (vgl. Holzkamp 1995, 29). Damit wird eine *Optionalität* im Umgang mit gesellschaftlichen Bedeutungen hervorgehoben, die zentral für das Verständnis des Subjektstandpunkts ist. Lernen ist dann eine Besonderung von Handeln, die von den Subjekten ergriffen wird, wenn sie ihre intendierten Handlungsvornahmen nicht adäquat realisieren können, dies aber wollen. Lernsubjekte haben hierbei eine „Doppelte Handlungsmöglichkeit“: Sie können sich, mit Blick auf die Gegebenheiten, zu diesen *defensiv* verhalten, indem sie etwa durch halbherziges Mitmischen, vortäuschende Lernhaltungen, geschicktes Umgehen von Anweisungen etc. Lernanforderungen zu bewältigen versuchen, oder im Rahmen dieser Gegebenheiten *expansiv* handeln, etwa dadurch, dass sie die mit dem Lernen verbundenen Widersprüche zum Thema machen, die Lernproblematiken als sinnunterlegt übernehmen, erforschend in die Tiefe des Lerngegenstands vordringen etc. (vgl. ebd. 191). Allerdings: Die Lebensinteressen, die hier die Bezugsgpunkte für die jeweiligen Begründungsfiguren darstellen, liegen nicht immer auf der Hand. Angesichts der Standpunktgebundenheit meiner jeweiligen Lebensperspektive wird der *intersubjektive Kern* meiner Handlungsvornahmen deutlich: Um mich über je meinen Standpunkt, meine Sicht der Dinge, meine Intentionen, meine Verantwortlichkeiten etc. vergewissern zu können, brauche ich schlicht die Perspektiven anderer Standpunkte. Dies gilt in gleicher Weise für die Identifizierung bzw. Veränderung einschränkender bzw. behindernder Verhältnisse, die sich in den Gegebenheiten vergegenständlichen. Verständigungsszenarien werden dann zum Ausgangspunkt für die Beantwortung der Frage, wie ich mein Leben aktuell führe bzw. wie ich es künftig führen möchte. *Kooperative Selbstverständigung* über je meine Lebensführung in Bezug zu den Lebensführungen anderer ist dann der Kristallisationspunkt subjektiver Entwicklung von Weltbeziehungen angesichts der gesellschaftlichen Vermitteltheit allen Handelns (vgl. Holzkamp 1985, 372).

Um nun eine Antwort auf meine Ausgangsfrage zu finden, warum Inklusion eine fundamentale Herausforderung für die aktuelle Schulentwicklung darstellt, lege ich im Weiteren gewissermaßen beide Analysefolien übereinander – dies verbunden mit der Absicht, entlang der genannten Kategorien

- „System“ und „Lebenswelt“ mit den entsprechenden Handlungskoordinationsmodi „zweckrational“ bzw. „verständigungsorientiert“ (Analysefolie 1) und
- „Verständigung“ und „Lebensführung“ mit den Handlungsmöglichkeiten „defensiv“ und „expansiv“ (Analysefolie 2),

verbunden mit den jeweiligen erkenntnisleitenden Fragen:

- „Wie vermitteln schulische Institutionen aktuell den Zielkonflikt?“
- „Inwiefern findet der Subjektstandpunkt im Rahmen der vorherrschenden institutionellen Lösungsvariante Berücksichtigung?“

eine größere Tiefenschärfe hinsichtlich des skizzierten Untersuchungsgegenstands zu erhalten.

3 Optimierung: Schulentwicklung nach PISA

Im Nachgang zum „PISA-Schock“ setzte eine Reformdynamik ein, die, flankiert von der Bertelsmann-Stiftung, im bundesdeutschen Bildungswesen sowohl von der Intensität als auch von ihrer Verbreitung her überraschte. Allen Einsprüchen (Radtke et. al. 2005) zum Trotz wurde eine spezifische Sichtweise von dem, was als Konsequenz aus den negativen Ergebnissen zu ziehen sei, zum Mainstream der Schulentwicklungsszene. Ausgehend von den Indikatoren der Organisation für wirtschaftliche Zusammenarbeit und Entwicklung (OECD), die der Konstruktion der PISA-Studie zugrunde lagen, gefördert durch das Bundesministerium für Bildung und Forschung (BMBF), sollte eine renommierte Forscherinnen- und Forschergruppe um Eckhard Klieme eine Expertise „Zur Entwicklung nationaler Bildungsstandards“ (i.W. „Klieme-Expertise“, 2005/2007) erstellen. Das Ergebnis dieser Studie wiederum wurde Grundlage aller weiteren bildungspolitischen Entscheidungen – insbesondere bezog sich die Konferenz der Kultusministerinnen und -minister der Bundesländer in ihrer bisherigen Arbeit auf diese Expertise (KMK 2010).

Im Weiteren möchte ich die *drei Grundlinien* (OECD, Klieme-Expertise, KMK) dieses bereits breit implementierten Bildungsverständnisses skizzieren, um dann die Frage zu erörtern, in welchem Verhältnis dieses zu den Ansprüchen steht, die im Rahmen der Inklusionsdebatte vorgetragen werden: Auf der Suche nach einer

> „effektiven Bildungspolitik, die auf wirksame Art und Weise die sozialen und wirtschaftlichen Aussichten des Einzelnen verbessert, Anreize für eine größere Effizienz bei der Bildungsvermittlung bietet und dazu beiträgt, Ressourcen zur Bewältigung der steigenden Bildungsnachfrage zu mobilisieren, lenken die Regierungen ihre Aufmerksamkeit in verstärktem Maße auf internationale Vergleiche“ (OECD, Bildung auf einen Blick 2011, 3).

Die *OECD* sieht sich hier in der Pflicht, international vergleichbare Indikatoren quantitativer Art bereitzustellen, die es den „politischen Entscheidungsträgern als auch den im Bildungswesen Tätigen“ ermöglicht, „das eigene Bildungssystem im Licht der Leistungsfähigkeit anderer Länder zu betrachten“ (ebd. 3). Entsprechend werden jährlich über das Medium „Bildung auf einen Blick“ Indikatoren benannt und fortgeschrieben, die unterschiedlichen gesellschaftlichen Akteuren aus Wissenschaft, Politik und Öffentlichkeit

Grundlage für weitergehende Analysen, Entscheidungen und Beobachtungen sind.

> „Die Veröffentlichung untersucht die Qualität der Lernergebnisse, die politischen Ansatzpunkte und Bedingungen, die die Bildungserfolge beeinflussen, und die (...) individuellen und gesellschaftlichen Erträge von Investitionen in Bildung" (ebd. 3).

Künftig sollen auch die Felder Lehrerinnen- und Lehrer- sowie Erwachsenenbildung in den Überblick eingearbeitet werden.
Wie kann auf der Grundlage dieses Verständnisses von Funktion, Ausformung und Qualität eines (übernational gedachten) Bildungssystems das deutsche Bildungssystem effektiver bzw. effizienter werden? Die Autoreninnen und Autoren der *Klieme-Expertise* (2005/2007) identifizieren zwei Ansatzpunkte, die in ihrer Funktion als Referenzsystem einer Umsteuerung des Bildungswesens zugrunde liegen sollten: zum einen müssten die Beteiligten eine bessere Orientierung darauf bekommen, worauf es insbesondere ankommt, und zum anderen müssten die erbrachten Leistungen besser miteinander verglichen werden können (ebd. 9f.). Es bedarf also einer Bezugsgröße, die *verbindlich* für alle ist und Messbarkeit ermöglicht. Für die Forscherinnen- und Forschergruppe stellen *Bildungsstandards* solche Bezugsgrößen dar, anhand derer die „Sicherung und Steigerung der Qualität schulischer Arbeit" bestimmt werden kann (ebd. 9).

> „Bildungsstandards benennen präzise, verständlich und fokussiert die wesentlichen Ziele der pädagogischen Arbeit, ausgedrückt als erwünschte Lernergebnisse der Schülerinnen und Schüler" (ebd. 9).

In der Umsetzung sind dann Freiräume vorgesehen, die den Beteiligten einen situativen Zuschnitt der Vorgaben in Aussicht stellt. Ausführlich wird in den letzten Kapiteln die „Infrastruktur" dargestellt, die notwendig ist, um die Implementierung dieses Systems aufeinander abgestimmter Versatzstücke zu sichern: Kompetenzmodelle, Aufgabenpools, Testverfahren, Evaluationsszenarien, Vergleichsarbeiten etc. Es geht also um mehr als Reformkosmetik: Es geht um die Einleitung einer grundsätzliche Wende.
„Wurde unser Bildungssystem bislang ausschließlich durch den Input gesteuert", wird der *Output* nun

> „zum entscheidenden Bezugspunkt für die Beurteilung des Schulsystems und für die Maßnahmen zur Verbesserung und Weiterentwicklung. Diese Outputsteuerung lässt sich zugleich zwanglos mit einem gewandelten Verständnis staatlicher Steuerung verbinden, wie es auch in anderen Bereichen der Gesellschaft zu beobachten ist" (ebd. 12).

Freiräume für die Einzelschulen bei der Umsetzung unterhalb der verbindlichen Vorgaben sind vorgesehen.
Die „Nutzung der Bildungsstandards für die Unterrichtsentwicklung" nimmt sich folgerichtig die *Kultusministerkonferenz* (KMK 2010) vor. Mit ihrer Konzeption versucht sie, die Konsequenzen aus der Klieme-Expertise bundesländerübergreifend zu bestimmen und auf die Ebene des Unterrichts zu übertragen. Mit der Formulierung operationalisierter Kompetenzerwartungen in den Bildungsstandards werden Verbindlichkeiten für die Länder wie für die Schulen bzw. die Klassen festgelegt und zugleich Gestaltungsfreiräume eröffnet (vgl. ebd. 7). Dabei erkennen die Kultusministerinnen und -minister an, „dass Qualität von Schule und Bildung immer mehr sein muss als die Erhebung von erworbenen Kompetenzen" (ebd. 5); sie betonen aber zugleich:

> „Gerade weil die Schulwirklichkeit immer höhere Anforderungen an die Lehrkräfte stellt, sollten die Möglichkeiten einer inhaltlichen Orientierung an den Bildungsstandards und die Nutzung von empirischen Daten verschiedener Testverfahren zur Verbesserung der Unterrichtsqualität konsequent genutzt werden" (ebd. 5).

„Messen" und „Entwickeln" sind aus der Sicht der KMK zwei miteinander verbundene Funktionen von Bildungsstandards, die konstitutiv für die angestrebte Verbesserung des Bildungswesens (ebd. 9) sind. „Unterrichtsqualität" als messbare und entwickelbare Größe ist dann auch der Kristallisationspunkt der Neuorientierung im Schulwesen. Der „Gute Unterricht" wird machbares Ziel; Lehrerinnen und Lehrer sind die Garanten der notwendigen Prozesssteuerung hin zur Zielerreichung. Dieses Grundverständnis soll Länderkooperationen erleichtern und das Bildungsmonitoring verstärken. Ein verbindliches *Berichtswesen* soll für Transparenz hinsichtlich der Realisierung der verbindlich festgelegten Ziele in den Bundesländern sorgen.
Bezugnehmend auf die beiden Analysefolien und die damit verbundenen Fragestellungen (siehe Abschnitt 2) kann auf der Grundlage der drei skizzierten gesellschaftlichen Aktionsfelder nun folgende Reinterpretation vorgenommen werden:

- Zu Frage 1: Verbindliche Vorgaben, strukturierte Beobachtung der Prozesse und Technologien zur Sicherung der erwarteten Ergebnisse weisen darauf hin, dass der *Systemseite* (Ökonomie, Wissenschaft, Politik) strukturell ein Vorrang vor der lebensweltlichen eingeräumt wird. Bildung wird damit als verbindlich durchzusetzende *Vermittlung* von kompetenzbasierten Standards verstanden, die das Ziel hat, den Grad der „Geschäftsfähigkeit" der Heranwachsenden für zweckrational strukturierte Bereiche gesellschaftlichen Handelns zu *optimieren*. Auf die Tatsache, dass mittlerweile verschiedene Lerntheorien Lernen als selbstgesteuerten Prozess begreifen, wird mit der Öffnung der Umsetzungsprozesse unterhalb der Vorgaben geantwortet. Der Lernprozess wird gewissermaßen „modernisiert". Effektiver bzw. effizienter Ressourceneinsatz ist dann zwangsläufig mitgedacht. Die Anordnung zielt auf die Erzeugung von *Gewissheiten*, Erwartbarkeiten und Vergleichbarkeit im Horizont von Kosten-Nutzen-Analysen. Erfolg oder Misserfolg von Bildungssystemen werden mit Hilfe internationaler Indikatoren festgestellt, deren Implementierung auf je eigenen Bildungstraditionen wenig Rücksicht nimmt.

- Zu Frage 2: Die Beteiligten erhalten über diese institutionelle Anordnung immerhin Orientierung, im Sinne einer Transparenz über die Anforderungsseite, können auf einen relativ verlässlichen Pool von Unterstützungen zugreifen und ihre Leistungen mit verschiedenen Referenzflächen vergleichen. Sich aber begründet ins Verhältnis zu diesen Anforderungsinventaren zu setzen, weil etwa vom Standpunkt der Beteiligten aus gesehen zu wenig Raum für Lebensführungsfragen vorgesehen ist, kann aber zur Folge haben, dass dieser Verständigungswunsch von Seiten der Verantwortlichen für die Durchsetzung des Entwicklungsszenarios als zu beseitigende „Störung" interpretiert wird. Denn Verständigungsszenarien tragen das Potenzial in sich, Ungewissheiten zu erzeugen (was die Einhaltung der Pläne, der Zeiten, der Ergebnisse etc. betrifft), die es im Rahmen dieses Modus (eigentlich) zu minimieren gilt – was die Trift der Beteiligten hin zu defensiven Haltungen fördert. Der Subjektstandpunkt, so könnte man mit Klaus Holzkamp (1995, 385ff.) formulieren, ist in diesem Modus in besonderem Maße „entöffentlicht", gewissermaßen in die „Falten der Institution" abgedrängt – dorthin, wo die widerständigen Lernsubjekte den auf Perfektion ausgelegten Mess- und Entwicklungsszenarien nicht im Wege stehen.

Zusammenfassend: In der Zusammenschau ergibt sich ein von der Ökonomie initiiertes, von Teilen der Wissenschaft fundiertes und von der Politik realisiertes spezifisches Verständnis der Entwicklung von Schule. Die Indikatoren der OECD und das damit verbundene Bildungsmonitoring, die Bestimmung kompetenzbasierter Bildungsstandards als Bezugsgrößen für die Qualitätsentwicklung im Rahmen der Klieme-Expertise und die Implementierung der Einheit von „Messen" und „Entwickeln" als Kern fortschreitender Unterrichtsentwicklung durch die KMK stellen einzelne, logisch miteinander verbundene „Module" dar, die ein relativ stringent aufeinander abgestimmtes „Betriebssystem" der *kontrollierten Steuerung* (Input, Prozesse, Output) des Schulsystems konfigurieren. Dieses Betriebssystem hat die *Berechenbarkeit* wirtschaftlicher und sozialer Entwicklung zum Ziel. Im Weiteren wird es als „Modus der gesteuerten Vermittlung" bezeichnet.

4 Veränderungen: Halbierte oder umfassende Inklusion?

Zeitversetzt zur Implementierung des optimierten Modus treten die Forderungen im Rahmen der UN-Behindertenrechtskonvention auf den Plan (2009). *Inklusion* wird zum gesamtgesellschaftlichen Projekt und damit der *Einbezug aller Heranwachsenden in eine Schule vor Ort im Rahmen gemeinsamen Unterrichts* (siehe Abschnitt 1) politischer Wille. Den allgemeinbildenden Schulen wachsen in Folge junge Menschen zu, die wegen der Reichweite ihrer Handlungsmöglichkeiten, wegen der Unbestimmbarkeit ihrer Lebensperspektiven, wegen der Andersartigkeit ihrer Lebensführungen, wegen der Besonderheit ihrer Lebenslagen, wegen ihres erheblichen Unterstützungsbedarfs etc. die *Komplexität* der schulischen Verhältnisse derart erhöhen, dass *Anfragen* an das gerade erneuerte schulische Betriebssystem unausweichlich werden: Wer stellt die Unterstützungsressourcen bereit, die Voraussetzung dafür sind, dass Lernen überhaupt erst möglich wird? Inwieweit lassen sich die Kompetenzinventare den Bedürfnissen der erweiterten Schülerinnen- und Schülerschaft anpassen? Wie wird mit gravierenden Unterschieden in den Lerntempi umgegangen? Wie wird vehementen Widerständen begegnet, die sich gegen die geforderten Arbeitsrituale richten und nicht einfach durch erzieherische bzw. verhaltensmodifikatorische Maßnahmen aufzulösen sind? Welche Antworten gibt es angesichts von ungewohnten Praxen des Sprechens, die die gewohnten Kommunikationsformen in Frage stellen? Wie soll man Ansprüche an ein spezifisches Niveau von Schulabschlüssen rechtfertigen, wenn ein bestimmter Anteil diesem auch bei optimaler Unterstützung nicht entsprechen kann? etc.

Derartige Anfragen, die auf ein umfangreiches Potenzial an *Ungewissheiten* verweisen, stellen den auf Funktionalität ausgelegten Modus „gesteuerter Vermittlung“ vor eine *Belastungsprobe*: Mit der Zunahme der Vielfalt der Ansprüche an die schulische Institution steigt der Komplexitätsgrad der abzuarbeitenden Aufgaben und damit die Erwartungen an die Qualität (sonder-)pädagogischen Handelns und den Umfang bereitzustellender Ressourcen. Reichen die Spielräume, die das Betriebssystem vorsieht aus? Lässt sich ggf. der Modus so umstrukturieren, dass ein Mindestmaß an Unsicherheiten möglich wird? Oder bedarf es einer zusätzlichen Perspektive, die mit dem Modus zu vermitteln ist? Was, wenn keine für die Beteiligten (Lernende, Eltern, Lehrende etc.) akzeptable Lösungsvariante deutlich wird?

Aus der Sicht dieser Studie lassen sich zumindest *zwei Szenarien* ableiten, die je unterschiedliche Konsequenzen bzgl. der aufgeworfenen Fragen nach sich ziehen:

- Szenario 1: Die Komplexität, die durch Inklusion erzeugt wird, wird auf der Ebene zu bearbeiten versucht, auf der bisher schon Freiheitsgrade vorgesehen sind: auf der Ebene der Unterrichtstechnologien. Selbststeuerungsangebote könnten durch stärkere Binnendifferenzierung und entsprechende Diagnostik den Grad der Passung der verbindlich vorgegebenen Kompetenzinventare mit der Vielfalt der Lernausgangslagen verbessern. Da diese *technologische Nachsteuerung* zwar einem gewissen Anteil der Lernenden mit besonderem Unterstützungsbedarf entgegenkäme, aber eben nicht alle Heranwachsenden erreichen würde, muss von einer *Spaltung der Gruppe* von Lernenden in Untergruppen ausgegangen werden: In Lernende, die in den allgemeinbildenden Bereich inkludiert, die in Teillösungen beschult bzw. die ausschließlich in Sondereinrichtungen verbleiben würden. Das institutionelle Strukturproblem würde als Problem einzelner Personen umgedeutet und diesen als Eigenschaft zugeschrieben (vgl. „Vereigenschaftung“ bei Klaus Holzkamp). Hiergegen wendet sich die Monitoring-Stelle (siehe Abschnitt 1), wenn sie fordert, Außenklassen bzw. Kooperationsklassen nicht als Inklusionsklassen anzusehen, sondern die Lernenden dieser Beschulungsformen einer geforderten „Exklusionsquote“ zuzurechnen. Das Komplexitätsproblem technologisch zu lösen, stellt so gesehen eine *Halbierung der Inklusion* dar, die den Vorrang von zweckrationalen Imperativen in der aktuellen Lösungsvariante des institutionellen Zielkonflikts nicht überwindet, sondern als vordergründige „Befriedungstechnologie“ fungiert.[4] Dies fördert „latent-strategisches Handeln“ (Habermas), das den Grad an Widersprüchen und Widerständen nochmals erhöht.
- Szenario 2: Die relative Hermetik des Modus „gesteuerte Vermittlung“ kann deutlich werden, indem eine zweite Perspektive in die Schulentwicklungsdebatte eingeführt und dem aktuellen Modus gegenübergestellt wird: die Perspektive des Subjektstandpunktes. Über die mit dem Personenkreis verbundenen spezifischen Fragestellungen (s.o.) wird das *schulische Angebot* selbst zum Thema. Die Passung mit den Lebenswirklichkeiten von Lernenden mit besonderen Lernbiografien rückt dann in den Mittelpunkt der Begründungen von Unterricht. Dabei kann es zu einem qualitativen Schwenk hin zu der Frage kommen, welche Bedeutung dem zweckrational basierten Bildungsarrangement im Horizont je eigener Lebensführung der

---

[4] Im Falle des eingangs angesprochenen Schulentwicklungsprojekts „Gemeinschaftsschule“ konnte der „doppelte Anspruch“, sich einerseits dem Gymnasium mit seiner per se stark zweckrational ausgerichteten Handlungspraxis gegenüber behaupten zu können *und* gleichzeitig die umfassende Inklusion aller Kinder zu ermöglichen, (noch) nicht umfassend eingelöst werden.

lernenden Subjekte zukommt: Wenn ich mich aufgrund meiner besonderen Lebenssituation nur wenig an den verbreiteten, gesellschaftlich angebotenen Lebensentwürfen orientieren kann, muss ich mich sozusagen selbst (in Austausch mit den Perspektiven anderer) entwerfen – muss Raum für *expansives* Lernen erhalten oder einfordern, damit ich mich nicht genötigt sehe, defensive Lernhaltungen einnehmen zu müssen. (Selbst-)*Verständigung* ist dann der notwendige kooperative Prozess, im Rahmen dessen ich mich, andere mich bzw. ich andere kennen*lerne*; d.h. es mir mehr und mehr gelingt, die Facetten zu erkennen, wie ich mein Leben aktuell (mit all seinen Nebenfolgen auch für andere) führe, führen kann bzw. künftig führen möchte und welchen Stellenwert schulische Kompetenzinventare dabei einnehmen. Dazu bedarf es organisatorisch abgesicherter Teilhabe-Räume, in denen den Lernenden die Verfügung über die Themen, Zeiten, Abschlüsse etc. möglich wird, im Rahmen derer Lernende als Initiatorinnen und Initiatoren und Lehrende als Resonanzgeberinnen und -geber bzw. Moderatorinnen und Moderatoren fungieren (Rihm 2014b, 452).

Das zweite Szenario zu realisieren hieße, den Modus „Gesteuerte Vermittlung" durch einen zweiten Modus „Diskursiver Verständigung" herauszufordern (Rihm 2014a). Das würde insbesondere das Diktum der *Verbindlichkeit* von Input und Output (und der damit verbundenen Kontrolltechniken) zum Thema machen. Zu klären wäre hierbei die Frage, ob sich die eingegebenen und am Ende erwarteten Daten (Standards, Kompetenzen, Lernszenarien etc.) soweit relativieren ließen, dass sie als *Orientierungsdaten* fungieren würden, über die es den Lernenden möglich wäre, selbst zu verfügen. Diese Relativierung setzt letztlich die Anerkennung des Subjektstandpunkts voraus und bedeutet die Zurückweisung, zumindest aber die Begrenzung des Vorrangs außerpädagogischer Interessen (Ökonomie, Wissenschaft, Politik etc.) an den Ergebnissen schulischer Bildung. Schulische Bildung dient dann zuallererst dem Aufbau von Weltbeziehungen, der von den *Ler*nenden ausgeht und von den *Leh*renden moderiert wird. Diskursive Sinnkonstitution, als Funktion von schulischer Bildung, wäre dem zweckrational orientierten Aufbau von Geschäftsfähigkeit *vor*geordnet. Die beiden Modi blieben dennoch dialektisch miteinander verschränkt, weil transparente Orientierungsstrukturen unbestritten eine wichtige Voraussetzung für Reflexion und Gestaltung gelingender Lebensführung darstellt (vgl. Rihm & Häcker 2007, 200). Auf eine derartige Vermittlung beider Modi könnte – in einem *zweiten Schritt* – eine *Transformation* der sonderpädagogischen Expertise in das allgemeinbildende Schulsystem folgen – und damit eine Überwindung paralleler Strukturen (mit all

ihren Schnittstellenproblematiken) von allgemeinbildenden und sonderpädagogischen Systemen angegangen werden.
Mit der produktiven Implementierung beider Modi in die Schulentwicklungsforschung und -debatte kann die scheinbare Alternativlosigkeit der „Kraft des vergleichenden Maßes" (Graupe & Krautz 2014, 143) aufgedeckt, seine Einseitigkeit entmystifiziert und darüber einer Halbierung der Inklusion entgegengewirkt werden. Inklusion fordert so gesehen eine abermalige *qualitative* Erneuerung des gerade erst erneuerten Schulsystems heraus. Und das böte ausreichend Anlass, der Schulentwicklungsdebatte erneut Dynamik zu verleihen …

Literatur

Bundesministerium für Bildung und Forschung (BMBF), Referat Bildungsforschung (Hrsg.) (2011): Bildung auf einen Blick. OECD-Indikatoren. Bonn/Berlin. Online unter: https://www.phil-fak.uni-duesseldorf.de/fileadmin/Redaktion/Institute/Sozialwissenschaften/BF/Lehre/WiSe11_12/Einfuehrung_i_d_sozwiss_Bildungsfroschung/bildung-auf-einen-blick-2011-oecd-indikatoren.pdf. Zugriff: 14.08.2014.

Bundesministerium für Bildung und Forschung (BMBF), Referat Bildungsforschung (Hrsg.) (2005/2007): Zur Entwicklung nationaler Bildungsstandards – Eine Expertise. Bonn/Berlin. Online unter: www.bmbf.de/pub/zur_entwicklung_nationaler_bildungsstandards.pdf. Zugriff: 14.08.2014.

Bohl, Th. & Meissner, S. (2013): Expertise Gemeinschaftschule. Forschungsergebnisse und Handlungsempfehlungen für Baden-Württemberg. Weinheim [u.a.]: Beltz Iuventa.

Graupe, S. & Krautz, J. (2014): Die Macht der Messung. Wie die OECD mit PISA ein neues Bildungskonzept durchsetzt. In: COINCIDENTIA – Zeitschrift für europäische Geistesgeschichte. Beiheft 4: Schwaetzer, H., Hueck, J. & Vollet, M. (Hrsg.): *Der andere Blick: Fragendes Denken zum theoretischen Rahmen der empirischen Bildungsforschung.* Kueser Akademie, Bernkastel Kues, 139–146.

Habermas, J. (2011): Theorie des kommunikativen Handelns. 2. Bd. 8. Auflage. Frankfurt: Suhrkamp.

Holzkamp, K. (1985): Grundlegung der Psychologie. Studienausgabe. Frankfurt a.M.: Campus.

Holzkamp, K. (1995): Lernen. Subjektwissenschaftliche Grundlegung. Studienausgabe. Frankfurt a.M.: Campus.

Monitoring-Stelle des Instituts für Menschenrechte (2012): Eckpunkte der Monitoring-Stelle zur Un-Behindertenrechtskonvention zur Verwirklichung eines inklusiven Bildungssystems (Primarstufe und Sekundarstufe I und II). In: Moser, V. (Hrsg.): *Die inklusive Schule. Standards für die Umsetzung.* Stuttgart: Kohlhammer, 13–20.

Radtke, F.-O. u.a. (2005): Das Bildungswesen ist kein Wirtschaftsbtrieb – Fünf Einsprüche gegen die technokratische Umsteuerung des Bildungswesens. Frankfurt a.M.. Online unter: http://www1. uni-frankfurt.de/fb/fb04/download/Thesen10.pdf. Zugriff: 14.08.2014.

Rihm, Th. (2014a). Schule verändern: Inklusion und der Subjektstandpunkt. In: Allespach, M. & Held, J. (Hrsg.): *Handbuch Subjektwissenschaft. Ein emanzipatorischer Ansatz in Forschung und Praxis. Frankfurt a.M.: Bund-Verlag, 384–395.*

Rihm, Th. (2014b) (Hrsg.): Teilhaben an Schule. Über die Chancen wirksamer Einflussnahme auf Schulentwicklung. 2. Erweiterte Auflage. Wiesbaden: Springer-VS.

Rihm, Th. (2013): Vermitteln und Verständigen? In: Jäggle, M. u.a. (Hrsg.): *Kulturen der Anerkennung*. Baltmannsweiler: Verlag Schneider Hohengehren, 175–190.

Rihm, Th. & Häcker, Th. (2007): Nachhaltig Lernen angesichts normierender Standards und faktischer Vielfalt. In: Pädagogische Rundschau, 61. Jg., H. 2, 199–210.

Schwohl, J. & Sturm, T. (2010): Inklusion als Herausforderung schulischer Entwicklung. In: Schwohl, J. & Sturm, T. (Hrsg.): *Inklusion als Herausforderung schulischer Entwicklung. Widersprüche und Perspektiven eines erziehungswissenschaftlichen Diskurses.* Bielefeld: Transscript, 13–26.

Sekretariat der Ständigen Konferenz der Kultusminister der Länder in der Bundesrepublik Deutschland (2010): Konzeption der Kultusministerkonferenz zur Nutzung der Bildungsstandards für die Unterrichtsentwicklung. Köln: Wolter Kluver. Online unter: http://www.kmk.org/fileadmin/veroeffentlichungen_beschluesse/2010/2010_00_00-Konzeption-Bildungsstandards.pdf. Zugriff: 14.08.2014.

Wocken, H. (2010): Über Widersacher der Inklusion und ihre Gegenreden – Ein Essay. In: Das Parlament. Beilage: Aus Politik und Zeitgeschichte, Thema: Menschen mit Behinderungen, Nr. 23, 07.06.2010, 25-31.

Christine Demmer

Inklusion im Blick? Zu inklusiven Orientierungen im Leitbild von guter Schule des Schulverbunds Blick über den Zaun

Abstract

Der Beitrag fragt nach der Vereinbarkeit des Leitbilds einer guten Schule des Schulverbunds Blick über den Zaun (BüZ) mit den Vorstellungen von inklusiver Schule, kurz: Wie inklusiv ist das Leitbild des BüZ? Es zeigt sich eine große Schnittmenge zwischen Ansprüchen an eine inklusive Schul- und Unterrichtskultur und den vom BüZ entwickelten Standards für eine gute Schule, die insbesondere in der Ausrichtung auf individualisierte und demokratische Unterrichtsformen begründet liegt. Zwar weisen die Standards ein überwiegend abstraktes Niveau auf, denn sie liefern keine detaillierten Hinweise z.B. für die Organisation von sonderpädagogischer und regulärer Förderung von Kindern mit und ohne Behinderung. Gerade aber durch seinen impliziten inklusiven Gehalt im Hinblick auf Unterricht und Schulleben besitzt das Leitbild ein eigenes Potenzial und stellt einen geeigneten Rahmen für inklusive Schulentwicklung dar.

1 Einleitung

Die Frage nach der bestmöglichen gemeinsamen Unterrichtung vieler (verschiedener) Kinder ist nicht neu. Vielmehr beschäftigt sie die Pädagogik oder einzelne Pädagoginnen und Pädagogen seit den Anfängen der sich in der Neuzeit zunehmend etablierenden Schulpflicht in unterschiedlicher Intensität und mit unterschiedlichen Begründungs- und Lösungsansätzen. Gleichwohl hat sich in Deutschland eine hochgradig selektive, auf Homogenität gerichtete Schulorganisation etabliert – Wocken spricht bildhaft von einem waltenden „Homogenisierungswahn" (Wocken 2012, 55) –, die derzeit u.a. im Zuge der UN-Konvention über die Rechte von Menschen mit Behinderungen massiv herausgefordert wird. Neben dem damit bestärkten Inklusionsdiskurs wird die Dringlichkeit einer Transformation von Schule und Unterricht zudem im

Zusammenhang mit den Ergebnissen internationaler und nationaler Lernstandserhebungen diskutiert, wobei sowohl auf die Verbesserung von messbaren Leistungen als auch auf eine Reduzierung sozialer Benachteiligungen abgehoben wird. Insgesamt sehen sich Schulen und Schulpolitik vor die Aufgabe gestellt, die Qualität von Bildung in einer zunehmend inklusiven Schule zu sichern bzw. zu verbessern. Bildungsqualität und inklusive Bildung werden somit zunehmend wechselbezüglich gedacht (vgl. Deutsche UNESCO-Kommission e.V. 2009, 10). Hier setzt der vorliegende Beitrag an und betrachtet ein Konzept guter Schule, dass sich nicht vorrangig aus dem Inklusionsgedanken speist, sondern aus einem reformpädagogisch orientierten bürgerschaftlichen Selbstverständnis: dem Leitbild guter Schule des Schulverbunds Blick über den Zaun. Zur Diskussion steht die Frage, ob eine gute Schule im Verständnis des BüZ gleichermaßen eine inklusive Schule ist.
Hierzu wird Inklusion mit Blick auf Schule und Unterricht in aller gebotenen Kürze gekennzeichnet, wobei im Anschluss an Hinz weniger ein systemtheoretisches als vielmehr ein menschenrechtlich–praxisreflexives Verständnis zu Grunde gelegt wird (vgl. Hinz 2007, 88).[1] Anschließend werden Hintergründe und die Systematik des Leitbilds guter Schule des BüZ vorgestellt und dabei die Grundüberzeugungen des Ansatzes auf ihren inklusiven Gehalt hin befragt. Als Vergleichsfolie wird insbesondere der Index für Inklusion (Boban & Hinz 2003; Booth & Ainscow 2011) herangezogen, der ein international und national vielfach erprobtes Instrument für inklusive Schulentwicklung darstellt (vgl. Boban & Hinz 2010).[2] Die Ergebnisse werden abschließend diskutiert und zusammengestellt.

2 Inklusion als Anspruch für Schul- und Unterrichtsentwicklung

„Complex concepts like inclusion, cannot be captured within a single sentence“ (Booth 2011, 19). Dieser Feststellung von Tony Booth ist fraglos

---

1 Systemtheoretisch betrachtet, dient Inklusion als Analysefokus für die Beziehungen gesellschaftlicher Teilsysteme untereinander und der in ihnen verorteten Individuen, die sich fortlaufend und dynamisch verändern. Demnach stellt die Vorstellung von gesamtgesellschaftlichen inklusiven Verhältnissen einen theoretischen Fehlschluss dar, wie Dannenbeck & Dorrance ausführen. „Die Realisierung gesamtgesellschaftlicher inklusiver Verhältnisse scheitert allemal notwendigerweise an (fort)bestehenden sozialen Ungleichheitsstrukturen. (Man könnte ergänzen: Auch Demokratische Schulen finden allemal in realexistierenden rassistischen Gesellschaftsstrukturen ihren Meister.)“ (Dannenbeck & Dorrance 2009).

2 Für eine dezidierte Gegenüberstellung des Index für Inklusion und des Leitbilds guter Schule des BüZ siehe Demmer 2011.

zuzustimmen. Hinzugefügt werden kann, dass bislang kein abgeschlossener (und abschließbarer) Konsens darüber vorliegt, wie inklusive Bildung zu definieren und konkret zu gestalten sei und weiterhin Fragen auf verschiedenen politischen Organisations- und Entscheidungsebenen zu diskutieren sind. Als konsensfähiger Kern kann jedoch festgehalten werden, dass Inklusion für den menschenrechtlich begründeten Anspruch auf gleichberechtigten Zugang zu gesellschaftlichem Leben und zu umfassenden allgemeinen Bildungszusammenhängen steht. Neben dem formalen Zugang zum Bildungssystem für alle Kinder ergibt sich daraus inhaltlich für Schulen ein weites Bildungsverständnis, das sich nicht in Leistung, Wissen und Qualifikationserwerb erschöpft. Vielmehr geht es um die Form des Lernens, die auf die größtmögliche Teilhabe aller Schülerinnen und Schüler und die Realisierung ihres je individuellen Potenzials zielt. Die damit verbundenen Leitgedanken von Gemeinschaftsbildung und Wertschätzung des Einzelnen haben weitreichende Auswirkungen auf die Gestaltung von Schule und Unterricht. Es gilt, Beschämungen und Diskreditierungen sowie Barrieren für Lernen und Bildung zu reduzieren. Eine dringliche Aufgabe für das selektiv organisierte deutsche Bildungswesen ist dahingehend die Verringerung von Aussonderungsdruck; in Frage stehen u.a. die (frühe) Separierung von Schülerinnen und Schülern in einem mehrgliedrigen weiterführenden Schulsystem, die Existenz von Förderschulen sowie Praktiken des Zurücksetzen und Abschulens. Auch wenn der Universalitätsanspruch eines Wertekanons kritisch diskutiert werden muss, benennt Booth folgende inklusive Werte: „rights, trust, compassion, courage, equality, participation, community, respect for diversity, sustainability, non-violence, honesty, optimism, joy, love, beauty“ (Booth 2011, 11). Inklusive Schule versucht sich an den Voraussetzungen und Bedürfnissen der einzelnen Kinder zu orientieren und ist gefordert, sich beständig weiterzuentwickeln. Dabei sind nicht nur Schul- und Organisationsentwicklung erforderlich, sondern gleichermaßen Transformationen in Bildungspolitik, Lehrerinnen- und Lehrerausbildung und Unterrichtsgestaltung. Inklusion steht somit für einen normativen und systemischen Entwicklungs- und Reflexionsprozess – keinesfalls für einen realisierbaren Endzustand –, der sich pädagogisch, sozial und darüber hinaus ökonomisch begründen lässt. (vgl. Boban & Hinz 2003, 10ff.; Deutsche UNESCO-Kommission e.V. 2009, 6ff.; Booth & Ainscow 2011, 19ff.; Klemm & Preuss-Lausitz 2011, 29ff.; Wocken 2012, 109ff.)

Um zu betonen, dass sich Inklusion nicht in abschließbaren Konzepten und Handlungen erschöpft, lässt sich der Ansatz auch als (selbst-)kritische Reflexionsperspektive für (sozial-)pädagogisches Handeln und dessen individuelle und strukturelle Bedingungen beschreiben (vgl. Dannenbeck & Dorrance

2009). Während die pädagogische Praxis sich kaum als ‚inklusiv richtiges' Handeln konzipieren lässt, da eine solche eindimensionale Beurteilung komplexer, mehrdeutiger Situationen dazu tendiert, Zuschreibungen und exkludierende Verhältnisse unbemerkt zu reproduzieren, besitzt Inklusion, verstanden als beständige kritische Heuristik, das Potenzial, pädagogisches Handeln als ‚richtiges Handeln' zu hinterfragen (vgl. ebd.) Zugleich weisen Dannenbeck & Dorrance darauf hin, dass inklusive Schulentwicklung mit der Benennung von zu inkludierenden Personengruppen zu Essentialisierungen neigt und die Konstruktionsprozesse von Differenzen verschleiert:

> „Denn Heterogenität (und Gleichheit!, C. D.) ist nicht einfach da, sondern wird durch praktisches Handeln, durch Unterscheidung, Differenzierung und Kategorisierung immer erst auch hergestellt" (ebd.; vgl. auch Prengel 2006, 30).

Auch die gut gemeinte und durchaus erforderliche Absicht eines binnendifferenzierten Aufgabenangebots impliziert kategorisierendes und damit Heterogenität und ggf. Zuschreibungen konstruierendes Denken und Handeln. Sind aber Herstellungsprozesse von Heterogenität jedem praktischen Handeln inhärent, so kann Inklusion auf der Interaktionsebene folglich nur darauf zielen, festschreibende, strukturell und kulturell etablierte, stereotype Zuschreibungen und Deutungsmuster zu hinterfragen und zu dynamisieren, indem die Pluralität von Seinsweisen und Zugehörigkeiten wahrgenommen und pädagogisches Handeln in seinen weiteren Zusammenhängen kritisch entlang des Inklusionsgedankens geprüft wird. Auch wenn demnach vor ‚Rezepten' für inklusiven Unterricht gleichermaßen wie vor inflationärer Inklusionsrhetorik gewarnt werden muss, schmälert dies nicht die Bedeutsamkeit von Ansätzen für Schulentwicklung und von best practice Beispielen, die geeignete Wege zu einem wertschätzenden und auf Vielfalt ausgerichteten Unterricht aufzeigen und anbahnen können.

3 Der Schulverbund Blick über den Zaun und sein Leitbild von guter Schule: Hintergründe und Systematik

Der Schulverbund „Blick über den Zaun" (BüZ) ist ein Zusammenschluss reformpädagogisch orientierter Schulen aller Schulformen, der sich 1989 formierte und aktuell 129 Mitgliedsschulen zählt. Ein Entstehungshintergrund des Bündnisses ist die geteilte Auffassung, dass die Vernetzung von gleichgesinnten Schulen ein beachtliches Maß an Anregungs-, Unterstützungs- und wechselseitigem Beratungspotenzial beinhaltet. Von- und miteinander lernen, sich im Austausch entwickeln und reflektieren wird in diesem Sinne nicht nur als ein pädagogisches Ziel für Schülerinnen und Schüler gedacht, sondern fungiert ebenso als Maßstab für übergeordnete Schulentwicklung.[3] Insbesondere mit kritischer Sicht auf die bildungspolitischen Entwicklungen seit der ersten PISA Studie im Jahr 2000 und auf die Dominanz quantitativer Bildungsforschung erklären die zusammenarbeitenden Schulen Schulentwicklung und das Mitreden in der Schulpolitik zur gesellschaftlichen Aufgabe und möchten mit ihrem Verbund zu zivilgesellschaftlicher Beteiligung aufrufen und in Bildungsreformen hineinwirken. In der schulpolitischen „Denkschrift und Erklärung von Hofgeismar" (2006) stellen die Verfasserinnen und Verfasser aktuelle gesellschaftliche Entwicklungen und Themen dar und machen deutlich, welche Aufgaben Schule in diesem Kontext übernehmen soll. Benannt werden beispielsweise neue Formen von Armut, veränderte Arbeits- und Lernperspektiven sowie Möglichkeiten und Grenzen zunehmender computerisierter Steuerungsinstrumente. Den Kern des pädagogischen Selbstverständnisses bilden das entwickelte Leitbild einer guten Schule (2003), bestehend aus vier Grundüberzeugungen, und die aus ihnen entwickelten Standards guter Schule (2005). Ausdifferenziert werden die Standards auf drei für Schulentwicklung tragende Ebenen: pädagogisches Handeln, schulische sowie systemische Rahmenbedingungen. Das umfangreiche Leitbild einer guten Schule mit den dazugehörigen Standards ist zugleich Selbstvergewisserung und Profil des Schulverbunds. Es spiegelt den Konsens über Ansprüche an Schule wider, mit denen sich die Mitgliedsschulen als Gegenbewegung zu einem nach wie vor selektiv ausgerichteten und zunehmend Output-orientierten Bildungssystem positionieren. Neben einem internen Verständigungs- und Evaluationsprozess richten sich Leitbild und Standards an die Öffentlichkeit: Es werden gesellschaftspolitische Ansprüche in dem Bewusstsein formuliert, dass normative, gesetzliche, inhaltliche und organisatorische Rahmenbedingungen Einfluss auf Schule nehmen und Schulentwicklung sowohl struktur- als auch subjektperspektivisch ansetzen muss. Dabei nehmen die Standards insbesondere das ‚Wie des Lernens' in den Blick. Sie können einerseits zur Kennzeichnung eines beschreib- und überprüfbaren Ist-Zustands einer spezifischen Schule dienen, andererseits implizieren sie einen Soll-Zustand, eine Zielvorstellung, die von keiner Schule zu keinem Zeitpunkt gänzlich realisierbar sein wird (vgl. von der Groeben 2010, 27). Dementsprechend richten sich Leitbild und Standards an Schulen, die ihren Entwicklungsstand überprüfen und sich in eine entsprechende Richtung weiterentwickeln möchten. Sie sind zugleich ein Appell an die Politik,

---

[3] Die Zusammenstellung „Schulen lernen von Schulen", die eine in der Zeitschrift für Pädagogik erschienene Reihe an Beiträgen vereint, liefert Außenstehenden einen ertragreichen Einblick in die (Zusammen-)Arbeit von Mitgliedsschulen im BüZ (vgl. BüZ 2009).

geeignete Rahmenbedingungen für eine solche ‚gute Schule' zu schaffen. Aufbau und Systematik des Ansatzes werden in der folgenden Abbildung verdeutlicht:

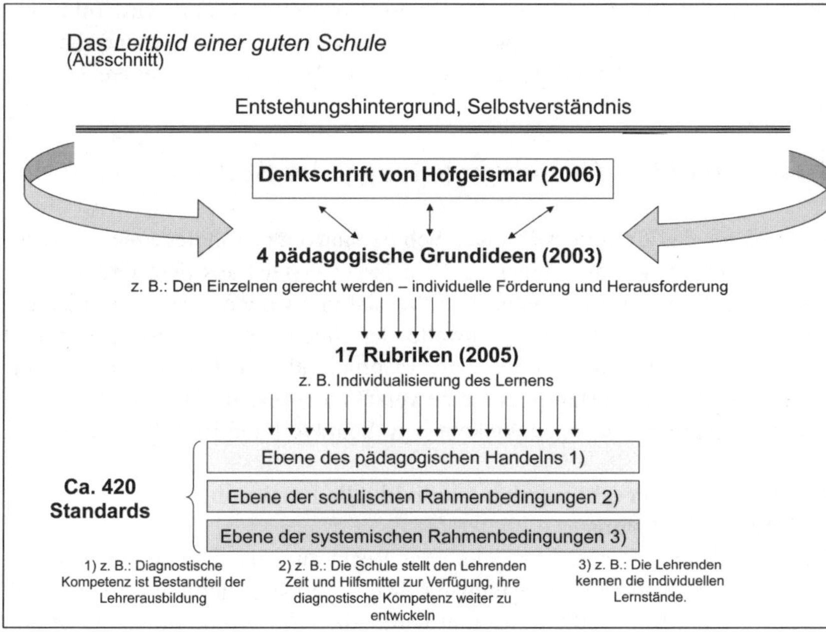

Abb. 1: Aufbau und Systematik des Leitbilds einer guten Schule (Demmer 2011, 11)

Der Schulverbund gliedert sich in Arbeitskreise von jeweils 8–10 Schulen,[4] welche untereinander in engem Austausch stehen, sich als ‚critical friends' gegenseitig besuchen und Evaluationsunterstützung und -anregung leisten. Neben Schultagungen, pädagogischen Werkstätten und Arbeitstreffen finden seit 2006 zweijährlich Fachtagungen im gesamten Verbund statt, von denen die letzte im Jahr 2013 unter dem Motto „Lernen – ‚all inclusive'" stand. In dem aus der Tagung hervorgegangenen (vorläufigen) Paper werden leitende Zielvorstellungen inklusiver Schulentwicklung und hierfür erforderliche Ressourcen und Strukturen benannt. Zu ersteren zählen beispielsweise die Entkoppelung von Unterstützung und Statusdiagnose, der Verzicht auf so genannte zieldifferente Förderung zugunsten von individualisierter und ge-

[4] Aufgrund der stetig steigenden Mitgliedsschulen ist die Anzahl der Arbeitskreise wachsend, 2012 bestehen 15 Arbeitskreise.

meinsamer Förderung für alle Kinder und eine an den Stärken der Kinder orientierte Leistungsrückmeldung. Mit dem Paper formulieren die BüZ-Schulen die Selbstverpflichtung, sich auf der Grundlage ihrer Standards zu inklusiven Schulen weiter zu entwickeln. Dementsprechend wird Inklusion aktuell explizit als Orientierung für Schulentwicklung definiert, und die weiterhin zu schärfenden Standards werden als Weg dorthin gekennzeichnet (vgl. Schulverbund 2013).

4 Gute Schule – Grundvorstellungen im BüZ

Tragend für das Leitbild von guter Schule sind vier grundlegende Überzeugungen, die die Verfasserinnen und Verfasser erstens aus dem Grundgesetz und den darin verankerten ethischen Prämissen, zweitens aus ihrem pädagogischen Selbstverständnis als Anwälte der ihnen anvertrauten Kinder und Jugendlichen sowie drittens aus dem Anspruch, allen Kindern und Jugendlichen durch Bildungserfahrungen eine verständige und umfassende kulturelle Teilhabe zu ermöglichen, entwickeln (vgl. Schulverbund BüZ 2006, 18).

Den Einzelnen gerecht werden – individuelle Förderung und Herausforderung

Der erste Grundsatz spricht Kindern das Recht zu, „als einzelne, unverwechselbare Individuen mit unverfügbarer Würde ernst genommen zu werden" (Schulverbund BüZ 2007, 4). Betont wird, „dass die Schule für sie da ist und nicht umgekehrt" (ebd.). Dementsprechend ist es die Aufgabe der Pädagoginnen und Pädagogen, den Denk- und Lernwegen der Kinder auf die Spur zu kommen und das Lehrangebot diesbezüglich auszurichten. Schülerinnen und Schüler sollen nicht nur inhaltlich ‚mitkommen', sondern ihren individuellen Möglichkeiten entsprechend in jeder Stunde ‚gute' Leistungen erreichen können. Die Individualisierung von Schule und Unterricht wird hierfür als unerlässlich erachtet und findet ihren Niederschlag beispielsweise in einem dialogischen Unterrichtsansatz sowie in auf Differenzierung ausgelegten Lernmaterialien, Räumen und Sachmitteln (vgl. ebd. 13). Auch in inklusiven Ansätzen ist Individualisierung des Unterrichts eine der tragenden Voraussetzungen für die gemeinsame Unterrichtung von Kindern mit unterschiedlichen Lern- und Entwicklungsständen. Obwohl im Leitbild die Rubrik „Förderung und Integration" verglichen mit anderen Rubriken knapp ausfällt und die Begriffe Integration, Inklusion und Exklusion zwar genannt, nicht jedoch näher ausbuchstabiert werden (das Schulsystem solle auf In-, nicht auf Exklusion ausgerichtet sein, vgl. ebd. 15), enthält das Schulbild des BüZ zahlreiche Aspekte, die als Gelingensbedingungen für inklusiven Unterricht extrahiert werden konnten, wie individualisiertes Lehren und Lernen (vgl. ebd. 13) in unterschiedlichen Lerngruppen, in das die Schülerinnen und Schüler als Entscheidungsträger involviert sind, oder die Teamarbeit von Lehrkräften untereinander und mit sonderpädagogischen Fachkräften (vgl. ebd. 15, im Hinblick auf inklusive Bildung vgl. z.B. Dannenbeck 2012, 63; Hinz & Boban 2003, 88; Meijer 2003, 6). So verweist insbesondere die Maßgabe, Kindern das Recht auf Unverwechselbarkeit und unteilbare Würde zuzugestehen, auf inklusive Werte und die Vermeidung von Beschämung – ein Erleben, dass keine Ausnahmeerscheinung im Schulalltag von Schülerinnen und Schülern darstellt (vgl. z.B. Zinnecker u.a. 2003, 149; Schumann 2007; Prengel 2013). Demgegenüber verfolgt das Leitbild den Anspruch, Kinder nicht nur in ihrer Rolle als Schülerinnen und Schüler und mit Blick auf ihre schulische Leistung, sondern als eigenständige Persönlichkeiten mit unterschiedlichen Eigenarten wahrzunehmen und wertzuschätzen. Dementsprechend soll auf leistungsbezogene Separierungen wie das Sitzenbleiben verzichtet werden (vgl. Schulverbund BüZ 2006, 25).

‚Das andere Lernen' – erziehender Unterricht, Wissensvermittlung, Bildung

Der zweite Grundsatz vertieft das Lern-, Bildungs- und Erziehungsverständnis des BüZ. Zielperspektive ist es, die Grundlagen unserer Kultur je individuell und gemeinsam mit anderen erschließen zu können, „sich Sinn- und Wertfragen zu stellen, sich in der Demokratie zu bewähren, die Verfahren der Wissenschaft und die Formen und Wirkungen ästhetischen Gestaltens zu erproben und zu verstehen" (Schulverbund BüZ 2007, 18). Dabei wird davon ausgegangen, dass Lernen besonders gut gelingen kann, wenn es an Erfahrung, (Selbst-)Erprobung, Kooperation, Bewährung und Ernstfall gebunden ist. Unterricht zielt nicht nur auf Wissensaneignung und isolierte Fachkenntnisse ab, sondern befördert vernetzendes Denken und Verstehen (vgl. ebd.). Lernen soll Freude bereiten und durch zunehmende Selbsttätigkeit sowie Selbstverantwortung gekennzeichnet sein (vgl. ebd. 19ff. sowie den inklusiven Wert ‚joy' s.o.). Die Konkretisierung des Grundsatzes ist wie der erste Grundsatz geprägt von Differenzierungsstrategien, um heterogenen Lernständen, -wegen und -möglichkeiten Rechnung zu tragen. Daraus ergibt sich erneut eine hohe Anschlussfähigkeit an inklusive Schule. So formuliert Wocken, dass inklusiver Unterricht vielfältiger Unterricht zu sein habe, u.a. strukturiert „nach individuellem Vermögen, nach individuellen Bedürfnissen in vielfältigen Lernprozessen" (Wocken 2012, 117). Für das pädagogische Handeln im BüZ bedeutet dies beispielsweise, inhaltliche und methodische Varianz sowie Materialien und Hilfsmittel auf die Bedürfnisse der Schülerinnen und Schüler abzustimmen. Zur Umsetzung wird die Arbeit in Jahrgangsteams präferiert, die auch die Anfertigung eines Materialpools erleichtern (vgl. Schulverbund BüZ 2007, 24f.). Insgesamt wird für Kooperationsbeziehungen inner- und außerschulischer Art, z.B. zu kulturellen und sozialen Einrichtungen, plädiert (vgl. ebd. 19ff.) – erneut findet sich eine Entsprechung im inklusiven Unterricht (vgl. Wocken 2012, 117).

Schule als Gemeinschaft – Demokratie lernen und leben

Zentral für das Leitbild des BüZ ist es, Schule als einen Ort der Gemeinschaft und der Demokratie, als „polis" (Schulverbund BüZ 2006, 23), zu begreifen, spezifiziert in vier Rubriken: der achtungsvolle Umgang miteinander, die Schule als Lebens- und Erfahrungsraum, die Schule als demokratische Gemeinschaft und Ort der Bewährung sowie die Öffnung der Schule bzw. die Teilhabe an der Gesellschaft (vgl. Schulverbund BüZ 2007, 27). Damit verbinden sich für die Verfasserinnen und Verfasser spezifische Werte, zu denen Schule erzieht: „Selbständigkeit und Verantwortung, Solidarität und Hilfsbereitschaft, Empathie, Zuwendung und Mitleid" (ebd.). Vermittelt werden soll, dass es „auf jeden Einzelnen ankommt" (ebd.) und die „Vielfalt der Menschen als Reichtum" (ebd.) gesehen wird. Ein Vergleich zu den von Booth angeführten Werten (s.o.) „participation, community and respect for diversity", aber auch „courage and equality", eröffnet unmittelbare Parallelen zum Inklusionsgedanken. Die Verankerung demokratischer Werte wird im BüZ-Leitbild besonders erkennbar in den Standards, die ‚gute' Schule als einen Ort beschreiben, an dem Kinder lernen, für das gemeinschaftliche Zusammenleben Regeln aufzustellen, Verantwortung für sich und andere zu übernehmen, eigene Standpunkte zu entwickeln und angemessen zu vertreten, Toleranzgrenzen auszuhandeln sowie achtungsvolle kommunikative Formen und Konfliktlösestrategien zu entwickeln (vgl. ebd. 28ff.).[5] Demokratische und inklusive Ansprüche sind demnach eng miteinander verzahnt, so dass auch Klemm & Preuss-Lausitz „demokratische Haltungen" (2011, 31) als ein Unterrichtsziel von gemeinsamem Unterricht benennen und sich zahlreiche vergleichbare Ansprüche an Schule in den Standards des BüZ und im Index für Inklusion finden. Beide Ansätze zielen auf partizipative, dialogische Strukturen z.B. hinsichtlich der Klassenregeln und der alltäglichen Fragen des schulischen Zusammenlebens (vgl. Schulverbund BüZ 2007, 6; Boban &

[5] Siehe hierzu in vergleichbarer Weise die Konzeption inklusiver Bildung im Index für Inklusion als eine Kultur der gegenseitigen Unterstützung (vgl. Boban & Hinz 2003, 54), des Eintretens für andere und des Aufbegehrens gegen erlebte Ungerechtigkeit (vgl. ebd.) sowie des Gebrauchs von Anerkennung stiftenden Kommunikationsformen (vgl. ebd. 67, 74, 82, 88).

Hinz 2003, 54, 87),[6] der Organisation von Lernen (vgl. Schulverbund BüZ 2007, 21; Boban & Hinz 2003, 84) oder der Leistungseinschätzung und Bewertung (vgl. Schulverbund BüZ 2007, 16, 26; Boban & Hinz 2003, 85, 86). Wie auch im Index für Inklusion sind Leistungsrückmeldungen im Leitbild individuell ausgelegt, d.h. sie werden am individuellen Lernweg gemessen und in individualisierter, lern- und persönlichkeitsfördernder Form erteilt.

„Schule als lernende Institution – Reformen ‚von innen' und ‚von unten'"

Schule im BüZ versteht sich als „lernende, an sich arbeitende" (Schulverbund BüZ 2007, 7) Einrichtung, die unter Einbezug aller Beteiligten Reformen „von innen und von unten" (ebd.) entwickelt. Neben der Entwicklung eines Schulprofils sind hierfür das Arbeitsklima und die Arbeitsorganisation ausschlaggebend. Vielfältige Kooperationsbeziehungen im Kollegium sollen durch zeitliche, materiale und strukturelle Ressourcen angeregt und verstetigt werden – erneut eine Entsprechung zum Index für Inklusion (vgl. Boban & Hinz 2003, 58, 88). Dabei wird auch im Leitbild die enge Zusammenarbeit mit sozialpädagogischen Fachkräften erwähnt. Das Lernen als Organisation wird durch Fortbildungen und verschiedene (Selbst-)Evaluationen begleitet. Wenngleich die Koordination von einer Steuerungsgruppe übernommen werden kann, ist Evaluation als selbstkritische und selbstreflexive Haltung eine Aufgabe aller Beteiligten (vgl. Schulverbund BüZ 2007, 43).

5 Diskussion – Inklusion im Schulleitbild des BüZ

Die Betrachtung der Grundüberzeugungen und der Standards zeigt, dass das Leitbild von guter Schule des BüZ dem Inklusionsgedanken in zahlreichen Aspekten entspricht, so dass es m.E. einen geeigneten Rahmen für fortlaufende Schulentwicklung mit inklusivem Anspruch bietet. Während der Inklusionsdiskurs in Deutschland häufig auf Behinderung bezogen geführt wird, greift das Schulleitbild des BüZ deutlich weiter. Indem überwiegend von „allen Kindern" und „den Einzelnen" gesprochen wird und Demokratie sowie Individualisierung tragende Grundüberzeugungen für guten Unterricht darstellen, ist ihm ein umfangreiches, indirektes Inklusionsverständnis inhärent.[7] Mit der starken Gewichtung von Bildungs-, Lern- und Erziehungsbedingun-

---

[6] Darüber hinaus gilt die gemeinsame Vereinbarung von Klassenregeln mit allen Kindern als eine wichtige Voraussetzung für gelingenden Unterricht mit verhaltensauffälligen Kindern (vgl. Meijer 2003, 6).

[7] Zu Synergien und Anregungspotenzialen von demokratischen und inklusiven Schulen siehe Boban, Kruschel & Wetzel 2012.

gen ist es konsequent regelschulpädagogisch ausgerichtet und stellt eine wichtige Ergänzung zu der häufig aus Richtung der Sonderpädagogik geführten Diskussion dar. Demnach wird Inklusion im Leitbild nicht isoliert thematisiert, vielmehr sind inklusive Orientierungen querliegend zu den einzelnen Standards und in der Gesamtkonzeption des Verbundes angelegt. Da der Begriff Inklusion im Zuge der regen und bisweilen undifferenzierten Diskussion als Worthülse für sämtliche pädagogische und gesellschaftliche Hoffnungen en vogue zu sein scheint und fast von einem unkritischen Inklusionshype gesprochen werden muss, besitzt das Konzept des BüZ möglicherweise gerade durch seinen implizit inklusiven Gehalt ein besonderes (subversives) Potenzial. Es folgt dem Anliegen der UNESCO-Leitlinien, Inklusion und qualitativ hochwertige Bildung zunehmend als „reziproke Aspekte" (Deutsche UNESCO-Kommission e.V. 2009, 10) miteinander zu verzahnen, wobei Qualität sowohl auf die „kognitive Entwicklung" als auch auf „die Förderung von Werten und Einstellungen, gesellschaftlichem Verantwortungsbewusstsein und/oder kreativer und emotionaler Entwicklung" (ebd.) zielt.[8] Dem entspricht das Ergebnis, dass förderliche Lernbedingungen für Kinder mit und ohne so genanntem sonderpädagogischen Förderbedarf kongruieren (Meijer 2003, 35). Zudem stellt das Leitbild des BüZ einen formulierten Selbstanspruch dar, bei dem das visionäre Moment einer Realisierung aller Standards und einer Fertigstellung von Schulentwicklung durchaus mitgedacht wird – hier findet sich die Vorstellung von Inklusion als einem Leit- und keinem Ist-Wert wieder. Vergleichbar der Anregung, „Inklusion als eine kritische Perspektive (sozial)pädagogischen Handelns zu begreifen, die eine permanente Reflexion der individuellen Konsequenzen und strukturellen Bedingungen des eigenen Handelns erfordert" (Dannenbeck & Dorrance 2009), wird das Leitbild nicht als ein den Schulen von außen auferlegtes Kontrollinstrument verstanden, sondern die Arbeit mit den Standards als „selbstkritische Selbstverpflichtung" konzipiert (von der Groeben 2010, 28). Dabei wird im Leitbild, wie auch im Index für Inklusion, davon ausgegangen, dass es verschiedene interdependente Ebenen von pädagogischem Handeln gibt und weder individuelles pädagogisches Handeln noch politische und strukturell-organisatorische Bedingungen allein bestimmend sind.[9] Somit

---

[8] Vgl. hierzu auch die von der UNESCO erstellten vier Säulen der Bildung des 21. Jahrhunderts: learning to know, learning to do, learning to live together/learning to live with others, learning to be (Delors 1996).

[9] Allerdings weist der Index für Inklusion keine Ebene der systemischen Rahmenbedingungen auf, sondern differenziert zwischen inklusiver Kultur, inklusiven Strukturen (vorrangig auf die Organisationsebene bezogen) und inklusiven Praktiken.

wird (inklusive) Schulentwicklung sowohl auf struktur- als auch auf subjekttheoretischer Ebene verortet.
Auf eine Benennung von bestimmten Personengruppen wird in den Standards für gute Schule überwiegend verzichtet, denn Kinder sollen dezidiert nicht „vorrangig als Mitglieder einer Gruppe (z.B. Mädchen und Jungen, mit Migrationshintergrund, hochbegabt, behindert, verhaltensauffällig)“ (Schulverbund BüZ 2013) gesehen und behandelt werden. Vielmehr sollen die „jeweiligen Besonderheiten“ (ebd.) der Einzelnen im Zentrum der pädagogischen Arbeit stehen. Um kategorisierendes Denken, Essentialisierungen, Festschreibungen und Grenzziehungen weitestgehend zu dekonstruieren, soll sich auch inklusive Bildung laut Dannenbeck einer „radikalen Anerkennung des Individuums, nicht aber mit der Anrufung einer (un)bestimmten kulturellen Zugehörigkeit, mit der Anrufung vager kollektiver Identitätsentwürfe […]“ (Dannenbeck 2012, 62f.) verschreiben, so dass Schule und Unterricht konsequent am Individuum ausgerichtet werden (vgl. ebd.). Gleichwohl enthalten auch Vorstellungen von ‚den Einzelnen‘ und ‚der Gemeinschaft‘ wie auch immer gelagerte anthropologische und gesellschaftliche Annahmen und somit Zuschreibungen. Bei der Fokussierung auf die oder den Einzelne(n) darf dabei weitergehend nicht aus dem Blick geraten, dass historisch gewachsene, gesellschaftlich verfestigte und ggf. institutionalisierte Ungleichheitslagen für noch so heterogene Personengruppen im Sinne von Strukturmerkmalen bestehen und Schwierigkeiten und Bedürfnisse der Einzelnen nicht individualisiert werden dürfen. So bemüht sich der Index für Inklusion beispielsweise darum, Behinderung nicht als individuelles Merkmal, sondern als systemische Barriere aufzufassen. Zwar warnt auch Hans Brügelmann im Kontext des BüZ vor Etikettierungen von Kindern (wie „Lena hat Dyskalkulie“), da diese einseitige Eigenschaften unterstellten und kausale, eindeutige Erklärungsmuster und Handlungspläne suggerierten (vgl. Brügelmann 2010, 59). Historisch entwickelte und strukturell verfestigte Etikettierungsprozesse werden im Leitbild und in den Standards selbst jedoch nicht thematisiert.
Verglichen mit den Fragen des Index für Inklusion gehen die rahmensetzenden Standards des Leitbilds weniger ins Detail, und der explizite Teil ‚Förderung, Integration‘ fällt vergleichsweise knapp aus (z.B. „Für Lernprobleme finden sie [die Schülerinnen und Schüler; C. D.] geeignete Hilfen“, 15). Gerade im Hinblick auf die anstehende gemeinsame Unterrichtung von Kindern mit und ohne so genannten Behinderungen werden die Schulen zukünftig jedoch einen umfangreichen Beratungsbedarf besitzen, unabhängig davon, ob sich ein Verzicht auf Statusdiagnosen und die daran gekoppelte Ressourcenzuweisung insbesondere bei Lern- und emotionalen Beeinträchtigungen flächendeckend durchsetzen wird oder nicht (vgl. Klemm & Preuss-Lausitz

2011, 79; Wocken 2012, 19ff.). Wie Auswertungen von best practice inklusiven Unterrichts des europäischen Netzwerks ‚European Agency for Development in Special Needs and Inclusive Education' zeigen, stellt die Arbeit mit sozial und emotional auffälligen Kindern für Lehrerinnen und Lehrer die größte Herausforderung dar (Meijer 2003, 35). So stellen sich z.B. die Fragen, wie die Arbeit im multiprofessionellen Team gestaltet werden kann oder wie Pflegeleistungen und Unterstützung von Kindern mit Beeinträchtigungen bei Aufgaben der alltäglichen Lebensführung in das Unterrichtsgeschehen eingebunden werden können. Die Standards bieten hierauf keine konkreten Antworten oder gar Anleitungen. Für die Auseinandersetzung mit diesen und ähnlichen Fragen liefert aber die Einbindung in den Schulverbund und die Praxis der gegenseitigen Begutachtungen und Hospitationen zwischen den Mitgliedsschulen einen wichtigen Baustein, da jede einzelne Schule entsprechend ihren lokalen und organisationalen Bedingungen zu einer konkreten Gestaltung finden muss.[10]

Abschließend sei nochmals darauf verwiesen, dass sich Inklusion gerade nicht durch die Umsetzung des ein oder anderen Programmes ‚erreichen' lässt, weil zwar eine Dekonstruktion von Kategorisierungen verfolgt wird, normative Grundüberzeugungen zugleich jedoch konkrete Bilder von Menschsein, von Individualität und Gemeinschaft, von Differenz und Gleichheit entwerfen, die als Zuschreibungen und Annahmen von Welt fungieren (müssen). Es bedarf einer fortlaufenden Sensibilisierung gegenüber der Dialektik von In- und Exklusion sowie für die Verschiebung ihrer jeweiligen Grenzen, auch im pädagogischen Alltagshandeln. Die Arbeit mit dem Leitbild des BüZ kann Schulen vielfältig und mit inklusivem Anspruch dazu anregen, über die eigenen normativen Prämissen von Kindern/Jugendlichen, Lernen/Bildung, Unterricht/Schulleben nachzudenken, einen fortlaufenden internen und externen Austausch- und Entwicklungsprozess zu initiieren und Schulleben und Unterricht visionär zu gestalten.

[10] Auf die Relevanz schulinterner und schulexterner Unterstützungs- und Kooperationsbeziehungen weisen erneut Ergebnisse zu Gelingensbedingungen inklusiven Unterrichts hin (vgl. Meijer 2003, 5).

Literatur

Boban, I. & Hinz, A. (Hrsg.) (2003): Index für Inklusion. Universität Halle-Wittenberg.

Boban, I. & Hinz, A. (2010): „Index für Inklusion" – ein breites Feld von Möglichkeiten zur Umsetzung der UN-Konvention. In: Fliger, P. & Schönwiese, V. (Hrsg.): *Menschenrechte – Integration – Inklusion. Aktuelle Perspektiven aus der Forschung.* Bad Heilbrunn: Klinkhardt, 169–175.

Boban, I., Kruschel, R. & Wetzel, A. (2012): The Marriage of Inclusive and Democratic Education. Überlegungen zur Synergie zweier Diskurse. In: Seitz, S. u.a. (Hrsg.): *Inklusiv gleich gerecht? Inklusion und Bildungsgerechtigkeit.* Bad Heilbrunn: Klinkhardt, 174–179.

Booth, T. & Ainscow, M. (2011): Index for inclusion: developing learning and participation in schools, 3rd edition, revised be Tony Booth, Bristol: CSIE.

Brügelmann, H. (2010): Dem Einzelnen gerecht werden: Raus aus der „Individualisierungsfalle". Schlussbeitrag zur Tagung „Den Einzelnen gerecht werden". Online unter: http://www.blick ueberdenzaun.de/images/stories/bruegelmann.abschluss.bensberg.individualisierungsfalle.pdf. Zugriff: 15.01.14.

Dannenbeck, C. (2012): Wie kritisch ist der pädagogische Inklusionsdiskurs? Entpolitisierungsrisiko und theoretische Verkürzung. In: Rathgeb, K. (Hrsg.): *Disability Studies. Kritische Perspektiven für die Arbeit am Sozialen.* Wiesbaden: VS, 55–67.

Dannenbeck, C. & Dorrance, C. (2009): Inklusion als Perspektive (sozial)pädagogischen Handelns – eine Kritik der Entpolitisierung des Inklusionsgedankens. In: Zeitschrift für Inklusion, Oktober, Online unter: http://www.inklusion-online.net/index.php/inklusion-online/artic le/view/161/161 Zugriff: 15.01.14.

Delors, J. (1996): Learning: The Treasure Within. Report to UNESCO of the International Commission on Education for the Twenty-first Century. Paris: UNESCO Publishing. Online unter: http://unesdoc.unesco.org/images/0010/001095/109590eo.pdf. Zugriff: 15.01.14.

Demmer, C. (2011): Schule anders denken, gestalten und evaluieren. Bonn: Montag Stiftung Jugend und Gesellschaft.

Deutsche UNESCO-Kommission e.V. (2009): Inklusion: Leitlinien für die Bildungspolitik. Deutsche Ausgabe der Policy Guidelines on Inclusion in Education, Bonn. Online unter: http://www.unesco.de/fileadmin/medien/Dokumente/Bibliothek/inklusion_leitlinien.pdf. Zugriff: 15.01.14.

Groeben, A. von der (2010): Wir wollen Schule machen. Eine Streitschrift des Schulverbunds „Blick über den Zaun". Opladen: Barbara Budrich.

Hinz, A. (2007): Inklusion – Vision und Realität! Herausforderungen in Deutschland und Praxis in Kanada. In: Katzenbach, D. (Hrsg.): *Vielfalt braucht Struktur. Heterogenität als Herausforderung für die Unterrichts- und Schulentwicklung.* Frankfurt am Main: Goethe-Universität, 81–98.

Klemm, K. & Preuss-Lausitz, U. (2011): Auf dem Weg zur schulischen Inklusion in Nordrhein-Westfalen. Empfehlungen zur Umsetzung der UN-Behindertenrechtskonvention im Bereich der allgemeinen Schulen, 8–56. Online unter:. http://www.schulministerium.nrw.de/BP/Inklusion_Gemeinsames_Lernen/Gutachten__Auf_dem_Weg_zur_Inklusion_/NRW_In klusionskonzept_2011__-_neue_Version08_07_11.pdf. Zugriff: 15.01.14.

Meijer, C.J.W (2003): Integrative Schulbildung und Unterrichtspraxis. Abschlussbericht. European Agency for Development in Special Needs Education. Online unter: http://www.euro pean-agency.org/sites/default/files/inclusive-education-and-classroom-practices_iecp-de.pdf. Zugriff: 15.01.14.

Prengel, A. (2006): Pädagogik der Vielfalt. Verschiedenheit und Gleichberechtigung in Interkultureller, Feministischer und Integrativer Pädagogik. 3. Aufl., Wiesbaden: VS.

Prengel, A. (2013): Pädagogische Beziehungen zwischen Anerkennung, Verletzung und Ambivalenz. Opladen: Barbara Budrich.

Schulverbund „Blick über den Zaun" (Hrsg.) (2006): Schule ist unsere Sache. Denkschrift und Erklärung von Hofgeismar. Online unter: http://www.blickueberdenzaun.de/images/stories/page/publikationen/01_denkschrift.pdf. Zugriff: 15.01.14.

Schulverbund „Blick über den Zaun" (Hrsg.) (2007): Was ist eine gute Schule? Leitbild und Standards. Online unter: http://www.blickueberdenzaun.de/images/stories/page/publikationen/02_leitbildundstandards.pdf. Zugriff: 15.01.14.

Schulverbund „Blick über den Zaun" (Hrsg.) (2009): Schulen lernen von Schulen. Beispiele und Portraits aus dem Schulverbund ‚Blick über den Zaun'. Online unter: http://www.blickueberdenzaun.de/images/stories/page/publikationen/05_portraits.pdf. Zugriff: 15.01.14.

Schumann, B. (2007): „Ich schäme mich ja so!" Die Sonderschule für Lernbehinderte als Schonraumfalle. Bad Heilbrunn: Klinkhardt.

Wocken, H. (2012): Das Haus der inklusiven Schule. Baustellen – Baupläne – Bausteine. Hamburg: Feldhaus.

Zinnecker, J., Behnken, I., Maschke, S. & Stecher, L. (2003): null zoff & voll busy. Die erste Jugendgeneration des neuen Jahrhunderts. Opladen: Leske + Budrich.

Yvonne Blumenthal & Bodo Hartke

Der Response to Intervention-Ansatz – ein Modell für eine präventions- und inklusionsorientierte Schulentwicklung

Abstract
In dem vorliegenden Beitrag werden die Kernelemente des Response to Intervention (RTI-)Ansatzes theoretisch vorgestellt. Dieser pragmatisch ausgerichtete Ansatz bietet eine überzeugende Grundstruktur für eine präventions- und inklusionsorientierte Schulentwicklung. Die Ergebnisse des ersten umfassenden Implementationsversuches des RTI-Ansatzes in Deutschland belegen für Schülerinnen und Schüler mit Lern-, Sprach- und Verhaltensschwierigkeiten eine positive Lern- und Verhaltensentwicklung (vgl. Voß, Blumenthal, Diehl, Sikora, Mahlau & Hartke 2013).

1 Einleitung

In der Förderpädagogik und -diagnostik Deutschlands war lange Zeit die sogenannte Aptitude Treatment Interaction-Forschung ein denk- und handlungsleitendes Paradigma. Erklärtes Ziel der ATI-Forschung war es, für Schülerinnen und Schüler bestimmter Merkmalsgruppen (aptitudes) eine spezifisch passende Unterrichtsmethode (treatment) zu finden, um den Unterricht adaptiv zu gestalten. In der praktischen Umsetzung führt dieses förderpädagogische Vorgehen in erster Linie zu diagnostisch begründeten Gruppierungen nach Aptitudes und Treatments. Schülerinnen und Schüler mit geringen Lernvoraussetzungen, die Lehr- und Lernziele nicht erreichen, werden beispielsweise der Aptitude-Gruppe *lernbehindert* zugeordnet und folglich dem Treatment *Förderschule* zugewiesen. Dies geschieht gerade in Deutschland, obwohl stabile Interaktionsbeziehungen – also eindeutige empirische Nachweise für die Überlegenheit in der Wirksamkeit des zugeordneten Treatments, wie es der ATI-Ansatz fordert – zwischen dem Aptitude *lernbehindert* und dem Treatment *Förderschule* im Vergleich zum Treatment *allgemeine Schule* nicht nachgewiesen werden konnten (Bless 2000; Walter 2008;

Wocken 2005). Die in der Schulpraxis üblichen Platzierungsstrategien sind meist nicht mehr als selektive Maßnahmen und nur durch scheinbare Adaption bestimmt. Wember (2001) führt dazu aus:

> „Zwar wird mit der Überweisung an eine andere Schule dem Schulversager mittelbar ein Unterricht auf einem niedrigeren Anforderungsniveau zugewiesen, aber grundsätzlich gilt: Nicht die Unterrichtsinhalte und -methoden werden angepasst, sondern die Schülerinnen und Schüler werden bestimmten Niveaugruppen zugewiesen und haben sich dem Unterricht anzupassen. Die Lernvoraussetzungen der Lernenden und der Unterricht werden als Konstanten beibehalten, nicht als veränderliche Größen" (165).

Damit geht die Problematik valider und reliabler Messungen individueller Aptitudes und darauf basierender Entwicklungsvorhersagen einher. Die zumeist summativ angelegten Messverfahren können zwar ein differenziertes Bild zum aktuellen IST-Stand liefern, lassen jedoch keine sicheren langfristigen Entwicklungsprognosen zu. Sowohl diagnostische als auch prognostische Entscheidungen sind mit der Schwierigkeit fortwährender und der Beobachtung nicht immer zugänglicher Interaktionen unterschiedlicher Einflussvariablen konfrontiert, die während und nach der Messung ablaufen. Der begrenzt erfassbare Ausschnitt aus dem individuellen Bedingungsgefüge sowie unvorhersehbare Veränderungen innerhalb dieses dynamischen Entwicklungsgeschehens begrenzen langfristige prognostische Aussagen über den zukünftigen IST-Stand (vgl. Blumenthal 2012). Daraus resultieren hohe Fehlerquoten in der Klassifizierung als lernbehindert (sog. falsch Positive), wodurch die Zuweisungskriterien zu sonderpädagogischen Maßnahmen generell in Frage gestellt werden müssen.

Als ein alternatives Diagnostik- und Präventionsmodell, um Schülerinnen und Schüler mit Lernschwierigkeiten frühzeitig in ihren Lernprozessen zu unterstützen und inklusiv zu unterrichten, entwickelte sich der Response to Intervention (RTI)-Ansatz (vgl. Hartke & Diehl 2013). Im Rahmen dieses Ansatzes soll durch eine systematische Stärkung der Unterrichtsqualität und formative Leistungsevaluation der Unterricht als Ursache für Lernschwierigkeiten ausgeschlossen werden (vgl. Bradley, Danielson & Doolittle 2005). Im deutschsprachigen Raum findet dieser Ansatz in wissenschaftlichen Auseinandersetzungen seit einigen Jahren vermehrt Beachtung (vgl. Diehl & Hartke 2007; Hartke & Diehl 2013; Hartmann 2008; Knopp & Hartke 2010; Walter 2008). Praktische Implementationsversuche befinden sich derzeit noch in den Anfängen, deuten aber bereits darauf hin, dass sich der RTI-Ansatz dazu eignet, Kinder mit Lern-, Sprach- und Verhaltensschwierigkeiten erfolgreich inklusiv zu beschulen (vgl. Voß et al. 2013).

Unter einem erfolgreichen inklusiven Unterricht verstehen Vertreter des RTI-Ansatzes einen angemessenen, gemeinsamen Unterricht von Schülerinnen und Schülern mit und ohne Behinderungen im Sinne der UN-Behindertenrechtskonvention (Bundesgesetzblatt 2008). In dieser wird rechtsverbindlich bestimmt, dass Kinder und Jugendliche mit Behinderungen Zugang zu einem inklusiven, hochwertigen und unentgeltlichen Unterricht haben sollen und angemessene Vorkehrungen im Einzelfall zu treffen sind. Ein gemeinsamer Unterricht Behinderter und Nichtbehinderter ist zu gewährleisten. Die Implementation von RTI-Strukturen in eine Schule, als ein Fördersystem bei besonderem Förderbedarf, soll die Verfügbarkeit von funktionsfähigen, auf gemeinsamen Unterricht ausgerichteten Bildungseinrichtungen sicherstellen. Zudem wird so auch bei ungünstigen Lernvoraussetzungen der Schülerinnen und Schüler ein wohnortnaher, barrierefreier Zugang zu Bildung in der allgemeinen Schule ermöglicht.

Eine Zuweisung zu Sonderschulen soll durch eine Kooperation von allgemeiner Schule und Sonderpädagogik bei der Gestaltung eines pädagogisch hochwertigen Systems innerschulischer Hilfen bei Förderbedarf ersetzt und damit die Exklusionsquote in Bildungssystemen deutlich gesenkt werden (vgl. Eckpunkte der Monitoringstelle zur UN-Behindertenrechtskonvention zur Verwirklichung eines inklusiven Bildungssystem am Deutschen Institut für Menschenrechte 2012). Mit anderen Worten: Mithilfe des RTI-Ansatzes soll eine effektive Schule für alle Schülerinnen und Schüler einer Region realisiert werden, in der im gemeinsamen Unterricht sowie durch additive sonderpädagogische Hilfen in ihren Lernvoraussetzungen hoch heterogene Lerngruppen optimal unterrichtet werden.

Im Rahmen von Schulentwicklungsprozessen kann der RTI-Ansatz in mehrfacher Weise genutzt werden. Er kann als Leitidee und als richtungsweisendes Modell (einschließlich des damit verbundenen Erfahrungswissen) innerhalb eines durch eine Steuerungsgruppe moderierten Entwicklungsprozesses einer einzelnen Schule, die sich selbst organisiert, reflektiert und steuert, dienen (Rolff 2007). Das mit dem RTI-Ansatz verbundene Erfahrungswissen bietet eine Vielzahl von Anregungen für Aktivitäten zur Personal-, Organisations- und Unterrichtsentwicklung. Zudem kann RTI von „Managern“ im Bildungsbereich für ein gezieltes Veränderungsmanagement zugunsten inklusiver Schulstrukturen eingesetzt werden. Der Veränderungsmanager kann mithilfe des RTI-Ansatzes analog zu einschlägigen Ansätzen in der betrieblichen Organisationsentwicklung sehr klar Möglichkeiten der Neuausrichtung von Schulstrukturen kommunizieren, Bewegung in vorhandenen Schulstrukturen erzeugen, diese neu ausrichten und das erneuerte System festigen (Vahs 2012, 388).

In den nachfolgenden Abschnitten stellt der vorliegende Beitrag den RTI-Ansatz und seine Kernlemente im Überblick dar.

2 Entstehung und Verbreitung des RTI-Ansatzes

Die Entwicklung des Response (= antworten, reagieren) to Intervention bzw. Instruktion (= Unterricht, Förderung usw.) Ansatzes begann in den USA in den 1960er-Jahren. Mit der gesetzlichen Verankerung im „No Child Left Behind"-Gesetz (NCLB 2001) und dem „Individuals with Disabilities Education Improvement Act" (IDEIA 2004, Sec. 614.b.6.B) etablierte sich dieser Ansatz in den USA flächendeckend (über 50% der Staaten, Berkeley, Bender, Gregg Peaster & Saunders 2009) als Alternative zur Identifikation von Kindern mit Lernbehinderungen und zur Prävention von Lern- und Entwicklungsstörungen. In Deutschland findet zum aktuellen Zeitpunkt ein erster umfassender Implementationsversuch des RTI-Ansatzes in allen staatlichen Grundschulen der Insel Rügen unter der Bezeichnung „Rügener Inklusionsmodell (RIM)" statt. Das RIM wird seit nunmehr vier Grundschuljahren von der konzeptionellen Gestaltung bis hin zur wissenschaftlichen Evaluation in Kooperation mit der Universität Rostock realisiert (ausführliche Informationen unter www.rim.uni-rostock.de). In Nordrhein-Westfalen finden derzeit erste, auf den Lernbereich Lesen ausgerichtete Implementationsversuche statt (vgl. Huber, Grosche & Schütterle 2013).

3 Ziele des RTI-Ansatzes

Die Früherkennung und Prävention von Lern- und Entwicklungsstörungen im Regelschulsetting (vgl. Gresham, VanDerHeyden & Witt 2005) gilt als ein grundlegendes Ziel des RTI-Ansatzes. Damit ist zum einen die Reduzierung von sonderpädagogischem Förderbedarf verbunden und zum anderen die inklusive Beschulung von Kindern mit Lern- und Entwicklungsschwierigkeiten. Der RTI-Ansatz ist dabei als eine komplexe, stufenweise aufgebaute, daten- und diagnostikbasierte Methode zu verstehen, durch die Lehrkräfte darin unterstützt werden, Lern- und Entwicklungsschwierigkeiten frühzeitig zu erkennen und angemessene pädagogische Entscheidungen zu treffen. Mit anderen Worten: Die Lehrkraft gestaltet den Unterricht entsprechend der Fähigkeiten der Lernenden so, dass jeder Lernende davon profitiert und das Auftreten von Lernschwierigkeiten, schulischem Scheitern, Etikettierungsprozessen und selektiven Maßnahmen reduziert bzw. verhindert wird. Um einzuschätzen, ob alle Lernenden in gewünschter Weise vom Unterricht profitieren (also sog. Responder sind) verschafft sich die Lehrkraft regelmäßig

ein objektives Bild vom Entwicklungsstand und -verlauf der Kinder durch die Verwendung von Verfahren zur formativen Leistungsdiagnostik (siehe Abschnitt Formative Lernverlaufsdiagnostik). Sollten einzelne Kinder nicht die gewünschte und individuell mögliche Entwicklung vollziehen (sog. Nonresponder), sieht sich die Lehrkraft in der Verantwortung, den Unterricht und die Förderung auf zusätzlichen Förderebenen (FE) so anzupassen, dass die Entwicklung des Kindes bestmöglich gefördert wird. Vor diesem Hintergrund wurde ein bedeutsamer Perspektivenwechsel von Lernstörungen eingeleitet, indem diese in erster Linie als Zusammenhangsmaß zum Unterricht und dessen Qualität gesehen werden und nicht (wie bisher üblich) als Merkmal der Kinder.
Hartmann (2008, 127) verbindet mit dem RTI-Ansatz folgende Ziele und Vorteile:

> „Unterrichtsoptimierung; Vermeidung von ‚teaching disabilities'; Früherkennung und Prävention von Lernstörungen; Reduktion von diagnostischen Fehlklassifikationen; Verminderung des Anteils an Schulkindern in sonderpädagogischen Programmen; Überwindung der Kluft zwischen Diagnostik und Intervention; Verbesserung der Kooperation von Regel- und Sonderpädagogik."

Die einzelnen Kernelemente des RTI-Ansatzes, mit deren Hilfe diese Zielstellungen erreicht werden sollen, werden in den nachfolgenden Abschnitten näher ausgeführt.

4 Kernelemente im RTI-Ansatz

Das RTI-Konzept als solches gibt es nicht, vielmehr bildet RTI einen konzeptuellen Rahmen, in dem drei wesentliche Kernelemente zu einem präventiv und inklusiv ausgerichteten Beschulungskonzept miteinander verbunden werden (vgl. Blumenthal, Kuhlmann & Hartke 2014):

- nach Intensität gestufte Förderebenen zur Prävention von Lern- und Verhaltensschwierigkeiten, die sog. *Mehrebenenprävention,*
- *datengeleitete Förderentscheidungen* auf Basis individueller Ergebnisse in Screenings und Lernverlaufsdokumentationen (*formative Lernverlaufsdiagnostik, progress monitoring*) und
- Einsatz *evidenzbasiert*er Lehr- und Fördermethoden sowie -programme.

Mehrebenenprävention
Das Kernstück des RTI-Ansatzes bildet ein gestuftes Fördersystem, in dem verschiedene pädagogische Maßnahmen der primären, sekundären und tertiären Prävention die Grundlage der pädagogischen Arbeit bilden (National

Centre on Response To Intervention 2010). Die Mehrheit der RTI-Modelle besteht daher aus drei miteinander verbundenen Förderebenen (Abb. 1), die sich v.a. hinsichtlich

- der Intensität der Instruktionsmethoden und Fördermaßnahmen,
- des Individualisierungsgrades sowie
- der mit ihnen verknüpften diagnostischen Methoden unterscheiden.

Die Erhöhung der Intensität wird über eine häufigere Frequenz, Verlängerung der Förderdauer, Verringerung der Gruppenstärke sowie durch höher qualifiziertes Personal erreicht (vgl. Fuchs & Fuchs 2006).

Ein besonderer Vorteil dieser Mehrebenenprävention ist der dynamische Wechsel zwischen den Förderebenen – abgestimmt auf die individuellen Lernbedürfnisse eines Kindes. Es finden also keine starren Platzierungen statt, sondern eine bedarfsgerechte, individuelle und flexible Förderung. Wann ein Kind in eine höhere oder niedrigere Ebene wechselt, wird datenbasiert, also unter Einbezug der Ergebnisse der formativen Leistungsdiagnostik, entschieden (siehe 4). Die Förderung beginnt frühzeitig, d.h. es wird nicht gewartet, bis ein Kind schulisch gescheitert ist (kein „wait-to-fail"-Vorgehen).

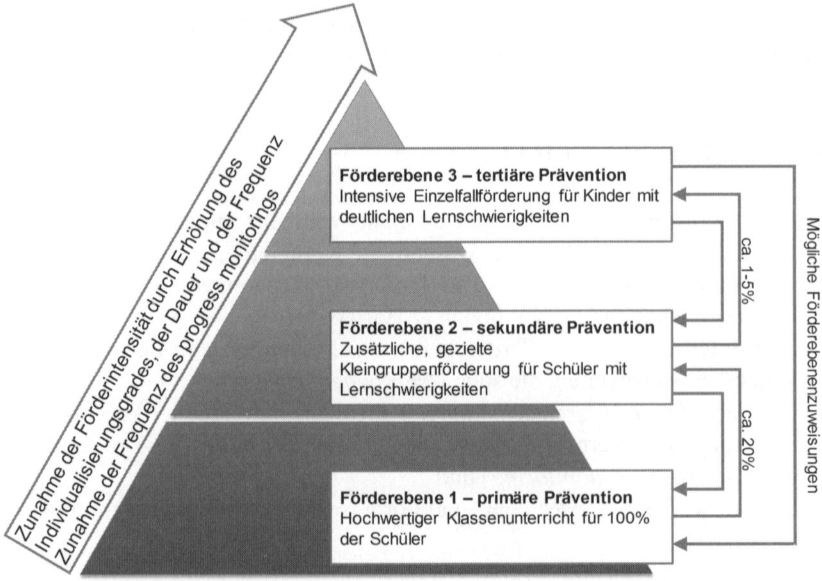

Abb. 1: Pyramide der im RTI-Ansatz vorgesehenen präventiven Förderebenen (vgl. Blumenthal et al. 2014, 71)
Anmerkungen: die Pfeile kennzeichnen mögliche Förderebenenzuweisungen

Primäre Prävention auf Förderebene I

Förderebene I (FE I) umfasst den universellen, evidenzbasierten Kernunterricht im Klassenverband unter Verantwortung der Regelschullehrkraft. Eine grundlegende Annahme des RTI-Ansatzes ist, dass durch einen exzellent strukturierten, differenzierten und der individuellen Lernentwicklung angepassten Kernunterricht sowie durch den Einsatz evidenzbasierter Methoden und Materialen (siehe 4) die erfolgreiche Beschulung von ca. 80% der Kinder sichergestellt werden kann. Um die Lernentwicklung aller Kinder zu erfassen und Risikokinder bzw. Nonresponder zu identifizieren, d.h. Kinder, welche vom Kernunterricht in nicht ausreichendem Maße profitieren, werden regelmäßig Screenings (zwei- bis dreimal im Schuljahr) und curriculumbasierte Verfahren zur Lernverlaufsdiagnostik (wöchentlich bis monatlich) durchgeführt. Diese Daten bieten die Möglichkeit einer formativen Evaluation der eingesetzten Unterrichtsmaßnahmen, wodurch Rückschlüsse auf die Wirksamkeit der jeweiligen Maßnahmen gezogen werden können. Stagniert ein Kind in seiner Entwicklung auf FE I oder treten Rückschritte auf, erfolgt schnellstmöglich eine zusätzliche, intensivere und individuellere Förderung auf Förderebene II (FE II).

Sekundäre Prävention auf Förderebene II

Etwa 20% der Kinder einer Klasse benötigen in Ergänzung zu FE I zusätzlich gezielte Förderung auf FE II. Um der Manifestation einer Lernstörung entgegenzuwirken (sekundäre Prävention) und Sekundärproblematiken vorzubeugen, werden auf FE II weitere evidenzbasierte Maßnahmen zur Lern- bzw. Verhaltensförderung mit einem höheren Maß an Intensität und Individualisierung umgesetzt. Üblich ist eine Förderung in Kleingruppen (zwei bis acht Kinder) über einen Zeitraum von 8 bis 20 Wochen mit einer Frequenz von drei- bis fünfmal pro Woche zwischen 20 und 40 Minuten.

Um differenzierte Leistungsprofile der Risikokinder zur Anpassung der Fördermaßnahmen zu erhalten, werden weitere Diagnoseverfahren zur Inventarisierung von Stärken und Schwächen eingesetzt (vgl. NCRTI 2010). Zudem erfolgt das progress monitoring höher frequentiert (ca. einmal wöchentlich), um zeitnahe Rückmeldungen über die Effektivität der Förderung zu gewährleisten. Erreicht ein Kind den erwünschten Lernfortschritt, können die Maßnahmen auf FE II beendet werden und das Kind wird ausschließlich auf FE I weiter unterrichtet. Tritt der erwartete Lernfortschritt auf FE II nicht ein, wird entschieden, ob und wie die Förderung auf der Ebene II modifiziert werden kann und ob eine weitere Intensivierung zusätzlicher Förderung auf der Förderebene III (FE III) indiziert ist. Diese Entscheidungen können auf Basis unterschiedlicher methodischer Ansätze geschehen (siehe 4).

Tertiäre Prävention auf Förderebene III

Ausgehend davon, dass für etwa 1–5% der Kinder einer Klasse die Förderung auf der FE I und FE II nicht ausreicht, um Entwicklungsfortschritte zu erzielen, wird zusätzliche Unterstützung auf der FE III durch Sonderpädagoginnen und -pädagogen angeboten (vgl. Buffum et al. 2009). Diese in hohem Maße individualisierte und intensivierte Förderung soll dem Entstehen übergreifender Probleme vorbeugen (tertiäre Prävention). Es handelt sich hierbei i.d.R. um individuelle Einzelfallhilfen oder Förderung in Kleinstgruppen (bis zu vier Kindern). In Abhängigkeit vom festgestellten Förderbedarf (u.U. auch in mehreren Bereichen) werden die Kinder täglich für einen Zeitraum von bis zu 20 Wochen umfassend und spezifisch gefördert. Um die Wirksamkeit der durchgeführten individualisierten Fördermaßnahmen auf der FE III zu überprüfen, wird zudem die Frequenz des progress monitoring auf bis zu zweimal wöchentlich erhöht.

Grundlage der Förderarbeit bildet ein Förderplan mit individuellen Förderzielen und -maßnahmen. Zusätzlich werden die Schülerinnen- und Schülerleistungen des progress monitoring – ggf. ergänzt durch weitere differentialdiagnostische Maßnahmen (zur Erfassung von kognitiven, sprachlichen, sozialemotionalen und weiteren Voraussetzungen) – dokumentiert und als Basis für Entscheidungen über den Fortlauf der Förderung (erneute Förderebenenzuweisung, Anpassung von Fördermaßnahmen) einbezogen. Responder der FE III werden auf Förderebene II und I weiter unterrichtet. Für Kinder, die auf der FE III nachweislich keine ausreichenden Entwicklungserfolge erzielen, erfolgt i.d.R. eine umfassende Feststellung einer Lern- bzw. Entwicklungsstörung. Teilweise wird sonderpädagogischer Förderbedarf schon bei Nonrespondern der Förderebene II attestiert (vgl. Berkeley et al. 2009).

Datenbasierte Förderentscheidungen auf Basis formativer Lernverlaufsdiagnostik

Um die Leistungsentwicklung der Kinder zu erfassen und damit einzuschätzen, ob die bereits eingesetzten Unterrichts- und Fördermaßnahmen erfolgreich waren oder Förderentscheidungen getroffen werden müssen, wird innerhalb des RTI-Ansatzes auf den Einsatz formativer Lernverlaufsdiagnostik zurückgegriffen.

> „Formativ ist [...] kein Attribut der Leistungsmessung selbst, sondern der Funktion einer Leistungsmessung. Werden die Rückmeldungen genutzt, um den weiteren Lehr-Lernprozess zu informieren, handelt es sich um eine formative Leistungsmessung“ (Maier 2010, 299).

In der Literatur finden sich diesbezüglich zahlreiche synonym verwendete Begriffe wie z.B. formative Lernverlaufsdiagnostik, formative Leistungsdiagnostik, formative Leistungsevaluation, formative Leistungsbeurteilung, Lernfortschrittsdiagnostik, formative Leistungsmessungen bzw. die aus den USA stammende Bezeichnung (student) progress monitoring. Die Daten zur Erfassung des Lernverlaufs können auf unterschiedliche Weise erhoben werden. So werden zum einen universelle Screenings mehrfach (zwei- bis dreimal pro Schuljahr) eingesetzt. Die daraus gewonnenen Daten dienen einerseits dazu, Kinder mit dem Risiko, Lernschwierigkeiten zu entwickeln, möglichst früh zu identifizieren und Lernlücken zeitnah schließen zu können. Andererseits bieten wiederholt eingesetzte Screenings eine grobmaschigere Dokumentation der Leistungsentwicklung in allgemeinen Kompetenzbereichen, z.B. der Leseflüssigkeit. Fällt ein Kind in diesen Screenings durch unzureichende Leistungen auf (häufig wird als Grenzwert ein Prozentrang kleiner 25 angegeben), setzt eine entsprechende Förderung ein. Um die Lernentwicklung in begrenzten Kompetenzbereichen (z.B. Buchstabenkenntnis – als Teilfertigkeit der Leseflüssigkeit) in den dazwischen liegenden Zeiträumen engmaschiger zu erfassen und die Wirksamkeit der eingesetzten Treatments zu prüfen, werden zum anderen zusätzlich curriculumbasierte Messverfahren, sog. CBM verwendet. Darunter sind zeitlich begrenzte Kurztests zu bestimmten Inhalten zu verstehen, die den Anforderungen wissenschaftlicher Güte von Testverfahren entsprechen (vgl. Voß & Hartke 2014). Diese werden entweder in der gesamten Klasse oder aber nur mit einzelnen Schülerinnen und Schülern durchgeführt.

Die individuellen Leistungsdaten der formativen Lernverlaufsdiagnostik erfüllen gleichzeitig die Funktion einer förderrelevanten Diagnostik, indem sie eine (förder-)pädagogische, didaktische und diagnostische Grundlage zur Entwicklung individueller Förderpläne bieten. Wie ausgehend von den individuellen Schülerinnen- und Schülerdaten über die konkrete Intervention entschieden wird, hängt von dem jeweilig verwendeten Interventionsmodell ab. In der US-amerikanischen Literatur werden im Wesentlichen vier allgemeine RTI-Interventionsmodelle unterschieden (vgl. Blumenthal et al. 2014):

1. In *problem-solving-Modellen* (PSM) resultieren Förderentscheidungen meist aus den gemeinsamen Beratungen der Grund- und Sonderschullehrkräfte (school-based teams) sowie ggf. der Eltern und weiterer Expertinnen und Experten (z.B. Schulpsychologinnen und -psychologen). Die Basis der Förderarbeit ist ein individueller Förderplan, der das konkrete Förderziel, die geplanten Fördermaßnahmen, die einzusetzenden evidenzbasierten Materialien, die Förderdauer und die Feststellung der Entwicklungsveränderung enthält (vgl. Fuchs et al. 2003). Studien wiesen für PSM

positive Effekte nach, diese werden jedoch aus methodischer Sicht kritisch gesehen, da das Vorgehen nicht ausreichend spezifiziert und standardisiert ist, wodurch Effekte zu einem großen Teil von der Expertise des jeweiligen school-based teams abhängig sind.

2. Bei einem Vorgehen nach *standard protocol-Modellen* (SPM) folgen Förderentscheidungen festgelegten Standardroutinen, in denen sowohl die diagnostischen Zuweisungskriterien (z.B. schulische Leistungen entsprechend einem Prozentrang kleiner gleich 25) als auch die bereichsspezifisch einzusetzenden Fördermaßnahmen vorgegeben sind. Diese Routinen gelten für alle Kinder mit ähnlichen Problemausprägungen (vgl. Fuchs et al. 2003). SPM sind relativ einfach implementierbar, allerdings ist offen, ob die Standardroutinen auch tatsächlich für alle Kinder Gültigkeit besitzen.
3. Ausgehend von einer Schätzung der zukünftigen Leistung und anhand der Baseline eines Kindes wird in *functional assessment-Modellen* (vgl. Daly, Witt, Martens & Dool 1997) in einer Art „Testphase“ ein Set an unterschiedlichen Bedingungen, z.B. leichteres Material, veränderte Methoden, Einsatz von Verstärkersystemen, mit dem Ziel angeboten, individuell passende Bedingungen zu finden, um eine positive Lernentwicklung zu unterstützen. Beeinflusst eine dieser Bedingungen, z.B. positive Verstärker, die Lernentwicklung positiv, wird sie als Interventionsmaßnahme konkretisiert und umfassend eingesetzt, bis die erwünschte Entwicklung eintritt. Als Vorteil dieser Methode wird gesehen, dass durch die Testphase individuell wirksame Maßnahmen weitgehend objektiv gefunden werden können. Der Ansatz bietet jedoch zu wenig konkrete Angaben dazu, ab wann ein Kind als Nonresponder identifiziert wird und damit eine Förderung auf der nächsthöheren Ebene erhält.
4. Die sogenannten *hybriden Modelle* kombinieren einzelne Komponenten und Vorteile der genannten Modelle anforderungsbezogen miteinander und bilden somit eine Mischform.

Evidenzbasierte Praxis

In der IDEIA 2004 wurde gesetzlich festgehalten, dass wissenschaftlich geprüfte und als wirksam erwiesene Materialien und Methoden in der pädagogischen Praxis Einsatz finden sollten. Es bietet ein Rahmengerüst für einen qualitativ hochwertigen Unterricht aller Kinder und eine optimale spezifische Förderung von Kindern mit Entwicklungsschwierigkeiten. In Deutschland ist das Konzept einer evidenzbasierten Praxis im pädagogisch-psychologischen Kontext noch vergleichsweise neu (vgl. Fingerle & Ellinger 2008).

Effekte des RTI-Ansatzes

Es gibt übereinstimmende empirische Belege dafür, dass die Anwendung einzelner Kernelemente des RTI-Ansatzes, z.B. der Einsatz von CBM, die Wahrscheinlichkeit einer positiven Leistungsentwicklung bei gefährdeten Kindern erhöhen kann (Hattie [2013] berichtet eine Effektstärke von ES = 0.9). Für längerfristig in der US-amerikanischen Schulpraxis etablierte und betreute Konzepte nach dem RTI-Ansatz ermittelten Burns, Appleton und Stehouwer (2005) einen hohen positiven Effekt mit einer Effektstärke von ES = 1.02 hinsichtlich der Schülerinnen- und Schülerleistungen. Implementationsstudien von Forschungsinstitutionen erzielten ebenfalls hohe Effektstärken von ES = 0.86. Über erste positive Effektivitätsnachweise zur Wirksamkeit des RTI-Ansatzes in Deutschland, die im Rahmen des RIM ermittelt wurden, berichten Voß et. al (2013).

5 Kritik am RTI-Ansatz vor dem Hintergrund der Leistungsdiagnostik und Prävention von Lernschwierigkeiten

Darüber, dass der RTI-Ansatz zur Prävention von Lernschwierigkeiten sehr wirksam ist, herrscht weitestgehend Konsens. Die Nutzung dieses Ansatzes als diagnostische Methode ist jedoch umstritten (vgl. Fuchs & Fuchs 2006). Innerhalb des RTI-Ansatzes soll durch die Verwendung evidenzbasierter Unterrichts- und Förderkonzepte sowie formativer Leistungsevaluationen eine mangelnde Unterrichtsqualität als mögliche Ursache für Lernschwierigkeiten ausgeschlossen werden. Erst wenn Sicherheit dahingehend herrscht, dass das bzw. die jeweilige/n Lern- und Förderangebot/e für ein Kind nachweislich angemessen war bzw. waren, damit also die Möglichkeiten zur Passung der Kontextvariablen voll ausgeschöpft wurden und dennoch massive Lernprobleme auftreten, ist eine Lernbeeinträchtigung innerhalb des Individuums zu verorten und ein Indiz für eine Lernstörung gegeben (vgl. Vaughn & Fuchs 2003). Lernstörungen auf Basis des „non-response" zu diagnostizieren, ist jedoch aus folgenden Gründen problematisch (vgl. Fuchs & Fuchs 2006; Hale 2008):

- Mangelnde Validität und Reliabilität der Verfahren zur formativen Leistungsevaluation,
- Schwierigkeiten hinsichtlich der Bezugsnorm (Klassennorm vs. Schulnorm vs. nationale Norm) zur Unterscheidung zwischen Responder und Nonresponder,

- mögliche weitere individuelle Einflussfaktoren (z.B. neurologische Störungen), die einen Schüler oder eine Schülerin nicht adäquat auf die Interventionen reagieren lassen,
- der große Handlungsspielraum in der praktischen Umsetzung des RTI-Ansatzes, da keine bzw. wenig standardisierte Richtlinien bestehen. Daraus resultieren Unterschiede, z.B. in den verwendeten Methoden und Materialien sowie in den Zuweisungskriterien für die Förderebenen. Folglich könnte ein Schüler oder eine Schülerin x in der Schule y_1 ein Responder und in der Schule y_2 ein Nonresponder sein.
- Bei fehlenden standardisierten Vorgaben ist nicht eindeutig zu klären, ob der Grund für den ausbleibenden Fördererfolg auf Seiten der Lehrkraft, des Treatments oder des Kindes liegt.

6 Fazit

Mit der Etablierung des RTI-Ansatzes vollzieht sich ein Paradigmenwechsel in der Förderdiagnostik und -pädagogik. Statt von einer merkmalzentrierten Sichtweise des Kindes in der Diagnostik von Lernschwierigkeiten innerhalb des ATI-Ansatzes auszugehen und Förderentscheidungen auf Basis einer summativen Leistungsdiagnostik und damit verbundenen zweifelhaften Prognosen zu treffen, werden innerhalb des RTI-Ansatzes auf Grundlage stattfindender formativer Leistungsevaluationen die Gründe für Lernschwierigkeiten zuerst in den Unterrichtsprozessen gesucht.
Innerhalb des RTI-Ansatzes sind CBM zur systematischen formativen Leistungsdiagnostik von zentraler Bedeutung. Diese Verfahren erlauben es, in regelmäßigen Zeitabständen die Lernentwicklung der Schülerinnen und Schüler zu erfassen, Schülerinnen und Schüler zu identifizieren, die nur geringe Lernfortschritte machen und die Effektivität des Unterrichts einzuschätzen. Damit wird auch auf das Problem der bisher unbefriedigenden Validität von langfristigen Entwicklungsprognosen reagiert (vgl. Hartke & Diehl 2013). Messergebnisse von CBM können aber, genauso wie die Förderdiagnostik, nicht voraussagen, welche Interventionen für Schülerinnen und Schüler effektiv oder ineffektiv sein werden, sondern nur, welche es aufgrund der erhobenen Daten schon waren. Allerdings erlauben die zeitlich hoch frequentierten Leistungsmessungen eine kontinuierliche und zeitnahe Erfassung von Entwicklungsveränderungen, um die pädagogische Arbeit ggf. auf diese Veränderungen abzustimmen. Ziel dieses Vorgehens ist, Schülerinnen und Schüler mit Lernschwierigkeiten so früh wie möglich zu fördern und nicht im traditionellen Sinn umzuplatzieren bzw. zu selektieren. „Wenn eine Selektion stattfindet, dann zwischen *Maßnahmen*, die sich als tauglich oder

untauglich erweisen“ (Walter 2008, 212). Insofern entspricht der RTI-Ansatz in Methodik und Ergebnis der einleitend dargestellten grundlegenden didaktischen Notwendigkeit der Passung von Lehrmethoden auf sich in ihren Personenmerkmalen deutlich unterscheidende Schülerinnen und Schüler. Allerdings ist der Problemlösungsansatz, anders als innerhalb des ATI-Paradigmas, auf den Einzelfall (Schülerinnen und Schüler bzw. Schulklassen) bezogen und wissenschaftlich ideografisch-induktiv sowie nur bedingt nomothetisch-deduktiv basiert. Daher ist Walter (2008) zuzustimmen, wenn er die Auffassung vertritt, dass eine experimentell-nomothetisch ausgerichtete Unterrichtsforschung nur zu einer für die einzelne Schülerin/den einzelnen Schüler hilfreichen Praxis führt, wenn deren Ergebnisse innerhalb einer induktiven Vorgehensweise im Sinne des RTI-Ansatzes angewandt werden. Mit anderen Worten: Die Arbeit mit dem einzelnen Kind geschieht innerhalb des RTI-Ansatzes vor dem Hintergrund des methodisch-didaktisch, förderpädagogisch, pädagogisch-psychologischen Wissens und deren allgemein anerkannten Gesetzmäßigkeiten, wobei fortlaufend die Passung zwischen dem einzelnen Kind und den gewählten pädagogischen Maßnahmen durch die formative Lernverlaufsdiagnostik kontrolliert und ggf. angepasst wird.
Ein inklusionsorientiertes Beschulungskonzept bedarf daher wissenschaftlich methodisch-didaktisch, förderpädagogisch, pädagogisch-psychologisch gut ausgebildeter Lehrkräfte, die die Vorteile des RTI-Ansatzes zur Prävention von Lern- und Entwicklungsstörungen sowie zur Unterrichtsoptimierung nutzen und auf den Einzelfall anwenden können.

Literatur

Berkeley, S., Bender, W.N., Gregg Peaster, L. & Saunders, L. (2009): Implementation of response to intervention: A snapshot of progress. In: Journal of Learning Disabilities, 42. Jg., H. 1, 85–95.

Bless, G. (2000): Schulische und außerschulische Integration behinderter Menschen unter psychologischen Aspekten. In: Borchert, J. (Hrsg.): *Handbuch der Sonderpädagogischen Psychologie*. Göttingen: Hogrefe, 440–453.

Blumenthal, Y., Kuhlmann, K. & Hartke, B. (2014): Diagnostik und Prävention von Lernschwierigkeiten im Aptitude Treatment Interaction- (ATI-) und Response to Intervention-(RTI)Ansatz. In: Hasselhorn, M., Schneider, W. & Trautwein, U. (Hrsg.): *Lernverlaufsdiagnostik.* Tests und Trends Band 12. Göttingen: Hogrefe, 61–81.

Blumenthal, Y. (2012): Kognitive Prädiktoren schulischer Minderleistungen: Zur Möglichkeit valider Schulleistungsprognosen im frühen Grundschulalter. Südwestdeutscher Verlag für Hochschulschriften.

Bradley, R., Danielson, L. & Doolittle, J. (2005): Response to Intervention. In: Journal of Learning Disabilities, 38. Jg., H. 6, [o.S.].

Bundesgesetzblatt (2008): Teil II, Nr. 35, Bonn, 31. Dezember 2008: Gesetz zu dem Übereinkommen der Vereinten Nationen vom 13. Dezember 2006 über die Rechte von Menschen mit Behinderungen.

Buffum, A., Mattos, M. & Weber, C. (2009): Pyramid Response to Intervention. Bloomington: Solution Tree Press.

Burns, M.K., Appleton, J.J. & Stehouwer, J.D. (2005): Meta-analytic review of responsiveness-to-intervention research: examining field-based and research-implemented models. In: Journal of Psychoeducational Assessment, 23. Jg., H 4, 381–394.

Daly, E.J., Witt, J.C., Martens, B.K. & Dool, E.J. (1997): A model for conducting a functional analysis of academic performance problems. In: School Psychology Review, 26. Jg., 554–574.

Diehl, K. & Hartke, B. (2007): Curriculumnahe Lernfortschrittsmessungen. In: Sonderpädagogik, 37. Jg., 195–211.

Fingerle, M. & Ellinger, S. (2008): Sonderpädagogische Förderung im Vergleich. In: Fingerle, M. & Ellinger, S. (Hrsg.): *Sonderpädagogische Förderung im Vergleich*. Stuttgart: Kohlhammer, 7–10.

Fuchs, D. & Fuchs, L.S. (2006): Introduction to Response to Intervention: What, why, and how valid is it? In: Reading Research Quarterly, 41. Jg., H. 1, 93–99.

Fuchs, D., Mock, D., Morgan, P.L. & Young, C.L. (2003): Responsiveness-to Intervention: Definitions, Evidence, and Implications for the Learning Disabilities Construct. In: Learning Disabilities Research & Practice, 18. Jg., 157–171.

Gresham, F.M., VanDerHeyden, A. & Witt, J.C. (2005): Response to Intervention in the Identification of Learning Disabilities: Empirical Support and Future Challenges. Online unter: http://www.joewitt.org/Downloads/Response%20to%20Intervention%20MS%20Greham%20%20Vanderheyden%20Witt.pdf. Zugriff: 13.03.2014.

Hale, J.B. (2008): Response to Intervention: Guidelines for Parents and Practioners. Online unter: www.wrightslaw.com. Zugriff: 15.03.2014.

Hartke, B. & Diehl, K. (Hrsg.) (2013): Schulische Prävention im Bereich Lernen. Problemlösungen mit dem RTI-Ansatz. Stuttgart: Kohlhammer.

Hartmann, E. (2008): Konzeption und Diagnostik von schriftsprachlichen Lernstörungen im Responsiveness-to-Intervention-Modell: eine kritische Würdigung. In: Vierteljahreszeitschrift für Heilpädagogik und ihre Nachbargebiete, 77. Jg., 123–137.

Hattie, J. (2013): Lernen sichtbar machen. Baltmannsweiler: Schneider.

Huber, C., Grosche, M. & Schütterle, P. (2013): Inklusive Schulentwicklung durch response-to-intervention (RTI) – Realisierungsmöglichkeiten des RTI-Konzepts im Förderbereich Lesen. In: Gemeinsam leben, 2. Jg., 79–90.

Individuals with Disabilities Education Improvement Act (2004): U.S. Department of Education. Online unter: http://idea.ed.gov/explore/view/p/,root,statute,I,B,614,b,6,. Zugriff: 13.03.2014.

Institut für Menschenrechte (2012): Eckpunkte der Monitoringstelle zur UN-Behindertenrechtskonvention zur Verwirklichung eines inklusiven Bildungssystems. In Moser, V. (Hrsg.): *Die inklusive Schule. Standards für die Umsetzung*. Kohlhammer: Stuttgart, 13–18.

Knopp, E. & Hartke, B. (2010): Das Inventar Rechenfische – Anwendung, Reliabilität und Validität eines Verfahrens zur Erfassung des Leistungsstandes von Erstklässlern in Mathematik. In: Empirische Sonderpädagogik, 3. Jg., 5–25.

Maier, U. (2010): Formative Assessment – Ein erfolgversprechendes Konzept zur Reform von Unterricht und Leistungsmessung? In: Zeitschrift für Erziehungswissenschaft, 13. Jg., 293–308.

National Center on Response to Intervention. (2010): Essential Components of RTI – A Closer Look at Response to Intervention. Online unter: http://www.rti4success.org/pdf/rtiessential components_042710.pdf. Zugriff: 13.03.2014.

No Child Left Behind – Gesetz (NCLB) (2001): Online unter: http://www2.ed.gov/policy/elsec/leg/esea02/index.html. Zugriff: 20.03.2014.

Rolff, H.G. (2007): Studien zur Theorie der Schulentwicklung. Weinheim u.a.: Beltz Juventa.

Vahs, D. (2012): Organisation. Ein Lehr- und Managementbuch. Stuttgart: Schäfer-Poeschel.

Vaughn, S. & Fuchs, L.S. (2003): Redefining Learning Disabilities as Inadequate Response to Instruction: The Promise and Potential Problems. In: Learning Disabilities Research & Practice, 18. Jg., 137–146.

Voß, S., Blumenthal, Y., Diehl, K., Sikora, S., Mahlau, K. & Hartke, B. (2013): Evaluationsergebnisse des Projekts „Rügener Inklusionsmodell (RIM)“ – Präventive und Integrative Schule auf Rügen „PISaR“ nach drei Schuljahren. Universität Rostock. Online unter: http://www.rim.uni-rostock.de/publikationen-literatur/. Zugriff: 19.03.2014.

Voß, S. & Hartke, B. (2014): Curriculumbasierte Messverfahren (CBM) als Methode der formativen Leistungsdiagnostik im RTI-Ansatz. In: Hasselhorn, M., Schneider, W. & Trautwein, U. (Hrsg.): *Lernverlaufsdiagnostik. Tests und Trends Band 12*. Göttingen: Hogrefe, 83–99.

Walter, J. (2008): Adaptiver Unterricht erneut betrachtet: Über die Notwendigkeit systematischer formativer Evaluation von Lehr- und Lernprozessen und die daraus resultierende Diagnostik und Neudefinition nach dem RTI-Paradigma. In: Zeitschrift für Heilpädagogik, 59. Jg., 202–215.

Wember, F.B. (2001): Adaptiver Unterricht. In: Sonderpädagogik, 31. Jg., H. 3, 161–181.

Wocken, H. (2005): Andere Länder, andere Schüler? Vergleichende Untersuchungen von Förderschülern in den Bundesländern Brandenburg, Hamburg und Niedersachen. Online unter: bidok.uibk.ac.at/download/wocken-forschungsbericht.pdf. Zugriff: 21.12.2010.

Barbara Brokamp

Kommunale Vernetzung inklusiver Schulen und Lehrerinnen- und Lehrerbildung

Abstract
Die Rolle und Funktion von Schule ändern sich. Neue Anforderungen und Chancen durch die inklusive Leitidee, gepaart mit einer stärkeren Verortung in der Kommune, werden aufgezeigt sowie deren Auswirkungen auf vielen Ebenen thematisiert. Nicht nur die Haltung der Akteure in einer gemeinsam verantworteten Bildungslandschaft ist von besonderer Bedeutung, auch die Inhalte und Formen der Lehrerinnen- und Lehrerbildung müssen diesen Veränderungsprozessen Rechnung tragen. Kommunale Kenntnisse sowie eine eindeutige Haltung und entsprechendes Handeln können von Lehrerinnen und Lehrern zukünftig erwartet werden. Als eine Möglichkeit wird die Arbeit mit dem Praxishandbuch „Inklusion vor Ort" aufgezeigt, die in besonderem Maße Dialoge und gemeinsam verantwortete Entwicklungsprozesse anregt.

1 Einleitung

Für die Diskussion um mögliche Wege zur Umsetzung von Inklusion ist es unerlässlich, sich über die grundsätzliche Bedeutung von Inklusion zu verständigen. Nicht erst seit der Ratifizierung der UN-Konvention über die Rechte von Menschen mit Behinderungen ist Inklusion Thema einer interdisziplinären Debatte über zukunftsfähige Modelle einer menschenfreundlichen und lebenswerten Gesellschaft.
Ganz aktuell wurde auf dem Gipfel der Deutschen UNESCO-Kommission e.V. im März 2014 eine „Bonner Erklärung zur Inklusiven Bildung in Deutschland" verabschiedet, die sehr deutlich auf zwei wesentliche Aspekte hinweist:

1. Inklusion ist mehr als die sonderpädagogische Förderung in Schulen
2. „Inklusion ist ein menschenrechtlicher Anspruch und gilt unabhängig von Geschlecht, Herkunft, sozialen oder ökonomischen Voraussetzungen, Be-

hinderung oder besonderen Lernbedürfnissen.“ (Deutsche UNESCO-Kommission e.V. 2014a, 1)

Somit ist der inklusive Prozess eine gesellschaftliche Verantwortung, die nicht auf einzelne Gruppen oder Bereiche reduziert werden kann. Die Grundidee von Inklusion ist nicht beliebig, nicht bestimmbar und mehr als eine temporäre Maßnahme. Sie ist nicht mit einem Projekt erledigt oder mit professionellem Projektmanagement zu bewältigen, sie ist nicht zu delegieren und nicht nur für bestimmte Teile der Gesellschaft relevant. Inklusion ist auf vielen Ebenen wirksam, überall und von jedem gestaltbar (vgl. Brokamp 2013).

In den folgenden Ausführungen anhand von zwölf Punkten geht es um die Frage, welche Bedeutung die inklusive Entwicklung für die Rolle von Schulen im Kontext der Kommunen hat und welche Anforderungen dieses neue Verständnis an die Lehrerinnen und Lehrer sowie Akteurinnen und Akteure im Bildungswesen zukünftig formuliert.

2 Wirkungsebenen von Inklusion

Inklusion ist mehr als die Integration von Menschen mit Behinderungen

In der Diskussion um die UN-Konvention ist hervorzuheben, dass es nicht um Sonderrechte für Menschen mit Behinderungen geht, sondern um die Realisierung allgemeiner Menschenrechte. Denn Behinderung ist nur eine von vielen möglichen Zuschreibungen, die Ursache für Benachteiligung und Ausschluss sein können. Diesen Aspekt bringt der Jurist, ehemalige Kinderbeauftragte der Landesregierung NRW und Mitglied in der National Coalition für die Umsetzung der UN-Kinderrechtskonvention in Deutschland, Dr. Reinald Eichholz, auf den Punkt:

> „Insgesamt habe ich den Eindruck, dass in der gegenwärtigen Bildungsdiskussion der umfassende Anspruch der Menschenrechtskonventionen noch gar nicht angekommen ist und deswegen auch die völkerrechtlich verbindlichen Rahmenbedingungen für die Weiterentwicklung nicht präsent sind. Man gewöhnt sich aufgrund der Behindertenrechtskonvention an, bei Inklusion nur an die Kinder und Jugendlichen mit Behinderung zu denken. Sobald man sich den menschenrechtlichen Hintergrund klar macht, steht aber fest: Inklusion meint alle. Jedes Kind hat das Recht dazuzugehören, und zwar unabhängig von jeder Art der Verschiedenheit“ (Eichholz in Schumann 2012).

Dabei geht es

> „auch nicht darum, dass einzelne Schulen ‚inklusiv werden wollen‘ und andere wie bisher bleiben, sondern die Menschenrechtskonventionen verlangen Inklusion auf

> Dauer von allen Schulen, auch, wo es gar nicht um Menschen mit Behinderung, sondern um Abtrennung und Ausgrenzung auch anderer Art geht. Nötig ist eine grundlegend andere Einstellung zur Verschiedenartigkeit und Vielfalt – mit Auswirkungen, die tatsächlich das ganze System betreffen bis hin zu Bildungsstandards und Fragen des Bewertungs- und Berechtigungswesens“ (Eichholz in Schumann 2012).

Wenn Inklusion ernsthaft als Menschenrecht begriffen wird, heißt das, dass jeder Mensch willkommen ist, ganz unabhängig von seinen Voraussetzungen: ob Kinder, Jugendliche oder Erwachsene, Asylbewerberinnen und -bewerber, Menschen mit Zuwanderungshintergrund, Menschen jedweder sexuellen Orientierung und solche, die als behindert klassifiziert werden oder in einer abgehängten Schicht von Armut betroffen sind – genauso aber auch alle anderen Menschen, die scheinbar von einem konstruierten und weit verbreiteten Verständnis von „Normalität“ abweichen: sonderbar wirkende, eingeschüchterte und verwirrte Menschen, introvertierte und extrovertierte, demente und alte Menschen, außergewöhnlich Hochbegabte, Privilegierte etc. Die Liste ließe sich unendlich fortführen und soll doch nur zeigen, dass solche Kategorisierungen einem Menschen nie in seiner Ganzheit gerecht werden können. Denn es gilt, das gesellschaftliche Zusammenleben für *alle* Menschen ohne Ausgrenzungen und Diskriminierungen zu gestalten.
„Willkommen sein“ bedeutet dabei mehr als nur „dabei zu sein“. „Willkommen sein“ bedeutet, in seiner Einmaligkeit erkannt zu werden, gewollt zu sein, Spielraum und Möglichkeiten zu bekommen, Potenziale zu entfalten. Jede und jeder hat das Recht und die Möglichkeit, aktiv am gesellschaftlichen und kulturellen Leben teilzuhaben und Veränderungsprozesse mitzugestalten. Das erfordert eine Akzeptanz unterschiedlicher Zugangsweisen und Ausdrucksmöglichkeiten sowie eine wertschätzende und respektvolle Kommunikation, die nicht ausgrenzend ist.

Vielfalt bereichert
Inklusion beinhaltet den Gedanken, dass Vielfalt bereichert. Häufig werden – gerade in pädagogischen Zusammenhängen – Unterschiedlichkeit und Vielfalt als etwas „schwer zu Handhabendes“, etwas Bedrohliches, etwas Kompliziertes empfunden und eher vermieden. Je unterschiedlicher und vielfältiger die Menschen einer Gruppe, einer Schule, einer Wohneinheit, eines Dorfes oder einer Stadt aber sind, desto mehr kann die Gemeinschaft und jede und jeder einzelne von ihr profitieren. Jeder Mensch ist einmalig und kann etwas beitragen. Dabei sind die Möglichkeiten für Verschiedenheit unendlich.

Jede Teilhabe, jedes aktive Beteiligen und Mitgestalten von inklusiven Veränderungsprozessen hinterlässt nicht nur Spuren in gesellschaftlichen Zusammenhängen, sondern auch bei den Betroffenen selber. Die eigene Wirksamkeit zu erleben und dadurch Selbstwertgefühle zu empfinden, stärkt das Selbstvertrauen und die Bereitschaft, sich weiterhin aktiv zu äußern und zu beteiligen. Damit leistet inklusives Handeln einen wichtigen Beitrag zur Demokratieentwicklung und zum Demokratiebewusstsein bei Kindern und Erwachsenen.

Inklusion wirkt auf verschiedenen Ebenen

Das Handbuch „Inklusion vor Ort“ (Montag Stiftung Jugend und Gesellschaft 2011, 24ff.) beschreibt verschiedene Ebenen, auf denen inklusive Handlungen in Gemeinschaften wirksam werden:

1. „Ich mit Mir: die Ebene der einzelnen Person.“ Sie umfasst „das Nachdenken über meine Haltung, meine Einstellungen und Sichtweisen, meine Urteile und Vorurteile und meine Bereitschaft, eine inklusive Haltung zu entwickeln“. Dabei geht es auch um den Gebrauch meiner Sprache und mein kommunikatives Verhalten.
2. „Ich mit Dir: die Ebene Mensch-zu-Mensch“ im nachbarschaftlichen Raum zwischen dem rein „Privaten“ und dem „Öffentlichen“. Hier geht es um Beziehungen und Verbindungen zu anderen: Ich frage um Unterstützung oder biete Hilfe an, ohne eine direkte Gegenleistung zu erwarten.
3. „Wir: die Ebene öffentlicher Organisationen,“ Institutionen, Betriebe, Bildungseinrichtungen etc., d.h. die Ebene der Abstimmung von Verantwortlichkeiten und Strategien, um gemeinsame inklusive Ziele erreichen zu können. Es geht auch um das direkte Miteinander in solchen Zusammenhängen und inklusives Handeln im öffentlichen Raum.
4. „Wir und Wir: die Ebene der Vernetzung“ von Organisationen und Initiativen in einer Kommune, „die über ihren jeweiligen Verantwortungsbereich hinaus inklusive Lebenswelten anstreben“. Einzelne Einrichtungen schauen über den Tellerrand, und durch Vernetzung und Kooperation werden neue Ressourcen mobilisiert, Synergieeffekte ausgelöst und Leistungen anderer erkannt und wertgeschätzt.
5. „Alle gemeinsam.“ Auf dieser Ebene begreift sich die ganze Kommune oder das Netzwerk als Ganzes und darüber hinaus als Teil einer globalen Welt. Nicht gegeneinander wird um Ressourcen gekämpft, sondern miteinander werden gemeinsam Strategien für ein menschenwürdiges Leben aller Menschen entwickelt.

Diese fünf Ebenen zeigen, wie vielseitig die Möglichkeiten sind, am inklusiven Zusammenleben einer (Verantwortungs-)Gemeinschaft mitzuwirken. Sie zeigen auch, wie die oben beschriebene Vielfalt hier zum Nutzen aller werden kann und eine Teilhabe möglich wird:

> „Von Ebene zu Ebene werden die Beziehungen komplexer – und doch gibt es einen ganz einfachen Ausgangspunkt: Am Anfang steht immer der einzelne Mensch. Jede und jeder von uns schafft die Basis für das, was auf den nächsten Ebenen erreicht werden kann. Je mehr Menschen sich auf dieser ersten Ebene darüber Gedanken machen, ob und wo sie selbst inklusiv handeln können, umso wahrscheinlicher wird es, dass die Initiativen auf den folgenden Ebenen gelingen" (Montag Stiftung Jugend und Gesellschaft 2011, 26f.).

Inklusion ist ein Prozess

Es gibt Tendenzen, feste Standards für inklusive Einrichtungen zu entwickeln oder Inklusion messen zu wollen. Bei dem Wunsch nach der Festlegung von Kriterien oder Standards für eine gelungene Inklusion besteht die Gefahr, Inklusion als einen Zustand zu definieren und nicht zu berücksichtigen, dass es sich bei Inklusion immer um einen Prozess handelt. Hilfreicher und angemessener ist es, danach zu fragen, woran sich inklusive Veränderungsprozesse orientieren, was einen inklusiven Referenzrahmen in Bezug auf den eigenen Handlungsbereich ausmacht und wie die Vielschichtigkeit dieser Prozesse wahr- und ernstgenommen werden können.

Inklusion nimmt alle Menschen in die Verantwortung. Ein inklusiver Prozess kann immer und überall und von jeder und jedem begonnen werden. Dabei wird aber kein Prozess gleich verlaufen. Hinter jeder Organisation oder Institution, die sich an inklusiven Verpflichtungen und Regeln orientiert, stecken immer die Kultur, die Geschichte, die Vision, die Handlungsvielfalt der in ihr wirkenden Menschen und der sie umgebenden Umwelt.

An Inklusion wird immer weiter gearbeitet. Für jeden Prozess müssen Kriterien oder Indikatoren immer wieder neu „verhandelt" werden. Was für eine Schule möglicherweise einen riesengroßen Fortschritt in Richtung Inklusion bedeutet, kann in einer anderen Einrichtung längst Standard sein, und dort werden andere Ziele angestrebt. Deshalb ist es wichtig, Erwartungen und Ziele im Rahmen eines inklusiven Prozesses nicht nur zu Beginn, sondern auch im Verlauf gemeinsam zu reflektieren. Abweichungen und gefühlte „Umwege" sind kein Rückschritt – sie prägen jeden Prozess und können als Schritte der Veränderung immer auch positiv auf den Prozess zurückwirken.

Schule im kommunalen Kontext

Dieses Verständnis von Inklusion definiert auch für die Rolle von Schulen im kommunalen Kontext Konsequenzen. In jüngster Zeit spielen Schulen eine neue Rolle und haben eine andere Position im kommunalen Gefüge. Häufig bilden sie – gerade in kleineren Gemeinden – eine Art Community-Zentrum und sind wichtig für das Überleben der Gemeinde. Ihre Attraktivität entscheidet mit über die Wohnortwahl, sie ist ein Aushängeschild und wird entsprechend ernst genommen.

Die Attraktivität misst sich nicht nur – wenn überhaupt – an Output-Ergebnissen, sondern an der Funktion, die die Schule über eine reine Wissensvermittlung hinaus übernimmt, über ihr Verständnis von Bildung. Schulen und alle Bildungseinrichtungen sind immer auch Orte sozialer Begegnungen in jedem Gemeinwesen (vgl. Deutsche UNESCO-Kommission e.V. 2014b). Das Zusammenspiel von formaler, non-formaler und informeller Bildung bekommt einen immer größeren Stellenwert. Das bildet sich in vielen Bereichen ab, in der Gestaltung des Ganztags, der Kooperation mit den ansässigen Trägern und in der gegenseitigen gleichberechtigten und gleichwertigen Anerkennung der unterschiedlichen „Leistungen".

Es geht eben nicht um die separaten Pole einer schulischen und einer außerschulischen Bildung, sondern um eine gemeinsame, kommunal orientierte und verantwortete Ganztagsbildung, die einen wesentlichen Beitrag zur Realisierung inklusiver Leitideen verwirklichen kann: allen Kindern neben einer hochwertigen Bildung ein menschenwürdiges, an den Menschenrechten orientiertes Zusammenleben zu ermöglichen. Dahinter steckt die Notwendigkeit nachhaltiger Kooperation – auf vielen Ebenen.

Kooperationen der Schulen untereinander

Kooperationen können ganz unterschiedlich gestaltet sein und haben ihren Ausgangspunkt häufig in veränderten Realitäten an den Schulen: Reale Kinder in realen Klassen erfordern gemeinschaftliches Engagement und darüber verändern sich Annahmen der Lehrkräfte (vgl. Dlugosch 2014). Es ist zu tun, was zu tun ist, wenn neue Entwicklungen eintreten – häufig führen solche Prozesse dann zu einer stärkeren Kooperation zwischen den Schulen: Allgemeinbildende und Förderschulen arbeiten zusammen, beraten sich gegenseitig, tauschen sich aus und führen gemeinsame Fortbildungen durch. Nicht selten werden Regionalkonferenzen oder lokale Schulkonferenzen durchgeführt, um ihrer gemeinsamen Verantwortung nachzukommen. Für gemeinsam angestrebte Prozesse werden gemeinsame Steuerungs- oder Lenkungsgruppen gewählt, nicht selten werden hier schon Eltern und Schülerinnen und Schüler einbezogen. Dlugosch spricht von einer notwendigen Vision, um die Zielperspektive der gewünschten schulischen und auch regionalen Entwicklungen transparent und kommunizierbar zu machen (Dlugosch 2013, 41).

Für die Schulleitungen bedeutet das nach Rolf Arnold:

„Vernetze Dich mit anderen Einheiten des Systems. Denn Deine Schule ist nur Teil eines Systems, um dessen Verbesserung es geht. Systemische Führung schaut bewusst über den Tellerrand der eigenen Erfahrungswelt und weiß sich für ein Gesamtes verantwortlich. Sie setzt sich dafür ein, dass das Schulsystem als Ganzes in einer Region oder gar einem Land besser wird. Dieser Ansatz eines ‚System Leaderships' (Hopkins 2008) geht davon aus, dass die Absicht, ‚jede Schule zu einer guten Schule werden zu lassen, nur erreicht wird, wenn sich die bildungspolitischen Maßnahmen und die Praxis auf eine Verbesserung und Weiterentwicklung des ganzen Schulsystems ausrichten' (Huber & Lohmann 2009, 91). Aus diesem Grunde kommt der Vernetzung, d.h. dem Aufbau von echten Schulpartnerschaften sowie der Einbindung der schulischen Entwicklung in die Regionalentwicklung des Bezirks bzw. der Kommune eine große Bedeutung zu. Schulmanagement wird so zu einem Netzwerkmanagement. Dabei entstehen professionelle Gemeinschaften, in welchen Konzepte und Programme (z.B. für besondere Zielgruppen) in arbeitsteiliger Kooperation und für mehrere Schulen in dem Netzwerkverbund entwickelt, erprobt und gestaltet werden" (vgl. Arnold 2010).

Schulen, kommunale Träger und Beratungseinrichtungen

Um den Anspruch der Gestaltung sinnvoller Bildungsketten für Kinder und Jugendliche zu realisieren, werden zahlreiche Formen des Übergangs entwickelt und gestaltet. Es finden gegenseitige Hospitationen statt, Kinder lernen ihre zukünftigen Schulen, Lerngruppen und Pädagoginnen und Pädagogen kennen und können so mit den Umbrüchen gut umgehen. Wenn Lehrerinnen und Lehrer der Sekundarstufe Grundschulen besuchen, sehen sie, mit welchen Vorerfahrungen ihre Schülerinnen und Schüler die Schule besuchen.

Insbesondere bei der Zusammenarbeit zwischen Schulen und Kitas wird der Kreis kooperierender Einrichtungen deutlich erweitert. Ansässige Träger und Beratungseinrichtungen sowie Familienzentren auf kommunaler Ebene werden einbezogen.

So entstehen Schulkooperationen und Bildungsverbünde, die bei einer gemeinsamen Orientierung an einem wertschätzenden Umgang mit Vielfalt zu einer Bildungsgerechtigkeit und einer längst überfälligen entstehenden Verantwortungsgemeinschaft für alle Kinder einer Region beitragen können.

Zahlreiche Projekte und Netzwerke arbeiten erfolgreich an kooperativen Zusammenhängen, entwickeln gemeinsame Strategien und werden dabei häufig von der Kommune unterstützt oder auch von der Kommune initiiert.

Bei allen Projekten und Bemühungen zeigt sich die Bedeutsamkeit der Kooperation zwischen Kommune und Land, ganz wesentlich ist dabei die Kooperation zwischen Jugendhilfe und Schule.

Der inklusive Gestaltungswille muss sichtbar werden!
Besonders hilfreich und wirksam ist es, wenn der Veränderungswille der kommunalen Verwaltung für alle Beteiligten sichtbar und von entsprechenden Maßnahmen begleitet ist. Er drückt sich in dem erklärten Willen aus, Parallelstrukturen abzubauen, Ressourcen zu erkennen (und anzuerkennen) sowie Inklusion nicht als Appendix oder „zusätzliche" Aufgabe zu begreifen, sondern als Querlagenanspruch, der überall durchschimmert und wirksam wird.
Glaubwürdig wird eine kommunale Verwaltung besonders dann, wenn sie auf die Qualität ihrer inklusiven Gestaltung achtet: Das beginnt mit eigenen, vielleicht verwaltungsinternen Fortbildungen zu Themen wie z.B. sensibler Umgang mit Sprache, um Diskriminierungen zu vermeiden. Solche Qualitäten werden auch in teilhabeorientierten Entwicklungsgestaltungen und einer transparenten, verständlichen und nachvollziehbaren Informationspolitik sichtbar.
Die Kommune bzw. der Stadtteil/das Quartier und ihre Verwaltung/die Politik können selbst wirksam werden und als Vorbild bzw. Beispiel dazu beitragen, in unserer Gesellschaft eine inklusive Kultur zu etablieren. Ein inklusives Gemeinwesen, wie es Landesaktionspläne als Zielebene formulieren, ist der Ort, an dem jeder Mensch unmittelbar wahrnehmen kann, dass er eine „Wirkung" hat und etwas beitragen kann: in seiner Bildungseinrichtung, in seinem Verein, in seiner Kirche, in seinem Unternehmen usw.
Ausgangspunkte für die Entwicklung einer solchen Kultur können sowohl die Bildungseinrichtungen als auch die Kommunen sein: Die Initiativen von Bildungseinrichtungen können auf das Gemeinwesen ausstrahlen; umgekehrt können auch inklusive Gemeinwesensinitiativen auf die Bildungseinrichtungen vor Ort wirken.

Fragen regen zum Dialog an
Durch die Arbeit mit dem Praxishandbuch „Inklusion vor Ort – Der Kommunale Index für Inklusion" (Montag Stiftung Jugend und Gesellschaft 2011) werden Akteurinnen und Akteure – egal auf welcher Ebene – immer wieder angehalten, sich und ihre Systeme zu reflektieren, in den Dialog zu treten und für andere Perspektiven offen zu werden. Hier werden Fragen als Diskussionsanlässe formuliert, d.h. es werden keine „richtigen" Antworten erwartet, sondern Fragen bilden den Ausgangspunkt für ein gemeinsames Suchen nach Lösungen und Anregungen für konkretes Handeln und auch langfristige Ziele.
Das Konzept des inzwischen für verschiedene Bereiche vorliegenden „Index für Inklusion" basiert auf dem gemeinsamen Bearbeiten eines großen Angebots an Fragen. In Schulen wird häufig sowohl mit dem erwähnten Kommu-

nalen Index für Inklusion als auch mit dem Index für Schulen (vgl. Hinz & Boban 2003) gearbeitet: ob im Team, gemeinsam mit den Schülerinnen und Schülern, den Lerngruppen, als Frage der Woche oder bei Kollegiumstagungen.

Einige Beispiele aus dem Kommunalen Index verdeutlichen den Charakter der Fragen:

- Ist das Ziel, eine inklusive Kultur aufzubauen, allen wichtig? (105)
- Begegnen sich alle mit Wertschätzung und Respekt? (105)
- Werden Krisen und Misserfolge gemeinsam ausgewertet und Schlussfolgerungen daraus gezogen? (113)
- Ist geregelt, wer in welcher Form die Steuerungsgruppen nach außen vertritt? (117)

Jede Verantwortungsgemeinschaft hat Gestaltungsspielräume, die von allen Beteiligten genutzt werden können, häufig werden sie nicht wahrgenommen. Hier hat auch die Schule noch einigen Nachholbedarf. Schon in der Schule selber geht es in einem wichtigen Schritt um eine Anerkennung der unterschiedlichen Berufsgruppen, um einen Austausch auf Augenhöhe in einer wirklichen gemeinsamen Weiterentwicklung des Systems – zum Wohle aller, nicht nur der Schülerinnen und Schüler, wobei die Fragen eine gute Hilfe sein können.

Einige Gedanken zur Lehrerinnen- und Lehrer(aus)bildung

Diese neuen Handlungsfelder haben auch Auswirkungen auf notwendige Aspekte der Lehrerinnen- und Lehrer(aus)bildung.

Für die oben genannten Prozesse insgesamt sensibler zu werden, ist die Grundlage inklusiven Handelns. Für angehende Pädagoginnen und Pädagogen bedeutet das, sich ganz kritisch und selbstreflexiv in Kooperation mit anderen zu beobachten und an der eigenen Haltung zu arbeiten. Die Wirkung der eigenen Sprache und des eigenen Verhaltens zu reflektieren, offen für „andere" Sichtweisen zu werden, empathisch und neugierig zu sein, sind Voraussetzungen für die Wertschätzung von Vielfalt und das Annehmen von Individuen.

Im Vordergrund für die Lehrerinnen- und Lehrerausbildung steht dabei nicht das schlichte Know-how zum Umgang mit möglichst vielen Diversitäts„gruppen", sondern als Grundlage die Entwicklung von Reflexionsfähigkeiten, Verantwortungsbewusstsein und empathischem Handeln.

Gewollt ist eine Teilhabe aller am gesellschaftlichen Leben und für alle Kinder und Jugendlichen bestmögliche Entfaltung. Dabei gehört es auch zu den Aufgaben der beteiligten Pädagoginnen und Pädagogen, Barrieren, auch institutioneller Art, wahrzunehmen und sichtbar zu machen, sowie darum, Strategien zu entwickeln, die Barrieren abbauen oder verhindern.

Kooperation auf allen Ebenen der Ausbildungsgänge?

Wie häufig noch spielen in den Lehrerinnen- und Lehrerbildungsphasen Kooperationen mit anderen Studiengängen, Fächern, Schulformen oder gar außerschulischen Ausbildungsgängen keine Rolle. Dabei ist die Kultur nicht selten von Konkurrenzen zwischen den Schulformen und bewussten oder unbewussten Abwertungen individueller und institutioneller Art geprägt. Das beginnt bei unterschiedlichen Qualitäten der Ausbildungen, unterschiedlichen Gehaltsstufen und in der konkreten Praxis einer gegenseitigen Missachtung der Leistungen der Pädagoginnen und Pädagogen.

Hier stünde es der Lehrerinnen- und Lehrerbildung gut an, die Leistungen der jeweils anderen Bildungseinrichtungen wahrzunehmen und ggf. daran anzuknüpfen. Das erfordert eine Offenheit, die sich durch Kooperation im Studium genauso widerspiegeln müsste wie in reflexiven Zusammenhängen. Insgesamt müssen unsere Systeme flexibler werden. Nicht einzelne „Alleskönner“ sind gefragt, sondern unterschiedliche Akteursgruppen und Professionen in tragfähigen, kooperativ arbeitenden Netzwerken (vgl. Deutsche UNESCO-Kommission e.V. 2014b).

Vernetzung und Zusammenarbeit müssen deshalb in verschiedenen Dimensionen gedacht werden:

Kenntnisse kommunaler Strukturen und kommunalen Handelns

Was wissen Lehrerinnen und Lehrer über kommunale Strukturen?

In der Regel zu wenig – wollen sie sich jedoch vernetzen und gemeinsame inklusive Strukturen und Praktiken entwickeln, ist ein Basiswissen darüber unerlässlich. Nur allzu häufig sind Themen wie Sozialraumorientierung, Gemeinwesenarbeit oder Quartiersmanagement der Berufsgruppe der Sozialen Arbeit vorbehalten. Dabei ist es klar, dass jede Akteursgruppe ihre Kompetenzen schwerpunktmäßig in ihrem Bereich hat – eine gegenseitige Kenntnis der jeweiligen Rahmenbedingungen und Handlungsanforderungen hilft jedoch, eine Zusammenarbeit zu organisieren, von der alle Seiten profitieren. Gleichzeitig verändern sich auch die Profile der Berufsgruppen.

Welche Vorstellungen von Vernetzungen haben Akteurinnen und Akteure in Schulen?

Selten sind das Themen in der Lehrerinnen- und Lehrerbildung, noch gibt es im Studium das Bestreben, über Rahmenbedingungen, Chancen und auch Gefahren von Netzwerken zu reflektieren. Vernetztes Arbeiten ist dabei aber keine Option, sondern eine Anforderung, die auch in allen anderen Arbeitsbe-

reichen die Regel ist. Die Bereitschaft, Strukturen für Vernetzung aufzubauen und sich offen zu zeigen für eine gegenseitige Bereicherung und Entlastung ist im Begriff, sich überall zu etablieren.
Wie ist Teilhabe zu organisieren, wenn dadurch mühsame und nur sehr langfristige Veränderungen wahrnehmbar werden?
Inklusionsprozesse werden immer auch von Ausgrenzungen begleitet sein. Unterschiedliche, auch materielle Interessen sind spürbar und können frustrierend wirken. Zusammenhänge werden nicht sofort wahrgenommen, Strukturen und Maßnahmen paralysieren sich gegenseitig. Viele negative soziale Kreisläufe können nur langfristig durchbrochen werden, Erfolge an der einen Stelle werden von neuen Einbrüchen an anderen Stellen begleitet. Deshalb ist es wichtig, sich positiv auf den Weg zu machen und auch in kleinen Schritten Erfolge zu sehen. Ganz wichtig ist die Fähigkeit zum Umgang mit Widersprüchen, die sich in allen gesellschaftlichen Handlungsfeldern zeigen (vgl. Huster & Kuhlmann 2012).

3 Fazit

All diese Aspekte erfordern vom Lehrerinnen- und Lehrerstudium Interdisziplinarität, Blicke von außen und viel Zeit und Raum für Reflexion – auf allen Ebenen. Dieses Nachdenken darf kein beliebiges Angebot für interessierte Studierende sein, es ist eine Voraussetzung, um den aktuellen Herausforderungen gewachsen zu sein und menschenwürdige Lebensformen und Bildungsgerechtigkeit – eben inklusives Handeln – zu gestalten.
Die weitreichenden Veränderungen, die sich aktuell in vielen Schulen und Bildungseinrichtungen vollziehen, werden mittel- und langfristig auch Veränderungen in den Ausbildungen aller an einer inklusiven Schule beteiligten Professionen mit sich bringen. Was das ganz konkret für die Studiengänge von Lehramtsanwärterinnen und -wärtern bedeutet, wird in Zukunft u.a. an der inklusiven Universitätsschule in Köln (IUS 2012) erprobt und entwickelt. Anforderungen ergeben sich aus der Praxis, die bereits in vielen Schulen und Bildungsverbünden deutschlandweit besteht.
Eine konsequente Umsetzung von Inklusion setzt auch voraus, dass sich dazu Strukturen der Vernetzung und der Kooperation zwischen Schulen, Bildungs- und anderen kommunalen Einrichtungen etablieren. Der Impuls dazu kann von allen Seiten kommen – wichtig ist es, dass Inklusion nicht als „Projekt" betrachtet wird, sondern als ein Prozess, an dem alle mitwirken und den alle mit weiterentwickeln können, um gemeinsam Voraussetzungen für ein menschenrechtsbasiertes Bildungssystem für alle zu schaffen.

Literatur

Arnold, R. (2010): Systemische Schulentwicklung: „Frisches Denken" gefragt! In GEW-Zeitung Rheinland-Pfalz 12/2010, 20–26.

Boban, I. & Hinz, A. (Hrsg.) (2003): Index für Inklusion. Lernen und Teilhabe in der Schule für alle entwickeln. Halle-Wittenberg: Martin-Luther-Universität.

Booth, T. & Ainscow, M. (2011): Index for Inclusion. Developing Learning and Participation in Schools (Third edition and substantially revised and expanded). Bristol: Centre for Studies on Inclusive Education (CSIE).

Booth, T. (2012): Der aktuelle „Index for Inclusion" in dritter Auflage. In: Reich, K. (Hrsg.): *Inklusion und Bildungsgerechtigkeit. Standards und Regeln zur Umsetzung einer inklusiven Schule.* Weinheim/Basel: Beltz Juventa, 180–203.

Brokamp, B. (2011): Ein Kommunaler Index für Inklusion – oder: Wie können sinnvoll kommunale Entwicklungsprozesse unterstützt werden? In: Flieger, P. & Schönwiese, V. (Hrsg.): *Menschenrechte – Integration – Inklusion.* Bad Heilbrunn: Klinkhardt, 237–244.

Brokamp, B. (2012): Inklusion als Aufgabe und Chance für Alle. Online unter: http://www.bkj.de/fileadmin/user_upload/documents/Kulturelle_Vielfalt/Beitrag_Brokamp_Inklusion.pdf. Zugriff: 13.01.14.

Brokamp, B. (2013): Wie wirkt Inklusion? In: Beilage +3 Magazin der Süddeutschen Zeitung 10/2013, 9.

Demmer, Chr. (2011): Schule anders denken, gestalten und evaluieren. Eine Vergleichsstudie. Bonn: Montag Stiftung Jugend und Gesellschaft.

Deutsche UNESCO-Kommission e.V. (2014a): Bonner Erklärung zur Inklusiven Bildung in Deutschland. Online: http://www.unesco.de/gipfel_inklusion_erklaerung.html. Zugriff: 06.04.14.

Deutsche UNESCO-Kommission e.V. (2014b): Hintergrundpapiere zum Workshop „Gesellschaftliche Bedeutung Inklusiver Bildung. Strategien zur Stärkung des gesellschaftlichen und politischen Bewusstseins für Inklusion" und „Inklusion braucht Vernetzung". Online unter: http://www.unesco.de/gipfel_inklusion_workshops.html. Zugriff: 06.04.14.

Dlugosch, A. (2013): Inklusion auch ohne Haltung – Qualität kann Motor sein. In: Journal für Schulentwicklung, 4.Jg., 38–45.

Huster, E.-U. & Kuhlmann, C. (2012): Soziale Inklusion: Antinomien und Perspektiven für professionelles Handeln im Bereich inklusiver Sozialer Arbeit. In: Balz, H.-J., Benz, B. & Kuhlmann, C. (Hrsg.): *Soziale Inklusion. Grundlagen, Strategien und Projekte in der Sozialen Arbeit.* Wiesbaden: Springer, 307–317.

Montag Stiftung Jugend und Gesellschaft (2011): Inklusion vor Ort. Der Kommunale Index für Inklusion – ein Praxishandbuch. Berlin: Eigenverlag des Deutschen Vereins.

Patt, R. (2012): Kommunale Strategien: Regionale Inklusionsplanung verbindlich gestalten. In: Reich, K. (Hrsg.): *Inklusion und Bildungsgerechtigkeit. Standards und Regeln zur Umsetzung einer inklusiven Schule.* Weinheim/Basel: Beltz Iuventa, 205–219.

Platte, A. (2012): Inklusive Bildung als internationale Leitidee und pädagogische Herausforderung. In: Balz, H.-J., Benz, B. & Kuhlmann, C. (Hrsg.) Soziale Inklusion. Grundlagen, Strategien und Projekte in der Sozialen Arbeit. Wiesbaden: Springer, 141–162

Reich, K. (Hrsg.) (2012): Inklusion und Bildungsgerechtigkeit. Standards und Regeln zur Umsetzung einer inklusiven Schule. Weinheim/Basel: Beltz Juventa.

Schumann, B. (2012): Mehr als Regelschule plus Behindertenpädagogik. Interview mit Dr. Reinald Eichholz vom 21.02.12. Online unter: http://bildungsklick.de/a/82558/mehr-als-regelschule-plus-behindertenpaedagogik/. Zugriff: 06.03.14.

Schuppener, S., Bernhardt, N., Hauser, M. & Poppe, F. (Hrsg.) (2014): Inklusion und Chancengleichheit. Diversity im Spiegel von Bildung und Didaktik. Bad Heilbrunn: Klinkhardt.

Verzeichnis der Autorinnen und Autoren

Amrhein, Bettina, Dr.in paed., Gastprofessorin für Inklusion und Bildung an der Universität Hildesheim. Derzeitige Forschungs- und Arbeitsschwerpunkte: Inklusive Lehrerinnen- und Lehrerbildung, Inklusive Schul- und Unterrichtsentwicklung, Internationalisierung der Lehrerinnen- und Lehrerbildung, Entwicklung einer inklusionssensiblen Hochschule.
E-Mail: bettina.amrhein@uni-hildesheim.de

Blumenthal, Yvonne, Dr.in phil., wiss. Mitarbeiterin am Lehrstuhl Sonderpädagogik des Lernens an der Universität Rostock. Derzeitige Forschungs- und Arbeitsschwerpunkte: Der RTI-Ansatz als Inklusionskonzept, Diagnostik, Prävention und Förderung von Kindern in dem Bereich emotionale und soziale Entwicklung.
E-Mail: yvonne.blumenthal@uni-rostock.de

Brokamp, Barbara, Projektbereichsleitung in der Montag Stiftung Jugend und Gesellschaft, Bonn. Schwerpunkte u.a.: Konzeptentwicklung und Begleitung inklusiver Prozesse in Bildungseinrichtungen, Organisationen und Kommunen, Mitglied in der Jury des Jakob Muth-Preises, Mitautorin des Praxishandbuchs: Inklusion vor Ort – der kommunale Index für Inklusion. (Montag Stiftung Jugend und Gesellschaft 2013 (3)).
E-Mail: b.brokamp@montag-stiftungen.de

Budde, Jürgen, Dr. phil. habil., Professor für die Theorie der Bildung, des Lehrens und Lernens an der Europa Universität Flensburg. Derzeitige Forschungs- und Arbeitsschwerpunkte: Heterogenität und Differenz in Bildungsinstitutionen, Erziehungspraktiken, qualitative Schul- und Unterrichtsforschung.
E-Mail: juergen.budde@uni-flensburg.de

Bylinski, Ursula, Dr.in phil., wissenschaftliche Mitarbeiterin im Bundesinstitut für Berufsbildung (BIBB). Derzeitige Forschungs-und Arbeitsschwerpunkte: Übergang Schule-Berufsausbildung und Übergangsgestaltung, Professionalisierung der pädagogischen Fachkräfte, berufliche Integrationsförderung bzw. Inklusion.
E-Mail: bylinski@bibb.de

de Zordo, Lea, M Sc, Assistentin und Doktorandin der Erziehungswissenschaft mit Schwerpunkt Schul- und Unterrichtsforschung an der Universität

Bern. Derzeitige Forschungs- und Arbeitsschwerpunkte: Lehrerinnen- und Lehrerbildung, Kooperation im Praktikum.
E-Mail: lea.dezordo@edu.unibe.ch

Demmer, Christine, Dr.in phil., wissenschaftliche Mitarbeiterin für Allgemeine Pädagogik an der Universität Siegen. Derzeitige Forschungs- und Arbeitsschwerpunkte: bildungstheoretisch orientierte Biografieforschung, Geschlecht und Behinderung in der Erziehungswissenschaft.
E-Mail: demmer@erz-wiss.uni-siegen.de

Feuser, Georg, Dr. phil. habil., von 1978 bis 2005 Professor für Behindertenpädagogik an der Universität Bremen, von 2005 bis 2010 Gastprofessor an der Universität Zürich zu „Behindertenpädagogik, Didaktik, Therapie und Integration bei geistiger Behinderung und bei schweren und tiefgreifenden Entwicklungsstörungen.“ Derzeitige Forschungs- und Arbeitsschwerpunkte: u.a. Pädagogik und Therapie bei Menschen mit Autismus-Spektrum-Störung, Allgemeine (inklusive) Pädagogik, entwicklungslogische Didaktik.
E-Mail: gfeuser@swissonline.ch

Häcker, Thomas, Dr. phil. habil., Professor für Erziehungswissenschaft unter besonderer Berücksichtigung der Schulpädagogik und empirischen Bildungsforschung an der Universität Rostock. Derzeitige Forschungs- und Arbeitsschwerpunkte: Reflektierende Professionalisierung, Umgang mit Leistungen in der Schule, Unterrichtstheorie und Portfolioarbeit.
E-Mail: thomas.haecker@uni-rostock.de

Hartke, Bodo, Dr. sc. paed. habil., Professor für Sonderpädagogik des Lernens an der Universität Rostock. Derzeitige Forschungs- und Arbeitsschwerpunkte: Evaluation Sonderpädagogischer Diagnostik, Entwicklung und Erprobung des Response to Intervention-Ansatzes (RTI-Ansatzes) im deutschen Schulwesen.
E-Mail: bodo.hartke@uni-rostock.de

Hascher, Tina, Dr.in phil. habil., Professorin für Erziehungswissenschaft mit dem Schwerpunkt Schul- und Unterrichtsforschung an der Universität Bern. Derzeitige Forschungs- und Arbeitsschwerpunkte: Emotionale und motivationale Aspekte des Lehrens und Lernens in der Schule, schulisches Lernen, schulische Gesundheitsförderung, Lehrerinnen- und Lehrerbildung.
E-Mail: tina.hascher@edu.unibe.ch

Hennies, Johannes, Dr. phil., Professurvertreter für Gehörlosen- und Schwerhörigenpädagogik an der Pädagogischen Hochschule Heidelberg. Derzeitige Forschungs- und Arbeitsschwerpunkte: Gehörlosen- und Schwerhörigenpä-

dagogik, Erwerb der Laut-, Schrift- und Gebärdensprache, inklusive Deutschdidaktik.
E-Mail: hennies@ph-heidelberg.de

Hinz, Andreas, Dr. phil., Professor für Allgemeine Rehabilitations- und Integrationspädagogik an der Martin-Luther-Universität Halle-Wittenberg. Derzeitige Forschungs- und Arbeitsschwerpunkte: Inklusive Bildung in internationaler Perspektive, Unterstützungssysteme für inklusive Bildung, Inklusion in der Lehrerinnen- und Lehrerbildung, Weiterentwicklung des Index für Inklusion, Zukunftsplanung als Kernelement der Inklusion, demokratische Bildung.
Homepage: http://www.inklusionspaedagogik.de
E-Mail: andreas.hinz@paedagogik.uni-halle.de

Koch, Katja, Dr.in phil. habil., Professorin für frühe sonderpädagogische Entwicklungsförderung an der Universität Rostock und Beraterin zum Themenbereich Inklusion für das Ministerium für Bildung, Wissenschaft und Kultur Mecklenburg-Vorpommern. Derzeitige Forschungs- und Arbeitsschwerpunkte: Frühe und präventive Förderung, Forschungsmethoden der Heil- und Sonderpädagogik, Soziologie in der Heil- und Sonderpädagogik.
E-Mail: katja.koch@uni-rostock.de

Kropp, Andreas, Dipl. Soz.-Wiss., Wissenschaftlicher Mitarbeiter am Institut für Erziehungswissenschaften der Humboldt-Universität zu Berlin und an der Technischen Universität Dresden. Derzeitige Forschungs- und Arbeitsschwerpunkte: Organisation der BMBF-Methoden-School „Umsetzung von Inklusion im Bildungssystem“, Professionalisierung von Lehrkräften, Educational Governance.
E-Mail: andreas_kropp@posteo.de

Lütje-Klose, Birgit, Dr.in phil., Professorin für Sonderpädagogik mit dem Schwerpunkt Heterogenität an der Fakultät für Erziehungswissenschaft der Universität Bielefeld. Derzeitige Forschungs- und Arbeitsschwerpunkte: Entwicklung von Schülerinnen und Schülern mit dem Förderschwerpunkt Lernen, Rekonstruktion schulischer Kontextbedingungen (Bielefelder Längsschnittstudie zum Lernen in inklusiven und exklusiven Förderarrangements BiLieF, www. uni-bielefeld.de/inklusion), Multiprofessionelle Kooperation in inklusiven Schulen, Lehrerinnen- und Lehrerbildung für eine inklusive Schule.
E-Mail: bluetje@uni-bielefeld.de

Moser, Vera, Dr.in phil. habil., Professorin für Pädagogik bei Beeinträchtigungen des Lernens und Allgemeine Rehabilitationswissenschaften der Humboldt-Universität zu Berlin. Derzeitige Forschungs- und Arbeitsschwerpunkte: Professionsforschung Sonderpädagogik und Inklusion, Historische Forschung zur Professions- und Disziplinentwicklung der Sonderpädagogik.
E-Mail: Vera.Moser@hu-berlin.de

Neumann, Phillip, Dipl.-Päd., wissenschaftlicher Mitarbeiter an der Fakultät für Erziehungswissenschaft der Universität Bielefeld. Derzeitige Forschungs- und Arbeitsschwerpunkte: Entwicklung von Schülerinnen und Schülern mit dem Förderschwerpunkt Lernen, Befragung von Lehrkräften und Schulleitungen (Bielefelder Längsschnittstudie zum Lernen in inklusiven und exklusiven Förderarrangements BiLieF, www.uni-bielefeld.de/inklusion), Lehrerinnen- und Lehrerkooperation in inklusiven Schulen.
E-Mail: phillip.neumann@uni-bielefeld.de

Pabst, Aart, Oberschulrat a.D., Leiter der KMK-Arbeitsgruppe „Inklusion in der Lehrerausbildung“, bis April 2013 Leiter des Zentrums für Lehrerbildung Hamburg.
E-Mail: aart.pabst@li-hamburg.de

Prengel, Annedore, Dr.in phil. habil., Professorin em., Erziehungswissenschaftlerin, Universität Potsdam. Derzeitige Forschungs- und Arbeitsschwerpunkte: Pädagogische Beziehungen, Heterogenität in der Bildung, Menschenrechtsbildung, Qualitative Forschungsmethoden in der Erziehungswissenschaft, Pädagogische Diagnostik, Inklusion in Kita und Schule.
E-Mail: aprengel@uni-potsdam.de

Preuss-Lausitz, Ulf, Dr. phil., Dipl.-Soz., Grund- und Hauptschullehrer, Prof. em. für Erziehungswissenschaft/Schulpädagogik an der TU Berlin. Derzeitige Forschungs- und Arbeitsschwerpunkte: Innere und äußere Schulreform, Integrations- und Inklusionsforschung, Kindheitsforschung, besonders unter historischen und Gender-Aspekten, Bildungspolitische Politikberatung.
E-Mail: preuss-lausitz@tu-berlin.de

Rihm, Thomas, Dipl.-Päd., Pädagogisches Fachseminar Karlsruhe, Abtlg. Sonderpädagogik, und Pädagogische Hochschule Heidelberg, Institut für Erziehungswissenschaft. Derzeitige Forschungs- und Arbeitsschwerpunkte: Der Subjektstandpunkt in Schulentwicklung, Professionalisierung und Unterricht.
E-Mail: Rihm@ph-heidelberg.de

Ritter, Michael, Dr. phil., Professurvertreter Deutsche Sprache und ihre Didaktik (Schwerpunkt Grundschule) an der Martin-Luther-Universität Halle-Wittenberg. Derzeitige Forschungs- und Arbeitsschwerpunkte: Bilderbuchtheorie und -didaktik, Rezeptionsforschung, Schreibdidaktik, Inklusive Deutschdidaktik.
E-Mail: michael.ritter@paedagogik.uni-halle.de

Scherer, Petra, Dr.in paed., Professorin für Didaktik der Mathematik an der Universität Duisburg-Essen. Derzeitige Forschungs- und Arbeitsschwerpunkte: Lernschwierigkeiten und Lernschwächen im Mathematikunterricht, Umgang mit Heterogenität, Konzepte zur Lehrerinnen- und Lehrerbildung.
E-Mail: petra.scherer@uni-due.de

Walm, Maik, Dipl.-Päd., Bereichsleiter des Bereichs Bildungsforschung am Zentrum für Lehrerbildung und Bildungsforschung und wissenschaftlicher Mitarbeiter am Lehrstuhl für Erziehungswissenschaft unter besonderer Berücksichtigung der Schulpädagogik und empirischen Bildungsforschung an der Universität Rostock. Derzeitige Forschungs- und Arbeitsschwerpunkte: Inklusion und deren Folgen für die Professionalisierung von Lehrerinnen und Lehrern sowie für Schule und Unterricht.
E-Mail: maik.walm@uni-rostock.de